泉沢貝塚出土遮光器土偶
(石巻市北上町)

沼津貝塚出土骨角器
(石巻市沼津出外)

里浜貝塚出土鹿角製腰飾
(東松島市宮戸)

仙台郡山官衙遺跡石組池跡
(仙台市太白区)

里浜貝塚出土縄文土器(東松島市宮戸)

政宗の遺宝

瑞巌寺方丈上段の間
（宮城郡松島町）

（仙台藩領）

木造伊達政宗甲冑倚像
（瑞巌寺蔵, 宮城郡松島町）

白石城三階櫓
（白石市益岡町）

郡奉行支配区
- 南郡奉行支配区
- 北郡奉行支配区
- 中奥郡奉行支配区
- 奥郡奉行支配区

白石宗実所用鉄黒漆五枚胴具足
(登米懐古館蔵, 登米市登米町寺池)

黒ラシャ地裾赤ラシャ山形模様
金モール飾付陣羽織
(仙台市博物館蔵, 仙台市青葉区)

瑞鳳殿発掘資料
(仙台市博物館蔵, 仙台市青葉区)

伊達成実木造彩色甲冑像
(亘理郡亘理町)

大崎八幡宮 (仙台市青葉区)

みやぎの近代交通史

仙台鉄道[北仙台―中新田]山ノ寺停留所付近

栗原電鉄

古川馬車鉄道

秋保電気鉄道[長町―秋保温泉]

仙南温泉軌道[大河原―遠刈田温泉]遠刈田駅

角田馬車鉄道

仙北鉄道［瀬峰—登米］
登米駅

蒸気船登米丸
（登米市）

宮城電鉄
松島電鉄
木道社
……は廃線
増東鉄道

松山人車軌道（大崎市松山）

カヤバオートジャイロ（仙台市）
（萱場製作所と陸軍が協同開発した観測機）

みやぎの伝統芸能・伝統工芸と郷土料理

八つ鹿踊(やつしかおどり)
(栗原市一迫(くりはらしいちはさま))

中新田の虎舞(なかにいだのとらまい)
(加美郡加美町(かみぐんかみちょう))

熊野堂舞楽(龍王の舞)(くまのどうぶがく りゅうおうのまい)
(名取市高舘熊野堂(なとりしたかだてくまのどう))

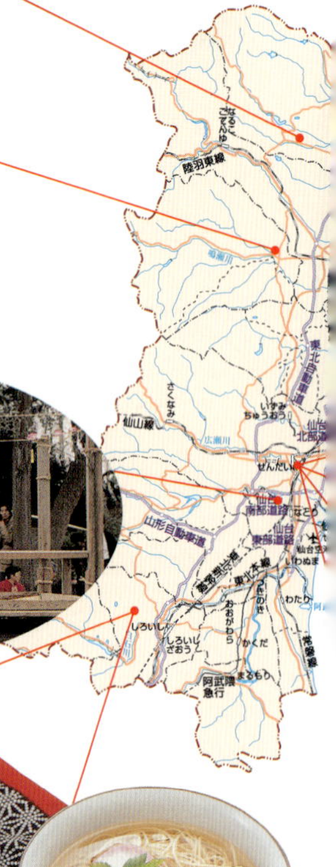

白石和紙・紙子(白石市)(しろいしわし かみこ しろいし)

温麺(白石市)(うーめん しろいし)

もくじ　　赤字はコラム

杜の都仙台

❶ 青葉の城 -- 4
　仙台城(青葉城)跡／仙台市博物館／伊達政宗／瑞鳳殿／伊達騒動
　(寛文事件)／東北大学

❷ 城下町仙台 -- 11
　大崎八幡宮／丁と町／三居沢発電所／芭蕉の辻／北山五山／林子平
　の墓／養賢堂と青柳文庫／仙台東照宮／四ッ谷用水／細谷十太夫直
　英と戊辰戦争／齋藤報恩会博物館

❸ 多賀の国府と霊場 -- 23
　岩切城跡／東光寺／善応寺／大蓮寺窯跡

❹ 宮城野原 -- 28
　榴ヶ岡／新寺小路／居久根／陸奥国分寺跡／横綱谷風／若林城跡／
　遠見塚古墳／仙台の文学／南小泉遺跡

❺ 太白山を望む -- 39
　仙台郡山官衙遺跡群／富沢遺跡／仙台市電保存館／大年寺跡／仙台
　の伝統工芸品／落合観音堂／太白山／秋保温泉／仙台の土産と味

❻ 泉ヶ岳の麓 -- 49
　洞雲寺／松森城跡／七北田刑場跡／賀茂神社／川崎阿弥陀堂

❼ 広瀬川を遡る -- 53
　大梅寺／諏訪神社／宮城県内の田植踊／西方寺／関山街道／作並温
　泉郷

多賀城と松島

❶ 古代都市多賀城 -- 62
　多賀城跡／多賀城碑／東北歴史博物館／多賀城廃寺跡／国司館跡／
　菅谷薬師神社・菅谷・馬場崎横穴墓群

❷ 国府津・千賀浦 -- 69
　鹽竈神社／藻塩焼神事／浦戸諸島／開成丸／大木囲貝塚

❸ 霊場松島・景勝地松島 -- 75
　瑞巌寺／野蒜築港／若宮丸の遭難／観瀾亭と雄島／富山観音堂／

宮戸島の貝塚群

名取の里

❶ 東街道に沿って---------- 86
　名取熊野三社／東街道／大門山遺跡／笠島の道祖神社／雷神山古墳／名取の古墳群／洞口家住宅

❷ 交通の要衝岩沼---------- 93
　岩沼郷／阿武隈川の水運／かめ塚古墳／竹駒神社／貞山堀／金蛇水神社／岩蔵寺

蔵王を仰ぐ

❶ 白石川に沿って---------- 102
　船岡要害（船岡城）跡／船迫の鉄仏／富沢磨崖仏群／大高山神社

❷ 紅花街道---------- 108
　村田館（村田城）跡／白鳥神社／蔵のまち／愛宕山古墳／我妻家住宅／刈田嶺神社／笹谷街道

❸ 城下町白石---------- 117
　白石城跡／片倉小十郎と一国一城令／鷹巣古墳群／白石三白／七ヶ宿街道／甲冑堂

阿武隈川の恵み

❶ 阿武隈川に沿って---------- 128
　高蔵寺と旧佐藤家住宅／小針薬師堂／斗蔵山／福應寺毘沙門堂養蚕

信仰絵馬／角田要害跡／角田郡山官衙遺跡／明治の義民／称念寺／台町古墳群／金山要害跡／金山製糸場跡／旗巻古戦場／齋理屋敷

❷ 浜街道-- 139

三十三間堂官衙遺跡／亘理要害跡／旧仙台藩士の北海道移住／大雄寺／荒浜湊／子籠鮭／磯浜唐船番所跡／坂元要害（蓑首城）跡

船形山に抱かれて

❶ 七ツ森の里--- 148

宿場町富谷／七ツ森と朝比奈三郎／吉岡八幡神社／原阿佐緒記念館／奥道中歌／島田飴祭り／八谷館跡・御所館跡／鳥屋八幡古墳

❷ 大崎耕土--- 155

吉野作造記念館／緒絶橋・瑞川寺／大崎地方の米作り／青塚古墳／宮沢遺跡／熊野神社・松川久兵衛の墓／名生館官衙遺跡／旧石器遺跡捏造事件／安国寺／山畑横穴墓群

❸ 奥羽の山ふところ--- 164

岩出山要害跡／有備館／天王寺と上街道／鳴子温泉郷（玉造の湯）／尿前の関跡と出羽仙台街道中山越／こけし／鬼首番所跡／色麻古墳群／念南寺古墳群／王城寺原と軽便鉄道／城生柵跡と菜切谷廃寺跡／中新田城跡／夷森（大塚森）古墳と大黒森古墳／中新田の虎舞／東山官衙遺跡と壇の越遺跡／宮崎城跡と浜田景隆の墓／松本家住宅／切込焼

❹ 黄金の里--- 182

品井沼と元禄潜り穴／鎌田三之助／松山城（千石城）跡／山前遺跡／山神社／涌谷要害跡／見龍院霊屋／黄金山産金遺跡／追戸・中野横穴墓群／箟峯寺／木戸瓦窯跡

迫川とともに

❶ 栗駒山--- 200

仰返り地蔵／仙北鉄道／双林寺／古代の城柵／伊治城跡／伊豆沼・長沼／志波姫神社／安重根と千葉十七／旧有壁宿本陣／有壁五輪沢経塚／千葉卓三郎と鈴木文治／旧金成小学校校舎／小迫の延年／日枝神社／山王囲遺跡／妙教寺／鳥矢崎古墳群／正藍染／細倉鉱山跡

もくじ

／寒湯番所跡／姉歯の松

❷ 登米の里-- 218

踊り念仏の碑／興福寺六角堂／柳生心眼流甲冑術／佐沼要害跡／横綱丸山権太左衛門／香林寺／登米の武家屋敷／旧登米高等尋常小学校校舎／カマ神さま／弥勒寺／隠れキリシタンの里／華足寺／北上川改修とお鶴明神／仙北の伝統的食材

北上川と南三陸海岸

❶ 南北文化の大動脈-- 234

赤井遺跡／矢本横穴墓群／仙台藩鋳銭場跡／日和山／川村孫兵衛重吉／流留・渡波塩田跡／沼津貝塚／北上川の舟運／支倉常長と慶長遣欧使節／石井閘門／金華山／鮎川浜／雄勝硯・鳴子漆器

❷ ２つの北上川-- 250

桃生城跡／海蔵庵板碑群／齋藤善右衛門／宮城県の板碑／和泉沢古墳群／柳津虚空蔵尊／陸前法印神楽／横山不動尊

❸ 黄金海岸-- 258

旭館跡と鹿踊供養碑／荒沢神社／鹿踊／田束山／気仙道／峰仙寺／馬籠の製鉄／大谷金山跡／波路上塩田跡／TSUNAMI（津波）／岩井崎／羽田神社／煙雲館／気仙沼港／観音寺／宝鏡寺／補陀寺六角堂／唐桑半島と御崎神社／俵物と養殖

発刊によせて／宮城県のあゆみ／地域の概観／文化財公開施設／無形民俗文化財／おもな祭り／有形民俗文化財／無形文化財／登録有形文化財(美術工芸品)／散歩便利帳／参考文献／年表／索引

もくじ

[本書の利用にあたって]

1. 散歩モデルコースで使われているおもな記号は，つぎのとおりです。なお，数字は所要時間(分)をあらわします。

　　················· 電車　　========= 地下鉄
　　――――――― バス　　·················· 車
　　------------- 徒歩　　〜〜〜〜〜〜〜 船

2. 本文で使われているおもな記号は，つぎのとおりです。

　　🚶　　徒歩　　　🚌　　バス　　　✈　　飛行機
　　🚗　　車　　　　🚢　　船　　　　🅿　　駐車場あり

　　〈M ▶ P.○○〉は，地図の該当ページを示します。

3. 各項目の後ろにある丸数字は，章の地図上の丸数字に対応します。

4. 本文中のおもな文化財の区別は，つぎのとおりです。

　　国指定重要文化財=(国重文)，国指定史跡=(国史跡)，国指定天然記念物=(国天然)，国指定名勝=(国名勝)，国指定重要有形民俗文化財・国指定重要無形民俗文化財=(国民俗)，国登録有形文化財=(国登録)

　　都道府県もこれに準じています。

5. コラムのマークは，つぎのとおりです。

　　泊　歴史的な宿　　憩　名湯　　　　食　飲む・食べる
　　み　土産　　　　　作　作る　　　　体　体験する
　　祭　祭り　　　　　行　民俗行事　　芸　民俗芸能
　　人　人物　　　　　伝　伝説　　　　産　伝統産業
　　‼　そのほか

6. 本書掲載のデータは，2013年10月末日現在のものです。今後変更になる場合もありますので，事前にお確かめください。

Sendai

杜の都仙台

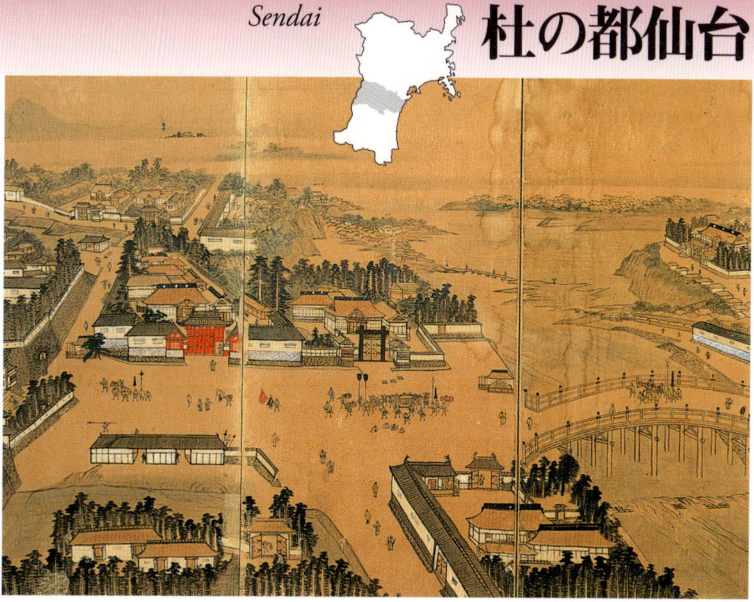

仙台城下図屏風

太白山 　　　　　　　　　　　仙台七夕祭り

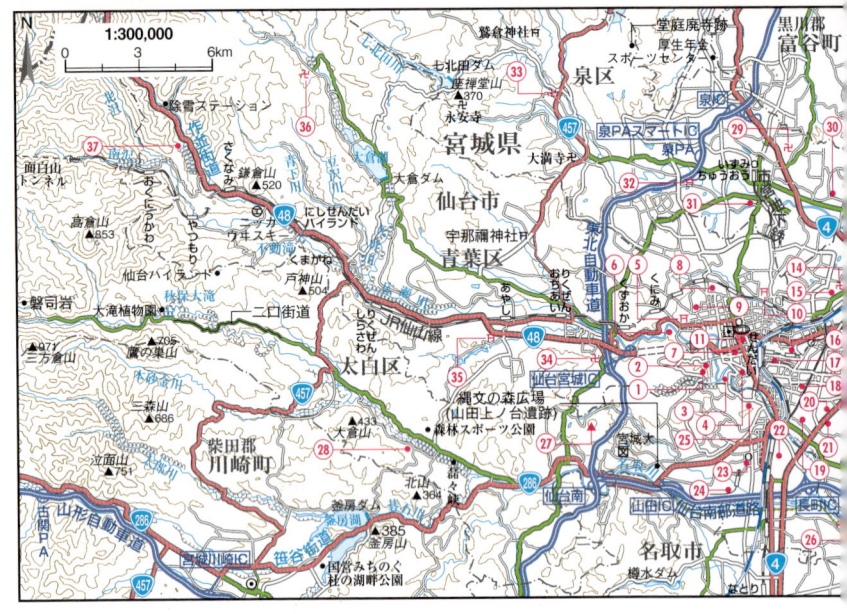

◎仙台散歩モデルコース

1. JR・市営地下鉄仙台駅_15_瑞鳳殿_5_仙台市博物館_15_仙台城跡_20_メディアテーク前バス停_15_芭蕉の辻_15_大名小路の石垣・東北大学片平キャンパス洋風建築群_10_瑞鳳殿前バス停_15_JR・市営地下鉄仙台駅

2. JR・市営地下鉄仙台駅_10_東照宮仙岳院_40_青葉神社・北山五山_15_龍雲院(林子平の墓)_20_大崎八幡宮_20_三居沢発電所・三居沢電気百年館_20_JR・市営地下鉄仙台駅

3. JR・市営地下鉄仙台駅_10_大蓮寺窯跡_5_善応寺・蒙古之碑_10_東光寺_5_岩切城跡_5_JR東北本線岩切駅

4. JR仙石線榴ケ岡駅_10_榴ケ岡公園・仙台市歴史民俗資料館_25_陸奥国分寺跡薬師堂・白山神社_15_陸奥国分尼寺跡_20_JR仙石線宮城野原駅

5. JR仙石線榴ケ岡駅_2_三沢初子の墓_5_孝勝寺_5_善導寺_5_大林寺_5_松音寺_15_泰心院_5_荒町_5_地下鉄五橋駅

6. 市営地下鉄長町南駅_5_地底の森ミュージアム_10_山田上ノ台縄文の森広場_15_大年寺山_10_JR・市営地下鉄仙台駅

7. 市営地下鉄八乙女駅_10_洞雲寺_10_松森城跡_10_松森焔硝蔵跡_10_八乙女駅_5_

①仙台城(青葉城)跡
②仙台市博物館
③瑞鳳殿
④東北大学
⑤大崎八幡宮
⑥三居沢発電所
⑦芭蕉の辻
⑧北山五山
⑨林子平の墓
⑩仙台東照宮
⑪齋藤報恩会博物館
⑫岩切城跡
⑬東光寺
⑭善応寺
⑮大蓮寺窯跡
⑯榴ヶ岡
⑰新寺小路
⑱陸奥国分寺跡
⑲若林城跡
⑳遠見塚古墳
㉑南小泉遺跡
㉒仙台郡山官衙遺跡群
㉓富沢遺跡
㉔仙台市電保存館
㉕大年寺跡
㉖落合観音堂
㉗太白山
㉘秋保温泉
㉙洞雲寺
㉚松森城跡
㉛七北田刑場跡
㉜賀茂神社
㉝川崎阿弥陀堂
㉞大梅寺
㉟諏訪神社
㊱西方寺
㊲作並温泉郷

長命館跡_3_賀茂神社_10_八乙女駅

8.JR・市営地下鉄仙台駅_20_郷六館跡_5_大梅寺_10_弥勒寺_5_諏訪神社・御殿山館跡_3_JR仙山線愛子駅_20_宇那禰神社_30_JR・市営地下鉄仙台駅

青葉の城

海の彼方を見すえた奥州王政宗。その魂が宿る瑞鳳殿。

仙台城（青葉城）跡 ❶ 〈M▶P.2,6〉仙台市青葉区青葉山
JR・市営地下鉄仙台駅🚌青葉城趾循環追廻・博物館・スポーツセンター前🚶15分

イスパニア使節に、もっとも堅固といわしめた城

　仙台駅から青葉通りを西へ進み，広瀬川に架かる大橋を渡ると，仙台城跡（国史跡）に至る。仙台城が築かれた青葉山は，南は深さ約50mの谷，北は広瀬川で仕切られ，東は約70mの断崖，西は深い山林と尾根筋の堀切で，人馬の通行も困難な天然の要害である。築城当時の仙台城は，全国でも最大級の規模をもつ山城であった。

　伊達政宗は，関ヶ原の戦い（1600年）に際して，上杉景勝との戦いを前提に仙台城の縄張りを開始した。1601（慶長6）年には，国分氏の千代城を仙台城として修築し，岩出山より居城を移した。

　大手門は，本瓦葺きの二階門に五七桐紋・菊花紋などを用いた雄大豪華な造りで，国宝に指定されていたが，戦災で焼失した。肥前名護屋城（佐賀県唐津市）の門を移築したという説もあったが，現在は慶長年間（1596～1615），または二の丸築造にともなう1638（寛永15）年～39年頃の建築と考えられている。1967（昭和42）年，隅櫓のみが再建されている。

　大手門跡を左折すると，中ノ門跡がある。この二階門跡からは金箔瓦が多数出土した。さらに急な坂道をのぼりきると，本丸の石垣がみえてくる。本丸石垣は，1997（平成9）年から行われた解体修理にともなう調査によって，3期の変遷が確認された。現在みられる切石積みの石垣は，1668（寛文8）年以後に築き直された第3期のものである。築城期と1616（元和2）年以降に築造した政宗時代の石垣は野面積みであり，地震で崩れ再建するたびに，拡張・整備していったことが明らかとなっている。

　本丸は1600（慶長5）年に「縄張り始め」が行われ，政宗は普請に着手してわずか3カ月後，「本丸の壁さえ付けぬ」城に入っている。建物は1603年頃までにほぼ整ったが，大広間が完成したのは1610年で，11年におよぶ大事業であった。城普請には，1日当り1人米7

仙台城の大手門跡と隅櫓

合5勺の給与で15〜75歳の男子，延べ100万人が午前6時から午後6時まで動員された。

本丸には，登城門にあたる詰門，その左右の脇櫓と東北隅の艮櫓，東南隅の巽櫓の4棟の三重櫓，西に酉門の二重櫓が聳えていた。前述の調査では，東脇櫓跡付近から金箔瓦が発見された。また，仙台藩大工棟梁千田家に伝わる大広間の姿絵図と発掘調査結果が一致した。ほかに，能舞台や東の崖際には懸造の眺望亭があった。完成まもない1611年に仙台城を訪れたイスパニア（スペイン）使節のビスカイノは，『金銀島探検報告』のなかで「城は彼国で最も勝れ，また堅固なるものの一つにして，水深き川に囲まれ，断崖百身長を超えたる巌山に築かれ……大きさ江戸と同じうして」と仙台城の様子を記している。しかし，1647（正保4）年の地震で「三階の亭櫓」の全てが倒壊して以降の再建は，その後描かれた絵図からも確認できない。二の丸造営後は，儀式の場としての機能をはたした。また，4代藩主綱村の時代に本丸に西丸が整備された。現在，詰門付近の石垣・埋門礎石が残る。

二の丸は，仙台藩2代藩主忠宗が，本丸北側の政宗4男宗泰の屋敷と政宗の娘五郎八姫の屋敷に，1638（寛永15）年9月から翌年にかけて造営した。幕末に至るまで，二の丸が政庁・藩主私邸として機能した。初期の建物は，宗泰屋敷や若林城（若林区古城）から移築したものといわれている。しかし，5000余畳におよぶ二の丸建物群は，1882（明治15）年の火災で焼失。1888年，陸軍第二師団司令部がおかれたが仙台空襲で焼失した。第二次世界大戦後は進駐軍のキャンプがおかれ，返還後は，東北大学のキャンパスになった。

仙台市博物館の所在地が三の丸跡である。政宗時代には山里曲輪（別荘）のような「下屋敷」として利用されたと考えられ，池跡や茶室と推定される礎石が発掘調査で確認されている。その後，蔵屋敷となり，西丸整備後は，東丸と名称が変化した。三の丸の南に，巽

門跡の礎石と清水門の石垣が残る。二の丸造営以前に大手門が存在しないとすれば、政宗築城期の本丸への登城路は、この巽門から清水門を通ると想定される。

清水門近くの湧水地に仙台藩御用酒発祥地の碑がある。さらに、1664(寛文4)年作成と推定される「仙台城下絵図」には、本丸・二の丸同様に、対岸の花壇地区にも假屋の御殿が描かれている。江戸幕府には、本丸・二の丸とともにその規模を申告しているので、花壇の假屋も城郭の1つとする指摘もある。『東奥老士夜話』によれば、政宗時代には、追廻(三の丸南東)から花壇に渡る屋根付きの廊下橋が架けられていたという。

仙台城と城下を結ぶ仙台大橋は、1601(慶長6)年に完成したが、その後、度重なる洪水で流された。橋の北側の川底には、橋脚をすえた円形の穴があり、橋の位置も何度かかわっていることがうかがえる。橋のたもとには、キリシタン殉教の碑がある。ポルトガル人神父のカルヴァリオら9人のキリシタンが、1624(元和10)年2月に水責めの拷問で殉教した。

仙台市博物館 ❷ 〈M▶P.2,6〉仙台市青葉区青葉山
JR・市営地下鉄仙台駅🚌青葉城趾循環追廻・博物館・スポーツセンター前🚶15分

仙台市博物館は、仙台城三の丸跡にある。1961(昭和36)年、旧仙

伊達政宗

コラム

馬上で天下を夢見た奥州王

伊達政宗は，1567(永禄10)年8月3日，伊達氏16代輝宗を父とし，山形城主最上義守の娘義姫を母として米沢城(山形県)に誕生した。幼名は梵天丸。幼くして疱瘡を患い，片目を失ったとされる。

名僧虎哉宗乙に師事。11歳で元服して藤次郎政宗と称し，15歳で初陣，17歳で家督を相続した。23歳のとき，磐梯摺上原の戦いで蘆名氏を追い，南奥州を支配した。

1590(天正18)年，豊臣秀吉の小田原参陣の命に遅参し，会津・安積・岩瀬を没収されたが，葛西・大崎一揆を平定し，居城を岩出山(大崎市)に移した。1593(文禄2)年には，秀吉の命で朝鮮にも出兵した。1600(慶長5)年の関ヶ原の戦いでは，会津の上杉景勝と対峙し，白石城を攻略した。

関ヶ原の戦い後は仙台城に居城を移し，北上川改修・江戸廻米など領国支配に力を注いだ。また，大崎八幡宮・瑞巌寺・陸奥国分寺薬師堂の創建など，文化面にも業績を残している。茶道では古田織部と親交を深め，みずから茶杓をつくった。能書家であり，和歌は関白近衛信尹から激賞された。太鼓を打ち，能楽に年間2万石も費やす文化人であった。

1613年，支倉常長らをローマに送り，スペインとの連携を図ろうとした。政宗は，62万石の外様の大大名として徳川家康・秀忠から後事を託された。1626(寛永3)年には，従三位権中納言に叙任された。

晩年は若林城を居城とし，1636年5月24日，江戸で死去。遺命によって仙台経ヶ峯に埋葬され，霊屋瑞鳳殿が造営された。調査によれば，政宗は身長約159cm，血液型B型であったことが判明している。

木造伊達政宗像(瑞巌寺蔵)

台藩主伊達家寄贈の文書・美術工芸品など8000余点を保存・公開するために，総床面積約900m²で開館した。その後，3度の増築を経て1986年に全面改築し，総床面積約1万m²で再出発した。

収蔵資料は，仙台藩関係を中心とする約7万5000点。常設展「杜の都の歴史と美術」では，展示替えをしながら，常時約1200点を展示する。また，企画展・特別展も年3・4回開催される。

おもな収蔵資料には，慶長遣欧使節関係資料(国宝)，伊達政宗

青葉の城

所用の黒漆五枚胴具足〈兜・小具足付〉，政宗が豊臣秀吉から拝領した銀伊予札白糸威胴丸具足，政宗の家臣片倉小十郎景綱が秀吉から拝領した小紋染胴服，仙台藩4代藩主伊達綱村の生母三沢初子所用の帯，伊達氏の分国法『塵芥集』〈村田本〉（いずれも国重文），伝政宗所用の水玉模様陣羽織などがある。

三の丸跡には門跡・土塁・堀（五色沼・長沼）が残り，多くの彫刻や碑も立っている。政宗胸像は，政宗騎馬像（初代）の一部である。仙台で学んで中国革命に大きな影響を与えた中国の小説家・思想家魯迅の碑と銅像もある。「無限の軌跡」像は，五色沼がフィギュアスケート発祥の地とされていることから建てられた。このほか，支倉常長の碑，林子平記念碑，軍馬・軍用動物彰忠塔などがある。

瑞鳳殿 ❸
022-262-6250
〈M▶P.2,6〉仙台市青葉区霊屋下23-2 P
JR・市営地下鉄仙台駅 市内循環バスるーぷる仙台瑞鳳殿前 5分，または 御霊屋橋経由15分

奥州王政宗の魂が眠る桃山建築の霊屋

バス停から坂道をのぼり，西南戦争で戦死した仙台士族の追悼碑からさらに左手の階段をのぼると，1636(寛永13)年に70歳で生涯を閉じた，仙台藩初代藩主伊達政宗の霊屋瑞鳳殿がある。政宗の死の翌年，その遺命により，仙台城下を眼下に望む経ヶ峯に造営された。

瑞鳳殿は本殿・拝殿・唐門・御供所・涅槃門からなる。桃山様式の豪華絢爛な霊廟として，1931(昭和6)年，2代藩主忠宗の廟所感仙殿とあわせて国宝に指定されたが，いずれも3代藩主綱宗の廟所善応殿とともに戦災で焼失した。現在の瑞鳳殿は1979年，感仙殿と善応殿は，1985年に再建された。

再建に先立って発掘調査が行われ，3人の藩主の遺骨や武具・文具など，数多くの副葬品が発見された。政宗の墓からは，ヨーロッパの素材を利用した鉛筆，

瑞鳳殿

伊達騒動（寛文事件）

コラム

歌舞伎で有名な大事件

　1660（万治3）年，仙台藩3代藩主伊達綱宗は，幕命により不行跡を理由として隠居させられ，嫡子亀千代（綱村）が家督を相続した。

　亀千代が幼少であったため，後見役には伊達兵部宗勝（初代藩主政宗10男）と田村右京宗良（綱宗の兄）が任じられたが，兵部と奉行原田甲斐宗輔が実権を握ることになった。

　仙台藩では一門に野谷地を与え，一門は新田開発に取り組み内高を増やしていた。涌谷館主伊達安芸宗重と，登米館主伊達式部宗倫との間で境界争いがおこった。兵部らは式部に有利な裁定をくだしたが，これは式部が前藩主綱宗の兄なので遠慮したからだと考えられている。安芸は兵部の非を江戸幕府に訴え，1671（寛文11）年，大老酒井雅楽頭忠清の屋敷で裁定がくだされることになった。裁定中に原田甲斐が安芸を斬殺し，甲斐もまた酒井家中により斬られた。この事件後，伊達兵部は土佐（現，高知県）へ流罪，原田家は断絶となった。また，4代藩主綱村は本領を安堵された。

　この伊達騒動（寛文事件）とよばれる事件は，のちに歌舞伎「伽羅先代萩」として取り上げられ，さらに明治時代には国語学者の大槻文彦が『伊達騒動実録』を著した。この事件に対し，最近では門閥派と改革派の対立という見解が有力となっている。

ブローチ形金製品，板ガラス付き筆入れなどが発見された。

　坂の中腹東側には，政宗の香華所として建てられた，正宗山瑞鳳寺（臨済宗）がある。1637（寛永14）年鋳造の梵鐘（県文化）と綱宗側室の邸門を移築した山門が立つ。墓地には，1877（明治10）年の西南戦争で捕らえられて，仙台で病死した鹿児島県人の墓がある。

東北大学 ❹

〈M▶P.2.6〉仙台市青葉区片平2丁目1（片平キャンパス）
JR・市営地下鉄仙台駅🚌長町営業所行東北大学正門前🚶1分

日本で初めて女子学生に門戸開放した帝大

　バス停東側に，東北大学がある。東北大学の前身である東北帝国大学は，1907（明治40）年，東京帝国大学・京都帝国大学についで，3番目の帝国大学として片平地区に創立された。1949（昭和24）年の学制改革で，旧帝国大学と第二高等学校・仙台工業専門学校・宮城県女子専門学校・仙台医学専門学校を統合，東北大学と改称し，現在の総合大学となった。

　創立以来，研究第一主義と門戸開放を理念とする東北大学には，

青葉の城　9

旧仙台医学専門学校階段教室（6号教室）

1913（大正2）年に日本初の女子学生が3人誕生している。また、本多光太郎（KS磁石鋼）、八木秀次（八木アンテナ）、黒川利雄（ガン集団検診）、野副鐵男（トロポロイド）、阿部次郎（『三太郎の日記』）、近年では西澤潤一（光通信・半導体）などのすぐれた教授陣のもと、多くの俊秀を輩出した。2002（平成14）年、「生体高分子の同定および構造解析のための手法の開発」でノーベル化学賞を受賞した田中耕一は、工学部の卒業生である。

　現在、キャンパスは仙台市内5カ所（片平・雨宮・星陵・川内・青葉山）に分かれている。この川内地区には付属図書館、青葉山には理学部自然史標本館があり、片平地区には、戦災を免れた明治～大正時代の洋風建築が多数現存する。これらの建物から、仙台の高等教育機関の建築の変遷をたどることができる。

　大学本部の手前を左折してみえる下見板貼の三角屋根の建物は、中学校令により1887（明治20）年に創立された、第二高等中学校の物理学教室（1890年竣工）である。旧理学部化学科教室の裏には、1901年に第二高等学校から独立した、旧仙台医学専門学校階段教室（6号教室、1904年竣工）がある。魯迅も学んだこの教室は、木造平屋下見板貼で、階段教室の机の高さにあわせて窓が設定されている。レンガ造りの第二高等学校書庫（1910年竣工）は、仙台に残る明治時代建築として貴重である。北接する仙台監獄の敷地の使用許可を受けて建築された理学部動植物学教室（1923〈大正12〉年竣工）は、鉄筋コンクリート造りで、レンガ貼りレリーフ装飾が施されている。上からみると、半円形の建物を頂点にコンパスを開いた形をしており、現在は放送大学として利用されている。1922年に開設された法文学部の付属図書館閲覧室（1924年竣工）は、鉄筋コンクリート造りで、ロマネスク風の外壁をもち、寄棟屋根の中央に塔屋を配する。現在は東北大学史料館（旧記念資料室）となっており、開学以来の歴史を知ることができる。史料館は土・日曜日を除き見学できる。

城下町仙台

62万石の城下町仙台。桃山・寛永文化の社殿から，伊達な記憶が甦る。

大崎八幡宮 ❺
022-234-3606

〈M▶P.2,6〉仙台市青葉区八幡4-6-1 [P]
JR・市営地下鉄仙台駅🚌愛子・中山台方面行大崎八幡宮前🚶1分，またはJR仙山線国見駅🚶15分

現存最古の「石の間造」の国宝

　仙台駅から国道4号線に出て北へ向かい，地下鉄北四番丁駅の交差点を左折して国道48号線に入る。庄子屋醤油店(国登録)を過ぎると，右手に鬱蒼とした杜がみえる。ここが大崎八幡宮(祭神応神天皇・仲哀天皇・神功皇后)である。

　この付近は関山街道の起点であり，門前町として八幡町を形成している。『安永風土記』によれば，坂上田村麻呂が胆沢城(岩手県奥州市水沢区)に創建した鎮守府八幡宮を，奥州探題の大崎氏が遠田郡に勧請したのが神社の始まりという。また，1057(天喜5)年，源義家が安倍貞任と戦うため，京都男山八幡宮より神体を遠田郡八幡村(大崎市田尻)に勧請し，中世には大崎氏の尊崇を受けて大崎八幡と称したとする説もある。さらに，「大崎八幡来由記」には，遠田郡の八幡宮の神体を偶然に入手した伊達政宗が，これを大崎地方獲得の吉祥とみなし，岩出山城内の小祠にまつったことが描かれている。

　1604(慶長9)年，政宗は城下鎮護のため，仙台城の乾(北西)の方角に約3年をかけて社殿を造営，旧領米沢(山形県米沢市)にあった成島八幡宮も合祀した。棟札から，大工に山城(京都府)の日向守家次，棟梁に紀州(和歌山県)の刑部左衛門国次を招き，造営されたことがわかる。2002(平成14)年より行われた大規模な解体修理の際に発見された棟木には，「しらぬたこくに宮をたてお

大崎八幡宮

城下町仙台　11

く」という墨書があり，上方の職人勘吉の心理がうかがえる。飾金具はその銘から津田・上田などの京都の職人の製作，天井画や壁画は狩野左京の作と推定される。

社殿(国宝)は，本殿と拝殿をつなぐ石の間造(権現造)としては現存最古の桃山様式建築の1つである。本殿は桁行5間・梁間3間，拝殿は桁行7間・梁間3間で，ともに入母屋造・柿葺き。社殿は黒漆塗だが組物や細部の彫刻などは，極彩色に彩られている。装飾の題材は，仏教的なものや道教的なもの，中国的な説話を組み合わせたものがある。

本殿の内陣(非公開)には山水画が描かれ，石の間格天井には草花が描かれている。これは，神と人が出会う空間を意図したものと推定される。拝殿側には，折上格天井が設けられている。これは，石の間に天井をもたない北野天満宮の伝統様式を基本として，のちに日光東照宮にあらわれる天井全面を格天井とする新しい様式を先駆的に取り入れたものといえる。

長床(国重文)の造営時期は不明だが，社殿とほぼ同時期のものと考えられる。桁行9間・梁間3間で，屋根は入母屋造・柿葺き，中央に軒唐破風をつけている。中央に通り土間があり，その両脇の室は板敷きの床となっている。

石鳥居(県文化)は，1688(寛文8)年，仙台藩4代藩主伊達綱村が社殿修築に際して寄進したもので，岩手県東磐井郡産の花崗岩を使用している。1907(明治40)年に修復されたが，県内の鳥居としては仙台東照宮の石鳥居につぐ古いものである。

例大祭は，1609(慶長14)年以来，9月14・15日に行われている。14日の宵には，県北の法印神楽とは異なる能神楽(県民俗)が長床で奉納され，15日には創建当時から続く流鏑馬神事がある。1月14日にはどんと祭(松焚祭)がある。これは，松飾りなどを焼納して正月の神を送り，無病息災・家内安全を祈る行事である。旧仙台藩領内のどんと祭りの起源となった松焚祭は，1849(嘉永2)年『仙台年中行事大意』の記載から，19世紀中頃には年中行事化していたことがわかる。また，同時に行われる裸参りは，杜氏が参拝したのが始まりとされる。

丁と町

コラム

丁は侍、町は足軽・町人の住む所

　仙台城下域である仙台輪中は、丁・町と通・小路で構成されている。

　初めに丁の計画的な町割が行われた。町は当初定期市があった地区が、経済発展とともに町屋敷として割り出された。通は「○○通」に通じる道沿いの町を意味し、小路は丁より遅れて町割された地区とみられる。さらに、元寺小路と新寺小路や、大手筋を基準とした一番丁のように、城下の変遷を示す町名もある。

　丁は屋敷奉行に支配され、町は町奉行・同心と町検断・肝入によって管理された。丁は下級武士の屋敷と、上級武士(300石以上)の仙台参勤時の屋敷で構成された。片平丁から大手門にかけては、大名小路とよばれた。1689(元禄2)年、松尾芭蕉も見物している。現在も、片平丁に残る石垣に武家屋敷の面影を偲ぶことができ、中島丁の屋敷林には「杜の都」の原風景をうかがうことができる。

　足軽町は職務に応じて組ごとに屋敷割がなされ、住民は信仰する神社を中心に結束を図っていた。桝形が残る道筋の二十人町にある矢先神社境内は、弓鉄砲の稽古場でもあった。

　藩お抱えの職人には職種ごとに屋敷地が与えられ、それが町名になった。七郷堀沿いの南染師町には、今も染物屋が残っている。商人町は町列という序列があり、伊達御供衆の御譜代町は町ごとに専売権が与えられ、城に近い場所に立地した。荒町の麴を取り扱う店専売の麴屋(1603〈慶長8〉年創業)は、その名残りである。

　御譜代町につぐ序列は、国分町・北目町である。これらの町は、東街道沿いにあった国分氏・粟野氏の市町を奥州道中沿いに移したもので、伝馬役を負担した。通町には、「こまえ」という庇をもつ町屋が残る。

　現在、仙台市では、歴史的町名を表示した辻標を活かし、道路の通称名とする事業を進めている。

参道中ほどの右手には、龍宝寺(真言宗)がある。大崎八幡宮の別当寺で、伊達家の祈祷所で一門格に列した。本尊の木造釈迦如来立像(国重文)は、1696(元禄9)年、4代藩主綱村が金売吉次伝説のある福王寺(栗原市金成)から移したものである。藩主綱村が龍宝寺に奉納した。平安時代末から鎌倉時代にかけて模刻された、清涼寺式釈迦如来像の北限とされる。

大崎八幡宮から南にくだり、広瀬川に架かる牛越橋を渡って川沿いに400mほど南進すると、右手の小高い丘の上に亀岡八幡宮(祭神

城下町仙台

応神天皇・玉依姫・神功皇后)がある。伊達家の尊崇が篤く，もとは梁川八幡(福島県伊達市梁川町)と称した。伊達郡が上杉領となった後は，丸森，仙台と御神霊を遷し，1683(天和3)年現在地に社殿を造営した。亀岡八幡への参詣であれば，仙台城大手門前の通行が藩士以外にも許されたので，松尾芭蕉もこの経路で参詣した。第二次世界大戦中は第二師団の鎮守とされたが，社殿は1945(昭和20)年の空襲で焼失した。現在は，5代藩主吉村が献納した石鳥居(県文化)と321段の石段，4代藩主綱村が寄進した「建武二二(1337)年十二月日」銘の太刀(備前長船義光作，国重文)が残されている。

三居沢発電所 ❻
022-261-5935(電気百年館)

〈M▶P.2,6〉仙台市青葉区荒巻字三居沢16 Ｐ
JR・市営地下鉄仙台駅🚌三居沢交通公園方面行三居沢交通公園前🚶1分，または🚌東北大学医学部附属病院前経由20分

日本初の水力発電所

三居沢交通公園に隣接して，1909(明治42)年に竣工した日本最初の水力発電所である三居沢発電所の発電機室(国登録)がある。

1888(明治21)年，宮城紡績会社が工部大学校設計の，出力5kwの直流発電機でアーク灯を点灯したのが東北の発電の始まりである。1894年には，仙台電灯株式会社が電灯事業を開始し，仙台市内の365灯の電灯を灯した。

現在の発電所の明治時代の洋風建物は1909年に建てられた2代目で，1910年三居沢発電所として運転を開始した。その後，仙台市電気部を経て，1951(昭和26)年に東北電力が操業，現在でも出力1000kwで運転されている。三居沢電気百年館が併設され，その歴史を紹介している。

芭蕉の辻 ❼

〈M▶P.2,6〉仙台市青葉区大町1丁目
JR・市営地下鉄仙台駅🚶12分

江戸に匹敵する繁華街

仙台駅から中央通りを西に1kmほど進むと，城郭櫓風の瓦屋根を模した記念碑が立っている。ここが芭蕉の辻で，仙台城・大橋から東に延びる大町通りと奥州道中が交差する交通の要衝であり，城下の町割の基準となった。名前の由来は不詳だが，伊達政宗が重用した虚無僧の芭蕉が，この櫓郭を拝領したことに求める説がある。

この辻の四隅の町屋敷には，白漆喰の2階建て櫓風建物が，藩の

芭蕉の辻(明治時代)

補助によって建てられた。別名札の辻ともよばれ、札番所がおかれてキリシタンや捨馬などを禁止する制札が掲げられた。

　芭蕉の辻の西300mの大町2丁目には、戦災復興記念館がある。1981(昭和56)年に開館したもので、仙台空襲と復興事業の記録が保存・公開されている。

北山五山 ❽

〈M▶P.2,15〉仙台市青葉区北山1～2丁目・青葉町　P
JR・市営地下鉄仙台駅🚌北山・子平町循環輪王寺前🚶5分、またはJR仙山線北山駅🚶11分

仙台城下の防御もになう寺々

　伊達政宗は、仙台城築城の際、計画的な城下町建設を行い、北と東には寺院を配置した。とくに、標高約100m・東西約1.5kmにわたる北山の丘陵には、多くの寺院が配置され、防御的役割を担っていた。

　JR北山駅から北仙台駅方面に向かって、輪王寺、資福寺、覚範寺、青葉神社を挟んで、東昌寺、光明寺と東西に連なっている。これらの寺院は禅宗の古刹で、その多くは中世伊達家ゆかりの伊達五山(満勝・東昌・光明・観音・光福)以来の伝統をもつ。福島県伊達郡や山形県米沢市で開山され、伊達家の移封にともない、大崎市岩出山を経てこの地に移った。江戸時代には北山五山(覚範・東

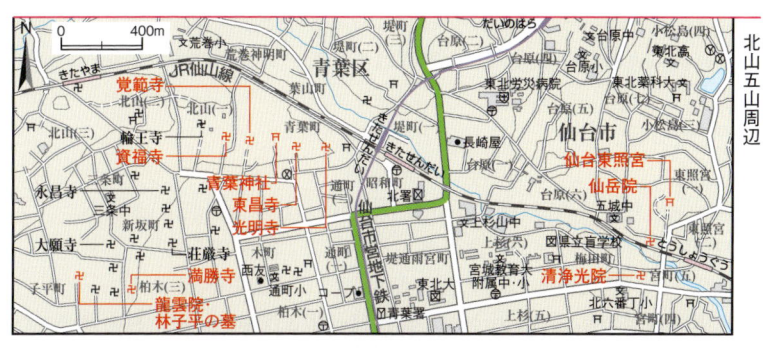
北山五山周辺

昌・光明・満勝・資福)とよばれ，藩内寺院の序列も御一門格として上位に位置づけられ，厚遇された。なお満勝寺は，1667(寛文7)年に4代藩主綱村によって，旧北八番丁(柏木3丁目)に移されたため，今日では輪王寺を加えて北山五山とよぶこともある。輪王寺(曹洞宗)は足利義満の叔母(九世政宗夫人)の菩提寺である。足利義教の奏請で後花園天皇が下賜した額などが伝存したが，山門を残して1876(明治9)年の火災で焼失した。白虎隊唯一の生存者飯沼貞吉(貞雄)の墓がある。

資福寺(臨済宗)は鎌倉建長寺の末寺として開山され，伊達政宗の学問の師であった虎哉宗乙を中興開山とし，1638(寛永15)年現在地に移された。現在は，あじさい寺として知られている。栗原市志波姫伊豆野出身の自由民権運動家で，「五日市憲法草案」の起草者千葉卓三郎の墓と顕彰碑がある。

覚範寺(臨済宗)は政宗の父輝宗の菩提寺として建立され，虎哉禅師を開山とする。もとは仙台愛宕山の地にあったが，1601(慶長6)年現在地に移された。政宗の生母保春院の墓と，その隣に政宗の3男宗清の供養塔がある。

東昌寺(臨済宗)は伊達氏4代政依の菩提寺で，1601年に移された。もとは西隣の青葉神社境内も東昌寺の寺域であった。住持は宿老とともに藩政に関与した。本堂の東北隅には，政宗が城の鬼門除けとして手植えしたというマルミガヤ(国天然)がある。

東昌寺と墓地づたいに，光明寺(臨済宗)がある。伊達氏初代朝宗の夫人の菩提寺として建立され，1604年現在地に移された。政宗の命でヨーロッパに派遣された支倉常長の墓と伝えられる五輪塔と，その右横に支倉一行を案内した宣教師ルイス・ソテロの碑がある。

林子平の墓 ❾
022-234-2647

〈M▶P.2, 15〉 仙台市青葉区子平町19-5 P
JR・市営地下鉄仙台駅🚌北山・子平町循環子平町龍雲院前🚶3分，またはJR仙山線東北福祉大前駅🚶12分

海防と蝦夷地開拓を説いた先覚者の墓

東北福祉大前駅の南東約1kmに，金台山龍雲院(曹洞宗)がある。この寺には，高山彦九郎・蒲生君平とともに「寛政の三奇人」と称された，江戸時代後期の経世思想家林子平の墓(国史跡)がある。

子平は幕臣の家に生まれたが，姉が仙台藩6代藩主伊達宗村の側

養賢堂と青柳文庫

コラム

日本最初の公開図書館

　1736(元文元)年、仙台藩5代藩主伊達吉村が設立した学問所を、7代重村が拡充し、養賢堂と改称した。実学を尊ぶ学風で、文化年間(1804〜18)に学頭大槻平泉が、全国で唯一、算法の科目を設けた。諸藩の学校調査をした佐賀藩主鍋島閑叟は、これを賞賛した。さらに全国に先駆けて、養賢堂に付属する医学館に西洋医学講座を開設した。1852(嘉永5)年に来訪した吉田松陰の『東北游日記』には、教授陣の俸給が能力給であったことが綴られている。1857(安政4)年に庶民教育機関の日講所も併設され、養賢堂付属御蔵版刷所刊行の書籍は教学振興に寄与した。

　養賢堂は、廃藩から1931(昭和6)年までは県庁として使用されたが、戦災で焼失した。往時の情景を伝えるものとして、養賢堂の正門であった泰心院(仙台市若林区)山門と高橋由一の油絵「宮城県庁門前図」(宮城県美術館蔵)が残されている。

　医学館に付属して、日本初の公開図書館青柳文庫があった。文庫を創設した青柳文蔵は、仙台領磐井郡松川村(岩手県一関市東山町)の医者の3男として生まれた。「金儲けのためには医者にならない」と江戸に上り、公事師の仕事で財を成した。誰もが書に親しめるように、文蔵は1831(天保2)年蔵書2万巻と金千両を藩に献納して文庫を創設した。この図書館の運営資金は、文蔵が郷里に設置した備倉からの籾の貸出の利益で賄われ、天保の飢饉(1833〜39年)の際は、この備倉の籾によって郷里の人びとが救済された。文庫は戦災で焼失したが、慶長・元和年間(1596〜1624)の頃の書籍を含め、約3000冊が宮城県図書館に所蔵されている。現在跡地(東二番丁スクエア：仙台市青葉区一番町)には石碑が立っている。

「宮城県庁門前図」

室となった縁で、仙台に移り住んだ。仙台藩医工藤平助が『赤蝦夷風説考』でロシアの南下を警告したことに感化され、『三国通覧図説』や『海国兵談』を刊行し、蝦夷地開拓と海防の必要性を説いた。しかし、これが老中松平定信の勘気にふれ、1792(寛政4)年仙台での蟄居を命じられた。幽閉生活中、「親もなし　妻なし　子なし　板木(版木)なし　金もなければ　死にたくもなし」と詠んで六無斎と号し、翌年56歳で病没した。没後48年、幕府より罪を許され、墓

城下町仙台

林子平(六無斎)の墓

碑が建てられた。また、墓前には伊藤博文記文の顕彰碑がある。

なお境内には、子平考案の日時計、戊辰戦争(1868〜69年)の際に「鴉組」を率いて活躍し、晩年は当院の住職をつとめた細谷十太夫直英の墓もある。

仙台東照宮 ❿

022-234-3247

〈M▶P.2,15〉仙台市青葉区東照宮1-6-1 P
JR仙山線東照宮駅 徒2分

東照宮駅の北約200mの所に、仙台東照宮(祭神徳川家康)がある。仙台駅から真北に延びた宮町通りから、老杉に囲まれた東照宮にかけては、もとは小田原玉手崎とよばれた丘陵地である。1591(天正19)年におこった葛西・大崎一揆鎮圧のため、督戦にあたった徳川家康が伊達政宗の案内で、帰途に宿陣した地でもある。東照宮正面から門前町の宮町を南北に貫く長い筋は、東街道を基軸とする旧来の町と政宗が割り出した奥州道中を基軸とする町との境界とも考えられている。

仙台藩2代藩主伊達忠宗は、1637(寛永14)年の大水害復旧のため、江戸幕府から銀5000貫を借用したことの返恩として、3代将軍徳川家光に東照宮建立を願い出て許された。造営奉行に富塚重信・山口重如、大工棟梁に梅林彦作を任じ、1649(慶安2)年に着工、1654(承応3)年に完成した。

さらに別当寺として仙岳院が創建され、成就院・延寿院・宝蔵院などの塔頭が立ち並び、当地にあった天神社は榴ヶ岡(仙台市宮城野区)に遷された。忠宗から社領として小田原・荒巻(仙台市青葉区)、黒川郡穀田(黒川郡富谷町)の50貫文が寄進、1660(万治3)年には65貫文に加増されて、鹽竈神社(塩竈市一森山)につぐ待遇を受けた。門前町として、上御宮町と下御宮町が南に割り出された。

9月17日の祭礼は仙台祭とよばれ、藩主在国の年は城下18町が番を組んで山鉾をつくり、神輿の先に担ぎ出して華美を競い、その盛況ぶりは江戸・上方にまで轟いたという。

大きな石鳥居(国重文)は、忠宗夫人振姫(池田輝政娘、将軍秀忠

四ッ谷用水

コラム

杜の都の生活用水

　仙台は段丘地で, 広瀬川が形成した段丘崖のため, 利水には不便であった。寛永年間(1624～44), 伊達政宗は川村孫兵衛重吉に命じ, 荒巻村郷六(仙台市青葉区)に堰を設けて潜穴を通し, 城下を貫流する用水の開削を始め, 元禄年間(1688～1704)に総延長44kmの四ッ谷用水が完成した。

　用水の流れは早く, 湧水が注ぎ込んだため, 清流であった。洗い場や庭池への引水など, 生活用水として広く利用され, 藩の監督で町家が水路の清掃をして維持に努めた。また, 町奉行・若年寄の指揮で, 町火消がこの用水を利用して消火活動を行い, とくに大火の際には八幡堤の水量を増加させた。

　四ッ谷用水は, 灌漑用水として新田開発を可能にしただけでなく, 江戸時代には精米製粉の水車の動力源になった。明治時代以降は製糸・機織工場の動力源となり, 廃藩で禄を失った人びとの生計を支えた。道路中央を開口式で流れていたため, 現在では郷六の取水堰のほかは暗渠化されたが, 大崎八幡宮の階段手前の石積みの堀などに往時を偲ぶことができる。

養女)の郷里備前国犬島(岡山県岡山市)産の花崗岩を運んでつくったもので, 明神鳥居の典型である。塗御橋を渡り, 緩やかな石段をのぼると, 両側には, 伊達家重臣たちによって寄進された石灯籠37基が立ち並ぶ。大半は創建時の「承応三年」銘をもつが, 寛文事件(伊達騒動)で処分を受けた家臣の石灯籠7基が1672(寛文12)年頃に撤去され, あらたに6基が追加された。

　参道石段をのぼりきった所に立つ随身門(国重文)は, ケヤキの素木造, 三間一戸の八脚門で, 左右に本多忠勝と藤堂高虎の随身像をおく。仏教建築の影響を受けた楼門形式で, 屋根は入母屋造・銅板葺き(当初は銅瓦葺き)。軒は, 二軒繁垂木・尾垂木のある三手先斗栱組や2階の勾欄付縁が複雑である。

　拝殿に向かう石段の勾配は急で, 左手に手水舎(県文化)がある。拝殿前には伊達忠宗・伊達式部宗倫・田村右京宗良が寄進した石灯籠がある。拝殿はケヤキ造りで一間の向拝をつけ, 背後には幣殿を設けている。1935(昭和10)年の失火後, 修理が加えられたが, 1964年に復元された。

　本殿(国重文)は, 日光東照宮のような, 拝殿と本殿を石の間で連

城下町仙台

仙台東照宮

結する権現造ではなく，本殿と拝殿が別棟になっている。正面には桟唐戸の格間の綿板に，金箔の丸形彫刻を施した一間一戸の華麗な唐門(国重文)を構え，その両側から黒漆塗の連子窓で上部を透かした透塀(国重文)が本殿を囲んでいる。

　本殿は，ケヤキ造りで三間二間。三方に縁を回し，正面に一間の向拝をつける。屋根は入母屋造・銅瓦葺きで，棟に千木・堅魚木を載せ，軒には支輪をつけた二手先斗栱を組む。折桟唐戸の格間には天女と唐獅子の円形浮彫，桟・框には七宝を散りばめた徳川家の三葉葵紋の飾金具が施されている。外陣は畳敷・小組格天井で，黒漆塗の格子と格間の金箔の対照が美しい。内陣は折上小組格天井で，中央に朱漆塗の須弥壇を設け，徳川家康像を納めた豪華な高蒔絵の家形厨子をおく。

　東照宮の南約150mに，別当寺の眺海山仙岳院(天台宗)がある。比叡山延暦寺(滋賀県大津市)の末寺に属し，平泉中尊寺(岩手県西磐井郡)の別当を兼ねた，仙台藩御一門格の筆頭寺院であった。1868(明治元)年の戊辰戦争の際，奥羽越列藩同盟の軍事総督北白川宮能久親王の宿所となり，庫裏にその部屋が現存する。瑠璃殿では，明治時代初期の廃仏毀釈で解体された東照宮薬師堂の本尊薬師如来像，十二神将像や真浄殿の華鬘などが公開されている。また当院には，奥州藤原氏3代秀衡の3男忠衡の女児が所持したという，小萩観音も伝えられている。

　仙岳院の南約150m，北六番町通りに面した清浄光院(万日堂)は，仙岳院の回行道場として建立された。戊辰戦争時，仙台藩随一の精鋭といわれた額兵隊隊長星洵太郎の墓がある。また，仙岳院の南東約170mに塔頭の延寿院がある。超人的脚力の浄圓坊を大権現として祀る本堂の格天井には草花が描かれている。

細谷十太夫直英と戊辰戦争

コラム

官軍にゲリラ戦を挑んだ仙台藩士

戊辰戦争(1868〜69年)において、仙台藩は奥羽越列藩同盟の中心となり、維新政府軍に対抗した。

仙台藩士の細谷十太夫直英は、かねてから江戸探偵を命じられ、生糸商を装い、政府軍の動向を国許へ報告していた。戦争が拡大すると仙台に帰り、各地の侠客や博徒・馬方を集めて、鴉組を組織した。鴉組の名は、隊員が黒地の筒袖に黒の小袴、紺の股引・脚半・鉢巻・足袋を身につけていたためとも、八咫烏を旗印に用いたためともいう。

鴉組は、命知らずの勇猛さで知られ、地理に明るいことから神出鬼没の活躍をして政府軍を悩ませ、当時の俗謡に「細谷ガラスと十六ささげ(棚倉藩の16人の脱藩士)、なけりゃ官軍高枕」と歌われた。仙台藩の夜襲戦法の先頭に立った鴉組は、1868年5月以降、白河口の激闘に勇武を振るった。本宮の攻防戦で目覚ましい活躍をみせ、30余戦をことごとく勝利したという。

1868(明治元)年9月、旗巻峠の戦いの際、鴉組には棚倉の脱藩士や、掛田の善兵衛・桑折の和三郎・渡辺の武兵衛ら、名のある侠客たちが一家を引き連れて続々と参加した。名も衝撃隊と改め、細谷十太夫はその隊長となった。

十太夫は、のち日清戦争(1894〜95年)にも軍夫長として参加し、人夫のまとめ役をつとめたといわれる。晩年は出家し、龍雲院(仙台市青葉区子平町)の住職となった。同院には、今も十太夫の遺品が残されている。

細谷十太夫の墓

齋藤報恩会博物館 ⓫

022-262-5506

〈M▶P.2,6〉仙台市青葉区大町2-10-14 Ⓟ
市営地下鉄広瀬通 12分

齋藤善右衛門が学術振興のために設立した博物館

齋藤報恩会は、1923(大正12)年に県内有数の大地主齋藤善右衛門によって設立された。学術研究・産業開発・社会福祉を中心に助成事業を行い、その一環として1935(昭和8)年に開設されたのが齋藤報恩会博物館である。施設・活動内容の両面において東北地方を代表する博物館の1つであったが、1945年の仙台空襲で被害を受け、

博物館活動は一時休止。建物は，GHQの民間情報教育局(CIE)図書館(1952年以降はアメリカ文化センター)として使用され，また1951年頃には県立博物館としての使用も検討された。

1976年に全面改築し，自然史博物館と改称して活動を再開。東北地方を中心とした化石や動物の骨格標本の系統的な展示がなされていた。しかしながら，2009年3月，博物館は休館し，4万点を超える収蔵資料は大半が国立科学博物館・山形大学などに寄贈された。その後，博物館は市営地下鉄広瀬通駅の西約1kmの所に移転，齋藤報恩会博物館と改称，2009年7月より展示を再開した。

多賀の国府と霊場

奥大道と七北田川が交わる中世の町場。霊場東光寺と山城岩切城跡を歩く。

岩切城跡 ⑫　〈M▶P.3〉仙台市宮城野区岩切・宮城郡利府町神谷沢
JR東北本線岩切駅🚶50分，または三陸自動車道利府塩釜IC🚗15分

観応の擾乱の舞台　留守氏の山城

　岩切駅から七北田川沿いに北西へ約1km，今市橋の北側，高森山(106m)に岩切城跡(国史跡)がある。中世の山城である岩切城は，富谷丘陵の東南端に位置し，仙台平野を一望できる。城の南方には七北田川が流れ，各方面に通じる道路が城の麓で交差し，岩切周辺は中世を通じて政治・経済上の要地であったと考えられる。城の規模は県内の中世城郭のうち最大で，東西約1km・南北約1.1kmにおよび，1982(昭和57)年には中心部にあたる東西約600m・南北約650mの範囲が国史跡の指定を受けた。

　岩切城跡は，東郭・西郭に大別できる。西郭の中心部は周囲を堀切と谷によって防御され，最高所の平場に南北約70mの主郭(一の丸)がある。そこから南東に直径約30mの曲輪(二の丸)，さらに南東にも曲輪(三の丸)が整然と配置されている。西郭については，一の丸・三の丸が，1935(昭和10)年に調査され，掘立柱跡が確認された。東郭は，西郭に接した南北90mほどの広い曲輪を中心に，北・東・南の三方に段差上に展開している。曲輪の形状は不整形，内部にも傾斜が存在するが相互の段差は小さく，その間を連絡する通路も複雑になっている。西郭と東郭は堀切で区分され，土橋によって連絡しているが，西郭が尾根上に曲輪を配置した比較的単純な構造であるのに対し，東郭はそのほぼ全域の地形を利用した複雑な構成をとっている。

　岩切城の史料上の初見は，1341(暦応4)年室町幕府の奥州総大将石塔義房の軍勢催促状である。奥州藤原氏滅亡後の1190(建久元)年，陸奥国留守職に任じられた伊澤家景を初代とする，留守氏歴代の居城として，南北朝時代に築かれたとみられる。

　南北朝時代の留守氏は，早期から北朝方に与し，北朝方の内部抗争の観応の擾乱(1350～52年)に巻き込まれた。留守氏は，足利尊

氏方の奥州管領畠山国氏に味方し、岩切城に国氏とともに立てこもり、足利直義方の吉良貞家らの兵と戦ったが、1351(観応2・正平6)年2月に落城し、壊滅的な打撃を受けた(岩切城合戦)。室町時代には、奥州探題大崎氏を頼って勢力回復を図ったが、伊達氏が北上してくると、しだいに大崎氏を離れ、伊達氏に従うようになった。文明年間(1469～87)以降、3度にわたって伊達氏より養子を迎え、その力を借りて勢力拡大を図った。

1567(永禄10)年に当主となった留守政景(伊達晴宗の子、政宗の叔父)が、村岡氏らの家中の反対勢力を一掃したことで、留守氏は完全に伊達氏の支配に組み込まれた。政景は、元亀年間(1570～73)に村岡氏の居城であった利府城(利府小学校の北東)に移り、岩切城は廃城とされた。なお留守氏は、豊臣秀吉の奥羽仕置(1590年)で所領を没収されたが、黒川郡大谷(黒川郡大郷町)・磐井郡黄海(岩手県東磐井郡藤沢町)を経て、江戸時代には水沢(岩手県奥州市)1万6千石の領主となった。

東光寺 ⓭
022-255-8906
〈M▶P.3〉仙台市宮城野区岩切字入山22
JR東北本線岩切駅🚶15分、または三陸自動車道利府塩釜IC🚗10分

岩切の町並みをぬけ、七北田川にかかる今市橋をわたるとすぐ北側に、東光寺(曹洞宗)がある。慈覚大師(円仁)の開山と伝えられ、鎌倉時代には留守氏の菩提寺となった。天文年間(1532～55)、長禄寺(福島県須賀川市)の普岳文統が中興し、以来、曹洞宗の寺院となった。1758(宝暦8)年の『奥州名所図会』には門前の十王堂から旧参道に沿って、古碑・穴地蔵・薬師堂・奥の院に至る一連の堂宇の姿が描かれている。

東光寺とその付近の古代の横穴墓群・中世の板碑群・石窟仏群・城跡は東光寺遺跡と総称される。鎌倉時代の東光寺は、多賀国府の北西に位置し、留守氏を始め、国府の有力官人や町場の有力者などの墓所が営まれる霊場であった。

寺の裏山を中心に「建治四(1278)年」から「延文五(1360)年」にかけての紀年銘のある板碑150基以上が確認され、仙台北部地区では最大の集中地点となっている。石材は石巻地方の稲井石が約半数、

東光寺石窟仏

残りは地元で産出する安山岩・砂岩である。山門西側の崖面には旧参道に沿って10数基の石窟が穿たれ，その内の４基に仏像が刻まれている。最上段の石窟の薬師如来像・阿弥陀如来像は仙台市博物館にその複製が展示されている。また，境内には堀切・土塁・曲輪の跡も認められ岩切城に連なる留守氏家臣余目氏の居城である東光寺城があったことが知られている。

東光寺遺跡は戦前に板碑・岩窟仏が調査され，昭和61・62（1986・87）年に県道の工事にともなって発掘調査が行われた。その結果，尾根の西端部の崖上から，竪穴・階段・礎石・井戸・柱穴・参道などの遺構や大量の瓦・陶器が出土し，14世紀頃の中世寺院の存在が確認され，門前の東側からは14世紀頃の集落跡が発見された。さらに平成元(1989)年に行われた第３次調査では，この集落跡の東方への広がりが確認され，留守文書の「冠屋市場」「河原宿五日市場」との関連が考えられる。これらのことから，東光寺遺跡は古代から中世にかけての陸奥国「府中」を総合的に解明するための貴重な遺跡であることが明らかになった。

善応寺 ⓮
022-251-0393
〈M▶P.2, 26〉仙台市宮城野区燕沢2-3-1
JR・市営地下鉄仙台駅🚌東仙台行仙台東営業所🚶5分，またはJR東北本線東仙台駅🚶30分

「蒙古之碑」のあるギヤマン寺

東仙台駅から利府街道(県道８号線)を北東へ1.5kmほど行くと，比丘尼坂に至る。1823(文政６)年の『鹽松勝譜』によれば，平将門の妹が尼となり，この坂で甘酒を旅人に売ったと伝えられる。1758(宝暦８)年の『奥州名所図会』には，甘酒を売る茶店が描かれている。比丘尼を葬ったとされる塚に立っていた碑は善応寺参道にあり，碑の裏面に「当村中」願主以下４人の名が刻まれている。建立時期は不明だが，村人が供養していたことがわかる。

比丘尼坂をくだる手前で左折すると，善応寺(臨済宗)がある。1697(元禄10)年に仙台藩３代藩主伊達綱宗が，２男村和の別荘地を

蒙古之碑（善応寺）

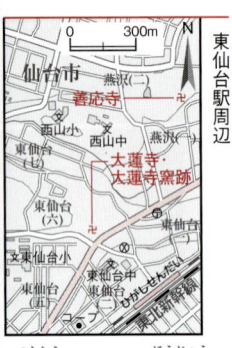

通玄に下賜し、聖徳寺として開山させたことに始まる。通玄は水主衆の出身で、日本黄檗宗の開祖隠元に学び、松島瑞巌寺103世をつとめた僧である。1702年に仏殿が開堂、1718(享保3)年に4代綱村により新方丈と位牌所が造営され、善応寺と改称した。3代綱宗の位牌所で、藩の寺格では、「御盃頂戴格」筆頭の格式をもつ。通玄没後の1704(宝永元)年以降に造営された開山堂は、四半敷の床に塼を敷き詰め、黄檗風建築を伝える。堂内の墓石上には、鷺足とよばれる細長い脚に支えられた厨子があり、通玄禅師像を納め、上部に綱宗筆の「鶏足」の扁額が掲げられている。

本尊の十一面観音立像は、慈覚大師開基と伝える江刺郡の長谷寺から遷された。江戸時代に補修されたが、浅い衣紋の彫出しなどに定朝以降の様式がみられ、平安時代後期の作と推定される。また寺には、伊達綱宗が江戸品川屋敷の「御涼処之御座敷」で使用していた玻璃障子(ガラスを使用した明障子)のほか、1718(享保3)年に下賜された「びいどろ」が組み込まれた玻璃障子も伝えられている。

境内には、蒙古之碑と通称される「弘安第五天(1282年)」の板碑がある。『奥州名所図会』によれば、蒙古襲来時の元軍戦没者を無学祖元が弔ったという伝承に由来するものという。第二次世界大戦中は、日本人の東洋諸民族への親善を示すモニュメントとして利用され、1941(昭和16)年には、東亜新秩序発揚の場として蒙古連合自治政府主席徳王が来訪しており、これを機に『名所図会』が載せる槙島の地(槙島観音堂)から現在地へ移設された。このとき、碑の周辺から一字一石が発掘されており、碑裏の「享保八年……一字一石塔」の銘文から、1723(享保8)年に槙島で一字一石塔に転用された

ことが知られる。この年に槙島より北の安養寺という古い寺跡から掘り起こして転用したという伝えがあるので、大吉祥大明菩薩の種子と銘文のあるこの板碑も、弘安年間(1278〜88)には槙島より北に造立されていた可能性がある。

境内周辺には、7世紀末から8世紀前半の善応寺横穴墓群がある。閉塞の溝が残っている。また、数度にわたる追葬の跡も認められる。

大蓮寺窯跡 ⓯ 〈M▶P. 2, 26〉仙台市宮城野区東仙台6-13-26
JR東北本線東仙台駅🚶10分

東北最古の須恵器窯跡

東仙台駅から北西へ400mほど行くと大蓮寺(曹洞宗)に至り、この寺の墓地に囲まれた南向きの緩斜面突端に、大蓮寺窯跡がある。

仙台市街北側の台の原・小田原丘陵には、台の原・小田原窯跡群が分布する。この窯跡群は、5世紀後半から9世紀後半まで須恵器・瓦を焼成した古代東北地方において最大の規模をもち、多賀城・多賀城廃寺(多賀城市)、陸奥国分寺・国分尼寺(仙台市若林区)の瓦も生産された。

同窯跡群に属する大蓮寺窯跡は、とくに5世紀代の須恵器を焼成したこと、7世紀後半から8世紀初頭の多賀城創建以前の瓦を焼成したことで注目される。古代における須恵器・瓦生産は、中央の支配権力の地方支配と密接に関わりをもち、当時の政治情勢を反映する資料である。5世紀代の須恵器窯跡は、畿内での須恵器生産からほどなくこの地でも生産が開始されたことを物語る。

須恵器窯跡1基からは、高坏・把手付椀・甑・器台など5世紀中期の須恵器が出土した。多賀城創建以前の瓦窯跡は3基からなる。窯の構造は、1基が地下式無階無段、2基が地下式無階有段である。八葉単弁蓮華文軒丸瓦、ロクロ挽き三重弧文軒平瓦、丸瓦・平瓦などが出土した。ここで焼成された瓦は、大蓮寺の北東1.5kmにある燕沢遺跡に供給されていた。

大蓮寺窯跡出土須恵器器台

多賀の国府と霊場

宮城野原

4

東街道沿いに陸奥国分寺があり，松尾芭蕉も訪ねた歌枕の地。

歌枕と中世以来の軍事の要地

榴ヶ岡（つつじがおか） ⓰ 〈M▶P.2,30〉仙台市宮城野区榴ケ岡
JR仙石線榴ケ岡駅(せんせき)🚶1分，またはJR・市営地下鉄仙台駅🚌15分

　仙台駅東口から宮城野大通りを宮城野原運動公園に向かって約1km直進すると，左手の小高い丘陵上に榴ヶ岡公園がある。この辺りが古来「榴ヶ岡」とよばれた地である。

　13世紀後半に編まれた『夫木和歌抄(ふぼくわかしょう)』に「みちのくの　つつじが岡の　くまつづら　つらしと君も　けふぞ知りぬる」とみえるように，もとはツツジの名所と考えられる。

　『吾妻鏡(あづまかがみ)』には，1189（文治5）年源頼朝(みなもとのよりとも)の奥州合戦(おうしゅうかっせん)の際，奥州藤原氏4代泰衡(やすひら)は国分原鞭楯(こくぶはらむちたて)（仙台市宮城野区）に陣を敷いた。しかし，阿津賀志山(あつかしやま)(白石市・福島県伊達郡国見町(くにみまち))の合戦で藤原国衡(くにひら)（泰衡異母兄）が敗れると，鞭楯を棄てて平泉(ひらいずみ)（岩手県西磐井郡平泉町(にしいわい)）に戻ったとある。近世，伊達政宗(だてまさむね)の仙台城築城に際して，榴ヶ岡は有力な候補地の1つとなった。仙台藩4代藩主伊達綱村(だてつなむら)が，生母三沢初子(みさわはつこ)の冥福を祈るため釈迦堂を建て，京からシダレザクラなどを移植した。現在はサクラの名所として知られている。

　明治時代には，1875（明治8）年に編制された第二師団歩兵第四連隊が，仙台城二の丸跡から移転・駐屯した。公園の東側にある1棟の兵舎は，1874年に仙台城の石垣の一部を利用して建てられた。木造2階建て，寄棟造(よせむねづくり)・瓦葺(ぶ)きの兵舎は，県内に現存する最古の洋風建築物である。第二次世界大戦後，1956（昭和31）年までは米軍

仙台市歴史民俗資料館

が使用し，その後は東北管区警察学校などとして利用された。1976年に公園整備が進められ，翌年から1棟のみが，1904(明治37)年当時の姿に復され，仙台市歴史民俗資料館として利用されている。資料館では，第四連隊の兵舎内部が復元されるなど，特色ある展示がなされている。

　公園の西側には，松尾芭蕉も訪れた榴ヶ岡天満宮(祭神菅原道真)がある。榴ヶ岡天満宮は，奥州藤原氏2代基衡の家臣佐藤小太郎基春が国分荘の領主になったとき，柴田郡川崎町から，現在の仙台東照宮の地(仙台市青葉区)に遷したという天神社を始まりとする。1650(慶安3)年の東照宮造営に際し，この地に遷された。境内には，芭蕉50回忌の追悼碑があり，参道脇には，戊辰戦争(1868〜69年)で活躍した額兵隊・見国隊の慰霊碑など多数の碑が立つ。

　公園の北側には，宮城県公文書館がある。明治時代以降の県庁文書を中心に，行政資料などが体系的に収集・整理されている。県庁文書約4万点，絵図面約1500枚を収蔵する。

新寺小路 ❶

〈M▶P.2, 30〉仙台市若林区新寺1〜5丁目など
JR・市営地下鉄仙台駅またはJR仙石線榴ケ岡駅🚶 5〜15分

春彼岸に削り花が手向けられる寺町

　仙台駅の東側，榴ケ岡駅の南側に広がる寺町が新寺小路である。寛永年間(1624〜44)頃に，城の町割として形成され，寺小路に対して新寺小路と称した。榴ケ岡・新寺・連坊小路・荒町一帯には，今も30余りの寺院がある。

　青葉区五橋一丁目交差点から宮城野区東華中学校に至る新寺小路を，仙台駅方面から榴ケ岡駅方面に向かって歩いてみる。

　阿弥陀寺(時宗)には，伊達稙宗が奉納した「承久三(1221)年」銘の木造阿弥陀如来像(県文化)や，影沼観音と称される聖観音像があり，仙台三十三観音17番札所となっている。また，

松音寺

宮城野原

儒者・兵学家の桜田虎門の墓がある。龍泉院(曹洞宗)には、平安時代末期の作とされる五智如来像が伝えられ、密教信仰の東北地方への伝来を物語っている。正楽寺(浄土真宗)には、国分町十九軒伊勢半板の往来物の著者、燕石斎薄墨の墓がある。仙台三十三観音16番札所である成覚寺(浄土宗)には、平安時代末期の作と考えられる聖観音像と室町時代の清海曼荼羅図(ともに県文化)がある。また山門は、仙台藩4代藩主伊達綱村の生母三沢初子の霊屋の唐門を移築したものである。愚鈍院(浄土宗)は、初代藩主政宗にその無欲さを愛された僧呑茶の隠居所ともなり、室町時代末期以降の様式をもつ阿弥陀如来像がある。境内には、医家・俳人の松井梅屋と妻

30 　杜の都仙台

居久根

コラム

仙台平野に点在する杜の「小島」

　仙台平野では、居久根と称する屋敷林に囲まれた屋敷より、独特の風致が形成されている。

　居久根の「居」は住居を、「くね」は垣根を意味する。防風の機能のほか、落葉・枯枝は燃料・肥料を供給したり、木の実・キノコは保存食の恵みを与える役割を担っているなど、生活に密接な関わりをもっている。

　また、居久根は、家の歴史を示す基準でもある。近世に「屋敷」とよばれた居久根は、中世には「在家」と『柿沼家文書』などに記載されている。

　広瀬・名取川や江合・鳴瀬川の自然堤防上の微高地に立地する居久根は、中世まで遡る歴史的景観をみることができる。名取市隅屋敷では、板碑が神体としてまつられている。板碑は、本来、屋敷墓の供養碑であり、屋敷墓は祖霊信仰と開発地を子孫が継承する理念に起源をもつとされている。自然堤防上の居久根にある板碑は、河川の氾濫原を開発した先祖を屋敷神として供養したものと思われる。また、屋敷と板碑のセット構造は、鎌倉御家人の屋敷との類似性が指摘でき、板碑が残された居久根は中世以来の開発地を継承した屋敷と考えられる。

　仙台藩の直轄領となり、元禄年間(1688～1704)に新田開発が行われた仙台市長喜城も、国分氏家臣の荘園の伝承をもち、「永享五(1433)年」銘の阿弥陀三尊板碑があるので、中世から開発されていたと推定される。

溶々の墓や、当地の旧名「八塚」の由来とされる古墳の1つが残る。善導寺(浄土宗)には、江戸時代前期の刀工本郷国包の墓がある。

　宮城野区東九番丁の光明山孝勝寺(日蓮宗)は、日蓮宗東北本山である。2代藩主忠宗夫人振姫の帰依を受け、さらに歌舞伎「伽羅先代萩」の政岡のモデルとなった三沢初子の尊崇を得た。本堂に振姫の木像、庭に政岡の石像などがある。その東側には、振姫と三沢初子の墓がある。山門は、江戸時代後期の壮麗な建築である。また榴ケ岡から移築した釈迦堂(県文化)は、1695(元禄8)年に綱村が母の冥福を祈り、その恩愛を領民に伝えたいと発願して建立し、初子の護持仏であった釈迦像を安置している。本堂は1937(昭和12)年の増築だが、釈迦堂は手前の二天門とともに建立当時の名残りをとどめている。榴ケ岡の徳泉寺(浄土真宗)と金勝寺(曹洞宗)には、天保大飢饉(1833～39年)の死者を集めて埋葬した丙申殍氓叢塚

宮城野原

の碑が各2基ずつ立っている。

　愚鈍院の東隣，妙心院（曹洞宗）には，松尾芭蕉の蓑塚と八塚の1つがある。松音寺（曹洞宗）の山門は，伊達家から若林城の城門を寄進されたもので，仙台藩医・経世思想家の工藤平助の娘で俳人の只野真葛の墓がある。大林寺（曹洞宗）には，名曲「荒城の月」の作詞者土井晩翠の墓がある。正雲寺（浄土宗）には，仙台四大画家の1人菅井梅関や廻文の名人仙代庵（細屋勘左衛門）の墓がある。

　新寺小路に近い南鍛冶町の泰心寺（曹洞宗）山門は，藩校養賢堂の正門を明治時代初期に移したもので，棟に伊達家の家紋三引両を配した雄大な門である。

　この地域では春の彼岸に，木の棒先を削り，赤や黄色に着色した削り花が供えられる。当地がこの時期，まだ花の季節ではないので，東九番丁の花屋が1877（明治10）年頃に考案したものとされる。

陸奥国分寺跡 ⑱
022-256-1883
〈M▶P. 2, 35〉仙台市若林区木ノ下1〜2丁目 P
JR・市営地下鉄仙台駅🚌大和町方面行薬師堂🚶2分

七重塔の大伽藍から桃山様式建築の薬師堂へ

　薬師堂バス停から東へ約150m行くと，陸奥国分寺薬師堂がある。その敷地一帯には，かつて陸奥国分寺があった。仙台市街の南東約2.5km，歌枕で有名な宮城野の南東に位置する。

　陸奥国分寺は，741（天平13）年，聖武天皇によって全国に建立を命じられた国分寺のうち，最北のものである。現在の陸奥国分寺薬師堂は真言宗寺院である。南大門跡に仁王門（県文化）が，講堂跡に薬師堂（国重文）が立つ。薬師堂は，1607（慶長12）年に伊達政宗が，泉州比根（大阪府泉佐野市）の大工駿河守宗次らに修造させた桃山様式建築である。仁王門は，入母屋造・茅葺きの八脚門。薬師堂は5間四方，素木造の単層入母屋造・本瓦葺き（もとは柿

陸奥国分寺薬師堂

横綱谷風

コラム

相撲興隆の功績者

　横綱谷風は，1750（寛延3）年宮城郡霞目村（現仙台市若林区）に生まれ，幼少時から怪童の評判高く，片倉家の白石城で相撲の手ほどきを受け，1769（明和6）年の江戸春場所で本場所を踏んだ。1772（安永元）年の秋場所で初優勝，1776年には2代目谷風梶之助を継ぎ，1781年に大関，1789（寛政元）年には4代横綱を許された。本場所優勝21回，総取組308戦中258勝14敗36預かりで，1779年から1783年にかけては63連勝を記録している。人柄も温厚で古今無双の名横綱とされ，現役中の1795年に郷里で流感により46歳で没した。陸上自衛隊霞目飛行場に東接して横綱谷風の墓がある。若林区南鍛冶町の東漸寺（浄土真宗）と，白石城二ノ丸に谷風の記念碑，青葉区勾当台公園には銅像が立つ。

　また，谷風の墓の東方約100mには，慶長の大津波の時，ここで津波が二つに分かれたという伝承をもち，1835（天保6）年に東方約500mの八瀬川から移された浪分神社がある。さらに浪分神社の北東約2kmの七郷中学校の付近に弥生時代の津波・地震の痕跡が残されている荒井広瀬遺跡と同時期の津波の痕跡が残されている沓形遺跡がある。

横綱谷風

葺き）である。内陣には家形厨子（国重文）がおかれ，近年まで左右に木造十二神将立像（県文化）が安置されていた。厨子の扉には花鳥，須弥壇にはボタンの彫刻が施され，桃山様式の特徴をよく伝えている。

　陸奥国分寺跡では，1955（昭和30）～59年，全国初の国分寺伽藍全体の調査が行われた。これにより，800尺（約242m）四方を築地塀で囲み，南北一直線上に南大門・中門・金堂・講堂・僧坊が並び，金堂の東に回廊をもつ七重塔，鐘楼・経楼が金堂・講堂の東西に配

置される大伽藍であることが判明した。また、屋根には偏行唐草文軒平瓦と、多賀城と同じ八葉重弁蓮華文軒丸瓦とで葺かれていたことがわかり、七重塔の青銅製相輪軸の先端も出土した。この相輪軸は高熱を受けていたため、『日本紀略』にみられる934(承平4)年の落雷による国分寺焼失と関連づけられた。

中世以降は衰退したが、1230(寛喜2)年頃の名取熊野新宮寺蔵の写経奥書には、国分寺西院僧の名がみえ、鎌倉時代後期には真言律宗西大寺(奈良市)末寺となった。1514(永正11)年成立の『余目旧記』には「国分薬師堂」の表記がみられ、永正～天正年間(1504～92)にかけて、国分氏による修造が行われたと考えられる。また、東街道に沿った国分薬師堂の門前には、国分日町という国分氏の町場が形成された。

薬師堂の東側には、奈良時代、国分寺創建と同時にその地主神としてまつられたという、白山神社(祭神志波彦神・波多彦神)がある。本殿(県文化)は、1640(寛永17)年に仙台藩2代藩主伊達忠宗が再建した、一間社流造の建物である。国分氏の旧臣らが執り行った白山神社の祭礼は、仙台城下で特別に許可された遊興の場となり、1836(天保7)年の「ぼんぼこ祭図」には、ラクダの見世物小屋も描かれている。

薬師堂の西側の木ノ下公園には、仙台三十三観音25番札所の准胝観音堂がある。堂前にある芭蕉の碑には、「あやめ草　足に結ばん　草鞋の緒」と刻まれている。これは松尾芭蕉が、仙台逗留の際に世話になった版木師北野屋加右衛門に贈った句で、碑は1782(天明2)年に駿河(静岡県)の俳人官鼠によって建てられた。隣には、井原西鶴のライバル大淀三千風の供養碑もある。

「ぼんぼこ祭図」(天保7〈1836〉年頃)

34　杜の都仙台

薬師堂の東約500mには、**陸奥国分尼寺跡**(国史跡)がある。1964(昭和39)年の調査で、土壇上に礎石建ての建物跡が確認され、金堂跡と推定された。寺域は、国分寺の半分の400尺四方(約120m)と推定される。国分寺とともに創建され、1080(承暦4)年に倒壊した。なお国分尼寺の北西隅には、関ヶ原の戦い(1600年)の際、伊達政宗の支援を受けて一揆をおこした、和賀忠親主従の墓がある。

若林城跡 ⑲　〈M▶P. 2, 35〉仙台市若林区古城2丁目
JR・市営地下鉄仙台駅🚌古城行古城2丁目🚶3分

古城2丁目バス停の東側の宮城刑務所が、**若林城跡**である。1879年(明治12)年、西南戦争の国事犯を収容するため、若林城の堀と土塁を利用して宮城集治監が建設され、のちの外相陸奥宗光もここに収監された。上からみると雪の結晶を思わせる建物は、ペンキ塗りで唐破風の玄関と宝珠のついた見張塔がある和洋折衷様式であったが、1978(昭和53)年の宮城県沖地震で被害を受け、解体された。

1627(寛永4)年、伊達政宗は幕府の許可を得て、旧領主国分氏の町場の若林に屋敷を設け、これを藩内では若林城と称した。城の周囲に家臣の屋敷地を配し、仙台城下町とは別に、町奉行をおく城下町を形成した。政宗の従兄弟伊達成実が著した『政宗記』によると、高さ2丈(約6m)の土塁と幅30間(約54m)の堀に囲まれた平城で、「古御城絵図」には防御施設の張出や内桝形が描かれている。内部は、南西に隅櫓(『東奥老士夜話』)、南之丸(『若林所々普請之覚』)があったと推定される。

若林城築城の目的は、従来は隠居所と

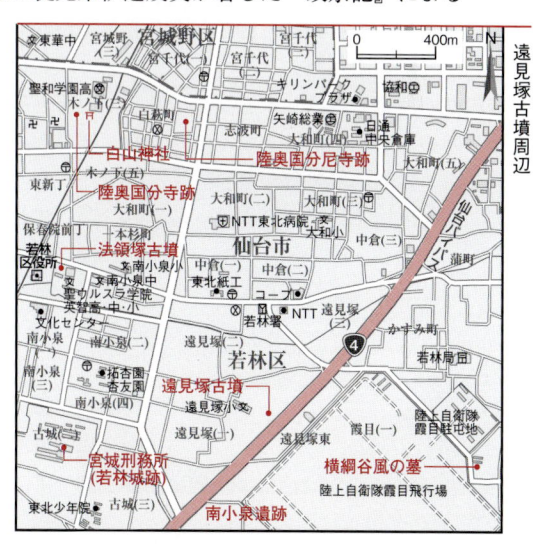

「大御所」政宗の居城

遠見塚古墳周辺

考えられていた。しかし政宗は隠居していないので嫡子忠宗が大名に準ずる待遇を受けるようになり，1626(寛永3)年に権中納言に昇進して大御所的立場となった政宗が，その立場に相応しい城を築いたとする説がある。確かに，城の規模は仙台城本丸より大きく，単なる隠居所とは性格を異にすることを物語る。政宗の遺命に従い，建物は当時築城中の仙台城二の丸に移された。若林城の遺物として，政宗自筆の詩歌の散らし書きのある菊花図屏風・萩に鹿図屏風(ともに仙台市博物館蔵)がある。

遠見塚古墳 ⑳

〈M▶P.2,35〉仙台市若林区遠見塚1丁目
JR・市営地下鉄仙台駅🚌 霞の目営業所行遠見塚🚶2分

4世紀に構築された国史跡の前方後円墳

　仙台駅から花京院を経て，国道45号線を塩竈方面へ進み，苦竹ICから国道4号線仙台バイパスを南に向かうと，陸上自衛隊霞目飛行場があり，その向かいの国道沿いに遠見塚古墳(国史跡)がある。4世紀末に築造された，南に前方部を向けた前方後円墳である。全長110m，後円部の径63m・高さ6.5m，前方部の長さ47m・前端幅47mあり，名取市の雷神山古墳についで県内第2位の規模をもつ。現在は墳丘や周溝部が復元されており，自由に見学できる。

　1947(昭和22)年に進駐軍が後円部北半分を削ったために，埋葬施設が発見された。その後，1975年から8年間かけて調査が行われ，古墳の全容が判明した。

　後円部の埋葬施設は，木を2つに割って内部を刳り抜いた割竹形木棺2基のまわりを，粘土でくるんだ粘土槨である。木棺の全長は，その北側が破壊されており不明だが，8m前後と推定される。東側の木棺から碧玉製管玉・ガラス小玉・竪櫛が発見されたが，西側からは何もみつかっておらず，古墳の規模にくらべて副葬品が少な

遠見塚古墳

36　杜の都仙台

仙台の文学

コラム

近代文学の覚醒の地

仙台が、前近代から文芸を愛好する人びとに応え得る風土であることは、地元の俳人が近世に建てた句碑、書肆の数が多いことが物語っている。

若林区木ノ下の陸奥国分寺薬師堂内には、「仙台大矢数」で井原西鶴を刺激した大淀三千風の供養碑に門人たちの句が刻まれている。

仙台には、有名な廻文文芸がある。名人の仙花庵こと荒町の麹屋の主人細屋勘左衛門が、自作の廻文を団扇に刷って売り出すと、城下の人びとの人気を集めた。「盃瓢箪唐辛子田楽」と刻まれた墓が、若林区新寺の正雲寺にある。

「宮城野」など歌枕の地のある仙台は、明治時代には近代詩歌の成立の地となった。その舞台になったのが、青葉区国見の南山閣である。1893(明治26)年の夏、この文学サロンを訪れた正岡子規は、歌人・国文学者落合直文の弟鮎貝槐園から短歌革新を行うことを説かれ、古今調の和歌を万葉調に改めた。

また、各種学校が創設されると、全国から教員や学生が集まり、仙台で文学に目覚め、活躍する者も生まれた。

島崎藤村は、のちに「私の生涯はそこ(仙台)へ行ってみて初めて夜が明けた」と述べているように、下宿三浦屋で近代詩の誕生を告げる『若菜集』を創作した。

中国近代文学の父魯迅は、仙台医学専門学校に留学中、片平丁(青葉区片平)に現存する佐藤屋に下宿し、「私を感激させ励ましてくれた」解剖学の藤野厳九郎に出会った。しかし、同胞が処刑される幻灯をみても心を痛めない中国人がいることを知り、その「魂の救済」のため文学に転向した。

『天地有情』で薄村と晩藤時代を築いた仙台出身の土井晩翠は、当時の仙台城の状況をみて、「荒城の月」に「垣に残るは唯かずら」の一節を綴ったとされる。細横丁(青葉区大町)にある晩翠草堂は、空襲で焼け出された晩翠のために市民が建てたものである。

青春期の必読書といわれた『三太郎の日記』の作者阿部次郎は、青葉区土樋の自宅残照軒で木曜会を開いて学生に人生を語り、同区米ケ袋には自ら日本文化研究所(現、阿部次郎記念館)を設立した。

また仙台は、童謡専門誌の発祥地でもある。1921(大正10)年にスズキヘキ・天江富弥は、カタカナで綴った楽譜のない童謡集『おてんとさん』を発刊し、詩人草野心平に賞賛された。

明治時代の仙台近辺の農村を自然主義の立場から叙述した、仙台出身の真山青果の『南小泉村』がある。また徳冨蘆花は『宿生

宮城野原

木』のなかで，陸軍第二師団長として赴任した乃木希典の片平丁にあった役宅を描写した。役宅跡に立つ金属研究所には，現在も遺愛の松が残る。

青葉区北根の仙台文学館に，仙台ゆかりの文学者の関連資料が収蔵・展示されている。

い。

周溝部からは，祭祀に使われた土師器・須恵器，剣形・鏡形・玉形などの石製模造品が出土し，4世紀中頃から6世紀前半までの長期間にわたって，祭祀が継承されていたことが明らかになった。

遠見塚古墳の北西約1km，聖ウルスラ学院敷地内に法領塚古墳がある。6世紀前半に築造された径32m・高さ6m前後の円墳で，横穴式石室をもつ。

南小泉遺跡 ㉑

〈M▶P.2, 35〉仙台市若林区南小泉・遠見塚
JR・市営地下鉄仙台駅🚌霞の目営業所行終点🚶すぐ

建築部材も発見された縄文〜弥生時代の大集落

遠見塚古墳とその東側にある陸上自衛隊霞目飛行場を中心とする，東西2km・南北1kmほどの範囲が南小泉遺跡である。この遺跡は，東北地方の代表的な弥生時代の遺跡であり，縄文〜弥生時代・近世にかけての集落跡である。発掘調査が断続的に行われ，弥生時代・古墳時代の集落跡や，大量の弥生土器・石器，古墳時代の土師器・須恵器などが発見されている。現在は住宅地となっており，当時の面影を残すものはない。

南小泉遺跡の北東側には，弥生時代中期の鋤などの農耕具や家屋の扉などの建築具材が発見された中在家南遺跡や押口遺跡（若林区荒井），南側には，仙台南部道路建設にともなって調査され，大量の木製品や弥生土器・石器が出土した高田B遺跡（同区日辺）など，著名な遺跡がある。高田B遺跡では，弥生時代の水田跡が発見されており，南小泉遺跡周辺一帯は，弥生時代の集落や水田が広がる地域である可能性が高い。

❺ 太白山を望む

漁民も崇めた太白山。旧石器から郊外電車までの歴史をたどる。

仙台郡山官衙遺跡群 ㉒

〈M▶P.2,41〉仙台市太白区郡山2～6丁目
JR東北本線・市営地下鉄長町駅🚶15分

多賀城に先行する陸奥国府か

　長町駅から東方へ800mほど歩くと、広瀬川と名取川の合流地点の西側に仙台郡山官衙遺跡群（国史跡）が広がる。この遺跡は縄文時代から中世までの複合遺跡で、その範囲は太白区郡山2～6丁目を中心とする約60万m²におよぶ。

　遺跡群は、1979（昭和54）年以降、毎年継続的に発掘調査が行われている。これまでの調査によると、7世紀後半から8世紀初頭の2期にわたる大規模な官衙跡（郡山官衙遺跡）、その南方に寺院跡（郡山廃寺跡）が確認されている。

　Ⅰ期官衙は、建物や塀などの向きが、真北から東に30～40度ほど振れて建てられている。東西約300m・南北約600m以上の範囲に、掘立柱建物や倉庫が規則的に立ち並び、塀で区画されている。出土遺物のなかには関東系の土師器があり、7世紀後半に使用された官衙跡と考えられている。Ⅰ期官衙周辺からは、官人の居宅とみられる寺院東方建物群、倉庫群のある寺院西方建物群のほか、南方官衙東地区・西地区などの官衙関連施設が発見されている。

　Ⅱ期官衙は、真北を向いて建てられており、材木列と大溝をめぐらすことによって方4町（428m四方）を区画している。内部には多数の掘立柱建物跡や竪穴住居のほか、蝦夷に対する饗応施設と考えられる石組池・石組溝・石敷などをもつ役所の中枢部分がある。Ⅱ期官衙は、多賀城が造営される8世紀前半に廃絶することから、多賀城以前の陸奥国府であったと推定されている。

仙台郡山官衙遺跡の石組池跡

太白山を望む

郡山廃寺跡は，東西約120〜125m・南北約167mの範囲に広がる。Ⅱ期官衙と同時期の造営とみられ，講堂・金堂・塔などの伽藍をもつ。伽藍配置や瓦の文様などから，多賀城の付属寺院である多賀城廃寺の前身と考えられている。現在，郡山廃寺東方の建物群の一部は，郡山中学校校舎内に復元・展示され見学可能である。

富沢遺跡（とみざわいせき）❷❸ 〈M▶P.2,41〉仙台市太白区長町南・富沢・泉崎
市営地下鉄長町南駅🚇すぐ

約2万年前の狩猟活動の痕跡と森林跡

　長町南駅を中心とする，東西約2km・南北約1kmの範囲が富沢遺跡である。この遺跡は，地下鉄建設工事にともなう調査により水田跡が発見されたのを端緒に，1987（昭和62）年には長町南小学校建設にともなって，後期旧石器時代（約2万年前）における狩猟活動の痕跡と森林跡が確認された。旧石器時代の人間の生活とそれを取り巻く環境が，そのまま保存されている例は非常に珍しく，世界的に注目された。

　現在の地表面より5m下でみつかった焚き火跡は長軸80cm・短軸70cmの範囲に確認され，その周囲から111点の石片が出土した。これらの石片は1つの石から剥がされたものが多く，ハンマーストーンもみつかっている。出土状況から，火を囲んで狩猟用の石器を製作していた状況が考えられる。

　森林跡では，根株や倒れた幹，葉・種が一面にみられ，その多くはトミザワトウヒ（富沢遺跡で発見され「トミザワ」の名前を冠したアカエゾマツの仲間。絶滅種）やグイマツなどの針葉樹であった。また昆虫の糞のほか，シカの仲間と考えられる動物の糞が20カ所以上から発見された。

　長町南駅の西400mほどの所にある地底の森ミュージアムでは，特殊な建築工法と最先端の科学技

富沢遺跡森林跡

術を応用し，富沢遺跡の旧石器時代の遺跡面を発掘されたままの状態で保存・公開している。また，旧石器時代の生活を再現した映像がみられるほか，野外には広大な氷河期の森が復元されている。

　富沢遺跡の西方約5kmの段丘上には，縄文時代中期と平安時代の竪穴住居跡が多数発見された，山田上ノ台遺跡がある。この遺跡は仙台市縄文の森広場として整備・公開されている。山田上ノ台遺跡の南東約1.5kmには，縄文時代中期の竪穴住居跡や多数の縄文土器・石器などがみつかった上野遺跡がある。また東約2.5kmには，縄文時代前期の竪穴住居跡や縄文土器，石器・石製品などが出土した三神峯遺跡がある。

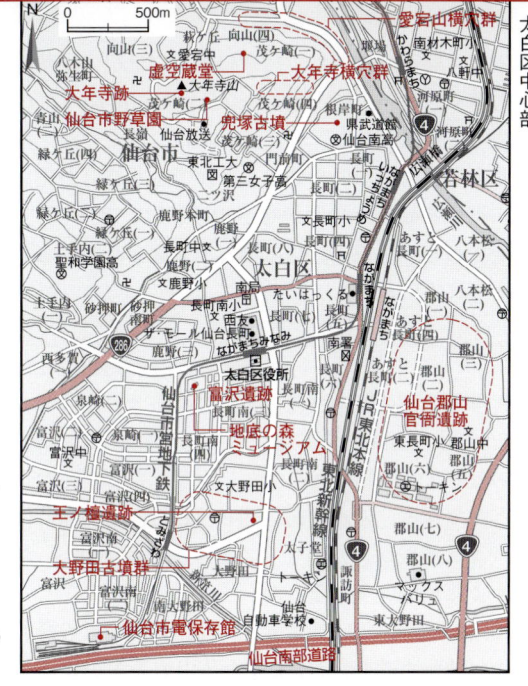

仙台市電保存館 ❷
せんだいしでんほぞんかん
022-244-1267

〈M▶P. 2, 41〉仙台市太白区富沢字中河原2-1　P
市営地下鉄富沢駅 🚶 10分

仙台市内を走っていた市電がみられる

　富沢駅の南約800m，地下鉄富沢車両基地内に仙台市電保存館がある。1926（大正15）～76（昭和51）年までの半世紀にわたり，市民の足として親しまれた市電の姿を未来に伝えるため，1991（平成3）年に開館した。創業当時の1号車と123号車・415号車の車両，停留所名板・制御器など関係資料の展示のほか，ビデオ上映も行っている。

　富沢駅東500mには，大野田古墳群がある。5世紀後半から6世紀にかけて築造された，形象埴輪が出土した群集墳として知られる。

　大野田古墳群の西側に近接して，縄文時代から中世の複合遺跡で

太白山を望む

ある王ノ檀遺跡がある。12世紀から14世紀の屋敷跡が確認され、陶製火鉢や，北条氏が地頭をつとめた刈田郡の白石窯から供給された甕・壺が出土した。また館跡には，仏堂や池，積石塚，配石墓など武士の生活と信仰を知ることができる遺構が発見された。館跡の西に接する幅4mの側溝をもつ道路は，奥大道またはその枝道と推定される。館主は，名取郡に地頭職を有した北条氏関係の人物と考えられている。

大年寺跡 ㉕ 〈M▶P.2, 41〉仙台市太白区茂ヶ崎1丁目
JR・市営地下鉄仙台駅 🚌 西多賀方面行大年寺前 🚶 5分

黄檗宗日本三叢林の1つ 歴代藩主の菩提寺

　大年寺前バス停の西側，テレビ塔が3本立っている山が大年寺山（茂ケ崎山，100m）である。バス停の目前にある惣門をくぐり石段をのぼると，山頂の大年寺跡に至る。ここからは東に太平洋を望むことができる。応永年間（1394〜1428），この山には粟野大膳大夫の居城茂ケ崎城がおかれていたが，大年寺が建立されてから大年寺山とよばれるようになった。

　1695（元禄8）年，仙台藩4代藩主伊達綱村の発願により，宮城郡若林（仙台市若林区）の廃寺小蓬山仙英寺がこの地に移された。2年後，あらたな堂宇が完成，下総国（千葉県）の椿海を干拓した禅僧普応鉄牛を開山とし，両足山大年寺と号する黄檗宗寺院が開かれた。1729（享保14）年に山門，1731年までに仏殿を中心に，禅堂・方丈・斎堂・庫裏・鐘楼・鼓楼・経蔵・東司・寮などが建てられ，正面入口に山門，東南方向の階段に惣門を配した。本山万福寺（京都府宇治市）に擬して造営されたという堂塔は，黄檗宗日本三叢林の第一と称された。

　代々伊達氏は臨済宗を信仰したが，綱村が黄檗宗に深く帰依して以後，大年寺が歴代藩主の菩提寺

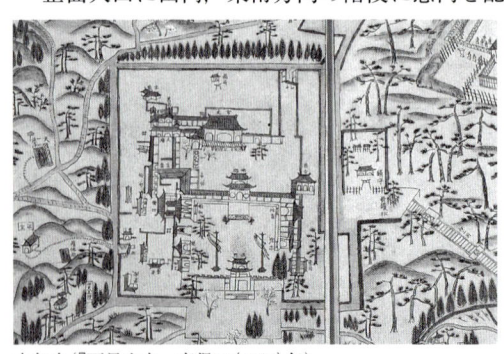

大年寺（『両足山志』享保19〈1734〉年）

仙台の伝統工芸品

コラム

産

仙台が生み出した工芸品

　江戸時代からの工芸品として，「仙台領高名競」で日本に隠れなきものといわれた宮城野萩を筆軸にした仙台筆がある。瑞鳳殿にもこの筆が副葬されており，仙台藩初代藩主伊達政宗が摂津（大阪府・兵庫県の一部）から筆師を招聘して始まり，三百人町の下級武士の内職として生産され，江戸・上方で名声を得た。また仙台平は，5代藩主伊達吉村の命により財政再建のため藩の殖産興業政策として生産が始められた織物で，本吉郡入谷（本吉郡南三陸町）の絹糸を使い，光沢よく皺になりにくいので評価された。下級武士が文政年間（1818～30）に，全国に類のない特異な資材で開発した工芸品が埋木細工である。埋木とは300～500万年前の針葉樹が炭化してできた珪化木のことで，これに拭漆を施す。重量感ある光沢が生活の中に取り入れられた。産地間競争に対抗して指物に木地呂塗と飾金具を施した仙台簞笥は，町職人が生み出した総合芸術作品といえる。江戸時代末期の蔦葉紋型が最古とされる。若林区南鍛冶町の仙台簞笥伝承館で見学できる。焼物は，柳宗悦をして「他の窯では容易に見られない」力強さとすこやかな美を感じるといわしめた堤焼がある。元禄年間（1688～1704）に霊窯杉山焼からおこり，水甕などの生活雑器や仏花器などの信仰の道具として普及し，幕末には開成丸の造船技術者三浦乾也の指導で茶道具も焼かれた。青葉区堤町の佐大ギャラリーで登り窯が見学できる。

　1929（昭和4）年の商工省の機関誌『工芸指導』によると「宮城県は古くより郷土的玩具の豊かな地」とされ，寺社の祭礼や歳の市で売り出された玩具に堤人形と仙台張子がある。御所人形をモデルに，伏見人形同様に型でつくる堤人形は，最古の型に「元文二（1737）年」に没した職人の刻銘があるので，18世紀前半にはつくられていたと推定される。流行の浮世絵を立体化したので，多種多様な人形が産出され山形や福島にも販路が拡大した。城下の商人が産業にした柳生和紙でつくられる仙台張子の1つに松川達磨がある。犬毛を使用した眉と玻璃玉を加工した眼を特徴とする達磨は，天保年間（1830～44）に藩士松川豊之進が案出し，明治時代初期に江戸人形町生まれの仏師徳太郎が今の絢爛剛毅な達磨に改良したとされる。

　近代以降の工芸品として，大正時代に練物から型抜きで量産する新技術で開発された仙台堆朱は，堅牢で安価なので市民に普及するとともに，アメリカ・フランスにも輸出された。金属の素地に漆と沈金が施され色漆が輝く玉虫塗は，1932年に東北帝国大学金属材料研究所と工芸指導所の支援で東北工芸製作所が産学連携で開発した。

太白山を望む　　　43

となり、御一門格の殊遇と寺領200石などが与えられた。

明治維新後、大年寺は伊達氏の外護を失って衰退し、廃絶した。現在は、長い石段と歴代藩主の墓碑群、珍しい5つの切妻屋根をもち「東桑法窟」の扁額を掲げる惣門だけが残る。なお当地には、1697(元禄10)年に綱村が大年寺を参詣したとき、東方の浜の名を尋ね、山門を通して水がみえたので「閖上」と書くように命じたという、閖上浜(名取市)の「閖」という本県独自の文字誕生の伝えがある。

惣門脇には、仙台藩内に種痘を普及させた名取郡(仙台市太白区)の酒造家小倉撫松の顕彰碑がある。碑文は、『言海』を編纂した国語学者大槻文彦の撰である。頂上の仙台市野草園の付近には、大正時代の歌人原阿佐緒の歌碑がある。また、太白消防署付近など山の周辺には、江戸時代に獣害を防ぐためにつくられた長大な鹿除けの土手が残る。

大年寺山の周辺には、かつて多くの古墳が築造された。東麓の仙台南高校敷地内には、5世紀代の帆立貝式古墳の兜塚古墳がある。北麓には7世紀後半を中心とする大年寺横穴群、近接して7世紀末〜8世紀初頭の装飾古墳の愛宕山横穴群がある。

大年寺山の東に向かいあうようにして聳える愛宕山の頂に虚空蔵堂があり、仙台の地名の由来となったという千体仏が安置されている。虚空蔵堂北隣の鐘楼には、「享保五(1720)年」銘の梵鐘がある。明治時代に大年寺より当地に移され、今でも朝夕5時を知らせる鐘として市民に親しまれている。

落合観音堂 ❷ 〈M▶P.2〉仙台市太白区四郎丸字落合60
JR・市営地下鉄仙台駅🚌四郎丸行観音堂前🚶5分

バス停より西へ300mほど行くと、杉木立の中に落合観音堂(県文化)がみえる。観音堂はもと袋原にあったが、1626(寛永3)年、伊達政宗が閖上浜へ向かうときに霊験を得、翌年、佐々若狭元綱に命じて現在地に移し、堂宇を建てさせたといわれる。棟札には、「寛永肆(四)卯(1627)年九月十八日」の銘がある。観音堂は、方3間(約5.4m四方)・高さ約6.1mの素木造で廻縁をめぐらす。屋根は入母屋造・茅葺き、向拝は1901(明治34)年に修築されているが、寛永年

カニの絵馬が奉納される寛永年間の堂宇

落合観音堂

間(1624〜44)の質素でありながら雄健な姿を今に伝えている。

内部には黒漆塗の内陣柱2本を立て、奥に入母屋造・黒漆塗の厨子があり、その中に高さ約1.9mの木造十一面観音立像がまつられている。伝説によれば、835(承和2)年、慈覚大師(円仁)が六郷日辺(現、仙台市若林区)で1本のケヤキからつくった本木・中木・末木の観音像3体のうち、中木がこの落合観音像といい、江戸時代に仙台三十三観音巡礼31番札所とされた。

落合観音堂の別当寺は天台宗の大善院であったが、明治時代半ば以降は廃寺同様となったため、真言宗西光寺に属するようになった。

観音堂には、「中村景貞乗馬図」「宇治川先陣図」「曳馬図」「金銅板押出三重塔」などのほか、名取川の洪水の際、カニが観音像を守ったという伝説にちなみ、カニの絵馬も多数奉納されている。

太白山 ㉗

〈M▶P.2,46〉仙台市太白区茂庭
JR・市営地下鉄仙台駅🚌山田自由ケ丘行・日本平行人来田小学校前🚶30分

仙台湾を航行する船の「山当て」の目標

仙台城の西南西、青葉山丘陵の奥にみえる円錐形の山が太白山(320m)である。名称は、中国長安の西南西、宵の明星(太白星)が沈む方角に聳える道教の聖山太白山(3767m)に由来する。仙台の太白山も、仙台藩の地理書『奥羽観蹟聞老誌』に「太白の星、地に墜ちてこの山となる」との記載がある。

太白山は、伝説にちなんで「生出ヶ森」「生出森」ともよばれ、親しまれてきた。太古に烏兎の大木の枝葉によって

『仙台領奥州街道絵図』(左に名取川、右上に太白山)

太白山を望む

太白山周辺

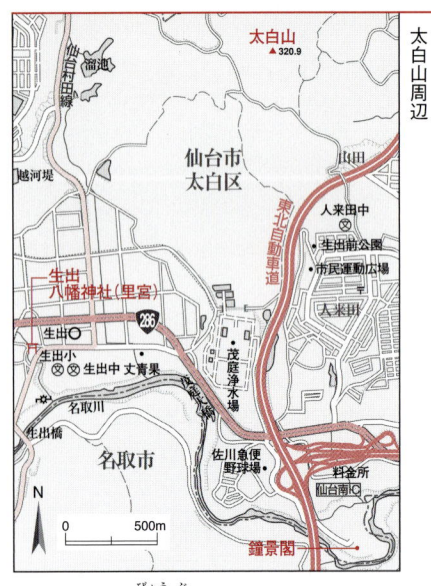

作物が損なわれたため、807(大同2)年に京都から貴船神社を勧請したところ、その害を逃れたという。この「烏兎ヶ森」が、のちに「生出ヶ森」と書かれ、「おいで」森と読まれるようになったといわれる。

山頂には、貴船明神をまつった石宮がある。貴船明神は元来、雨を掌る神で、当山にかかる雲で天候を占うなど深く生活にかかわってきた。また、江戸時代から絵図や屏風絵によく描かれ、仙台湾を航行する船や漁師の「山当て」の目標となり、漁民の守護神としての信仰されてきた。

太白山の南約3kmの太白区人来田南には、仙台市の保養施設茂庭荘に近接して、明治時代の旧仙台藩主の伊達伯爵家の屋敷を移築した鐘景閣がある。また南西約2km、国道286号線のすぐ南に生出森八幡神社の里宮(祭神誉田別尊)がある。1189(文治5)年、源頼朝が奥州藤原氏を攻略するにあたり、鶴岡八幡宮(神奈川県鎌倉市)の神像を奉じてまつったのが始まりという。現在の社殿は1763(宝暦13)年の造営である。

生出森神社から県道31号線を南へ約4km行くと、坪沼八幡神社(祭神仲哀天皇・神功皇后)がある。前九年合戦(1051〜62年)で、源頼義・義家父子が安倍氏の城を攻略した後に、石清水八幡宮(京都府八幡市)を勧請したのが始まりとされる。

秋保温泉 ㉘　　〈M▶P.2〉仙台市太白区秋保町湯元 P
　　　　　　　　JR・市営地下鉄仙台駅🚌秋保温泉行終点🚶すぐ

仙台市西部の名取川沿いにある秋保温泉は、平安時代には「名取の御湯」とよばれ、都にも聞こえた湯の里であった。江戸時代に仙台藩の御用湯となり、幕末以降は本格的な庶民の湯治場として親し

仙台の土産と味

コラム

伊達な味

　仙台の名産品には、豊漁貧乏の克服策として幕末に考案・商品化され、昭和時代に伊達家の家紋「竹に雀」にちなんで命名された笹かまぼこ、豊臣秀吉の朝鮮出兵の際に伊達家家臣が博多から持ち帰り栽培した、尖った果先が特徴の仙台長なすがある。

　伊達家の茶の湯文化を背景に、水飴や糒から庶民向けにつくられた仙台駄菓子には、子どもが遊べるように工夫した菓子や習俗信仰から発祥した菓子など、一つ一つに由来がある。また、全国的に珍しい米粉でできた飲み菓子の九重は、1891（明治24）年仙台行幸の際、明治天皇が命名したものである。

　なお、若林区舟丁の石橋屋駄菓子資料館では、紙粘土でつくられた仙台駄菓子の模型や関係資料が展示されている。

　郷土料理としては、焼きハゼで出汁をとり、豪華な具材を盛りつけた仙台雑煮がある。明治40年代の雑誌に、「今も旧式を重んずる家」のレシピとして紹介されているので、それ以前から食膳を賑わしていたとみられる。ずんだ（枝豆を餡とする郷土菓子）は、語源に定説をみないが、仙台では8月の中秋の名月を豆名月にあて枝豆を供える風習があり、この習俗と関係した食べ物とも考えられる。牛タンは、米軍キャンプの払い下げを活用して誕生した。

郊外電車で結ばれていた「名取の御湯」

まれるようになった。

　1914（大正3）年、長町との間に秋保石の運搬を目的として馬車軌道が開通、1925年には秋保電気軌道となった。路線は、本社のおかれた長町駅（現在の長町5丁目）から西へ向かい、太子堂や古碑などの残る旧笹谷街道（国道286号線）を通って山沿いを走り、秋保温泉駅に至る約16km。これによって湯治客は増加し、1928（昭和3）年にはバス営業も始められ、観光客誘致の事業を積極的に行うようになった。第二次世界大戦後、観光客が急増したが、昭和30年代に入ると営業が悪化し、1961年に廃止された。現在、覗橋近くに仙台市電が保存されているが、そこが旧秋保温泉駅である。

　秋保温泉から名取川に沿って西へ約5km行くと、秋保神社（祭神建御名方命）がある。鎌倉時代の創建と伝えられる由緒ある神社で、地元の人から「お諏訪さま」とよばれて信仰を集めている。

　さらに西へ約5km行くと、両側の山が急に街道に迫り始める付

太白山を望む

秋保馬車軌道

近に、秋保大滝と秋保大滝不動尊がある。平安時代初期に、慈覚大師が荘厳な大滝の姿に心を打たれ、大滝の前に堂を建てて不動尊を安置したのが始まりといわれている。不動堂は、軒に中国風の彫刻をめぐらせた方3間の宝形造で、1825（文政8）年、秋保出身の知足（木食）上人によって再興された。知足上人は、堂再建のために19年間奥州を行脚して喜捨を集め、その悲願をはたした後、大滝に身を投じた。堂の右手の開山堂に、上人像が納められている。現在の不動尊は、堂の再建時に仙台の鋳物師津田甚四郎がつくったもので、像高3.3m、火炎を含めると5.1mある。縁結びと諸病平癒に霊験があるといわれ、参詣者も多い。不動堂の裏手にある秋保大滝（国名勝）は、流紋岩の絶壁を落下する、高さ55m・幅6mの名瀑である。

秋保神社前や不動堂前を通る名取川沿いの県道62号線が、二口街道である。江戸時代には、仙台から愛子・馬場・野尻・本小屋などの集落を経て、陸奥・出羽国境の二口峠を越え、山形に通じる脇街道として栄えた。峠付近で山寺方面と高瀬方面に分岐したことから、この名がつけられた。標高934mの険しい峠越えにもかかわらず、山形から仙台八幡町に通じる最短路として、多くの人びとが往来した。1872（明治5）年には仙台の大竹徳治らが私費を投じて、二口峠・野尻間の改修工事を行い、馬場や野尻の宿駅も活気を呈した。本小屋の地には、江戸時代、二口御境目番所がおかれた。二口御境警備の足軽20余戸が居住し、御境守番士2戸が峠を少しくだった所に詰所を構えて常駐したといわれるが、現在は番所の石垣を残すのみである。

御番所跡付近が、磐司岩（国名勝）の入口にあたる。昔、磐司磐三郎（磐司・磐三郎の兄弟とも）という容貌魁偉な狩人が、この洞に住み、妖怪退治をしたという伝説がある。

❻ 泉ヶ岳の麓

奥大道沿いに中世居館と山寺、羽後街道に阿弥陀を訪ねる。

洞雲寺 ㉙
022-372-3423

〈M▶P.2,49〉 仙台市 泉区山の寺2-3-1
市営地下鉄八乙女駅🚌向陽台団地行山の寺洞雲寺前🚶5分

現存県内最古の在銘銅鐘のある山寺

　バス停の南100mほどの所にある山道をのぼると、龍門山洞雲寺(曹洞宗)に至る。洞雲寺は、滋賀県大津市の石山寺(真言宗)・山形県山形市の立石寺(天台宗)とともに、日本三山寺の1つに数えられ、「山の寺」と通称される。

　洞雲寺の前身は、8世紀初頭、定慧(藤原鎌足の長男)によって開かれた蓮葉山円通寺という。平安時代初期、慈覚大師(円仁)が天台宗寺院として中興したが廃寺となり、南北朝時代に至って大乗寺(石川県金沢市)の3世明峰素哲によって再興され、曹洞宗に改められた。

　その後、再び衰退したが、当地の領主国分氏の援助のもと、1400(応永7)年に僧梅庵祥三が七堂伽藍を造営した。この伽藍は明応・文禄の火災で焼失し、伊達家ゆかりの輪王寺(仙台市青葉区)の栓蒼が、仙台藩5代藩主伊達吉村の援助を得て、1729(享保14)年より仏殿・開山堂・山門・仁王門・鐘楼などの堂宇を再建した。霊場として参詣者で賑わったが、これらも1943(昭和18)年の山火事で灰燼に帰した。

洞雲寺銅鐘

泉ヶ岳の麓

庫裏の脇には、かつて鐘楼に吊されていた、在銘のものとして県内最古の「永正十五(1518)年」銘の銅鐘(県文化)がおかれている。

松森城跡 ❸

〈M▶P.2,49〉仙台市泉区松森字内町
三陸自動車道利府塩釜IC🚗15分

街道の付け替え前の城下町

利府塩釜ICより県道8号線を南西へ2.5km、右折して県道35号線を3km行くと、七北田川左岸の独立丘陵上に松森城(鶴ヶ城)跡がある。江戸時代中期の『古城書立之覚』に「国分盛重が小泉より取移り天正年中迄居住す」と記されており、当初は国分氏の居城であったと推定される。1591(天正19)年の伊達政宗の岩出山(大崎市)移封後は、側室飯坂局(松森局)がこの地に移り、その子宗清と居住したという。

松森の地は、1601(慶長6)年の政宗の伝馬黒印状にもみえ、七北田に街道が付け替えられる以前は、黒川以北へ通じる交通の要衝であった。現在、本丸跡は公園整備されており、内町の地名や、鉤型に折れ曲がる道に城下町の名残りがある。

七北田刑場跡 ❸

〈M▶P.2,49〉仙台市泉区七北田字杉ノ田
市営地下鉄八乙女駅🚶10分

仙台藩の仕置場腑分けも行われた

八乙女駅より南西に200mほど行った県道22号線の西側丘陵上に、七北田刑場跡がある。仙台藩の刑場は、江戸時代初期には評定所のおかれた場所に近い、琵琶首(現、仙台市青葉区大手町・花壇)にあったが、1664(寛文4)年頃に米ケ袋、1690(元禄3)年頃に七北田村の奥州道中沿いの当地に移された。この刑場は現在地より東側にあったが、1979(昭和54)年の国道拡張工事にともない、現在地に標柱が建てられた。

七北田刑場では、明治維新まで約180年間、一般庶民に対して磔刑・火刑・斬首刑などが執行された。また、この地では1798(寛政10)年に仙台藩の蘭医木村寿禎が刑死者の解剖を行ったといわれる。現在地には、地蔵菩薩坐像2基・法華供養塔などが残る。

なお、1746(延享3)年、5代藩主伊達吉村夫人長松院の遺言で、刑死者の回向のために、常念仏堂の「河南堂」と「河北堂」が建立されたが現存しない。河北堂に掲げられたという「抜苦」の額のみが、洞雲寺に保存されている。

賀茂神社 ㉜
022-378-7072

〈M▶P.2, 51〉仙台市泉区古内字糺1 ｜P｜
市営地下鉄八乙女駅🚌賀茂神社経由加茂団地・長命ケ丘2丁目行賀茂神社🚶2分

疱瘡除けで信仰された元禄年間の朱塗りの社

八乙女駅より県道37号線を西に約3km行くと，賀茂神社がある。当社の2枚の棟札(県文化)によれば，鹽竈神社(塩竈市)境内にあった只州宮を，仙台藩4代藩主伊達綱村が1695(元禄8)年に現在地に移し，翌年，向かって右側の下賀茂社(御祖神社・東宮，祭神賀茂建角身命など)，翌々年には上賀茂社(別雷神社・西宮，祭神別雷神)が完成したという。

南面して立つ2社の本殿(ともに県文化)は同一様式，ケヤキ材を使用した切妻の一間社流造で，屋根は茅葺き。朱塗りであることから「赤神様」とよばれ，江戸時代には疱瘡除けの信仰を集めた。境内には，イロハモミジ2本・タラヨウ1本(ともに県天然)がある。また，江戸時代，流鏑馬を奉納した名残りといわれる表参道は，鹿踊や剣舞が奉納される場となっている。

賀茂神社と道路を挟んですぐ南東側に，慈眼寺(臨済宗)がある。寺より南100mの山中には，寛文事件(伊達騒動)でただ1人生き残った古内志摩義如の墓がある。

慈眼寺南東の標高約90mの丘陵頂上部には，長命館跡がある。13世紀後半から16世紀にかけての陶磁器・土器が出土しており，国人領主層の居館とみられる。現在は，歴史公園として整備されている。

賀茂神社周辺

賀茂神社本殿

泉ヶ岳の麓

川崎阿弥陀堂 ㉝

〈M▶P.2〉仙台市泉区福岡字阿弥陀前8
市営地下鉄泉中央駅🚌 泉ケ丘青年の家行川崎上🚶5分

天文の乱との関わりがうかがえる如来像

　川崎上バス停から西へ100m行くと，石鳥居を前にして川崎阿弥陀堂がある。1688(貞享5)年に仙台藩4代藩主伊達綱村によって建てられた阿弥陀堂は，1953(昭和28)年に焼失し，その後，地元の人びとによって現在の堂が建設された。

　この阿弥陀堂の中に，笈分如来とよばれる木造阿弥陀如来立像(県文化)が安置されている(同地内の早坂氏が管理，見学可能)。高さ98.8cm，ヒノキ材寄木造・玉眼入り漆箔の阿弥陀像は，上品下生印を結んでいる。鎌倉時代，京都の仏師快慶が，山形県寒河江市にある慈恩寺(天台宗)の僧の依頼に応じてつくったと伝えられる。笈分如来の別称は，仏像を入れた笈を開くと，不思議にも1体の仏像が2体となっていたため，僧と快慶で1体ずつ笈に入れて分け，当地と京都五条下寺町の蓮光寺(浄土宗)に安置したという伝説による。蓮光寺にもこれと同形の仏像が現存し，負別如来と称されている。

　なお当地には，伊達氏の内紛である天文の乱(1542〜48年)で滅ぼされた懸田俊宗の夫人川崎御前(伊達政宗の祖父晴宗の妹)が，1591(天正19)年より隠棲していたため，阿弥陀像は川崎御前ゆかりのものではないかと考えられている。

　阿弥陀堂から南東へ2km，根白石中学校に至る。さらに北へ2km行った堂所屋敷集落の東側に鷲尾神社がある。この神社の参道沿いに整地跡が残るが，この南斜面一帯が堂庭廃寺跡である。1968(昭和43)年の調査で，十二角形の礎石建て建物跡が発見され，平瓦と丸瓦を基壇の一部として使用した宝塔跡と推定された。出土した土師器と須恵器から，10世紀後半の寺院跡と考えられる。

笈分如来(川崎阿弥陀堂)

52　杜の都仙台

7 広瀬川を遡る

歌人斎藤茂吉も越えた関山街道。出羽三山への参詣路には、こけしを売る湯治場。

大梅寺 ㉞
022-226-1209

〈M▶P. 2, 53〉仙台市青葉区茂庭字綱木裏山4
JR・市営地下鉄仙台駅🚌茂庭台行大梅寺前🚶、または東北自動車道仙台宮城🚗3分

> 伊達家の別業跡 漱石の「草枕」に著された禅寺

　仙台駅から広瀬通を経て仙台西道路の高架を抜けると南側に、瑞雲霊亀山祥岩大梅寺（臨済宗）がある。松島瑞巌寺の中興開山雲居希膺が、1650（慶安3）年に瑞巌寺を退いた後、茂庭村綱木の白鹿堂跡に瑞鹿堂繋船亭と称する小庵を結んだのが当寺の始まりである。1651年、仙台藩2代藩主伊達忠宗が寺領寄進を申し出たが、雲居は寄進を受けなかったという。元禄年間（1688〜1704）、4代藩主綱村が蕃山にのぼった際、雲居の塔所に寺領50石と扶持米を与え、現在の寺号に改めた。檀家をもたない修行寺で、夏目漱石の小説『草枕』にも「陸前の大梅寺に行って修行三昧」とある。

　境内には、1687（貞享4）年に綱村が伊達家の別業として造営した、郷六御殿が移築されている。現在の建物は2層だが、もとは地形を利用して、1階8畳・2階16畳・3階32畳と上層ほど床面積が広くなる3層の楼閣であった。この御殿は郷六字屋敷にあったとき、高さ1丈（約3m）の土手と幅2丈の堀で囲まれ、仙台城西の防御施設と位置づけられていた。

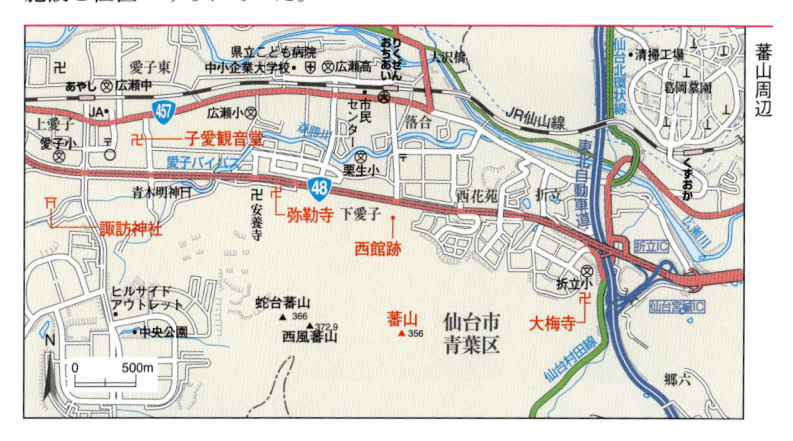

蕃山周辺

広瀬川を遡る　53

境内から西に延びる登山道をたどると，1時間弱で蕃山の頂上に至る。毎年旧暦4月8日に行われる大梅寺の灌仏会は，仙台城下でも有名で，網木・郷六・栗生・愛子の住人は，この日に蕃山に登山する習わしがあった。仙台市内を一望できるこの場所には，常寂光堂（開山堂）が立つ。現在の建物は1853（嘉永6）年の建立だが，雲居の生前は坐禅堂，死後は塔所とされた所である。蕃山には，猟師で弓の名人の磐司・磐三郎兄弟が，天狗に悩まされた雲居を助けたという伝説があり，堂内には禅師と，その左右に素袍を着て弓矢をもった兄弟の像が安置されている。

　大梅寺の北東600m，青葉山トンネル入口近くの道路北側面に郷六館跡がある。現在は畑地になっているが，東部の沢には堤が築かれ，郭や濠の跡が残っている。この館跡は，国分氏の家臣で上愛子と郷六2邑を領した，郷六氏の居館跡と伝えられる。

諏訪神社 ㉟　〈M▶P.2,53〉仙台市青葉区上愛子字宮下40
　　　　　　　　JR仙山線愛子駅 🚶 15分

国分荘の総鎮守　筒粥神事が行われた神社

　愛子駅から南へ約600m，国道48号線の錦ケ丘団地入口交差点を越え，すぐ側道に入り約500m行くと，御殿山の麓に国分一宮諏訪神社（祭神建御名方神）がある。この神社は，延暦年間（782～806）にこの地にまつられた山神に始まり，1189（文治5）年の奥州合戦後，源頼朝が陸奥国留守職伊澤家景に社殿を建立させ，諏訪社と改めたと伝える。

　1457（康正3）年～1865（慶応元）年に至る12枚の棟札（県文化）からは，室町時代には国分氏の崇敬を受け，同氏の没落後は代々伊達氏の外護を受けたことがわかる。1663（寛文3）年に各郡から浄財を募って再建されるなど，国分荘33カ村（仙台市）の総鎮守として

諏訪神社本殿

54　　杜の都仙台

宮城県内の田植踊

コラム
芸

江戸時代から続く豊作祈願の踊り

宮城県には、豊作を祈る小正月の予祝行事として華やかな早乙女踊が伝わり、田植踊と総称する。

早乙女は鼻白粉で粧い、一般に紋付きの長振袖に襷掛け、竹ひごを編んだ花笠、手甲・脚絆をつけ、白足袋と赤緒の草履を履く。踊るにつれ、鈴や扇子、銭太鼓をもちかえる。男子が、早乙女に扮する組もある。

前口上を告げ、踊りを導く男役を弥十郎といい、頭巾をかぶり、短か着をつけ、股引・脚絆の出で立ちで舞う。囃子の太鼓と笛に、唄あげがつく。

かつては小正月に村落をまわり、江戸時代後期の記録によると、仙台近郊の田植踊は、城下を門付けた。芸態は、仙台市西部の田植踊と一連のものである。丸森(伊具郡)や富谷(黒川郡)・小野田(加美郡加美町)の踊りもほぼ同系統とみられるが、地域的な特色が盛り込まれている。ただ、気仙沼のものは系統を異にする。弥十郎は烏帽子に陣羽織を着て、金輪のついた杖を鳴らしながら口上を述べる。踊り手は、豆絞りの鉢巻で長着に前まわしをつけ、手太鼓を打ちながら跳ねまわって踊る。

秋保の田植踊(馬場)

も尊崇を集めており、明治時代中頃まで、その年の天候と豊凶を占う筒粥神事が行われていた。

現在の本殿(県文化)は、1705(宝永2)年に完成したと推定される。素木造、三間社流造・柿葺きで、3間の向拝と浜床をつけ、拝殿をともなわない古い形式を有する。覆屋をかけて保護してきたため、今でも原形をよく維持している。

錦ケ丘団地入口交差点から仙台方面に向かい、1つ目の信号を北に折れて下愛子方面へ400m行くと、旧補陀寺境内に子愛観音堂がある。堂内には、「文治三(1187)年九月吉祥日」銘をもち、『安永風土記』に「木仏坐像　御長七寸　定澄作」と記される、子愛観音がまつられている。この観音は、「愛子」という地名の由来とされる。

仙台西道路栗生団地交差点の南側、蕃山山裾の畑地に西館跡がある。ここは徳川家康の6男松平忠輝に嫁ぎ、忠輝改易後に離縁されて仙台城二の丸西御殿に住んだ、伊達政宗の娘五郎八姫の仮御殿

広瀬川を遡る　55

であった。『安永風土記』によれば、当初は山岸修理の屋敷で、ついで1636(寛永13)年まで茂庭綱元の屋敷となり、その後、御殿として普請されたという。1986(昭和61)年の調査では、御殿敷地出入口部分で通路を構築する2段の石垣が24mにわたって検出されている。

西館跡の西600mにある弥勒寺(曹洞宗)には、「元亨四(1324)年」銘の板碑が残る。この地域では、芋沢や郷六に数基の板碑が確認できるが、そのうちで最大の板碑である。

諏訪神社の北方約4km、芋沢字明神の大沢小学校向かいに、室町時代以来の古社宇那禰神社(祭神桓武天皇)がある。かつては郷六村にあり、国分氏の重臣郷六氏の氏神であったが、1609(慶長14)年に郷六孫九郎が現在地に遷したという。本殿は覆屋で保護されているが、素木造、一間社流造・柿葺きで、前面に向拝と浜床がつく。江戸時代中期の造営と推定される。

西方寺 ㊱
022-293-2011

〈M▶P.2〉仙台市青葉区大倉字上下1　P
JR・市営地下鉄仙台駅🚌定義行終点🚶すぐ、または東北自動車道仙台宮城IC🚗60分

平家伝説を伝える縁結びの浄土

国道48号線の熊ケ根橋から大倉ダム方面に約4km行くと、広瀬川の支流大倉川沿いの奥まった盆地状の山ふところに、極楽山西方寺(浄土宗)がある。西方寺を中心とした小さな集落には、平家の落人伝承が残る。

本尊阿弥陀如来画像は定義如来とよばれ、寺の通称「定義さん」の由来にもなっている。寺伝によれば、平家滅亡後、平重盛の重臣平貞能らは当地に逃れ、安徳天皇と平家一門の冥福を祈るため、重盛から託されたこの阿弥陀如来をまつったという。その後、貞能の重臣の子孫早坂源兵衛が出家し、1706(宝永3)年に西方寺を建

定義山参道

関山街道

コラム

県央の奥羽連絡路

　広瀬川沿いにJR仙山線と平行して走る国道48号線が、関山街道である。

　13世紀初頭に出羽（山形県）の大江氏が関山駅路の修繕をし、1471（文明3）年には天童（山形県）に寺を創建するため、蓮如の弟子菅生願生坊が関山越をした。16世紀後半までは国分氏が支配し、街道筋に家臣の居館が築かれた。愛子から秋保への交通の要地にある御殿山館跡は、今も面影が残る。

　『安永風土記』によれば、六丁目氏の居館跡である熊ヶ根の熊野神社には、市場があった。16世紀中興の下愛子の弥勒寺（曹洞宗）には、1324（元亨4）年の板碑があり、霊場から寺院へ発展したことを物語る。

　近世には、下愛子・熊ヶ根・作並に宿がおかれた。1660（万治3）年、仙台藩が作並から日向山への道を開削したが、険路のため、上愛子や白沢から秋保の長袋や馬場に出て、二口越をする者が多かった。関山越より短距離なので、仙台藩領からは海産物、最上からは下り荷の古着などが運ばれた。

　また、渓谷が近接し、水に不自由しないため、出羽三山参詣の「おんにょろさん」の参詣道として利用された。

　藩境警備のため、関山越は作並に横目と坂下に番所、二口越は野尻と二口に番所がおかれた。野尻番所は、足軽の柔剣術の稽古場でもあり、謡曲指導など文化伝習の場にもなっていた。二口番所跡には、現在もわずかに石垣が残る。

　関山街道は、仙台城下への薪炭の供給路であり、当地の田植踊などの民俗芸能が伝搬した道でもあり、城下の生活と結びついていた。1749（寛延2）年、仙台藩5代藩主伊達吉村の許可で始められた芋沢の田植踊（県民俗）は、百姓喜太郎・平吉が城下に行商した際に習得したものといわれる。

　近代に入り、1882（明治15）年、野蒜築港に呼応して関山隧道が竣工すると、二口から関山に物流が移り、荷馬車も通行できるようになった。坂下番所跡には、「関山新道開削殉難の碑」が立っている。これは、火薬運搬中の事故による犠牲者23人の供養碑である。

立して開山となった。なお貞能は、当地において字訓により名を「定義」と改め、これが転訛して「上下」の地名がおこったといわれる。

　旧本堂である六角形の貞能堂の背後には、安徳天皇の遺品を埋めたという天皇塚がある。この塚上には、夫婦2株からなる連理の欅とよばれる縁結びの神木が立つ。そのため当社に、縁結び・子

広瀬川を遡る

授け・安産などの願をかける人びとが多く，一生に１度の大願は必ず聞きとどけてくれると信仰を集めている。

作並温泉郷（さくなみおんせんきょう） ㊲　〈M▶P.2〉仙台市青葉区作並
JR・市営地下鉄仙台駅🚌作並行元湯♨すぐ，またはJR仙山線作並駅🚶5分

> こけしに関する最古の文書を伝える湯治場

　仙台駅から仙台西道路を経由し，国道48号線を北西の山形方面へ約30km行くと，広瀬川沿いに作並温泉郷が広がる。作並温泉は，1796（寛政８）年に岩松喜惣治が仙台藩から開湯の許可を得たのが始まりとされるが，史料的にはすでに1760（宝暦10）年の『奥州里諺集』に作並湯が確認される。1933（昭和８）年，工芸指導に来仙したドイツ人ブルーノ・タウトは渓谷に臨む岩風呂を「自然と人の結合」と評している。

　作並駅ホームには，1955（昭和30）年に建てられた「交流電化発祥之地」の碑がある。仙山線は，国内初の交流電化路線で，1954年に同駅周辺で実施された交流電化試験は，国内外から注目を浴びた。

多賀城と松島

Tagajyō Matsushima

『一遍上人絵伝』に描かれた松島・円福寺

多賀城碑

塩竈みなと祭り

◎多賀城・松島周辺散歩モデルコース

1. JR東北本線陸前山王駅 _1_ 山王遺跡(国司館跡) _25_ 多賀城跡 _15_ 奏社宮 _20_ 多賀城碑 _10_ 館前遺跡(国司館跡) _5_ 融神社 _15_ 東北歴史博物館 _1_ JR東北本線国府多賀城駅

2. JR東北本線国府多賀城駅 _1_ 東北歴史博物館 _10_ 多賀城廃寺跡 _20_ 多賀城市文化センター _20_ 末の松山 _10_ JR仙石線多賀城駅

3. JR仙石線多賀城駅 _45_ 柏木遺跡 _5_ 大代横穴墓群 _5_ 湊浜薬師堂磨崖仏 _25_ 大

① 多賀城跡
② 東北歴史博物館
③ 多賀城廃寺跡
④ 国司館跡
⑤ 菅谷薬師神社・菅谷・馬場崎横穴墓群
⑥ 鹽竈神社
⑦ 浦戸諸島
⑧ 大木囲貝塚
⑨ 瑞巌寺
⑩ 観瀾亭
⑪ 雄島
⑫ 富山観音堂
⑬ 宮戸島の貝塚群

木囲貝塚 15 七ヶ浜町歴史資料館 30 JR仙石線本塩釜駅
4. JR仙石線本塩釜駅 15 御釜社 15 鹽竈神社 25 マリンゲート塩釜 50 瑞巌寺 20 JR仙石線松島海岸駅
5. JR仙石線松島海岸駅 15 雄島 15 観瀾亭 10 円通院 5 瑞巌寺 10 五大堂 15 JR松島海岸駅
6. JR仙台線本塩釜駅 10 マリンゲート塩釜 25～45 浦戸諸島 25～40 マリンゲート塩釜 10 JR本塩釜駅

古代都市多賀城

1

古代の政治と軍事の拠点多賀城。周囲は歌枕の故地。

多賀城跡 ❶ 〈M▶P.60, 65〉多賀城市市川・浮島
JR東北本線国府多賀城駅 🚶15分

陸奥国府・鎮守府

　国府多賀城駅の北西約800mにある丘陵一帯が，多賀城跡（国特別史跡）である。多賀城は，古代陸奥国の国府で，陸奥・出羽両国の行政監督官の按察使も派遣されていた。奈良時代には対蝦夷の軍事の拠点，鎮守府もおかれていた。創建は多賀城碑に「神亀元(724)年」とある。発掘調査の成果からは，721(養老5)年前後から造営が始まり，10世紀半ば頃にはその機能を失ったと考えられている。遺跡は，江戸時代中期の藩意識が高揚するなかで再認識され，明治時代に絵図が，大正時代には正確な地形図が作成された。「史蹟」には1922(大正11)年，特別史跡には1966(昭和41)年に指定された。

　発掘調査は，1961(昭和36)年に多賀城跡発掘調査委員会によって始められ，1969年以降現在まで宮城県多賀城跡調査研究所が継続して調査を行っている。この継続調査によって，多賀城の外郭は，一辺900mほどの不整方形で，南・東・西に門を，中央に政庁，その周囲に官衙ブロックを配していたことが判明している。遺構は政庁の変遷から4期(Ⅰ～Ⅳ)に大別でき，8世紀前半から10世紀半ばまでこの地域の政治と軍事の中心施設として機能していることがわかっている。

多賀城跡附寺跡

　多賀城政庁は，東西約100m・南北約120mの築地によって区画され，東西南北に門をもつ。内部の中央やや北に正殿，その南西・南東に脇殿と，建物を「コ」の字型に配し，これらの建物群に囲まれ

多賀城碑

> コラム
>
> 多賀城の歴史を記す古碑

多賀城碑(国重文)は、多胡碑(群馬県多野郡吉井町)・那須国造碑(栃木県大田原市湯津上)とともに、日本三古碑の1つに数えられる。江戸時代初期に地中から発見され、歌枕の「壺碑」とされたことから、多くの文人の注目を集めた。1689(元禄2)年に碑を訪れた松尾芭蕉は、「泪も落るばかり」に感動したと、『おくのほそ道』に記している。

碑は花崗質砂岩製で、高さ2.48m・幅1.03m・厚さ0.74m、推定重量2.8t。碑面の中央上部に「西」の1字、その下は11行17段に割り付けられ、140字が刻まれている。碑文には、正史である『続日本紀』に記載がない724(神亀元)年に大野朝臣東人が多賀城をおき、762(天平宝字6)年に藤原恵美朝臣朝獦が修造したことが記されている。

そのためか、明治時代以降は、偽作説が有力であったが、多賀城跡の発掘調査が始まると、遺構の変遷が碑文の内容と矛盾しないことが明らかとなり、1998(平成10)年に国の重要文化財に指定されている。

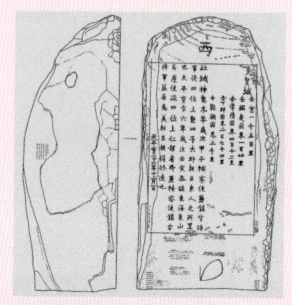

多賀城碑実測図(『研究紀要Ⅰ』宮城県多賀城跡調査研究所 1974年より)

る前庭があった。主要な儀式や蝦夷の饗応は、この場でとり行われていた。

政庁Ⅰ期は724(神亀元)年から762(天平宝字6)年までで、建物は掘立柱式である。Ⅱ期は藤原仲麻呂(恵美押勝)の子朝獦による762年の修造から、780(宝亀11)年に反乱で焼失するまでである。建物を礎石式に改め、前庭を石敷きとし、南門に翼廊を取り付けるなど、大規模な整備がされた時期である。このⅡ期の整備のあり方は、正殿の東西に楼や北に後殿を設けるなど、Ⅲ・Ⅳ期に踏襲されている。Ⅲ期は780年から869(貞観11)年の陸奥国大地震による被災まで、Ⅳ期は869年から10世紀半ば頃までである。

多賀城の外郭区画施設は築地塀を基本とし、一部に材木塀を採用する。この区画施設は、当初から城の外周を囲うものではなく、政庁Ⅱ期以降に城を囲う姿に整備され、対蝦夷政策の強化に連動する。

古代都市多賀城

城内では，政庁南門と外郭南門を結ぶ南北道路，外郭東門と西門を結ぶ道路，官衙や倉庫の建物群のほか，鍛冶や漆などの工房がおかれていた。

　史跡公園としての整備は，政庁跡を始め，政庁西の六月坂地区，政庁東の作貫地区・大畑地区など城内各地点で広範囲に進められている。政庁南門前の階段はその全容，大畑地区にある奈良時代の東門は柱と壁の下部，そのほか多くの建物が木柱や植栽で表示されている。また北辺に沿い木道が設置されており，北に隣接する加瀬沼公園とともに，自然散策路としても利用されている。

　外郭南門跡の北約30mには，江戸時代初めに発見された多賀城碑（国重文）がある。碑の覆屋は，徳川光圀が仙台藩4代藩主伊達綱村に造営を勧めたもので，現在の覆屋は，1875（明治8）年につくられたものを1997（平成9）年に修繕したものである。宝珠の露盤は，堤焼の名工庄子乾馬の作である。なお多賀城碑は，近世以来，歌枕の「壺碑」と混同されるが，本来まったく別のものである。

　外郭東門跡の北東約100mに，陸奥総社宮（祭神八塩道老翁神・八塩道老女神）がある。平安時代中期以降，国司着任後の諸社巡拝儀礼を簡略にするため，国府の近接地域に一宮・二宮以下を一堂に集めてまつる総社が諸国で成立しており，当社もその1つである。政庁跡の北約200mにある多賀神社（祭神伊奘諾尊）は，『延喜式』式内社に比定されている。

　国府多賀城駅の北400mにある融神社（浮島神社）は，歌人でもある左大臣源融をまつる。またこの一帯は歌枕「浮島」にあたり，国府多賀城駅の東2kmほどの所に歌枕「おもわくの橋」「野田の玉川」がある。JR仙石線多賀城駅の南西1kmには歌枕「沖の石（井）」「末の松山」（宝国寺に所在）がある。

東北歴史博物館 ❷
022-368-0101

〈M ▶ P. 60, 65〉 多賀城市高崎1-22-1　P
JR東北本線国府多賀城駅🚶すぐ

東北最大の歴史博物館

　国府多賀城駅の南隣に，東北歴史博物館がある。1999（平成11）年，宮城県だけでなく東北地方の歴史や文化を学び，世界に発信することを目的に，東北歴史資料館を発展させた県立博物館として開館した。展示活動を機軸に，生涯学習活動も積極的に展開しており，定

期的に多賀城跡の史跡巡りや体験教室を行っている。

　1階の総合展示室では，東北地方の歴史を紹介する。とくに松島湾の貝塚や，多賀城跡出土品の展示が充実している。そのほか，特別展示室・テーマ展示室・映像展示室がある。3階のこども歴史館では，火おこし・編布などの体験を通して歴史を学べる。図書情報室では，東北地方の市町村史誌が集められており，自由に利用できる。

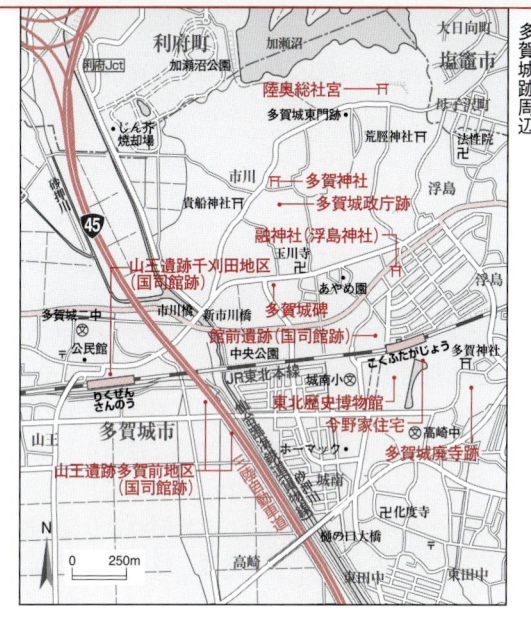

　屋外には，今野家住宅(県文化)がある。江戸時代中期に建てられた，桃生地方の肝入の住宅である。住宅の裏からは，多賀城廃寺跡に続く散策路も設けられている。

多賀城廃寺跡 ❸

〈M▶P.60,65〉多賀城市高崎1-15ほか
JR東北本線国府多賀城駅🚶5分

　東北歴史博物館の今野家住宅から東側の遊歩道をのぼると，松林の中に多賀城廃寺跡(国特別史跡)がある。1961(昭和36)年以降の発掘調査によって，三重塔と金堂が東西に向かい合い，中門・講堂・僧坊が南北中軸上に配置される伽藍の遺構が確認された。この伽藍配置は，おおよそ大宰府の付属寺院観世音寺と共通する。

　多賀城廃寺について，文献上の記載はない。寺名については，西方の山王遺跡から出土した土器に墨書された「観音寺」が有力である。また，この廃寺から出土する瓦の9割は多賀城創建期(8世紀前半)のもので，伽藍中軸線も多賀城外郭南辺と直交することから，この寺は多賀城と同一計画のもとに造営された，付属寺院と考えら

古代都市多賀城　65

れている。廃寺の主要な建物跡は，基壇が復元され，史跡公園となっている。

国司館跡 ❹

〈M▶P. 60, 65〉多賀城市山王字山王・字多賀前・字千刈田
JR東北本線国府多賀城駅🚶5〜25分，または陸前山王駅🚶1〜25分

多賀城廃寺跡の西，多賀城南辺築地跡の南に古代の直線道路跡が発見された市川橋遺跡・山王遺跡が広がる。道路は，多賀城南門から南にまっすぐ延びる南北大路と，多賀城南辺の約5町（約550m）南を通る東西大路を縦と横の基軸として，それぞれ約1町間隔で小路を設けている。この道路による区画は，方形の地割をつくり出し町並みを整えるもので，多賀城南面に都市としての景観を生み出していた。もっとも広い東西大路は，奈良時代の幅12mから平安時代に幅23mへ拡幅され，都市としての賑わいもこの道路拡幅後に進む。

国司館跡と考えられる遺構は，館前遺跡と山王遺跡（千刈田地区，多賀前地区）で確認されている。

国府多賀城駅の北側，多賀城跡の南東約2.1kmの台地上に館前遺跡（国特別史跡）がある。6棟の掘立柱建物跡が，四面廂付建物跡を中心に整然と配置され，9世紀に多賀城へ赴任した国司の館跡と考えられている。

陸前山王駅の北西に隣接する，山王遺跡千刈田地区では，10世紀前半の館跡が確認された。主屋とみられる四面廂付きの大きな建物，やや規模の小さな建物2棟と井戸跡などがみつかり，施釉陶器・中国陶磁器・多量の食器のほか，「右大臣殿餞馬収文」と記された題箋軸が出土した。この軸は，館の主が右大臣に餞の馬を贈った書状の案文を巻きつけていたと考えられており，遺構は国の長官である国司の館跡と推定されている。

陸前山王駅の東約2km，多賀前地区の国司館跡は，東西大路を挟んだ南北両側の区画にある。南側の館跡では，区画の中央部で遣り水を設けた庭園が発見され，周辺からは施釉陶器や中国陶磁器，宴会用の食器が多量に出土した。北側の館跡では，三面廂付き建物を中心とする主屋と，これを「コ」の字型に囲む建物群が確認されている。

菅谷薬師神社・菅谷・馬場崎横穴墓群 ❺

〈M▶P. 60, 67〉宮城郡利府町 菅谷字 南 熊ノ前・字馬場崎

JR利府線利府駅🚶30分

　県道仙台松島線と塩竈吉岡線の分岐点から北西へ約2km行くと，道安寺(曹洞宗)の裏山に菅谷薬師神社・菅谷・馬場崎横穴墓群がある。6世紀末〜8世紀代に築造されたもので，現在までに4カ所計57基が確認されている。すべて内部に棺座をもたない形態である。出土遺物には，土師器・須恵器・直刀・刀子・勾玉・管玉・硯などがある。道安寺には，1711(正徳元)年に住職が夢告により横穴墓から発掘したという，長頸瓶・横瓶などが伝えられている。寺域北方には，古代蝦夷との戦いで亡くなった人びとを慰めたと伝わる菅谷不動尊がある。

　道安寺の南300mに，菅谷の「穴薬師」とよばれる中世の石窟仏がある。古代の横穴墓の奥壁に約1mの仏像を彫り，その手前に祠を設けている。同じ形態をもつ，仙台市岩切にある東光寺の「宵の薬師」，宮城郡七ヶ浜町湊浜の「暁の薬師」とともに，「夜中の薬師」とも称される。

　道安寺の南西約1kmに，『延喜式』式内社の伊豆佐比賣神社(祭神噀咋比賣命)がある。『日本文徳天皇実録』仁寿2(852)年8月条に，正五位下の神階が授けられたと記されている。神社のある飯土井の地名は，湯の湧く所を意味し，古くは湯の神をまつったとされる。

　利府駅の北約1.5kmに利府城跡，南東約1kmに川袋古墳群がある。城は留守氏が一族の村岡氏から奪い修築し，1570(元亀元)年以降，伊達政宗の叔父留守政景が居城とした。現在，館山公園として整備されている。古墳群は7世紀頃につく

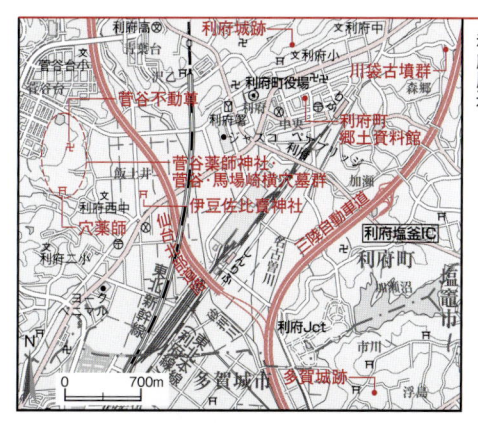

横穴墓群と中世の石窟仏

利府周辺

られた径10mほどの円墳3基からなり、積石(つみいし)による横穴式石室(せきしつ)をもち、土師器・須恵器・直刀・鉄鏃(てつぞく)・馬具などが出土している。

　利府町郷土資料館は利府駅の北西300mに位置する。菅谷横穴墓群や川袋古墳群の出土品をはじめ、町内の発掘調査で出土した遺物を中心に展示を行っている。特に多賀城政庁Ⅲ期の瓦を焼成した、大貝(おおがい)窯跡群の窯体を切りとり、実物を展示していることが注目される。

❷ 国府津・千賀浦

古代国府の津，中世・近世の奥州一宮門前町として栄えた塩竈。いにしえの賑わいをよび覚ます，壮麗な鹽竈神社の祭礼。

鹽竈神社 ❻
022-367-1611
〈M▶P.60〉 塩竈市一森山1-1 **P**
JR仙石線本塩釜駅🚶10分，またはJR東北本線塩釜駅🚶15分

塩竈ザクラが舞う 奥州一宮

　本塩釜駅の北西約800m，一森山に鹽竈神社がある。9世紀初頭に成立した『弘仁主税式』によると，陸奥国正税の6分の1にあたる1万束(1000石)の歳幣を受けている。このような例は，他国でも2〜3例を数えるだけであり，古代陸奥国の「一宮」としての役割を担ったと考えられるが，諸国の名神を記載した『延喜式』神名帳に社名がみえないことから，これを疑問視する説もある。

　祭神は，本宮(国重文)の左宮に武甕槌神，右宮に経津主神，別宮(国重文)に岐神(塩土老翁)をまつる。

　神職は，鎌倉時代以降，陸奥国留守職伊澤(留守)氏がつとめ，社領も伊澤氏一門の管理下におかれた。江戸時代には，伊達氏の尊崇を受け，奥州一宮として整備されてきた。1874(明治7)年には国幣中社に列せられている。

　なお当社には，天台宗の神宮寺があったとされるが，はっきりしない。天正年間(1573〜92)に，末松山般若寺(多賀城市)の僧の富鏡が留守政景の保護を受けて法蓮寺(真言宗)をおこし，以後，この寺が社務一切を支配したという。法蓮寺は，最盛期には裏参道一帯に12支院を有したが，江戸時代末期の火災と，明治時代の廃仏毀釈により廃寺となった。現在は，勝画楼とよばれる書院のみが，裏参道入口に残る。

　表参道は，藩主参拝時の表口であった。入口の鳥居(国重文)は，寛文事件(伊達騒動)で知られる原田甲斐の造立で「寛文三(1663)年　松平亀千代(綱村)」

鹽竈神社唐門と表坂

国府津・千賀浦

鹽竈神社本宮

の銘をもつ。境内にはスギの巨木が聳え、塩竈ザクラ（国天然）・タラヨウ（県天然）のほか、林子平が長崎より持ち帰ったロウバイなど珍しい植物がみられる。

また、奥州藤原氏3代秀衡の3男泉三郎忠衡が寄進したとする文治3(1187)年7月10日の紀年銘をもつ鉄灯籠、仙台藩9代藩主伊達周宗が寄進した飾灯籠がある。

現在の建物は、4代綱村と5代吉村が9年の歳月をかけて1704(宝永元)年に完成させたもので、左宮・右宮・別宮の本殿・幣殿・拝殿・随身門・門及び廻廊・瑞垣のいずれも国の重要文化財に指定されている。桃山様式を取り入れた入母屋造で、鮮やかな朱が塗られている。本宮は素木造・檜皮葺き流造で、三方に勾欄のある縁をめぐらす。

境内の東端部には、『延喜式』式内社志波彦神社（祭神志波彦神）がある。もとは仙台市宮城野区岩切若宮にあったが、1871(明治4)年に国幣中社となり、1874年鹽竈神社の摂社とされた。現在の社殿は、1938(昭和13)年に造営されたものである。

鹽竈神社博物館は、黒漆太刀（雲生銘、国重文）、4代綱村奉納の糸巻太刀（来国光銘、国重文）、綱村以降の歴代藩主が奉納した糸巻太刀35振（県文化）を展示する。これらの太刀は、仙台藩の刀鍛冶の系譜（国包系・安倫系・永重系・家定系）を一堂にみせてくれる。

例祭に、3月の帆手祭、4月の花祭、7月のみなと祭、11月の初穂曳き、12月の勝来祭などがある。帆手祭は、202段の急峻な表坂を一気に下り、塩竈様の荒神輿として有名である。みなと祭は神輿を載せた御座船が供奉船を従えて、松島湾内を巡航する。12月の勝来祭は、奥州合戦の武将が神の加護を祈ったことに始まるという。

また志波彦神社社前からは、遠くに金華山や牡鹿半島、眼下に松島湾の島々を見渡すことができ、その眺望は塩竈随一である。

70　多賀城と松島

藻塩焼神事

コラム

行

鹽竈神社に伝わる古式の製塩

　塩竈市本町にある鹽竈神社末社御釜社は、塩土老翁をまつり、4個の塩釜を神体とする。この釜にはられた潮水は、異変があると色が変化すると言い伝えられている。御釜社では、7月4～6日に古式神事の鹽竈神社藻塩焼神事（県民俗）が行われる。

　4日は藻刈神事で、神職が七ヶ浜町花渕浜にある鼻節神社の沖合から、海藻のホンダワラを採取する。5日は御水替神事で、4個の釜の水を汲み出し、釜をフジヅルで洗った後、松島湾の釜ヶ渕から桶で汲んできた新しい潮水を釜にはる。6日が藻塩焼神事で、準備した潮水を簀の上においた海藻を通して神事用の釜に注ぎ、煮詰めて塩をつくる。できあがった塩は、御釜社などに供えられる。

　この神事の記録は、『塩竈町方留書』の寛永13（1636）年の記事にみえる。また、1350（正平5）年に当地を訪れた僧宗久は『都のつと』のなかで、鉄釜を神体と記している。

藻塩焼神事

浦戸諸島 ❼　〈M▶P. 60,72〉塩竈市浦戸
JR仙石線本塩釜駅🚶(10分)塩釜港⛴浦戸朴島行25～45分

年貢米の積出港と洋式軍艦建造の地

　塩竈市に属す桂島・野々島・寒風沢島を始め、松島湾東に浮かぶ島々が浦戸諸島である。

　桂島は、松島湾の防波堤的な役割をはたす、東西に細長い島である。野々島との間の石浜水道は水深が深く、塩釜港の開港以前は、ここに大船が停泊した。1871（明治4）年、武蔵国上千塚（現、埼玉県幸手市）出身の実業家白石廣造は、この天然の良港に着眼して海運業を始め、地方商工業の振興を図り、塩釜港開港の気運をつくった。白石は、ここを拠点に遠洋漁業を計画し、遠くカムチャツカ方面でのラッコやオットセイ猟などを手がけ、北洋漁業の先駆けとなった。島の東に彼の邸宅跡がある。

　桂島の石浜地区の中央に標高50mほどの小高い丘がある。その頂上にある巨石3個のうち最大のものを雨降り石とよぶ。この石は、相州雨降り山尊権現をまつると伝えられ、叩くと雨が降るという。

浦戸諸島

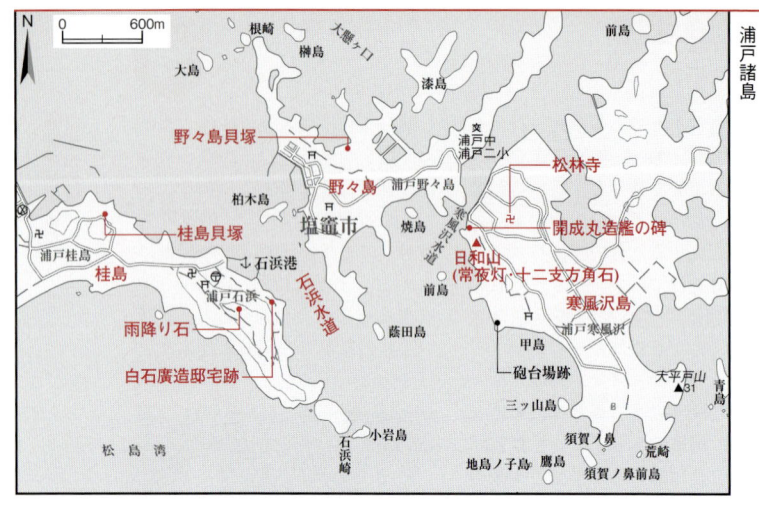

また、浦戸第二小学校の裏手に、縄文時代前期の桂島貝塚がある。

野々島は、桂島の東北東に位置する。北には、縄文時代早期の野々島貝塚がある。

この両島の東には、浦戸諸島では最大、松島湾内では宮戸島につぐ大きさの寒風沢島がある。1616(元和2)年、上総国長南(千葉県長生郡長南町)の領主であった長南和泉守が一族とともに住み着いたという。江戸時代には、奥州の幕府領や東北諸藩の年貢米積出港として栄え、長南氏の子孫が代々幕府御城米の役人をつとめた。島の西端にある日和山には、常夜灯と十二支方角石が残る。常夜灯は高さ7mの重層石造で、江戸時代後期に航路標識として建てられた。

方角石は、船が出航する時刻・天候を見定めるのに使用し、1841(天保12)年に幕吏木村又兵衛正信が設置した。日和山の北東300mにある松林寺は、若宮丸の漂流後、ロシアを経て世界を一周した津太

桂島

72　多賀城と松島

開成丸

コラム

仙台藩の洋式軍艦

　幕末の仙台藩は，藩校養賢堂の学頭大槻習斎を中心として，西洋式新技術を取り入れた軍制改革を推進した。日和山・石浜岬・船入島は，仙台藩が攘夷の勅命を奉じて築造した大砲3門を備え付けた所で，砲座と弾薬庫跡，土塁が残存している。また，寒風沢島港から南へ200mの所に開成丸造艦の碑がある。

　開成丸は，1854(安政元)年に薩摩藩が建造し，幕府に寄贈した昌平丸(昇平丸)に続く日本で2番目の洋式軍艦で，仙台藩が寒風沢島山崎で造艦した。建造にあたっては養賢堂兵学主任の小野寺鳳谷が，藩命により相模・伊豆に派遣され，幕府の洋式軍艦を視察した。その後，長崎でオランダ人から西洋軍艦製造の技術を学んだ，江戸の造船技術家三浦乾也を招聘し，藩天文方の村田善次郎を建造責任者として，1856(安政3)年8月に建造を開始した。船は，翌年7月に完成し，長さ110尺(約33m)・幅25尺(約7.6m)・高さ19尺2寸(約5.8m)，2本のマスト，洋式大砲9門を備えていた。進水に際しては13代藩主伊達慶邦も臨席している。

　開成丸の名は，「人がまだ知得していないところを開発し，人の成さんと欲するところを全うする必要がある」との意味をもつ，『易経』の一節，「開物成務」による。1857年1月には，寒風沢―気仙沼間の試験航海に成功したが，養賢堂の学田米を江戸品川に数回廻漕した後，進水後数年ほどで，石巻において解体された。

　当時の航海日誌によると，江戸まで片道1カ月かかっており，このような速力不足が軍艦としての評価を下げ，廃船の憂き目を招いたと考えられる。

　塩竈市壱番館に開成丸の模型が展示され，仙台市博物館に「開成丸調練帰帆図」が所蔵されており，往時を偲ぶことができる。

夫と左平の菩提寺で，過去帳に両者の戒名が記されている。境内には，地蔵の顔に化粧をすると，美男・美女が授かるという化粧地蔵，江戸から搬送された延命地蔵がある。

　石浜水道には，1868(明治元)年秋，榎本武揚の率いる艦隊が箱館五稜郭に向かう途中で投錨し，開陽・長鯨など7隻が20日間停泊した。その間，寒風沢には，桑名藩主松平定敬・備中松山藩主板倉勝静・唐津藩世子小笠原長行・大鳥圭介・土方歳三らが滞在した。

大木囲貝塚 ❽
022-365-5567（七ヶ浜町歴史資料館）

〈M▶P.60〉宮城郡七ヶ浜町東宮浜字大木・境山2丁目ほか 🅿

JR仙石線下馬駅🚶下馬バス停🚌花淵・割山行境山🚶5分、またはJR仙石線多賀城駅🚌七ヶ浜町歴史資料館行終点🚶すぐ

縄文土器編年の標式遺跡

国府厨印

境山バス停より北東に300mほど行くと、標高約40mの台地上に大木囲貝塚（国史跡）がある。遺跡は東西450m・南北600mで、このうち東西210m・南北260mの範囲に、U字形に海水産の貝層が堆積する。

1927（昭和2）年、東北帝国大学副手山内清男は数カ所の貝層を発掘調査し、出土した縄文時代前期～中期の土器を型式分類した。この土器型式は大木1～10式とよばれ、東北地方南部の土器編年の基準となっている。遺跡に隣接する七ヶ浜町歴史資料館では、大木式土器の変遷や、鼻節神社から発見された「国府厨印」、中世の信仰を示す湊浜薬師堂磨崖仏の複製などが展示されている。

大木囲貝塚から東へ約2.5km行った吉田浜には、縄文時代後期～晩期の二月田貝塚があり、さらに東約1kmには、松島湾最古の貝塚である、縄文時代早期の吉田浜貝塚がある。また大木囲貝塚の南方約1.5km、多賀城市大代には、弥生時代の枡形囲貝塚があった。この貝塚は、弥生時代中期の標式遺跡であるとともに、山内清男が弥生土器の底に籾の圧痕を発見したことでよく知られる。

74　多賀城と松島

③ 霊場松島・景勝地松島

桃山建築の瑞巌寺と景勝が魅了する松島。湾内には国内有数の縄文貝塚群。

瑞巌寺 ⑨
022-354-2023

〈M▶P.60,76〉宮城郡松島町字町内91
JR仙石線松島海岸駅🚶10分,またはJR東北本線松島駅🚶20分

政宗が再興した古刹

松島海岸駅から国道45号線を北へ約500m行くと,瑞巌寺(臨済宗)に至る。「桑海禅林」の扁額の掲げられた総門(県文化)を抜けると,参道が続く。

瑞巌寺は,『天台記』によれば,828(天長5)年,慈覚大師(円仁)が淳和天皇の詔勅により,比叡山の日吉山王権現(滋賀県大津市)の神輿を奉じて創建した天台宗寺院,延福寺に始まる。1172(承安2)年には,藤原基衡が延福寺に戒壇を設け,供養を行ったと伝えられる。鎌倉時代中期,鎌倉幕府5代執権北条時頼は,延福寺を関東御祈禱所に定めて臨済宗に改宗,寺号も円福寺と改めた。参道の法身窟とよばれる石窟は,廻国修行の時頼と法身が法談した所といい,時頼はこの縁から法身を開山としたとされる。1280(弘長3)年に一遍も当寺を訪れており,『一遍上人絵伝』には,基壇上に朱塗り柱をもつ,瓦葺き2階建ての本堂と楼閣をもつ伽藍が描かれている。1990(平成2)年から始まった発掘調査では,凝灰岩でつくられた基壇や火災痕のある瓦が出土し,この絵伝の描写を裏付けている。

南北朝時代には,天台宗勢力が復権を図り,禅宗側と争った。その後,禅宗側は,室町幕府の庇護を得て,天台宗勢力は衰えたが,室町幕府の崩壊とともに寺勢そのものが衰微した。

江戸時代になると,仙台藩初代藩主伊達政宗が,師の虎哉宗乙の勧めで寺の再興に取り組み,1609(慶長14)年に伽藍が完成,青龍

瑞巌寺石窟群

霊場松島・景勝地松島 75

瑞巌寺周辺

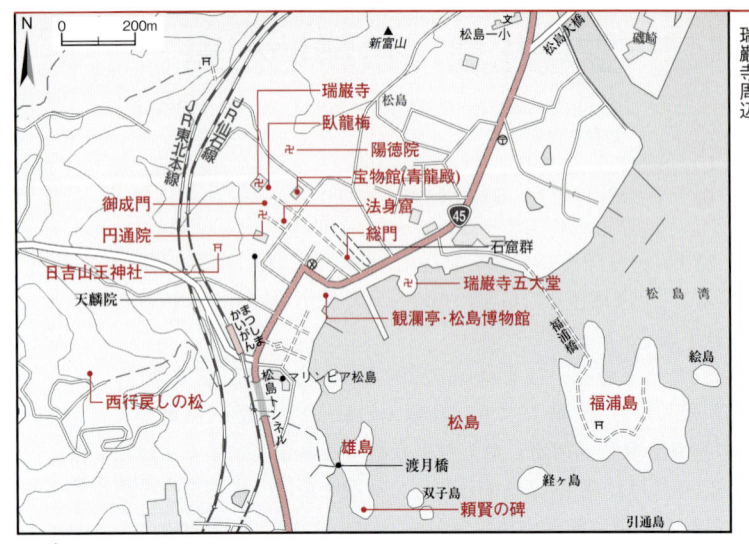

山瑞巌円福禅寺と号した。「慶長十三年」銘の銅鐘(県文化)には、造営の由来が虎哉の撰文で刻まれている。造営にあたっては、政宗みずから縄張りをし、梅村家次・形部国次ら多くの名工を招き寄せ、用材も紀州熊野山中から伐り出し運び入れるなど心血を注いでいる。絵師は、仙台藩お抱えの狩野左京ら狩野派の絵師が多くを担当している。政宗の言行録『木村宇右衛門覚書』によると、政宗は造営に際して、地面に落ちた釘の使用を禁ずるほど細心の注意を払わせたという。また、前庭の紅白梅(臥龍梅、県天然)は、政宗が1593(文禄2)年に朝鮮から持ち帰り、手植えしたものと伝わる。1611年に当山を訪れたイスパニア(スペイン)使節であり探検家でもあるビスカイノは、「木造建築で世界に並ぶもの無し」と評した。

御成門と太鼓塀でつながれた中門(いずれも国重文)を抜

瑞巌寺庫裏

76　多賀城と松島

野蒜築港

コラム

短命であった日本初の近代港

　内務卿大久保利通は明治維新後、経済的に疲弊した東北地方の開発のために、1875(明治8)年の第1回地方官会議で、各県令に意見書を提出させた。その答申を受けた大久保は、交通・運輸網の整備が急務であると考え、1876年の明治天皇の東北巡幸の際、先発隊として石巻周辺を調査し、その結果、野蒜に日本初の近代港を建設することになった。横浜築港の11年前のことである。

　事業は北上運河で北上川と野蒜を結び、東名運河で松島を通り、貞山運河で阿武隈川を結び、さらに鳴瀬川で内陸部の後背地をつなぎ広域経済圏を実現する計画であった。

　1878年、政府は起業公債を財源として野蒜築港実施を決定し、内務省土木局長石井省一郎と技師長のオランダ人ファン・ドールンに事業を一任した。起業公債の出資者には、工事の進捗状況や経費を明記した起業景況報告が発行された。

　1882年、鳴瀬川河口に内港が完成し、大型船が入港。10万5000坪の用地に都市計画街路が区画され、銀行・米取引所・電信局・測候所・警察署・旅館・料理店も立ち並んだ。県の主導により、野蒜築港に関連した工事が進められる一方で、佐沼広通社が野蒜での外国貿易を計画するなど、民間商社からも港の活用が期待された。宮戸島の潜ヶ浦を外港として野蒜港と一体化する計画もあったが、1884年の台風で防波堤が破壊されて船舶の入港が不能となったため、翌年、事業の中止が決定された。

　現在は、東突堤と、上部に鋸型飾りのあるレンガ造りの新鳴瀬川架橋橋台に、その名残りがある。

けると、正面に本堂、右手に庫裏がある。

本堂(元方丈 附棟札、国宝)は入母屋造・瓦葺きで、正面は40mあり、南西端には素木造唐様の御成玄関が乙字形に付属する。内部は書院造で10室から構成され、間取は仙台城大広間との共通性が指摘されている。藩主御成の上段の間には、火頭窓を開けると武者隠がある。伊達一門の詰所である文王の間の襖絵「四季花卉図」は、政宗が招請した絵師長谷川等胤らの作である。

庫裏及び廊下(国宝)は、「慶長十四年」銘の棟札をもつ。切妻屋根に入母屋の煙出をおき、妻飾り彫刻や白壁と木組の対照が美しい。この庫裏には食堂があり、「嘉暦元(1326)年」銘の雲版(国重文)が

瑞巌寺五大堂

かけられていた。

　庫裏脇には宝物館(青龍殿)がある。朝鮮出兵時の姿を模したといわれる伊達政宗公椅像(県文化)は，政宗の十七回忌に正室の陽徳院(愛姫)の発願で制作された等身大の像である。かつては本堂の仏壇に安置されていたが，今は陽徳院や長女の天麟院(五郎八姫)の像と並んで展示されている。また，中世の円福寺関係の出土品や北条政子寄進の水晶仏舎利塔，室町時代作の法身と大覚禅師(蘭渓道隆)の頂相，涅槃図・釈迦説法図などもある。

　瑞巌寺中門の南西100mには，日吉山王神社(祭神大山咋神)がある。本殿(県文化)は，素木造の三間社流造で，「寛永十七(1640)年」銘と「宝永七(1770)年」銘の棟札が残り，江戸期の秀作である。

　瑞巌寺北隣の陽徳院(臨済宗)は，政宗正室の菩提寺で，その霊廟宝華殿(国重文)がある。瑞巌寺南隣の円通院(臨済宗)は，2代藩主忠宗の嫡子光宗の菩提寺で，その北西に霊廟三慧殿(国重文)がある。光宗は「学を好み，風月の才に富む」と瑞巌寺99世雲居に評されたが，19歳で夭折した。1647(正保4)年に完成した宝形造本瓦葺きの三間霊屋堂内の家形厨子に，白馬にまたがる衣冠束帯姿の光宗像が安置されている。厨子内に，当時としては珍しいバラ・スペード・ハート形など洋風の装飾が施されている。

　瑞巌寺の南東約500m，国道45号線を挟んで瑞巌寺五大堂(国重文)がある。807(大同2)年に蝦夷鎮定のため，坂上田村麻呂が毘沙門天をまつり，のち延福寺創建の際，円仁が五大明王像を安置して五大堂となったと伝えられる。鎌倉時代には，八幡荘(現，多賀城市)地頭や亘理郡地頭武石氏が鐘を鋳造・奉納している。現在の建物は，1604(慶長9)年に政宗がこれまでの戦勝の返礼として再建した。素木の方3間宝形造で，方位に従って蟇股に十二支の彫刻が施されている。内部は格天井，彩色された家形厨子を安置

若宮丸の遭難

コラム

日本人初の世界一周

1793(寛政5)年、石巻の米沢屋平之丞の持船800石積の若宮丸は、船員16人と仙台藩の用材・廻米1300俵を載せ、江戸へ向けて出帆した。しかし、船は塩屋埼(福島県いわき市)沖で遭難。乗組員は髪を切って神仏に祈り、神籤で船の位置を占うなどしたが、約半年間の漂流後、アリューシャン列島アンドレヤノフ諸島の小島に漂着した。1796年、ロシアの役人により、彼らはオホーツクを経てシベリア南部のイルクーツクに送られた。その間、1783(天明3)年に遭難・漂流した伊勢国(現、三重県)の船頭大黒屋光太夫一行のうち、ロシアに帰化した新蔵の世話を受けた。1803(享和3)年には新蔵の案内により、首都ペテルブルクで皇帝アレクサンドルⅠ世に謁見し、また熱気球も見物した。

生存者10人のうち、寒風沢(現、塩竈市浦戸寒風沢)の津太夫・左平、室浜(現、東松島市宮戸)の多(太)十郎・儀兵衛の4人が帰国を希望した。この4人は、通商要求のために日本に派遣されたレザノフに伴われ、ナジェージダ号で大西洋を横断し、マゼラン海峡を越えて太平洋を航行。1804(文化元)年、長崎に帰還し、日本人として初めて世界一周を体験した。

彼らの体験は、岩手県一関市出身の蘭学者大槻玄沢らが聞き書きし、『環海異聞』に著した。この書には、津太夫・左平ら一行が、ロシアで見聞したプラネタリウムや観覧車などが描かれている。

一行のロシア滞在中、石巻では船主米沢屋を施主として、若宮丸乗組員の七回忌法要が行われており、石巻市山下町の禅昌寺(臨済宗)に若宮丸遭難供養碑がある。また、多十郎がロシア皇帝より下賜された服が伝存し(奥松島縄文村蔵)、東松島市宮戸字室浜の観音寺には多十郎の墓がある。なお、ロシアに帰化した善六は、1813(文化10)年のゴローウニン事件の際、通訳として活躍した。

し、ケヤキ材一木造の五大明王像(平安時代末期作、国重文)を納める。

観瀾亭と雄島 ❿⓫
022-353-3355

〈M▶P.60,76〉宮城郡松島町字町内56 Ｐ
JR仙石線松島海岸駅🚶5分、またはJR東北本線松島駅🚶15分

扶桑第一の景勝地

日本三景の1つ松島には大小260余の島々があり、その景観は、俳人松尾芭蕉も「扶桑第一」と絶賛した。

松島海岸駅から国道45号線を北東へ約500m行くと、月見崎に観

霊場松島・景勝地松島

観瀾亭

瀾亭(県文化)がある。この建物は,桁行8.5間・梁間5間の寄棟造・柿葺きで,床間の張付絵や襖絵を桃山様式で描き,仙台藩主の御仮屋御殿として建てられた。観瀾亭と名づけたのは5代藩主吉村である。御殿は文禄年間(1592～96)に,伊達政宗が豊臣秀吉から譲り受けた京都伏見城の1棟で,初め江戸藩邸に移築され,さらに2代忠宗が現在地に移したと伝えられてきたが,現存する建物は近年発見された「御仮屋絵図」によって,正保あるいは慶安年間(1644～52)の火災後,建てられたことがわかっている。

観瀾亭に隣接し,松島博物館がある。中・近世の武士の武具や生活用品を中心に陳列する。観瀾亭敷地内にある「どんぐりころころの碑」は,大正時代,松島出身の青木存義が松島での幼き日を偲び,「どんぐりころころ」の詞をつくったことを記念したものである。

雄島は,松島海岸の南に浮かぶ島で,朱塗りの渡月橋が渡されている。延福寺創建以来,僧侶の修行場となっており,仏像や法名が彫られた岩窟や,中世の板碑が多く存在する。島の南端に立つ頼賢の碑(国重文)は,松島雄島で長年修行した妙覚庵主頼賢の徳行を後世に伝えるために,その弟子たちが1307(徳治2)年に造立した。碑文は,一山一寧の筆による。

松島海岸駅の南西約400mの高台に,西行戻しの松がある。西行が,この場所で牛飼いの老人が「伊勢の海　阿漕が浦に　引き網もたび重なれば　あらわれやせん」という古歌を諳んじる姿に,円福寺周辺の人びとの,教養の高さに感じ入り,寺に寄らずに引き返したという伝承から名づけられたという。

福浦島は五大堂の南東に浮かぶ島で,松島海岸と福浦橋で結ばれており,徒歩で渡ることができる。島は温帯植物の北限とされ,県立自然植物公園になっている。

富山観音堂 ⑫
022-354-3087(大仰寺)
〈M▶P.60〉宮城郡松島町手樽字三浦
JR仙石線陸前富山駅🚶30分

松島四大観

陸前富山駅から北へ約2km行くと，富山(117m)に至る。富山は瑞巌寺100世洞水東初の隠棲地であり，松島四大観の1つ麗観として知られる。水戸藩(茨城県)の地理学者長久保赤水は『東奥紀行』のなかで，「松島ノ景 悉ク富山ニ在リ」と讃えており，1876(明治9)年の東北巡幸の際には，明治天皇も騎馬で登山している。

この富山山頂に，富山観音堂がある。現在の観音堂は，洞水に帰依した政宗の娘天麟院(五郎八姫)が，1654(承応3)年に修築した。方3間宝形造，石積み基壇上に円柱を立て，床下はなく直接板を張る。堂脇の梵鐘(県文化)は，天麟院が洞水に寄進したもので，1657(明暦3)年に鋳物師早山弥五郎実次が鋳造したことが，銘文からわかる。また，観音堂から南へ少しくだった所には，洞水が開山したと伝えられる別当寺の大仰寺(臨済宗)がある。

高城町駅の東約1kmの所に西の浜貝塚(国史跡)がある。遺跡は標高15mの舌状台地にあり，東西130m・南北200mにおよぶ。このうち約90m×70mの範囲に，アサリを中心とする海水産の貝層が厚く堆積する。発掘調査は1959(昭和34)〜60年と1966〜67年に行われ，各種の骨角器，埋葬人骨・イノシシの下顎骨の集積遺構など，多くの縄文時代の遺物が出土した。縄文時代後期の土器群からは，西の浜式が提唱されている。奈良時代の製塩土器と遺構が東北地方で最初に発見されたのもこの貝塚である。現在，史跡公園として整備されている。

宮戸島の貝塚群 ⑬
0225-88-3927(奥松島縄文村歴史資料館)
〈M▶P.61,82〉東松島市宮戸字里 🅿
JR仙石線野蒜駅🚗20分

縄文時代の原風景

野蒜駅から県道27号線を南へ約3km行くと，宮戸島に至る。宮戸島は松島湾の東端にあり，湾内最大の島である。里浜貝塚(国史跡)は，島の中央部西寄りの里地区を囲むように形成し，寺下囲・台囲・袖窪・梨ノ木・畑中などの各地区で貝の散布が認められる。貝塚の総面積は，東西640m・南北200mの範囲におよぶ。貝層は，おもに縄文時代前期末から弥生時代にかけて形成され，土器・石器のほか，質量とも豊富な骨角器を出土する。そのためこの貝塚は，

霊場松島・景勝地松島　　81

宮戸島

古くから縄文時代の研究に大きく寄与してきた。1918（大正7）年，東京帝国大学講師の松本彦七郎らが，日本で初めて貝塚の分層発掘を行い，土器編年や埋葬人骨の研究を行っている。1951（昭和26）年以降は，縄文時代の土器編年の確立や生活環境の復元を目指して発掘調査が行われ，袖窪式・宮戸Ⅰ～Ⅲ式の各型式設定と縄文時代の季節ごとの生業変化の復元がなされた。出土遺物の一部は，宮城県里浜貝塚出土品（東北歴史博物館蔵）として国の重要文化財に指定されている。貝塚に隣接する奥松島縄文村歴史資料館では，貝層の断面や土器・骨角器などを展示する。貝塚群は「さとはま縄文の里」として，貝層観察館を設置し，史跡公園となっている。

島内には，縄文時代前期の室浜貝塚や縄文時代晩期の潜ヶ浦A貝塚などがある。

室浜の観音寺（曹洞宗）には，石巻からロシアに漂着し，12年の歳月をかけて世界を一周し1815（文化12）年に帰国した多十郎の墓，大浜の萱野崎には，1646（正保３）年に設置された大浜唐船番所跡がある。また，月浜地区には小正月の鳥追い行事である月浜のえんずのわり（国民俗）が行われている。

名取の里 *Natori*

『奥州名所図会』

雷神山古墳

竹駒奴

名取の里

1:170,000

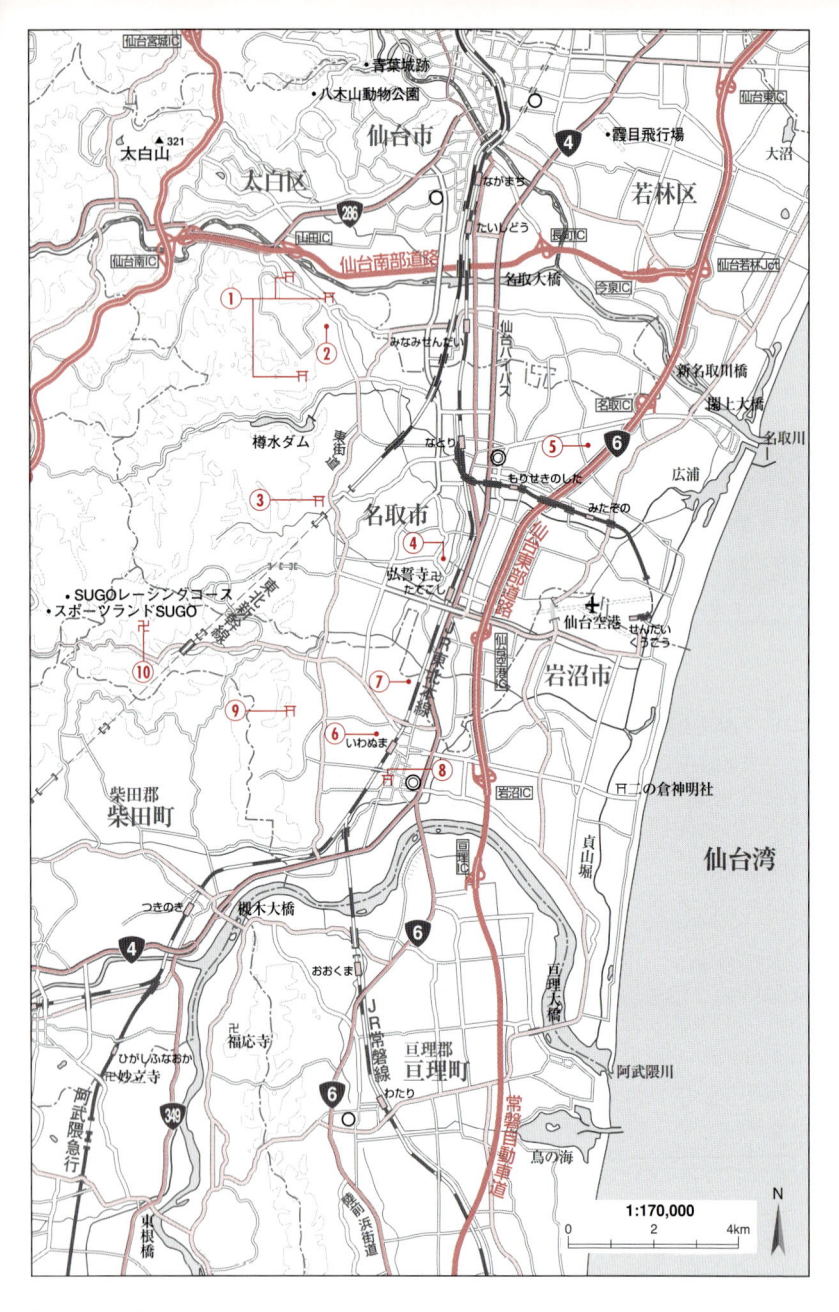

84　名取の里

◎名取の里散歩モデルコース

1. JR東北本線館腰駅 ..5.. 雷神山古墳 ..5.. 飯野坂古墳群・旧中澤家住宅 ..10.. 笠島の道祖神社 ..5.. 実方中将の墓 ..15.. 熊野新宮社 ..30.. JR・市営地下鉄仙台駅
2. 仙台空港IC ..5.. 下野郷館跡 ..15.. 検断屋敷跡 ..2.. 竹駒神社 ..8.. 千貫神社（東平王塚古墳）..7.. 金蛇水神社 ..2.. ハナトピア岩沼（岩沼市文化財展示室）..15.. 岩蔵寺 ..20.. 村田IC

①名取熊野三社
②大門山遺跡
③笠島の道祖神社
④雷神山古墳
⑤洞口家住宅
⑥岩沼郷
⑦かめ塚古墳
⑧竹駒神社
⑨金蛇水神社
⑩岩蔵寺

① 東街道に沿って

芭蕉もその句に詠んだ古街道。古代の枕歌を偲ばせる実方中将の墓、中世の信仰を残す熊野三社を訪ねる。

名取熊野三社 ❶
022-386-2952(新宮社)／
022-386-2353(本宮社)／
022-384-7543(那智神社)

〈M▶P.84,88〉名取市高舘熊野堂字岩口上51(新宮社)／熊野堂字五反田34(本宮社)／高舘吉田字舘山8(那智神社) P
JR東北本線南仙台駅🚌尚絅学院大学行熊野堂🚶3分、または🚕10分(新宮社まで)

名取老女の伝説の地

熊野新宮社本殿

　南仙台駅から西に約3.5km、県道39号線に出ると、すぐ北側にスギの古木に囲まれた**熊野神社**(**熊野新宮社**、祭神速玉男命・伊弉諾命・事解男命)がある。新宮社より、名取川沿いの道を北西に約1.2km行った所に**熊野本宮社**(祭神伊弉諾命)、南西約2kmの高舘山に**熊野那智神社**(祭神事解男命)があり、これらを**名取熊野三社**と総称する。

　平安時代、浄土信仰や神仏習合の影響を受けて、紀州熊野を浄土世界とする熊野信仰がおこった。院政期には、歴代上皇が熊野詣を盛んに行ったことから、各地で熊野・那智から勧請した神社が創建されるようになった。名取熊野三社もその1つで、熊野神社所蔵の古文書、**熊野新宮寺一切経**(国重文)、**熊野那智神社懸仏**(国重文)・**銅鏡**(県文化)などは、中世以来広く信仰を集めてきたことを示す。江戸時代には、仙台藩歴代藩主の庇護を受けた。

　名取熊野三社の創建については、『**古今和歌集**』や世阿弥の謡曲にも登場する、名取老女の伝説が知られる。名取に1人の巫女がおり、毎年、紀州熊野に参詣していたが、老いて参詣ができなくなってしまった。そこで、老女は家の近くに熊野三社の小祠を建てて、

86　名取の里

コラム

東街道

笠島と実方中将の墓のある古道

東街道は，通説として江戸時代の文献に基づき，岩沼市玉崎から東平王塚古墳を経て金蛇水神社・道祖神社を通り，藤原実方中将の墓から熊野堂へ至る山際の道を比定している。しかし，笠島では，東街道と称される道が山裾だけでなく丘陵上に数条あるので，複数のルートの総称と推定される。

街道筋にある東平王の墓を14世紀に訪れた筑紫の僧で歌人でもある宗久は，往来の人びとが王の伝説に思いを寄せて詩歌を木に書きつけていたことを伝える(『都のつと』)。

また，『源平盛衰記』で伝説化した実方の墓には，鎌倉時代初期に西行が訪れて和歌を詠み，15世紀後半に訪れた聖護院道興は，「実方朝臣の墳墓とて，しるしのかたちに侍る」と表現した(『廻国雑記』)。1794(寛政6)年，松平定信の命を受けてこの墓を訪れた南画家谷文晁は，藪の中にスギが植えられた塚と記している(『松島日記』)。

なお，松尾芭蕉は墓参をはたせず，「笠嶋は　いづこさ月のぬかり道」と詠んだ(『おくのほそ道』)。現在，実方の墓には西行の歌碑と芭蕉の句碑が立っている。

東街道

信仰を続けていた。その後，この老女の所へ山伏が訪ね，熊野権現の告げを伝えた。老女の篤い信心は近隣に広まり，『安永風土記』によれば，保安年間(1120〜24)に熊野三社が名取に勧請されたという。名取老女の墓と伝えられるものが，下余田にある。

新宮社の境内には，江戸時代前期建造の本殿(証誠殿，熊野造)・那智飛龍権現社・本宮十二社権現社(いずれも県文化)のほか，名取老女をまつる老女の宮拝殿・神楽殿・文殊堂などがある。神楽殿では，春の例祭(4月の第3日曜日)と秋の例祭(10月の第2日曜日)に熊野堂神楽・舞楽(県民俗)が奉納される。新宮社の南200mに，神仏分離令により新宮社から分離した新宮寺(真言宗)がある。

本宮社は本宮十二神とも称され，作物神がまつられている。以前は，南へ500mほど離れた小舘山(現在のゆりが丘団地入口付近)に

東街道に沿って　87

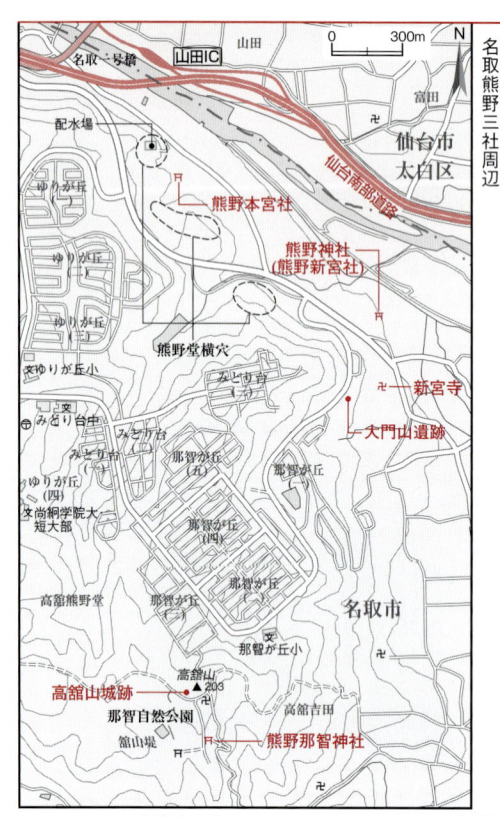

あったという。春の例祭（4月の第2日曜日）と秋の例祭（10月の第2日曜日）に、鹿踊が、新宮社の神楽・舞楽とともに、社家によって奉納される。

熊野那智神社は高舘山山頂にあり、特徴的なスギの木立が名取平野のどこからでも認めることができる。境内からの眺望は素晴らしい。もとは、719（養老3）年に閖上浜の漁夫が引き上げた羽黒権現がまつられていた。西側の階段を少しくだると、舘山堤から落ちる小さな滝と不動堂があり、羽黒山伏との関係を実感させる。また高舘山一帯は、奥州藤原氏3代秀衡が築いたという高舘山城跡でもあり、現在は自然公園として整備されている。

大門山遺跡 ❷

〈M▶P.84,88〉名取市高舘熊野堂字大門山
JR東北本線南仙台駅🚌尚絅学院大学行熊野堂🚶5分

新宮寺の西約200mに、1基の埋経施設と火葬骨を埋めた石組み集積墓6基、墓碑・供養碑である多数の板碑群からなる大門山遺跡がある。この板碑群は、高舘丘陵の北東、熊野灘に見立てられた仙台湾を望む景勝地にある。13世紀後半から聖観音菩薩の御正体（懸仏）が奉納されていた熊野那智神社の西方にあたり、西方浄土を意識して板碑が造立されたと考えられる。現在、約250基が確認さ

れている。

　板碑は安山岩や砂岩の河原石でつくられ，1278（建治4）年から1378（永和4）年までの年紀が認められる。板碑群のなかには，板碑下の土中に小石で囲いをつくり，その中に火葬骨を納める墓6基も発見されている。また，同じ区画内に，1303（乾元2）年の彼岸に道一という人物が母親の十三回忌供養に造立した板碑，道一没後の1309（延慶2）年に建てられた「為道一往生極楽故也」銘の板碑，道一の三回忌供養碑と推定される板碑がある。大門山遺跡から，中世の墓所の様子と墓参の慣習を具体的に知ることができる。

笠島の道祖神社 ❸

〈M▶P. 84, 89〉名取市愛島笠島字西台1-4　🅿
JR東北本線名取駅🚌 5分

　名取駅から西へ約1.5km，宮城工業高等専門学校の前を通ってさらに約1.5km行くと，県道39号線に突き当る。左折して南へ1km行った交差点西側に，笠島の道祖神社（祭神猿田彦大神・天鈿女命・高皇産霊尊）がある。1874（明治7）年に古名の佐倍乃神社に復し，1908（明治41）年，塩手にあった『延喜式』式内社の佐具叡神社を合祀した。

　佐倍乃神社には男根崇拝にまつわる習俗があり，夫婦和合の神として信仰を集めてきた。1602（慶長7）年の野火で焼失したが，仙台藩初代藩主伊達政宗が復興し，以後も歴代藩主の庇護を受けた。

　当社に伝わる道祖神神楽（県民俗）は，神主が常陸国鹿島神宮（茨城県鹿嶋市）で伝授されたといわれ，4月の第3日曜日などに奉納

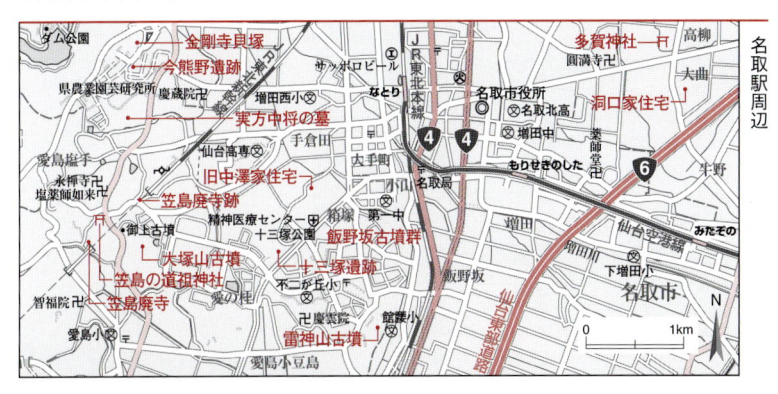

東街道に沿って

笠島の道祖神社

されている。表参道の南側には笠島廃寺跡があり、古代の布目瓦が出土している。

笠島は、古くから歌枕の地として知られる。神社の北方700mには、実方中将の墓がある。三十六歌仙の1人に数えられる、平安時代中期の公卿藤原実方は、宮中でのいさかいが原因で、一条天皇に「みちのくの歌枕みて参れ」といわれて陸奥守に左遷された。笠島道祖神の前を通ったとき、村人の忠告を聞かず、社前で下馬せず敬わなかったために神気に触れ、当地で命を落としたという。『封内名蹟志』によれば、笠島道祖神社周辺には、この伝承にまつわる屋敷地名が残っていた。

雷神山古墳 ❹　〈M ▶ P. 84, 89〉 名取市植松字山・愛島小豆島字片平山　P　JR東北本線館腰駅 🚗 5分

東北最大の前方後円墳

館腰駅の北西約400mには、空海の開基と伝えられる弘誓寺（真言宗）がある。弘誓寺北側の、県道126号線を名取が丘方面に折れると、右手に雷神山古墳（国史跡）がみえてくる。現在は、史跡公園として整備されている。

雷神山古墳は東北地方最大の前方後円墳で、全長は168m。前方部の長さ72m・高さ6m、後円部の径96m・高さ12m、前方部・後円部とも三段に築成されている。墳丘は地山を削り出して墳丘下部をつくり、その上部に盛土をし、表面は葺石で覆われていた。一部

雷神山古墳

名取の古墳群

コラム

古墳の密集地帯

　名取の地は，西部に高舘山を含む山地が南北に連なり，東部は名取平野が広がり，その東端を太平洋が洗う平野部に，愛島から国道4号線付近まで，小豆島丘陵が半島状に突き出ている。

　名取市内の古墳は，小豆島丘陵，西部の山地，東部の平野・浜堤の3地域に分布している。現在，古墳時代前期から末期までの100基以上が確認されており，県内では最多の分布を示す。

　雷神山古墳（国史跡）の北約1kmには，前方後方墳と方墳が密集して分布する，飯野坂古墳群（国史跡）がある。方墳は小型だが，前方後方墳は山居北古墳（40m）以外は，全長67mの薬師堂古墳を始め，いずれも60～74mと大型である。古墳時代前期から築造されたと考えられている。

　笠島の道祖神社付近に，20数基からなる賽ノ窪古墳群がある。大塚山古墳は，全長90m・後円部径60mの前方後円墳で，葺石や埴輪が出土した。そのほかには，全長40mの前方後円墳，十石上古墳がある。

　仙台空港の北約2km，下増田には毘沙門堂古墳，空港南側の堀内には温南塚古墳などの50m級の円墳がある。このほか，名取が丘南東部に山囲横穴，下増田に経の塚古墳などがあった。経の塚古墳からは，戦前に長持形石棺と埴輪が出土しており，埴輪甲・埴輪家残闕・埴輪円筒として国の重要文化財に指定されている。

　また，熊野堂・慶雲院・小豆島・館腰には，「エゾ穴」とよばれている，古墳時代後期から奈良時代にかけての横穴墓群がある。

に周溝が認められ，壺型の底部穿孔土器が出土した。土師器の様式や，古墳の立地・造営方法などから，古墳時代前期（4世紀末～5世紀前半頃）の築造と推定される。北東に隣接して，陪塚とみられる小塚古墳がある。三段築成の円墳で径54m・高さ6mあり，周溝をともなうが，葺石や埴輪は確認されていない。

洞口家住宅 ❺

022-385-1908

〈M▶P. 84, 89〉名取市大曲字中小路26　Ｐ

JR東北本線名取駅🚌閖上行多賀社🚶8分

中世の館屋敷の面影

　多賀社バス停から北に100m行くと，『延喜式』式内社の多賀神社（祭神伊弉諾命・伊弉冉命）があり，バス停の南約300mに洞口家住宅（国重文）がある。

　周囲を幅3mの堀と居久根（P.31頁参照）に囲まれたこの住宅は，「たてやしき」「たてのいえ」とよばれ，中世の館屋敷の面影を残し

東街道に沿って

洞口家住宅

ている。周辺には，格子状の町割や，中小路・北小路などの地名も残る。

5000㎡の屋敷地の入口には，長屋門と馬屋がある。主屋は茅葺きの寄棟造で，修築の際，桁行12間(約21m)・梁間6間(約11m)と確認された。内部は名取型とよばれる田の字型四間取り(なんど・でい・ちゃのま・なかま)の座敷と，手斧削りの多角形の独立柱で支えられた土間がある。上屋柱が土間に立つ構造は古い建築技法で，祈禱札などから宝暦年間(1751～64)の建築と推定される。土間境に復元された化粧柱はほかに例がなく，豪壮な梁組に藩内大型農家の特色がみられる。

　名取駅の南西約1.5kmには，弥生時代から古墳時代にかけての集落跡である十三塚遺跡があり，その北側に旧中澤家住宅(国重文)がある。18世紀中頃の建築と推定される，名取型間取りの住宅である。中澤家は，慶長年間(1596～1615)に愛島塩手に移住してきたと伝えられ，この建物ももとは愛島塩手にあった。1974(昭和49)年，国重要文化財に指定され，1975～76年に現在地に移築・復元された。

② 交通の要衝岩沼

日本三大稲荷竹駒神社が鎮座し，宿場町の風情を残す街並み。
阿武隈川水運の要。

岩沼郷 ❻

〈M▶P.84, 94〉岩沼市中央1〜3丁目・二木2丁目
JR東北本線岩沼駅🚶5分

竹駒神社の門前町

　岩沼は古代から交通の要衝で，古来，陸奥の国府がおかれたとの説があり，歌枕の「武隈の里」として都に知られていた。

　岩沼駅西側の丘陵には，岩沼要害(鵜ヶ崎城)跡がある。明治以後に岩沼駅が城の中央部に設置されたため往時の姿は失われているが，この城は1591(天正19)年に徳川家康が縄張を行ったといわれ(『治家記録』『東奥老士夜話』)，江戸時代は城に準ずる要害とされた。奥山氏・伊達千勝丸(兵部宗勝)・古内氏が館主となった後，1661(寛文元)年より仙台藩第4代藩主伊達綱村の後見役である田村宗良の居館となった。1682(天和2)年，田村氏の一関(岩手県一関市)移封後は，再び古内氏が館主となり，幕末に及んだ。この時代の絵図としては1751(寛延4)年の「岩沼之絵図写」(一関市博物館蔵)が田村氏時代の館内の建物の配置を，岩沼出身の郷土史家鈴木省三(雨香)の『続仙台風俗志』の鳥瞰図が古内氏(再)時代の館の様子をよく伝えている。

　岩沼郷は，舘下町，竹駒神社の門前町，奥州道中の宿場町として栄えた。慶長年間(1596〜1615)以前，すでに北・中・南の3町に治安・交通・運輸を司る検断がおかれ，検断屋敷は藩費で設置された。さらに田村氏の城下町となると，北足軽町・新町・南足軽町が町割された。南町検断屋敷は岩沼宿本陣，中町検断屋敷は脇本陣と問屋場を兼ね，公用の馬40頭が常備されていた。

　佐藤家がつとめた北町検断屋敷は，岩沼駅東の道と旧国道4号線との交差点西

岩沼宿の街並み

交通の要衝岩沼　93

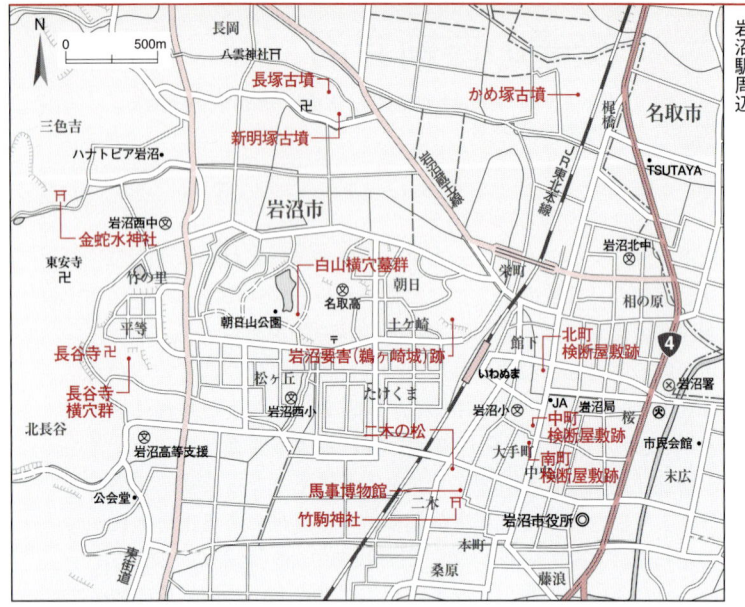

側角にある。その南約100mに，1593（文禄2）年創業の酒造家であった平間家の蔵があり，さらに南約300mには，江戸時代中頃からの酒造家相原家がつとめた中町検断屋敷跡がある。その屋敷と道を隔てた南側に，八島家の南町検断屋敷跡がある。屋敷に残る門は三軒一戸の櫓門で，2階は出し桁による張り出しで全面に格子をつける。

　仙台藩主は，岩沼で参府・下向の行列を整えたため，名取郡南方（名取市・岩沼市）の各村の肝入は村人とともに岩沼に集まり，検断の下で諸役の奉仕をした。藩主は参府時には南町検断屋敷で昼食，下向時には宿泊した。

　岩沼市の北東約3.5km，仙台空港の南約1kmの矢野目地区には下野郷館跡があり，鉄砲足軽屋敷の町並みが残る。当初は奥山氏の在所として形成されたため，堀が町並みを囲んでいる。1703（元禄16）年，奥山氏の移封に随伴できない家臣を仙台藩の鉄砲足軽に編成したといわれる。10組からなる大番組に属し，戊辰戦争（1868～69）の際は，仙台藩先鋒の伊達邦教に従った。今も，一番方から十番方までの地名が残り，下野郷駐在所の向かいに石碑・標柱が立つ。

阿武隈川の水運

コラム

県南の河川交通

阿武隈川は，栃木県境の福島県西白河郡に源を発し，福島県を縦断して宮城県に入り，亘理郡荒浜で太平洋に注ぐ，全長約239kmの大河である。

阿武隈川下流において舟運が本格化するのは，1664（寛文4）年に信夫郡・伊達郡（現，福島県福島市・伊達市）が幕府領となり，城米廻漕が開始されてからである。この年に江戸の豪商渡邊友以が，1671年には幕命により河村瑞賢が航路の改良にあたり，東廻り海運の支線としての阿武隈川舟運が完成した。

水運の展開にあたり，仙台藩では藩境に番所や御穀改所・肝入を設置して，監督・統制にあたらせた。当初は，幕府をはじめ，米沢藩・仙台藩の領主米輸送が中心であったが，18世紀後半以降になると商荷物輸送の比重が増し，鱶船と高瀬船との間の競争も激化した。

かめ塚古墳 ❼

〈M ▶ P.84, 94〉岩沼市字沼東42
JR東北本線岩沼駅🚏南北線梶橋🚶5分

水田に浮かぶ前方後円墳

岩沼駅から線路沿いに北へ約1km行くと，西側の水田の中に前方後円墳のかめ塚古墳（県史跡）がある。主軸長39.5m，後円部径16.3m・高さ2.45m，前方部幅10.3m・高さ2.05mである。形状から，5世紀後半の築造と推定される。

後円部墳頂上には，1750（寛延3）年10月に造立された山神塔がある。また，この塚を掘ると町が火事になるという言い伝えがあり，毎年10月25日に火伏のサッペ講の行事が行われている。これは東谷地の人びとがこの塚に集まり，約3尺の藁小屋を建てて中に藁人形を安置し，切火でこれらを焼き，1年間の無事を祈る行事である。

かめ塚古墳から西に約1.5km進むと，新明塚古墳と長塚古墳がある。新明塚古墳は古墳時代中期の前方後円墳である。主軸長16.45m，後円部径9.25m・高さ3m，前方部幅5m・高さ1mであるが，前方部先端が破壊されている。長塚古墳は古墳時代中期の円墳で，直径37m・高さ約4.2m，三段築成されている。

また南西2kmの朝日山公園南端には，7世紀末から8世紀前半の白山横穴墓群がある。出土品は，岩沼市文化財課で保管されている。

交通の要衝岩沼

竹駒神社 ❽
たけこまじんじゃ
0223-22-2101

〈M▶P. 84, 94〉岩沼市稲荷町1-1 **P**
JR東北本線岩沼駅🚌5分

日本三大稲荷

竹駒神社唐門

岩沼駅から南に約500m行くと，市街地の中に森がみえてくる。日本三大稲荷の1つ，竹駒神社（祭神食稲魂神・保食神・稚産霊神）である。842（承和9）年，陸奥国司小野篁が，山城国紀伊郡の稲荷明神（伏見稲荷，京都府伏見区）を勧請したものと伝えられる。竹駒の名は，岩沼の古名「武隈」の転訛という。

神社東側の表参道から，朱塗りの一の鳥居・二の鳥居・三の鳥居と順にたどって行くと，1812（文化9）年造営の入母屋造・銅板葺きで，見事な彫刻の施された随身門に至る。さらに行くと，1842（天保13）年造営の唐門と籠殿がある。

唐門は，前後に唐破風をもつ向唐門である。その奥に社殿がある。拝殿・幣殿・本殿が1つになった社殿は，仙台藩5代藩主伊達吉村によって造営されたが，1990（平成2）年の放火によって焼失し，1993年に現在の社殿が再建された。

竹駒神社は，現在も農業・産業振興の神として信仰を集め，県外からも多くの人びとが参拝に訪れる。とくに，旧暦2月の初午から7日間にわたり行われる初午大祭は賑やかである。初日と中日には神輿行列があり，華麗な奴振り・稚児行列・騎馬などが繰り出す。

江戸時代には，初午大祭の期間に馬市が立ち，幕府や南部藩からも馬役人がきて，取引が行われた。境内の北東には，馬事博物館があるが，見学には事前連絡を要する。

また境内には，松尾芭蕉の百年忌にあたる1793（寛政5）年に建てられた碑があり，「桜より　松は二木を　三月越」の句が刻まれている。二木の松（国名勝）は，古来「武隈の松」とよばれ，西行

96　名取の里

貞山堀

コラム

仙台の米を運んだ動脈

貞山堀は、貞山運河の通称である。塩竈市の鶴ヶ浦牛生を起点として、太平洋岸に沿い、現在の宮城郡七ヶ浜町・仙台市・名取市・岩沼市を貫いて、阿武隈川河口荒浜の対岸納屋浜に至る、全長約33kmの大規模な運河である。

正保年間(1644〜48)作成の「奥州仙台領絵図」(仙台市博物館蔵)には、荒浜から名取川河口の閖上まで15kmの運河が記載されている。この運河は木曳堀とよばれ、伊達政宗の晩年から2代忠宗の時代にかけて開削されたものと推定される。牛生—蒲生(現、仙台市宮城野区)間は、1670(寛文10)年、4代綱村のときに着工され、1673年春に全長8kmの船入新堀が完成した。

塩竈から運送された米は、蒲生の船入で積み替え、米蔵背後の高瀬堀から七北田川を遡った。さらに鶴巻(現、仙台市宮城野区)の御蔵場で積み替え、船曳堀を高瀬舟で苦竹まで曳航し、米蔵に格納された。

江戸時代、閖上—蒲生間10kmに水路はなかった。1872(明治5)年に、卒族(下級士族)が下賜された原野を開削し、既成水路を最短距離でつなぎ、短期間で完成させた。この業績は、蒲生郵便局入口の石碑に刻まれていた。

さらに野蒜築港にともなう6大工事の1つとして、全面的な改修工事が行われ、1889(明治22)年に完成した。伊達政宗の法名にちなんで「貞山堀」とよばれた。

明治時代初期の貞山堀は、各種荷物運送の船舶で賑わったが、1887年、東北本線の営業開始によって衰微した。

や芭蕉も憧れた名高い歌枕であった。竹駒神社の北西200mほどの所に、7代目と伝えられる2本の幹が根本で結ばれたマツがあり、周囲は史跡公園となっている。

金蛇水神社 ❾
0223-22-2672

〈M▶P.84, 94〉岩沼市三色吉字水神7 P
JR東北本線岩沼駅🚶10分

天皇の御佩刀を鍛えた清水

岩沼駅から西に向かって1.5kmの県道39号線を右折して800m、ハナトピア岩沼手前を左折して500m行くと、金蛇水神社(祭神水速女命ほか)がある。989(永祚元)年、京都三条に住む刀匠小鍛冶宗近が「御佩刀を鍛えよ」という一条天皇の勅命を受け、名水を求めて諸国を遍歴していた。三色吉(3色の葭にちなむ)にあった水神宮の清水に心打たれ、宝刀を無事鍛えることができた。そのとき、

交通の要衝岩沼

金蛇水神社

騒がしいカエルを雌雄の金蛇の像によって静め，これを奉納したのが社名の由来という。ボタンの名所としても知られ，5月15日から1週間開催される春季例大祭の花まつりは，大変な賑わいをみせる。同時期に見頃となる，九竜の藤もすばらしい。

金蛇水神社の南約1kmには長谷寺（曹洞宗）と，7世紀末から8世紀初期の遺物が出土した長谷寺横穴墓群がある。さらに南2.3kmの東街道筋の千貫神社（祭神大山祇神・建御名方命）前には，渡来人，あるいは恵美押勝（藤原仲麻呂）の子朝獦が葬られていると伝えられる東平王塚古墳がある。

岩蔵寺 ⑩　〈M▶P.84〉岩沼市志賀字薬師9　P
0223-22-4175　JR東北本線岩沼駅🚌大師線中井🚶30分，または🚗15分

平安時代後期の丈六阿弥陀

岩沼駅から県道25号線を柴田郡村田町に向かう途中，新幹線の高架をくぐり約100m，北側の山道をのぼって行くと，山腹に岩窟山岩蔵寺（天台宗）がある。

岩蔵寺は，860（貞観2）年に慈覚大師（円仁）が開いたと伝えられる。駐車場から石段をのぼると，1736（元文元）年に建立された3間四方の薬師堂がある。堂内には，本尊薬師瑠璃光如来像が，秘仏として「開かずの厨子」に納められている。そのほか，平安時代後期作の寄木造の丈六阿弥陀如来像，室町時代作の十二神将像が安置され，1710（宝永7）年奉納の絵馬もある。敷地内には礎石が残り，往時の繁栄を偲ばせる。

蔵王を仰ぐ

Zaō

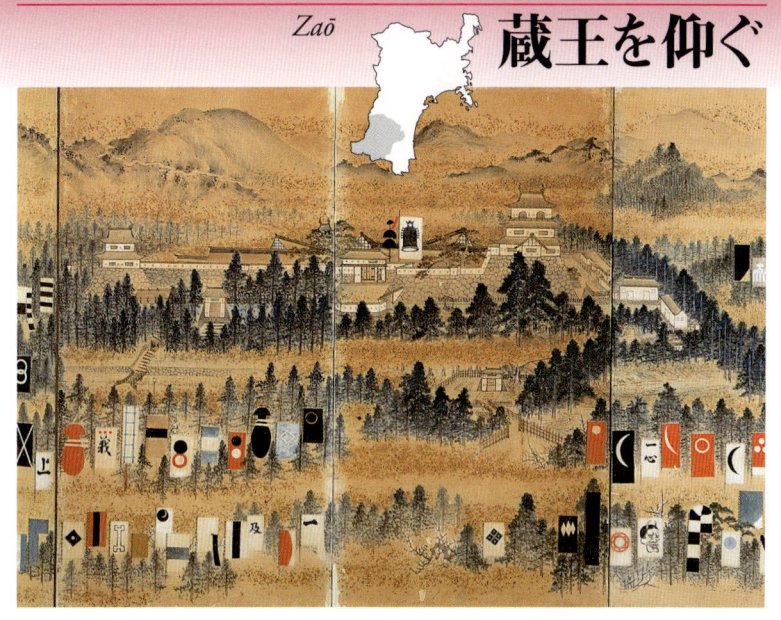

片倉家中旗印屏風

蔵王御釜

村田の布袋祭

①船岡要害（船岡城）	④大高山神社	⑧我妻家住宅	⑫甲冑堂
跡	⑤村田館（村田城）跡	⑨刈田嶺神社	
②船迫の鉄仏	⑥白鳥神社	⑩白石城跡	
③富沢磨崖仏群	⑦愛宕山古墳	⑪鷹巣古墳群	

◎蔵王周辺散歩モデルコース

1. JR東北本線船岡駅 20 船岡要害跡 5 郷土資料館思源閣 20 船迫の鉄仏 30 JR船岡駅
2. 東北自動車道村田IC 5 村田町歴史みらい館 5 白鳥神社 5 村田商人やましょう記念館 10 愛宕山古墳 25 大高山神社 10 刈田嶺神社 10 我妻家住宅 15 保昌寺 8 村田IC
3. 東北自動車道白石IC 15 白石城跡(白石城歴史探訪ミュージアム・旧小関家住居) 10 鷹巣古墳群 12 球状閃緑岩 25 甲冑堂 30 白石IC
4. 東北自動車道村田IC 9 平沢要害跡 3 弥陀の杉・高野倫兼遺訓碑 25 岩崎山金窟跡(遠刈田温泉) 30 刈田岳 25 簔々温泉 10 青根温泉 20 山形自動車道川崎IC

白石川に沿って

1

『樅ノ木は残った』の舞台船岡。周囲には、中世の人びとの信仰を示す遺跡がある。

船岡要害(船岡城)跡 ❶

〈M ▶ P. 101, 103〉 柴田郡柴田町船岡　P
JR東北本線船岡駅 🚶 20分

船岡駅の南約200mの交差点を左折し、県道50号線を西へ約800m行くと、館山に船岡要害(船岡城、四保館、柴田城)跡がある。この山は四保山ともよばれ、山頂からは名取・刈田・伊具・亘理を四方に一望することができる。また、北側は白石川・奥州道中に面しており、仙台平野の南を押さえる地点に位置する。山頂部が本丸跡、そこから一段下がった東側に開けた平場が二の丸跡、その北東が三の丸跡にあたり、本丸・二の丸跡に土塁や野面積みの石塁が残されている。

当要害の史料上の初見は、『吾妻鏡』正治2(1200)年の記事で、「芝田館」に居住した芝田次郎が、鎌倉幕府2代将軍源頼家に背き、陸奥国留守職伊澤家景の弟の御家人宮城家業に攻め滅ぼされたとある。鎌倉時代には、小山氏一族の四保氏が柴田郡地頭をつとめた。観応の擾乱(1350～52年)の最中、1351(観応2)年には、奥州管領吉良貞家と南朝方の陸奥国司北畠顕信が、この要害の近く、白石川の対岸の船迫で戦った。

天文年間(1532～55)には、伊達氏家臣の四保但馬定朝が城主であった。四保氏は、定朝の子宗義の代に柴田氏と改姓し、1593(文禄2)年、志田郡桑折(大崎市三本木桑折)に移封された。その後、岩出山の時代から仙台初期にかけて伊達政宗を補佐した屋代景頼が城主となり二の丸に居住したが、1607(慶長12)年に改易。仙台藩の

船岡要害跡

原田甲斐の城館

102　蔵王を仰ぐ

蔵入地（直轄領）を経て、1615（元和元）年からは原田甲斐宗資が城主となった。宗資は本丸・二の丸を使用せず、あらたな居館も築造しないまま家中屋敷に住み、城下町の整備を進めた。

1671（寛文11）年、宗資の子宗輔が、寛文事件（伊達騒動）の審理の際、召喚先の大老酒井忠清邸で刃傷事件をおこした。このため、原田氏は改易処分となり、1681（天和元）年には、宗輔に斬殺された柴田外記（朝意）の子宗意が、登米郡米谷（登米市東和町米谷）から入封した。再び当地の領主となった柴田氏は、1694（元禄7）年に江戸幕府より船岡要害の建築許可を得て、三の丸に居館を築造。さらに1705（宝永2）年に修築し、以後、明治維新まで代々継承した。

柴田氏は、戊辰戦争（1868～69年）にも出兵した。当時、当地方では白鳥神社を信仰し、白鳥を禁鳥とする風習があったが、新政府軍の安芸藩兵が無視して狩猟を行った。これに怒った柴田家の家臣が安芸藩兵に発砲し、当主柴田意広はその責任を負って切腹した（白鳥事件）。なお、明治維新後、意広の子意成は、一部の家臣とともに北海道胆振国へ移住したが、自らは引き上げている。これが縁で柴田町と北海道伊達市との間で1988（昭和63）年歴史友好都市の関係が結ばれ、交流が続いている。

城の建物は、明治時代初期に焼失し、明治時代末期には船岡城址

白石川に沿って　　103

公園として整備された。1970（昭和45）年のＮＨＫ大河ドラマ「樅ノ木は残った」の放送以降、城跡一帯の設備がさらに進められ、本丸跡には平和観音が、二の丸跡には原田甲斐と柴田外記の供養塔、山本周五郎の文学碑が建立された。現在は、サクラの名所としても知られる。

　船岡要害跡の東南には、海軍火薬廠があった。1939（昭和14）年に設立され、1944年以降は宮城・岩手両県の中学校・女学校の生徒が、翌年には近隣の国民学校高等科の児童や朝鮮人労働者までも動員され、火薬・爆薬の生産が行われた。戦後、跡地は自衛隊船岡駐屯地・仙台大学・船岡養護学校・角田ロケット開発センターや工場用地となった。1995（平成7）年、仙台大学の敷地内に学徒動員の記念碑が建てられた。

　城の登り口には、1993年に開設されたしばたの郷土館がある。町内の古代遺跡や火薬廠の模型、民俗資料を中心とした5万点余りを収蔵する。また、江戸時代の船岡館主の御用商人平井家所蔵の「麴やコレクション」がある。

船迫の鉄仏 ❷
0224-54-2524

〈М ▶ Ｐ. 101, 103, 106〉柴田郡柴田町西船迫1-12-12　Ｐ
ＪＲ東北本線船岡駅 🚶30分

汗かき阿弥陀　変事を知らす

　船岡駅の北約1km、国道4号線（柴田バイパス）北側の低い丘陵上に、松光山大光院（真言宗）がある。江戸時代には、郡内真言宗の本寺としての格式を有した。

　大光院には、4体からなる鉄造阿弥陀如来坐像（県文化）がまつられている。当初は五智如来として鋳造されたが、大日如来が失われて4体になったという。「文永三（1266）年」の銘が陽刻されており、寺伝では、当地の富豪であった立石長者が、苦患より逃れるため

鉄造阿弥陀如来坐像（大光院）

造立したとされる。古来，村に変事があると鉄仏が汗をかくといわれ，「発汗阿弥陀」の異名をもつ。鉄仏は，鎌倉時代に関東御家人の発願によってつくられた例が多く，当地の地頭薬師寺氏（小山氏一族）との関連が指摘されている。また，寺には，絹本著色両界曼荼羅図2幅（県文化）も伝わる。軸の銘から，1385（至徳2）年に製作，1502（文亀2）年と1734（享保19）年に修理されたことがわかる。

　大光院から北東へ約5km行った入間田地区には，円龍寺（曹洞宗）がある。木造十二神将像（県文化）を所蔵し，このうち仁王形の背面に「応永廿二（1415）年八月一日 権律師秀龍」という墨書銘があり，制作年とみられる。また，木造薬師如来像（県文化）は，かつて当寺の北西1kmにあった目連寺薬師堂の本尊で，1908（明治41）年に移された。両手先・右肩先・両足先が欠損しているが，童顔ともいえる表情や素直な身体表現に特色があり，十二神将像と同時代の作と推定されている。

　円龍寺の東約1.5kmの愛宕山中腹には，雨乞のイチョウ（国天然）がある。

富沢磨崖仏群 ❸

〈M ▶ P. 101, 106〉柴田郡柴田町 槻 木字富沢
JR東北本線・阿武隈急行槻木駅 🚶15分

鎌倉時代後期の磨崖仏群

　槻木駅東側の県道28号線を北東へ約1km行き，槻木中学校手前の道を左折して約3km北上すると，丘陵先端部の露頭に磨崖仏が多数刻まれている。これが富沢磨崖仏群（県史跡）である。その中心に阿弥陀堂があり，堂の奥に阿弥陀如来坐像がある。銘文から，1306（嘉元4）年に恵一坊・藤五郎の姉弟が，亡父供養のために造立したことがわかる。その周囲には，「永仁二（1294）年」銘と造立者尼無一・寂阿の名が刻まれた虚空蔵菩薩像4体，「徳治二（1307）年」銘と寂（安）良圓の名が刻まれた六地蔵菩薩坐像がある。「眠り観

富沢磨崖仏群阿弥陀如来坐像

白石川に沿って　105

富沢磨崖仏群周辺

「音」の名で信仰を集める如意輪観音などもある。

そのほかにも多くの磨崖仏・岩窟仏や，大日如来・弥陀三尊などの種子が刻まれた磨崖板碑もある。また江戸時代後期につくられた西国三十三札所観音像などもあり，富沢地区が中世以降，庶民の信仰を集めた場所であったと考えられる。

槻木駅の北3km, 富沢磨崖仏群に至る道筋に上川名貝塚があり，ここから出土した土器は，縄文時代前期の標式土器となっている。

大高山神社 ❹ 〈M ▶ P.100〉柴田郡大河原町金ケ瀬字台部2-1 P
0224-52-1382 JR東北本線北白川駅🚶15分，または東北自動車道白石IC🚗20分

東北最古の鰐口

北白川駅から北へ約600m, 国道4号線に出て東へ約500m行くと，大高山神社(祭神日本武尊・用明天皇)がある。元来は蔵王山を神体としたと考えられ，縁起によれば，敏達天皇の時代(6世紀後半)の創建という。『続日本後紀』承和9(842)年に従五位下，『日本三代実録』貞観11(869)年条に従五位上を授けられた記事がみえる。柴田郡内で唯一の『延喜式』式内社である。1189(文治5)年の奥州合戦では，阿津賀志山(福島県伊達郡国見町)から敗走した西木戸太郎国衡が，この付近で討死したと伝えられる。

社殿は，初め，蔵王連峰を正面に臨む柴田町新開の台ノ山にあったが焼失。1691(元禄4)年，同地に社殿を再建し，さらに1914(大正3)年に現在地に移転した。なお，旧社殿跡の新開には，小祠・

蔵王を仰ぐ

銅造鰐口(大高山神社)

標柱があり，のちに奉納された鳥居も立つ。

拝殿の西側には，奥州藤原氏4代泰衡の弟和泉忠衡が寄進した鉄九輪塔が残る。社宝には，面径43cm・肩幅13cmの銅造鰐口(国重文)がある。銘文から，1293(正応6)年に当社の地頭沙弥禅益が，法橋玄応を勧進として奉納したことがわかる。

大高山神社のある金ケ瀬は，江戸時代には，奥州道中の宿場として栄えた。元来，この集落は宮村籠石(刈田郡蔵王町)にあり，白石城主片倉氏の足軽が境警備にあたるとともに，伝馬役を担当していたが，1637(寛永14)年の洪水により集落が流失した。そこで，伝馬役を勤めさせるために，1642年，あらためて隣村の平村に知行を与えた。これが本町である。さらに1721(享保6)年に片倉氏の伝馬役加勢の要請により，本町の北東に居住していた蔵入地の平村の百姓を本町の東側に転住させたのが新町である。このため，現在でも本町の家屋は南西の白石，新町は北東の仙台に正面を向けて立つという，かわった町並みがみられる。

白石川に沿って

❷ 紅花街道

村田は紅花街道に栄えた蔵の街並み。上方との交易で繁栄し、面影を今に残している。

村田館(村田城)跡 ❺
0224-83-6822(歴史みらい館)

〈M ▶ P. 100, 109〉柴田郡村田町村田字迫 P
JR東北本線大河原駅🚌村田・川崎行村田中央
🚶10分、または東北自動車道村田IC🚗5分

蔵王の噴火を鎮めようとした政宗7男の城館

　東北自動車道村田ICの東方約1km、小高い丘の上に村田館跡がある。頂上の平坦部に本丸跡、その東南一段下の二の丸跡には、領主の居館があった。大手門の正面には池があり、池の南北から水堀が延び、東西にも水堀があったと推定される。館の北西部に立つ八幡神社との間に空堀があり、現在は通路として利用されている。また、さらにその西側に数本の空堀の跡が認められる。

　村田館は、下野国(栃木県)の小山氏庶流で、常陸国真壁郡村田荘(茨城県筑西市村田)から移った小山九郎業朝によって嘉吉年間(1441～44)に築かれた。業朝は村田姓を称し、6代近重は、天文の乱(1542～48年)で伊達晴宗方として活躍した。その後、伊達稙宗の子宗殖(万好斎)が、近重の養子となり村田家を継いだが、伊達政宗の怒りに触れ、1591(天正19)年に桃生郡長井(石巻市桃生町)に移封された。なお、のちに宇和島藩(愛媛県宇和島市)藩主となった政宗の長男秀宗は、同年にこの館で生まれた。

　その後、仙台藩の蔵入地を経て、1605(慶長10)年に政宗の叔父石川昭光が一時居住。1613年には政宗の7男宗高が館主となり、柴田・刈田両郡3万石を領有した。宗高は、1623(元和9)年の刈田岳噴火の際、みずからが領民に代わって苦難を受けることを祈禱し、領民の信望が厚かった。しかし、1626(寛永3)年に京において疱瘡に

村田館(「居屋敷並家中屋敷絵図面」慶応2〈1866〉年)

懼り，20歳で没した。

　宗高の死後，再度仙台藩の蔵入地を経て，1628（寛永5）～60（万治3）年まで奥山氏，1680（延宝8）年までは田村右京亮の所領であった。のちに大松沢氏が領主となったが，1684（貞享元）年に仙台藩3代藩主伊達綱村により所領を没収され，かわって一迫（栗原市）より芝多氏が入封し，1865（慶応元）年まで8代182年にわたり，この地を支配した。芝多氏は，初め柴田姓を名乗っていたが，村田移封の際，主命により芝多に改姓した。8代常則は奉行職として藩政改革に活躍したが，保守派の反発を受けて失脚し，加美郡谷地森（加美郡加美町）に移封された。1866（慶応2）年には，片平氏が芝多氏と交代する形で谷地森より入封したが，まもなく明治維新を迎えた。

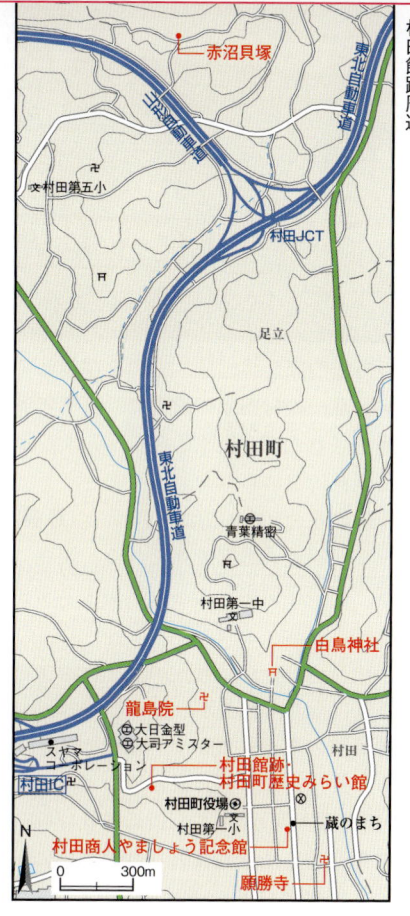

村田館跡周辺

　明治維新後，館の建物はすべて失われ，敷地の一部には村田町役場・第一小学校などが建てられた。その後，城山公園整備事業により館跡全体の整備が進み，1994（平成6）年には公園内に村田町歴史みらい館が開設された。同館では，幕末の村田の町並みを記した，慶応2（1866）年の「居屋敷並びに家中屋敷絵図面」のほか，江戸時代の紅花商人がみやげとして持ち帰った，司馬江漢「弄笛図」などの美術・工芸品を収蔵する。

　なお，慶応2年の絵図面によれば，館の東北から東部にかけて，館を囲むような形で，大小11ブロックに区画された家中屋敷があ

紅花街道

願勝寺山門(村田館大手門)

ったことがわかる。現在，そのうちの田山家住宅が公開されている。

館跡の南東約500mには，願勝寺(浄土真宗)がある。当寺は，1870(明治3)年の再建の際，村田館大手門を移築して山門とした。この門は，現存する唯一の村田館の遺構で，貞享年間(1684～88)に芝多氏によって築造された四脚門である。かつては茅葺きであったが，移築後に瓦葺きに改められた。

館跡の北約500mには，龍島院(曹洞宗)がある。代々の領主の菩提寺で，回遊式庭園で知られる。現在，伊達宗高廟と10人の殉死者の墓，その後領主となった奥山大学常長の墓がある。

白鳥神社 ❻
0224-83-2727

〈M ▶ P. 101, 109〉柴田郡村田町村田字七小路　P
JR東北本線大河原駅🚌村田・川崎行村田中央🚶15分，または東北自動車道村田IC🚗5分

蛇藤伝説

龍島院の北東約300m，相山公園南側の丘陵南麓に，白鳥神社がある。社伝によれば，日本武尊を祭神として勧請し，大高山神社(柴田郡大河原町)や刈田嶺神社(刈田郡蔵王町)と同様，日本武尊が白鳥に化した伝説にちなむ白鳥信仰が，社号の由来という。

前九年合戦(1051～62年)の際，源頼義・義家父子が戦勝祈願のため，この神社に陣太刀を寄進したと伝えられる。また，義家が苦戦に陥ったとき，大蛇があらわれて危機を救い，フジの木と化したという蛇藤伝説も残されている。境内には，樹齢1300年と伝えられる蛇藤のほか，ケヤキ・カシ・イチョウなどの古木が数多くある。

白鳥神社の北西2km，東北自動車道村田JCTの北西に赤沼貝塚がある。県内でもっとも標高の高い地点(約100m)にある貝塚で，縄文時代後半期の土器や動物の骨片，淡水・汽水・鹹水産の貝殻などが発見された。

蔵のまち

コラム

紅花交易で栄えた仙南の小京都

　紅花は染料・薬用・食紅などの原料であり，現在では山形県の名産として知られているが，宝暦年間(1751〜64)以降，仙南地方，とくに柴田・刈田地域でも盛んに栽培が行われていた。

　当地方で栽培された紅花は，運賃・荷崩れなどの問題から，おもに笹谷峠を越えて山形から大石田(山形県北村山郡)まで陸路で運ばれ，そこから最上川をくだって酒田湊に至り，酒田から敦賀(福井県)を経るルートで京都・大坂へと運ばれた。

　その集荷・運搬の中心となって活躍したのが，仙台と山形の街道の分岐点にあった村田の商人であった。『村田町史』によれば，毎年400駄(1駄＝約120kg)ほどの紅花が出荷されていたという。海路での運搬では，難破などによる損害が生じることも多く，輸送に際して，商人たちは家族と水杯を交わしたといわれる。

　村田の商人は，京都・大坂に紅花を送ると，そこで呉服類・古着・綿を買い，酒田湊経由で蝦夷地から海産物を買いつけて取引をするなど，活発な商業活動を行って財を成した。しかし，明治時代以降は，化学染料の普及などによる紅花栽培の衰退や東北本線の開通によって，村田が主要な交通路からはずれたこともあり，しだいに沈滞した。

　村田市街地の中央部には，明治時代初期以降に建てられた土蔵造の家や短冊形の町割が残り，当時の繁栄の様子を物語っている。現在，代表的な紅花商人の1人であった大沼正七の屋敷が，当時の所蔵品とともに町に寄贈され，村田商人やましょう記念館として公開されている。

村田商人やましょう記念館

愛宕山古墳 ❼　〈M ▶ P.101〉柴田郡村田町関場字愛宕山
JR東北本線大河原駅🚌村田・川崎行本関場🚶20分，または東北自動車道村田IC🚗15分

村田盆地の首長墓

　村田町は，愛宕山・千塚山・方領権現・夕向原1号・古峯神社・薬師堂の6基の前方後円墳を始め，円墳・横穴など，県内でも古墳の分布が濃密な地域である。

　東北自動車道村田ICから県道14号線を約5km南下すると，村田第二中学校に至る。その後方に広がる丘陵，愛宕山上に愛宕山古墳

紅花街道　111

我妻家住宅周辺

（県史跡）がある。この古墳は、雷神山古墳（名取市）・遠見塚古墳（仙台市若林区）についで県内第3位の規模をもつ、全長90mの前方後円墳である。墳形や出土品の円筒埴輪などから、古墳時代前期後半（4世紀末）の築造と考えられ、北西20mの所にある全長28mの薬師堂古墳（県史跡）は、陪塚の可能性が指摘されている。

村田第二中学校の南約1.5kmには、千塚山古墳がある。愛宕山古墳につぐ全長85mの前方後円墳で、築造時期は古墳時代前期の早い時期まで遡るとも推定される。

愛宕山古墳の南東に隣接して、金銅製の耳栓・直刀・刀子・須恵器などが出土した龍泉院横穴墓群がある。横穴墓群付近には、平野部にありながら高山植物が自生する、浮島の植物群がある。

愛宕山古墳の東約1kmには、祭祀遺跡の新峯崎遺跡があり、1989（平成元）年、5世紀頃の朱彩された土師器・石製模造品などが大量に出土した。

千塚山古墳の北西約300mには、8世紀初頭の北日ノ崎窯跡がある。4基の窯跡からなり、須恵器・土錘などが発見された。この時期の須恵器窯跡はきわめて珍しく、その供給先の解明がまたれる。

愛宕山古墳の南西約1km、沼田川流域の沼田鶏権現遺跡の土壙からは、大量の大型植物や花粉の化石、寄生虫の卵が発見され、13

~14世紀のトイレ遺構と考えられている。

我妻家住宅 ❽ 〈M ▶ P.100, 112〉刈田郡蔵王町曲竹字薬師前4
JR東北本線白石駅🚌遠刈田温泉行曲竹🚶3分，または東北自動車道白石IC🚗5分

江戸時代中期の「禰宜屋敷」

　東北自動車道白石ICから国道4号線を経て県道12号線に入り，松川沿いに北へ約5km。曲竹バス停の手前で左折すると，まもなく我妻家住宅（国重文）がある。

　我妻家は，江戸時代に肝入をつとめた豪農で，白鳥大明神（刈田嶺神社）の禰宜（神職）も兼ねていたため，この屋敷は「禰宜屋敷」とも，また，かつては建物の全長が25間（約45m）あったことから，「二十五けん」ともよばれていた。入口に棟門を配する全長120尺（約36.4m）にもおよぶ長大な平屋建ての建物で，寄棟造・茅葺きの屋根は，巨大な櫛型の破風が特徴的である。復元修理の結果，主屋は1753（宝暦3）年の建築，別棟の書院座敷はやや遅れて増築されたとみられている。なお，見学は日曜日のみ可能で，蔵王町社会教育課に事前連絡を要する。

　県道12号線をさらに北の方へ約1.5km進み，右折して県道25号線に入って，約5km行くと平沢に出る。蔵王町平沢地区公民館の敷地は，江戸時代の平沢要害跡である。館主の高野氏は，1602（慶長7）年に丸森（伊具郡丸森町）より転封され，仙台藩着坐の家柄を世襲した。

　要害跡の南約1kmには，高野氏とともに丸森より移り，同氏の菩提寺となった保昌寺（曹洞宗）がある。当寺の丈六阿弥陀如来坐像（県文化）は，平安時代末期から鎌倉時代初期頃の作と考えられ，もとは，1870（明治3）年に廃寺となった安養寺の本尊であった。境内には，寛文事件（伊達騒動）で祖父原田甲斐の罪に連座して処刑され

我妻家住宅

紅花街道

丈六阿弥陀如来坐像(保昌寺)

た原田采女・伊織の墓がある。

　参道並木の平沢の弥陀の杉(県天然)のかたわらには、高野倫兼遺訓碑があった。この碑は長く土中に埋まっていたが、1965(昭和40)年頃に掘りおこされ、現在は平沢小学校西の三差路付近に立つ。倫兼は高野家の6代目で、1725(享保10)年に当主となった。学識深く、家老として藩政を預かり、平沢においても名君の誉れが高かった。碑には、倫兼が1766(明和3)年に隠居した後、79歳のときに、高野家の所領であった沢乙村(宮城郡利府町)の百姓に対して与えた訓戒が刻まれている。その内容は、江戸幕府の触書や、仙台藩の「百姓条目」に通じる。

刈田嶺神社 ❾

〈M▶P.100〉刈田郡蔵王町宮字馬場1　P
JR東北本線白石駅🚌遠刈田温泉行宮🚶2分、または東北自動車道白石IC🚗10分

白鳥信仰

　我妻家住宅から県道12号線に戻り、南へ約4km行くと、右手の丘陵上に刈田嶺神社がある。現在の祭神は日本武尊だが、本来は神社の北西にある青麻山(大刈田嶺)を神体としていたと考えられる。

　刈田嶺神社は、柴田・刈田地域にみられる白鳥伝説や、前九年合戦(1051〜62年)で活躍した源頼義・義家父子の伝承と結びつきがあり、白鳥大明神ともよばれる。当社については、『続日本後紀』『日本三代実録』などにしばしば記載がみえ、869(貞観11)年に従四位下が授けられた、刈田郡内唯一の『延喜式』式内社でもある。

　1165(永万元)年の「神祇官諸社年貢注文」によれば、大高山神社(柴田郡大河原町)と同様に、奥州藤原氏初代清衡が年貢金の貢納を請け負っており、同氏の管掌下にあったことがわかる。永正年間(1504〜21)に宮司の佐藤将監により西方の西宮より移転、現在地に社殿が再興された。以後、稙宗・輝宗・政宗ら伊達氏歴代の当主から保護され、江戸時代に入ると、白石城主片倉氏の庇護と尊崇を

笹谷街道

コラム

県南の奥羽連絡路

奥羽山脈の笹谷峠（標高906m）を越えて、陸奥と出羽を結ぶ街道を笹谷街道とよぶ。この笹谷街道には、3つのルートがある。

1つ目は、奥州道中宮―猿鼻（円田）―四方峠―川崎―笹谷―関沢―山形を結ぶもので、平安時代末期には開通していた。街道沿いに、前九年合戦（1051〜62年）や、文治の奥州合戦（1189年）に関する伝承が残る。このルートは、近世に七ヶ宿街道が整備されるまで、出羽の諸大名の参勤交代路として利用された。現在、刈田郡蔵王町永野から柴田郡川崎町に至る山間部が、「旧羽前街道保存地区」として整備されている。

2つ目は、仙台築城後に開かれた、長町―茂庭―碁石―小野―川崎―笹谷を結ぶもので、国道286号線とほぼ一致する。東山道をもとに整備され、小野には駅家が設置されていた。川崎町の下窪遺跡からは、「九九八十一」と記された漆紙文書が出土した。

戦国時代の川崎（本砂金）宿は、釜房ダムの底に沈んだが、本屋敷遺跡から砂金氏の館下町と考えられ、東西の道路に沿った町割が確認された。1610（慶長15）年、砂金氏が居城を川崎に築くと、本砂金から川崎宿に賑わいが移った。このルートは、仙台―山形間の最短路であったことから、物資運搬路として利用された。川崎町堀切から野上にかけての松並木や、笹谷の町並みに街道の面影を垣間みることができる。

3つ目は、奥州道中船迫―沼辺―小泉―村田―支倉―小野―川崎―笹谷を結ぶ。江戸時代には紅花街道ともよばれ、出羽の生活文化がもたらされた。村田の商家の間取りは山形地方と同じであり、村田の白鳥神社には、山形県北村山郡大石田町の漆喰鏝絵の影響を思わせる絵馬がある。しかし、この文化伝播ルートは、東北本線が開通すると流れの方向が逆転した。

歌枕の「有耶無耶の関」と推定される笹谷峠付近は、八丁平とよばれ、冬は雪の深い難所であった。1642（寛永19）年、仙台藩では吹雪による遭難を防ぐため、助庵（避難所）の機能をもたせた東国山仙住寺（廃寺）をおいた。この寺の鐘は、遭難者発生を通報する役割をはたした。

民間でも、冬季通行の便を図るための道標が建てられた。笹谷の是心は、藩境から笹谷まで等間隔に、石地蔵6体を安置した。また、安永年間（1772〜81）に、円田の我妻彦太は、八丁平に1丈2尺（約4m）の標木を建てた。

出羽三山参詣のために、笹谷街道を通行する庶民は多く、幕末には1日200〜300人にのぼったといわれる。

紅花街道

受けた。

　現在の社殿は，1718(享保3)年に片倉氏によって造営され，拝殿と随身門は，1814(文化11)年に改築された。社殿裏手には，白鳥を供養した「寛文十三(1673)年」から「元文四(1739)年」銘のある5基の白鳥古碑群が残る。また，神社裏の斜面には明神裏遺跡があり，出土した縄文時代早期の土器は，明神裏Ⅲ式と称される標識土器となった。

　刈田嶺神社の南約600m，宮小学校の正門前には，1922(大正11)年に白石川で溺れる児童を救おうとして殉職した，訓導小野さつきの慰霊碑が建てられている。国道4号線の南のJR東白石駅周辺は白鳥の飛来地として知られ，冬季は白石川を優雅に泳ぐ白鳥の姿を，列車の中から望見できる。

③ 城下町白石

一国一城の例外，白石城。三階櫓・大手門や武家屋敷が復元整備されている。

白石城跡 ❿
0244-24-3030
(歴史探訪ミュージアム)

〈M ▶ P. 110, 118〉 白石市益岡町 P
JR東北本線白石駅🚶15分，東北新幹線白石蔵王駅🚶25分，または東北自動車道白石IC🚗15分

奥羽越列藩同盟の舞台

　白石駅から西へ約1km，白石高校のすぐ北側の丘陵上に白石(益岡)城跡がある。伝承によれば，後三年合戦(1083〜87年)の際，源義家に従った刈田経元が，戦功により刈田・伊具両郡を与えられ，白石城を築き，本拠としたのが始まりという。
　その後，刈田郡は，平安時代末期には奥州藤原氏，鎌倉時代には北条氏によって支配された。南北朝時代末期以降は，伊達氏の支配下に入ったと考えられるが，確実な史料に白石の地名や白石城が登場するのは，1546(天文15)年で，当時の領主は刈田氏の子孫とされる白石実綱であった。1586(天正14)年，白石宗実が塩松城(現，福島県二本松市)に移った後は，屋代景頼が城主となった。
　豊臣秀吉の奥羽仕置後，刈田郡は蒲生氏郷の所領となり，1591年には蒲生郷成が城主となって益岡城と改称した。当城は，この段階で近世城郭としての体裁が整えられたと考えられる。
　1598(慶長3)年の蒲生氏転封後は，上杉景勝の所領として重臣の甘粕景継が城主となったが，関ヶ原の戦い直前の1600年7月，徳川家康に従った伊達政宗により城は攻略された。

　関ヶ原の戦い後，家康が政宗に対して旧領回復を約束した，いわゆる「百万石の御墨付」は反古にされ，刈田郡のみが伊達領となった。当城には，一時，政宗の叔父石川昭光が入ったが，1602年に伊達家重臣の片倉小十郎景綱がこの地を拝領し，以後，明治維新まで

白石城三階櫓

城下町白石　117

白石城周辺

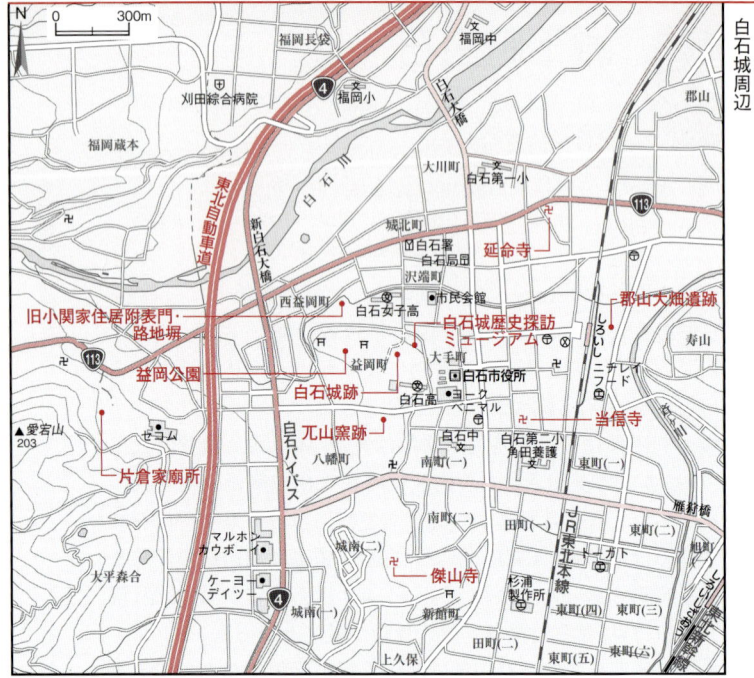

11代約260年にわたり，片倉氏1万8000石の居城とされた。幕政下では，白石城は，仙台城以外では唯一の城としての扱いを受け，領内南部の要衝として関門的役割をはたした。

　戊辰戦争(1868〜69年)の際には奥羽越列藩同盟の会議が開かれ，奥羽越列藩同盟の公議所となり，明治維新後も東北地方を統轄する三陸磐城両羽按察府がおかれた。しかし，1869(明治2)年に所領を没収された片倉家の家臣団が，北海道開拓の費用を捻出するために売却し，1874年「明治の廃城令」によって白石城は解体された。城の建物の一部は，現在，本町の当信寺山門(旧東口門)，不澄ヶ池の延命寺山門(旧厩口門)などとして残る。

　荒廃した城跡は，1898年の片倉氏の男爵叙爵をきっかけに，片倉氏の旧家臣らによる復興の動きが進み，1900年には本丸・二の丸跡が片倉氏より旧白石町に無償供与され，益岡公園として整備された。1987(昭和62)年には，ＮＨＫ大河ドラマ「独眼竜政宗」の放送によって，白石城の復元運動がおこり，1995(平成7)年には幕末

118　蔵王を仰ぐ

片倉小十郎と一国一城令

コラム

政宗最大の功臣と城

片倉小十郎景綱は，伊達政宗の傅役をつとめた腹心の部下であり，参謀・前線の指揮官として，政宗の覇業の達成に大きく貢献した。知謀を賞され，豊臣秀吉からは三春5万石に封ずる内示を受け，徳川家康からは江戸屋敷を与えられるなど，厚遇された。

江戸幕府は，1615(元和元)年に一国一城令を発し，諸大名に対して，居城以外の領内の城の破却を命じた。しかし，この法令は全国一律に適用されたのではなく，地域によって大きな不均衡が存在した。西国大名に厳格な適用が行われ，多数の城が破却されたのに対し，東北諸大名には，この法令が適用された形跡がほとんどみられない。秋田藩佐竹氏は居城のほかに大館城・横手城，会津藩は猪苗代城の所有が認められ，米沢藩上杉氏・山形藩最上氏の領内でも多数の支城が存在した。

仙台藩の白石城についても，このような一国一城令の地域的不均衡性が背景として考えられる。しかし，白石城のみが城としての待遇を受けた理由については，藩領南部の交通の要衝としての地理的条件，上杉氏に対する備え，豊臣政権・江戸幕府初期の片倉景綱への厚遇に起因するなどの諸説があり，明らかではない。

「白石城之図」（小関雲洋筆）

の三階櫓・大手門が復元された。

現在，本丸跡に片倉小十郎景綱公頌徳碑，二の丸跡に白石出身の2代横綱谷風梶之助・大砲万右衛門の顕彰碑や銅像，そのほかに，松尾芭蕉・松窓乙二・鈴木綾園の句碑や，1899(明治32)年の白石大火の記念碑などがある。

城跡の北隣には，白石城歴史探訪ミュージアムがある。安政3(1856)年の絵図に基づく白石城および城下

白石城歴史探訪ミュージアム

城下町白石

旧小関家住居

町の復元模型や，城下絵図・古文書・武具などが展示され，ビデオ上映なども行われている。

城跡の北200m，沢端川に面した後小路には武家屋敷があり，1730(享保15)年建築の旧小関家住居 附 表門・路地塀(県文化)が，一般公開されている。この住宅は，農民住宅から武家住宅への過渡的形態を示している。小関家の東500mには，白石の地名の由来となったという神石，「しろ石」がまつられている。

城跡の東北に設けられた町人地は，6つの町(本町・長町・亘理町・短ヶ町・中町・新町)に分かれ，毎月2と7の日(計6回)には市が立った。各町には，繁栄と安全を祈願するために市神がまつられ，その石祠は短ヶ町をのぞく5つの町に現存する。

白石城跡から西へ約1km行った愛宕山には片倉家廟所があり，歴代当主と，7代村廉夫人(5代藩主伊達吉村の娘昌子)が葬られている。愛宕山麓には，片倉氏初代景綱の異父姉で伊達政宗の乳母であった片倉喜多の墓や，政宗夫人愛姫の父田村清顕の墓などがある。また，白石城跡から南へ約800m行った傑山寺(臨済宗)には，片倉家歴代の夫人の墓がある。

白石駅の北方約500mの所には，郡山大畑遺跡がある。7世紀後半から8世紀初頭の倉庫群と掘立柱建物跡が確認され，瓦や須恵器が出土した。現在では，721(養老5)年に柴田郡より分置された刈田郡衙跡とも考えられている。なお，この遺跡から発見された瓦は，白石城跡の南側丘陵上にある兀山窯跡から供給されたものと推定される。

鷹巣古墳群 ⓫ 〈M ▶ P.100〉白石市鷹巣
JR東北本線白石駅🚶15分，または東北新幹線白石蔵王駅🚶8分

白石川東部の群集墳

白石駅から東に進み，斉川に架かる鷹巣橋を渡り，寿山団地を

白石三白

コラム

江戸時代の町おこし

白石三白とは、白石の特産品、紙子・葛粉・温麺をいう。『安永風土記』にも、刈田郡の特産として挙げられている。

紙子とは、紙製の衣服である。東北地方は寒冷で綿栽培に適さず、生産が僅少であったため、庶民が着ていた。1682(天和2)年に「紙子一駄荷役金弐切召し上げ他国へ通す」とあり、17世紀後半には他国へ移出する産物となった。

井原西鶴の著した、1692(元禄5)年刊の『世間胸算用』に「白石の紙子」、1689(元禄2)年の『一目玉鉾』に「白石片倉小十郎居城此所より名物の紙絹子出る」とみえ、白石の特産物化していたことが確認される。

1754(宝暦4)年の『日本山海名物図会』には、「地紙つよく能くもみぬきてこしらえる故にやわらかにてつやよし」とあり、評価を得ていたことがわかる。とくに倉本村でつくられた、柿汁で染めて揉んだ紙絹が、最上品とされた。

1719(享保4)年に刊行された仙台藩の地誌『奥羽観蹟聞老志』に、片倉家中の手内職として織られたとある、紙糸と生糸を混織した白石紙布は、1829(文政12)年の『角力見立仙台領高名競』では「天下に名高きもの」と評された。

仙南の郷土料理に、「お葛かけ」がある。1843(天保14)年に鎌先温泉で、江戸幕府勘定役と普請役へも饗されている。小原地区の古老の伝承によれば、産地小原では、天明の飢饉(1782年)にワラビ根を掘りつくし、山容が変化したという。ここから、当時は葛粉の生産方法が伝播していなかったと考えられ、葛粉生産の始まりは天保年間以降と推定される。

温麺は、1689(元禄2)年に短ヶ町検断の鈴木浅右衛門が、胃弱の父のために油を使わない製麺法を考案したことに始まる。1739(元文4)年、鈴木家に御用温麺の製造が命ぜられ、「年毎拵へて指上る」ようになり、仙台藩5代藩主伊達吉村の治世には、諸大名家などへの進物として使われた。

1756(宝暦6)年の公儀御目付『藩秘録』の「陸奥領分名産物」に、紙子などとともに温麺が挙げられ、18世紀後半には特産物化していたことがわかる。刈田・柴田郡産の小麦粉と、亘理・相馬郡産の塩を原料として、「ほまち風(蔵王颪)」で乾燥させた温麺は、大鷹沢村の駄馬で米沢や信達地方に移出され、干蘭盆に饗せられた。庶民向けの温麺は、藩主に献上した1尺1寸(約35cm)の御前温麺と区別し、2寸8分(約9cm)に裁断されたので、駄馬による輸送中の破損を少なくできた。

城下町白石

過ぎて約500m行くと，旧白石高等技術専門校の東の丘陵上に鷹巣古墳群(県史跡)がある。この古墳群は6世紀を中心に築造され，もとは前方後円墳4基・円墳37基の計41基が東西に点在していたが，団地造成にともなって破壊された。現在では，主軸長56mの瓶ヶ盛古墳を中心とする9基が，県の史跡となり，古墳公園として保護されている。なお，この古墳公園内には箱式石棺と横穴式石室が移設・復元されている。

　白石駅の北東約2kmには，郡山横穴墓群がある。凝灰岩断崖面に，蜂の巣状に横穴墓が密集しており，古くから「エゾ穴」とよばれていた。横穴墓群は4群に分かれ，約100基が確認されている。築造年代については，7世紀前半が中心と考えられる。

　鷹巣古墳群の北を通る国道113号線を東へ約4km進むと，高田川の流れる谷間に犬卒都婆集落がある。この集落の南方には，地名の由来となった犬卒都婆の碑が立つ。碑は，小野篁の大イノシシ退治に力を貸した，磐司・磐三郎兄弟の愛犬を供養するために建てられたものという。

　犬卒都婆の碑の裏山の頂上から中腹にかけて，東北窯跡が分布している。この窯跡群は，1947(昭和22)・48年頃，郷土史家の佐藤庄吉によって初めて調査された中世窯業の大生産地で，周囲の山地に残る窯跡とともに，白石古窯群を形成している。鎌倉時代後半に生産が行われたとみられ，当時，刈田郡の領主であった北条氏の関与が指摘される。ここで生産された陶器は，阿武隈川・名取川・七北田川流域の50余りの遺跡から発見されている。

　犬卒都婆集落の北西に聳える丘陵の頂部には，羽山神社がある。11月8日の例祭には，江戸時代中期以前より権立ち(白石市犬卒都婆のゴンダチ，国選択無形民俗文化財)が行われている。権立ちは，数え年で7歳となった子どもに餅を背負わせて，地域の人びととともに夜明けに丘陵頂上の奥宮に参拝する神事で，参拝の後，付き添いの親戚が参拝者に料理を振舞う。

　羽山神社から南へ約2km進むと，球状閃緑岩(国天然)を神体としてまつった菊面石神社がある。

七ヶ宿街道

コラム

湖底に沈んだ近世宿場町

七ヶ宿街道は、蔵王連峰南端の鞍部を通り、出羽米沢と信達地方を結ぶ街道である。国道113号線沿いの上戸沢・下戸沢・渡瀬・関・滑津・峠田・湯原の7つの宿場町を経て、小坂峠を越え、奥州道中の藤田宿（福島県伊達郡国見町）に出た。七ヶ宿街道は「山中通り小坂越」とよばれ、出羽13大名の参勤交代の往還、江戸幕府御城米の輸送路として機能した。

仙台藩では、湯原と上戸沢に境目番所を設置し、角田館主石川氏は湯原館に重臣を配置、横川・追見に足軽集落を形成して、藩境と街道の警備にあたった。宿場の人びとの生活は、参勤交代や御城米輸送の駄賃、旅籠稼ぎで成り立っていた。

上戸沢番所の向かいにあった江戸時代中期の旧上戸沢検断屋敷木村家住宅（県文化）が、白石市小原の材木岩公園に移築・復元されている。検断屋敷であると同時に、問屋の役宅、武士の休息・宿泊施設でもあった。また木村家は、常陸（現、茨城県）や下野（現、栃木県）の村々の代参講の定宿にされた。

下戸沢には、1852（嘉永5）年に吉田松陰が宿泊し、人形浄瑠璃の「忠臣蔵」をみて落涙している（『東北遊日記』）。

渡瀬には、秋田藩の定宿を意味する秋田屋などの屋号をもつ旅籠などがあったが、現在は七ヶ宿ダムに沈んだ。湖畔にある七ヶ宿町水と歴史の館では、旅籠の一部も復元・展示されている。

関宿本陣には、関名産のカジカなどを献上した際に津軽氏から1両・酒井氏から3両を下賜された記録がある。関から西は、冬場は雪深く、橇で旅人や荷物を運搬したといわれる。

滑津宿には、脇本陣安藤家（県文化、非公開）が現存する。安藤家は、大坂松屋を講元とする、全国規模の浪花講に加盟していた。1777（安永6）年に江戸の食通富田伊之は、滑津の小坂屋に宿泊し、「ナメススキ」というキノコ汁を食している。七ヶ宿街道全体の様子は、1845（弘化2）年に山形から館林（群馬県）に所替となった秋元家家臣の妻山田音羽子が、写生画とともに記録している。

宿場の家全体が出羽の町屋と同じ「通り土間」形式であったことからわかるように、この街道は出羽からの文化伝播の役割をはたした。しかし、1899（明治32）年に奥羽線が開通すると、その役目を終えた。

近年では、毎年8月第4日曜日に「わらじで歩こう七ヶ宿」が開催されている。

甲冑堂 ⓬

〈M▶P.100〉白石市斎川字坊ノ入54 P
JR東北本線白石駅・東北新幹線白石蔵王駅🚗25分

義経家臣佐藤兄弟の妻の甲冑木像

　白石市街地から国道4号線を南へ約4km進み、中斎川バス停を過ぎて左手の旧道に入ると、まもなく旧斎川宿に至る。江戸時代に奥州道中の宿場町として栄えた斎川は、現在でも町並みにその名残りをとどめる。集落の西側中央には、旧検断島貫家屋敷がある。島貫氏は検断として宿場の伝馬人足を取り仕切り、幕末には肝入も兼任した。また、明治天皇の東北行幸では休憩所ともなった。

　また斎川には、坂上田村麻呂にちなんだ鬼ずるす石・馬牛沼などの伝説が残されている。集落の南約1km、田村麻呂を祭神とする田村神社があり、その境内には1939(昭和14)年に再建された甲冑堂が立つ。堂内には、源義経の家臣佐藤忠信・継信兄弟の妻、楓・初音の甲冑木像が納められている。1668(寛文8)年にはその存在が知られており、奥州道中の名所として、河合曽良や与謝蕪村らにより紹介されている。

　田村神社の裏手には、孫太郎虫供養塔がある。孫太郎虫とはヘビトンボの幼虫のことで、黒焼きしたものが、江戸時代に疳の虫の薬としてもてはやされ、近年まで斎川の名産品であった。また、孫太郎虫は山東京伝「敵討孫太郎虫」などの白石仇討話にも登場する。

甲冑堂

蔵王を仰ぐ

Abukumagawa

阿武隈川の恵み

木造阿弥陀如来坐像（高蔵寺）

阿武隈川

金津の七夕

①高蔵寺・旧佐藤家住宅	⑥称念寺	⑫三十三間堂官衙遺跡
②小針薬師堂	⑦台町古墳群	⑬亘理要害跡
③斗蔵山	⑧金山要害跡	⑭大雄寺
④角田要害跡	⑨金山製糸場跡	⑮荒浜湊
⑤角田郡山官衙遺跡	⑩旗巻古戦場	⑯磯浜唐船番所跡
	⑪齋理屋敷	⑰坂元要害(蓑首城)跡

阿武隈川の恵み

◎阿武隈川沿岸散歩モデルコース

1. JR東北本線白石駅 20 高蔵寺・旧佐藤家住宅 15 梁瀬浦遺跡 10 長泉寺 3 角田要害跡 3 角田市郷土資料館 5 阿武隈急行角田駅
2. 阿武隈急行丸森駅 30 報恩之碑 20 台町古墳群 5 金山要害跡 10 光明院 15 旗巻古戦場 30 JR常磐線駒ヶ嶺駅
3. 阿武隈急行北丸森駅 3 宗吽院 10 斎理屋敷 3 丸森ふるさと館 15 不動尊公園(愛敬院) 20 マリア観音堂 25 阿武隈急行やながわ希望の森公園前駅
4. 仙台東部道路亘理IC 15 荒浜 15 悠里館(亘理町郷土資料館) 5 亘理要害跡 5 大雄寺 15 三十三間堂官衙遺跡 10 仙台東部道路亘理IC
5. JR常磐線山下駅 8 山元町歴史民俗資料館 15 坂元要害(蓑首城)跡 15 磯浜唐船番所 10 JR常磐線新地駅

阿武隈川に沿って

①

奥州藤原氏ゆかりの高蔵寺。伊達・相馬の国境。戦国争乱・戊辰戦争の舞台を歩く。

高蔵寺と旧佐藤家住宅 ❶
0224-65-2038

〈M ▶ P. 126, 129〉角田市高倉字寺前49 [P]
JR東北本線白石駅🚌20分，阿武隈急行角田駅🚌15分または🚌西根・大河原線高倉🚶10分，または東北自動車道白石IC🚌35分

奥州藤原氏ゆかりの阿弥陀堂

角田駅から国道113号線を白石方面に約5km行くと，高倉集落に至る。西根公民館の先の交差点を左折して高蔵寺橋を渡り，渓流沿いに約500m進むと，勝楽山高蔵寺(真言宗)がある。寺伝では，819(弘仁10)年，南都の僧徳一による開山といい，嵯峨天皇の宸筆と伝えられる「高蔵寺」の扁額が残る。1780(安永9)年成立の『安永風土記』には，大門坊・入ノ坊・清水堂の3坊を有して栄えたとある。また同書の中で，本町跡・新町跡の旧跡や市神の古碑について記されているので，門前町が存在していたと思われる。

高蔵寺

境内に東面して建てられた素木の阿弥陀堂(国重文)は，宝形造・茅葺きで，間口・奥行ともに9.3mあり，白水阿弥陀堂と同規模である。円柱に支えられた舟底形天井をもち，舟肘木や軒返りが美

旧佐藤家住宅

阿武隈川の恵み

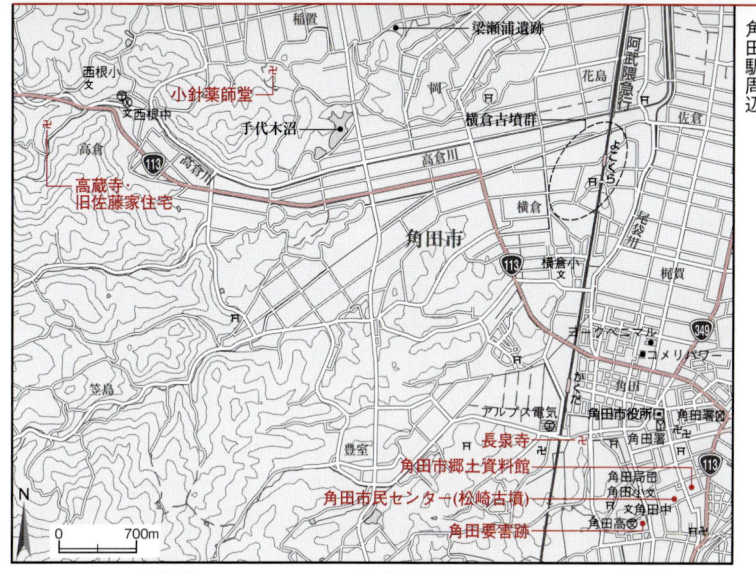

しい。1719(享保4)年完成の『奥羽観蹟聞老志』所載の棟札に「治承元(1177)年修理　藤原秀衡妻女により新築」とあることから，現存の建物は12世紀後半の建立と推定される。

　堂内には，本尊の木造阿弥陀如来坐像(国重文)が安置されている。像高2.7mのいわゆる丈六仏で，寄木造・漆箔，螺髪のみ紺青に彩色されている。須弥壇がなく直接床におかれ，透彫りの飛雲光背は天井まで届くほどである。また，堂内には本尊と同じ大きさの，寄木造の阿弥陀如来坐像もある。破損しているが，造像技法を確認できる貴重な像である。現在の本尊とこの破損仏は阿弥陀堂に適合した造像ではないので，これらの尊像を安置する堂宇が別に存在し，現在の阿弥陀堂には別の本尊が安置されていたとする見解がある。

　高蔵寺境内には，もとは高倉字新町にあった旧佐藤家住宅(国重文)が移築されている。18世紀中頃に建てられた，仙台藩領内では中規模の典型的な農家建築で，間口14.9m・奥行7.8mの平屋建て，屋根は寄棟造・茅葺きである。藩の禁止令に従い，天井は設けられていない。間取りは広間型3間取で，土間が全体の4割を占め，広間に土間から続くタタキをつくり囲炉裏を切っている。柱は手斧削りで，木材の曲がりを巧みに利用し，鳥居建てという古い建築方

阿武隈川に沿って　　129

法が用いられている。

小針薬師堂 ❷

〈M ▶ P. 126, 129〉角田市稲置字小針
阿武隈急行角田駅🚌20分，または仙台東部道路亘理IC🚗40分・東北自動車道白石IC🚗35分

鎌倉時代の在地信仰を示す胎内銘

　高蔵寺の東約2kmに，小針薬師堂がある。堂内には，「稲置の薬師様」として信仰を集める木造薬師如来坐像（県文化）が安置されている。像高112cm，カヤ材の寄木造で，もとは彩色が施されていた。内刳の腹部から背中にかけて墨書銘があり，1254（建長6）年8月彼岸に大旦那弥三郎と仏子慶心が亡母の菩提と父の現世安穏を祈念し，薬師如来を造立したとある。また，この銘文の両側には，50余人の協力者の名と，名号を唱和した回数が記されている。出家者や女性たちが，薬師如来の入魂のために協力したことがわかる。

斗蔵山 ❸

〈M ▶ P. 126, 131〉角田市小田字斗蔵
阿武隈急行角田駅🚌15分または🚌白角線斗蔵山南口🚶20分，または常磐自動車道山元IC🚗35分

鎌倉時代の懸仏を本尊とする霊場

　角田駅前から県道105号線を白石方面に約4km行くと，古来信仰の対象とされてきた斗蔵山（238m）がある。斗蔵山の東斜面は，当地を自生北限とし原生林の様子を残すウラジロガシに覆われ，営林局の学術保護林になっている。1772（安永元）年完成の『封内風土記』によると，斗蔵山のカシは槍の柄・銃架に使用するため，御留山としてカシ伐採が禁じられていたことがわかる。

　斗蔵山の頂上には，斗蔵寺（真言宗）がある。寺伝によれば，平安

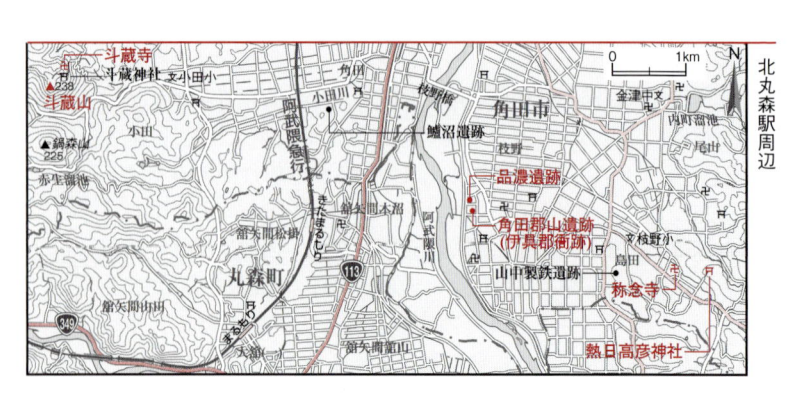

北丸森駅周辺

阿武隈川の恵み

福應寺毘沙門堂養蚕信仰絵馬

コラム

養蚕信仰と百足の絵馬

　角田市の最北端，東根の鳩原地区に福應寺（曹洞宗）毘沙門堂がある。堂内には1768（明和5）年から1981（昭和56）年にかけて養蚕の成就を祈って奉納された23,477枚の養蚕信仰絵馬（国有形民俗）がある。

　これらの絵馬は横幅30cm以下の小絵馬が中心で，紐に通して吊り懸けるのではなく，長床に積み重ねる形で奉納された。絵馬の図柄は養蚕の守護神であった毘沙門天の使いで，蚕を食い荒らす鼠の害から蚕を守るとされた百足を描いたものが圧倒的に多い。

　このように多くの絵馬が奉納された理由としては，毘沙門堂に奉納された絵馬を借りて，養蚕が成就するとお礼に新しく1枚絵馬を作り，借りた絵馬とあわせて2枚奉納する「倍返し」という風習があったとされる。

　仙南地域は江戸時代の中期以降，養蚕が盛んになり，鳩原毘沙門天は養蚕の守護神として地域の信仰をあつめた。絵馬の奉納者の居住地域は角田市域・丸森・伊具・柴田町の徒歩で参詣できる近隣を中心として仙南全域に及んでいる。また，絵馬の奉納数を年代別に見ると明治以降急速に枚数が増加し，明治10年代には約4000枚の絵馬が奉納されている。その後も活発に絵馬は奉納されているが，昭和30年代に入って化学繊維の普及などによって養蚕業が衰退するとともに枚数が急減していく。このように養蚕信仰絵馬の風習は養蚕の盛衰と深く結びついていた。

養蚕信仰絵馬

時代に坂上田村麻呂が創建，慈覚大師（円仁）が開基したという。北条貞時の現世と来世の悟りを願う「正安三(1301)年」銘の鐘が存在していたことから，北条得宗家との関わりのある寺と考えられている。807（大同2）年の建立と伝えられる観音堂は，1660（万治3）年に焼失し，1663（寛文3）年に方三間宝形造で再建された。蟇股に瑞鳥，木鼻に獅子が彫刻された，桃山様式の建築である。堂内は彩色され，内陣・外陣のほかに内々陣を設けて，本尊の銅造千手観音像懸仏（県文化）を安置する。直径48cmの銅鏡に鋳造した千手観音を配したもので，裏面の墨書銘から，1310（延慶3）年に橘氏女が奉納したことがわかる。秘仏のため，一般公開されていない。

阿武隈川に沿って

境内には、観音堂を中心に、子安観音堂・鐘楼・斗蔵山神社・長床・庫裏などがある。

角田要害跡 ❹

〈M ▶ P. 126, 129〉角田市角田字牛館
阿武隈急行角田駅🚶20分、または常磐自動車道山元IC🚗25分

角田駅の南東約1.5km、現在は角田高校の敷地となっている高台が、角田要害（臥牛城、金鶏館）跡である。永禄年間（1558～70）、伊達氏庶流の田手氏が居館を構え、1591（天正19）年には伊達成実の居城となるが、成実出奔により主君政宗に接収された。1598（慶長3）年、伊達家一門筆頭で政宗の叔父である石川昭光が、志田郡松山（大崎市）から移封され、幕末まで石川氏2万1000石の居城となった。

旧角田要害表門（長泉寺）

角田要害は、背後に山と谷地・沼を備えた平山城で、周囲に堀と土塁がめぐらされていた。築地塀で囲まれた居館は、広間書院・執務部屋などの公的空間である表と、私設空間である奥に分かれ、仙台城と同様に懸造も付随した（柿崎家文書「角田城縄張図」）。

現在の市街地となる館下町は、旧領石川郡の士民を招いて形成され、家中屋敷と町人町から構成された。家中は一族・着坐などに分かれ、家老・若年寄・町奉行などの役人が本藩同様におかれた。

角田市郷土資料館

伊達家一門筆頭石川氏の要害

阿武隈川の恵み

明治の義民

コラム

明治初年の村方騒動

　1868(明治元)年、仙台藩が戊辰戦争に敗れ、仙南4郡(伊具・亘理・柴田・刈田)は、翌年8月には白石県、そして11月には角田県となった。

　1869年は、戊辰戦争による疲弊と天候不順のため、天保の大飢饉(1832〜39年)以来といわれる大凶作となり、刈田・伊具・柴田各郡で農民騒擾が頻発した。

　同年10月6日、伊具郡東根(現、角田市東根)13カ村の農民千数百人が蜂起した。これを指導したのが、島田村(現、同市島田)の羽部周治・佐藤重左衛門であった。彼らは、年貢減免および大肝入の不正を糾弾する嘆願書を県の役人に提出して捕えられ、7年の流罪を申し渡されたが、刑部省の指導で白石の獄へ送ぜられた。

　2人とも村民の信頼が厚く、日高社神職黒須氏・称念寺住職細矢氏ら村民の嘆願もあり、出獄することを得た。その後、重左衛門は百姓代、周治は土木委員として学校建設にあたるなど、村民のために尽力したと伝えられている。

　現在、角田市枝野字三月殿には、2人を顕彰するため、1886(明治19)年に建てられた「報恩之碑」がある。

報恩之碑

　角田要害跡の北西約800mに、石川氏の菩提寺長泉寺(曹洞宗)がある。山門は高倉の豪農太田家より寄進され、中門は角田要害表門(臥牛門)が移築されたものである。本堂入口には石川氏廟所の重華堂の扁額がある。なお、境内には、伊具地方最大の前方後円墳である長泉寺裏山古墳と円墳20基からなる長泉寺古墳群がある。

　要害跡の東約400mの所に角田市民センターがある。江戸時代、ここにあった郷学成教書院では能楽も施していた。また敷地内には、横倉古墳群の1つ、松崎古墳が移設・復元されている。市民センターの北東約150mには角田市郷土資料館があり、石川氏関係資料や、市内の遺跡の出土品を展示している。この資料館は、明治時代から大正時代に建築された大地主氏家氏の屋敷を保存・活用したもので、3000m²の敷地内に総ヒノキ造りの建物や土蔵などが残る。

阿武隈川に沿って

角田郡山官衙遺跡 ❺

〈M▶P. 126, 131〉角田市枝野字郡山・字上沼尻
阿武隈急行角田駅🚗15分，常磐自動車道山元IC
🚗20分

多賀城より前につくられた伊具郡衙

枝野橋を渡り阿武隈川を南へ2km，東禅寺北方に広がる阿武隈川の自然堤防上に，角田郡山遺跡がある。この遺跡は，多賀城創建より前につくられた伊具郡衙跡と考えられている。

現在までに，掘立柱建物跡と礎石建物跡が発見されており，郡衙の倉庫院の一部とみられる。出土遺物は，瓦・須恵器・土師器などがあり，なかでも7世紀に遡る複弁蓮華文軒丸瓦は，この種の瓦の出土地の北限を示している。瓦と須恵器は，遺跡の東方約1.5km，枝野・藤尾地区にある今泉・八重田・山中・桜井・峯・川前の各窯跡で生産された。

郡山遺跡の北側に隣接する品濃遺跡からも，多量の瓦と須恵器，円面硯・墨書土器が出土し，郡衙との関連性が注目されている。

称念寺 ❻
0224-62-4085

〈M▶P. 126, 131〉角田市島田字大和橋59
阿武隈急行角田駅🚗15分，常磐自動車道山元IC🚗20分

湛慶の作風を伝える阿弥陀如来

角田駅前を東に1.5km，県道44号線に入り約5km行くと枝野小学校がある。ここから南東へ約700m行くと，国平山称念寺（浄土宗）に至る。『奥羽観蹟聞老志』によるとこの寺は，文明年間（1469～86），武蔵国荏原（現，東京都目黒区）から島田村に移住した目黒国平の子資平が，父の菩提を弔うために目黒院を建立したことに始まるという。開山は磐城国専称寺（福島県いわき市）の良運圓了で，称念寺は同寺の末寺であった。

本尊の木造阿弥陀如来坐像（県文化）は，像高50cmほどの小像だが，相貌・衣文ともに丹念に彫られたヒノキ材寄木造の逸品である。布張り・漆塗りで，螺髪も目も彫り出すという，平安時代末期の手法が使われている。この像は，正徳年間（1711～16）に，本山の専称寺から下賜された湛慶の作と伝えられ，玉眼にしていないなど造立

阿弥陀如来坐像（称念寺）

自体は鎌倉時代初期と推定されている。

県道44号線をさらに南東へ約400m行くと、県道に面して石の大鳥居がみえ、その奥に熱日高彦神社(祭神日本武尊)がある。『延喜式』式内社で、伊具郡衙の鎮守として奉斎されたと考えられている。称念寺は、結城合戦の結果、移住してきたとされる目黒氏の菩提寺だが、この式内社の神護寺とする見解もある。

台町古墳群 ❼ 〈M ► P. 126, 136〉伊具郡丸森町金山字台町
常磐自動車道山元IC🚗40分

県南最多の円墳が密集する群集墳

丸森町中心部から国道113号線を東へ約2.5km、雉子尾川を渡る手前を左折し金山方面に行くと、台町古墳群(県史跡)がある。11ha余の丘陵地帯に、全長33mの前方後円墳(20号墳)を主墳として、178基以上の円墳が密集する。

発掘調査で、銅鏡や勾玉などの玉類、鈴釧などの装身具、直刀などを始め、土師器・須恵器・人物埴輪などが出土した。103号墳から出土した壺を捧げもつ女性埴輪は、県内唯一の完形の人物埴輪である。内部主体は、箱式石室・竪穴式石室・横穴式石室など多種類におよび、6世紀を中心として、長期にわたって築造されたと考えられる。なお、女性埴輪の複製は、丸森町役場の西側にある、まるもりふるさと館で展示されている。

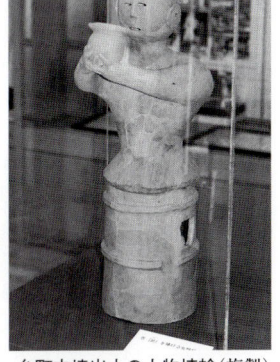

金山要害跡 ❽ 〈M ► P. 126, 136〉伊具郡丸森町金山
常磐自動車道山元IC🚗35分

台町古墳出土の人物埴輪(複製)

まるもりふるさと館から国道113号線に沿い、南東へ約1.8km行くと左手に「金山城跡入口」の看板があり、ここをのぼると金山要害(金山城)跡に至る。標高117mの独立山地を利用した山城で、14世紀ごろの築城とも、また永禄年間(1558〜70)に相馬家家臣である井戸川将監・藤橋紀伊によって築城されたとも伝えられる。

1576(天正4)年以来、この城をめぐる伊達氏と相馬氏との戦いが続き、1581年には伊達政宗が、この城攻めで初陣を飾り、1584年には伊達氏の帰属となった。1588年には相馬氏の攻撃に備え、石塁・土塁・堀切などの防御施設が強化された。この戦いを始め、伊達政

阿武隈川に沿って

丸森駅周辺

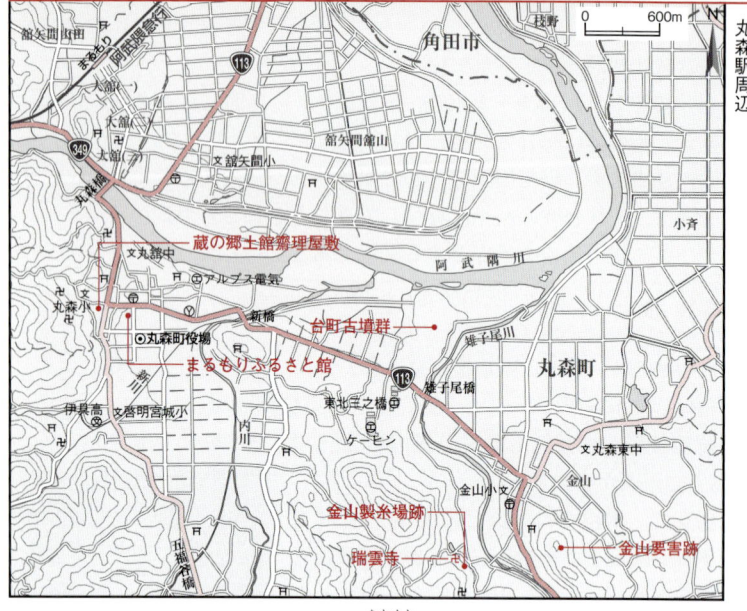

相馬氏との攻防に備えた石垣造りの山城

宗の治世に大きく貢献した中島宗求に同年金山要害および知行地2000石が与えられ（中島家『万覚書』1684〈貞享元〉年），明治維新に至るまで中島氏の居館となった。

中島家の歴代当主は一族の家格で国番頭・奉行などをつとめて，仙台屋敷に常住したので，当主がこの要害を訪れるのは儀式への出向に限られ，いつもは賄方などが勤務していた。また中島家は，諸大名への進物にされた金山紬の生産を奨励したり，12代恒康が仙台藩の勤王家として『護国論』を著すなど，時代の変化に即応した家である。

現在，副島種臣による篆額の碑の立つ要害跡には当時の建造物は残っていないが，本丸跡までのぼるにしたがい米蔵跡・埋門跡の石垣・煙

金山要害跡

136　阿武隈川の恵み

硝蔵跡・堀切がみえてくる。最高所の本丸跡周辺には石垣が残る。また、本丸北側には2層の櫓が聳えていた（中島家文書「金山要害絵図」寛保2年）。なお、埋門跡北側の道の両側には家中屋敷の石垣が残る。

金山製糸場跡 ❾ 〈M ▶ P. 126, 136〉伊具郡丸森町金山
常磐自動車道山元IC🚗40分

欧米にもその名を知られた製糸場

金山要害跡から国道113号線を渡ると、瑞雲寺の手前に広がる水田が金山（佐野）製糸場跡である。

1885（明治18）年、政商小野組で東北地方での養蚕業を担当していた佐野理八が、1874年の小野組破産後、すでに経営していた福島県の二本松製糸場を譲り、養蚕業がさかんで交通の便がよく、戸長の協力も得られた金山を適地として独力で製糸場を創立した。1886年に操業を開始し、フランス製の最新製糸機械を備え、年間3000貫の生糸を生産した。その生糸は、博覧会で優秀賞を受けて、国内のみならず欧米にも知られた。工場では、200人余りの女工を雇い、寄宿生活をさせた。女工は、10～20代の者が多く、地元よりは新潟・滋賀などの遠隔地出身者が多かった。

しかし、大正時代中期以降の世界的不況により、県内の絹糸工場はいずれも著しい経営不振に陥り、佐野製糸場も休業や買収などを経て、1937（昭和12）年には完全に閉鎖された。

製糸場跡と隣接する瑞雲寺（曹洞宗）の境内の一隅には、女工の墓が28基立っている。なお、当寺は金山城主中島氏の菩提寺でもある。

旗巻古戦場 ❿ 〈M ▶ P. 126〉伊具郡丸森町大内
常磐自動車道山元IC🚗55分

戊辰戦争の激戦地

金山要害跡から国道113号線を雉子尾川に沿って相馬方面に約5km進むと、大内地区で県道228号線と分岐する。右折して県道に入ると、途中から1車線の山道となり、さらに進むと、福島県との県境をなす旗巻峠に至る。標高280mの旗巻峠は、丸森から福島県相馬に抜ける最南端の峠である。旗巻の名の由来は、16世紀に相馬領に侵攻した伊達政宗が、当地での戦いに勝ち、ここで旗を巻いて米沢に帰還したことによると伝えられる。

戊辰戦争（1868～69年）では、旗巻峠が奥羽越列藩同盟の浜街道に

阿武隈川に沿って

おける最後の拠点となり、仙台藩を中心に、庄内・米沢各藩兵が加わり、新政府軍と戦った。同盟軍は、参政鮎貝盛房の指揮の下に善戦したが、1868（明治元）年9月10日の戦いで敗れ、陣屋を焼いて退却した。陣屋跡は峠にあり、「旗巻古戦場之碑」が立つ。この碑は、1900年に兵士らの三十三回忌供養として建てられたもので、衝撃隊の隊長として戦った細谷十太夫直英の揮毫になる。また周囲には、砲塁跡や仙台・庄内藩士の戦死塚なども残る。

齋理屋敷 ⓫
0224-72-6636

〈M ▶ P.126, 136〉伊具郡丸森町字町西25 P
阿武隈急行丸森駅🚶20分、常磐自動車道山元IC🚗40分

江戸時代後期から続いた豪商の店蔵

本町バス停で下車すると、蔵の郷土館齋理屋敷（国登録）がある。ここは、1804（文化元）年から1950（昭和25）年にかけて7代続いた豪商齋藤家の屋敷であり、代々の当主が齋藤理助を名乗ったことから、「齋理」とよばれるようになった。齋藤家は、1804年の町場開設当初は呉服を商っていたが、養蚕がさかんになると生糸相場で利益をあげた。明治時代にはその利益を運用して電気事業も行った。

1986年に土地・建物などが町に寄贈され、1988年の阿武隈急行福島—丸森間の全線開通にあわせて、一般公開を開始した。現在は、1848（嘉永元）年に建てられた店蔵を始め、スギとクリ材を1本おきに使用した明治時代の蔵など6つの蔵と屋敷に、豪商の暮らしを物語る齋藤家旧蔵の調度品や商売道具などが展示されている。

齋理屋敷は、町のランドマークともなっており、毎年8月に屋敷周辺に600基の絵灯籠を灯す盆行事の齋理幻夜を始め、年間を通じて多くの観光客で賑わっている。

齋理屋敷

2 浜街道

亘理郡衙の倉庫群。政宗の猛将成実の霊廟。北の大地に生きた侍たちのふるさと。

三十三間堂官衙遺跡 ⑫

〈M ▶ P. 126〉亘理郡亘理町逢隈下郡字椿山
JR常磐線逢隈駅🚶10分，または仙台東部道路亘理IC🚗10分

平安時代の亘理郡衙

逢隈駅に西隣する亘理平野を一望できる椿山丘陵の東斜面に，三十三間堂官衙遺跡（国史跡）がある。古くから礎石群が認められ，『安永風土記』にも「三十三間堂跡」と記録されている。

この遺跡は，平安時代中期頃の浄土教系寺院ないしは郡衙跡と推定されていた。その後，1985（昭和60）年から行われた調査によって，平安時代前半（9～10世紀前半）の亘理郡衙跡に比定された。

遺跡は，尾根上の東西約500m・南北約750m（約25ha）の範囲に分布し，北に郡庁院・官衙域，南に倉庫院がある。郡庁院は，東西約50m・南北約60mにおよび，塀や土塁などで区画され，その周辺に掘立柱建物跡からなる官衙域がある。倉庫院は，溝により一辺約150mに区画され，その中に礎石建て倉庫4群と掘立柱建物が2棟ずつあり，4期に変遷することが確認されている。

三十三間堂官衙遺跡

現在，遺跡の保存と史跡公園としての環境整備を目的に調査・発掘が行われている。

亘理要害跡 ⑬

〈M ▶ P. 126, 140〉亘理郡亘理町旧舘
JR常磐線亘理駅🚶20分，または仙台東部道路亘理IC🚗15分

亘理伊達家2万3000石の要害

亘理駅から西へ800m，町役場のある交差点を左折して約500m行くと亘理要害跡に至る。東に突き出た細長い丘陵の先端部に位置し，その形から臥牛城の名でも知られる。現在，亘理神社が立つ場所

浜街道　139

亘理駅周辺

に本丸を設けて2重の濠をめぐらし、要害の北西には大沼を配するなど自然の地形を利用した堅固な城郭である。

亘理氏は、鎌倉時代から戦国時代にかけて約400年間、亘理地方を支配したが、移住当時の居城は小堤城(現、大雄寺)であったと考えられる。戦国時代には伊達稙宗の12男元宗が養子に入り、伊達氏の支配下に服し、天文年間(1532〜55)に居城を小堤城東方の亘理要害に移した。1591(天正19)年に伊達政宗から遠田郡涌谷を与えられ、御一門涌谷伊達氏となった。その後、亘理には信夫郡大森(福島市)より片倉景綱が入り、1602(慶長7)年に伊達成実が領主となり2万3000石を領有した。その子孫が明治維新まで14代にわたり支配した。亘理城は「要害」として「御館」とよばれた。

本丸内は、領主の居館と書院と勘定所のほか、21の建物から構成されていた(1840〈天保11〉年の上郡村肝入伊藤寛治の日記)。また、1827(文政10)年に当地を訪れ郭内に入ることを許された小宮山楓軒は、「白壁大ナル構エニテ厳然タル城」と評している(『浴陸奥温泉記』)。

館下は西方の要害に通じる小路沿いに武家屋敷、町場は東方の浜街道の両側に形成された。町場の周辺には大雄寺・称名寺・専念寺などの寺院が配置された。『安永風土記』によれば、1612(慶長17)年に町場の割替が行われたとあり、伊達成実の時代に現在みられる町割が形成されたと考えられる。桜小路・五日町・中町・上町などの地名が残り、標柱が立っている。

要害の南西には、亘理伊達氏の郷学である日就館があった。現在その地には亘理高校があり、玄関脇に「臥牛城日就館跡」と刻まれた碑が立つ。また、日就館で庶民教育にも使われた蔵書は、1869

140　阿武隈川の恵み

旧仙台藩士の北海道移住

コラム

新天地を耕す伊達の侍

明治維新後，28万石に減らされた仙台藩は地方知行制を廃止し，仙台屋敷のある士族のみ召し抱えた。これにより一門は130俵，一家は55俵の藩米取りにされ，その家臣には藩からの援助はなく，平民となり帰農するか，士族として他所へ移住するかの選択を余儀なくされた。土浦藩取締地とされた登米の伊達邦教は，知行地を配分し家臣を帰農させた。盛岡藩の移封地とされた仙南五郡では知行地と屋敷の譲渡が迫られた。丸森の佐々家の家臣は新仙台領に移住し開墾に従事したが，亘理伊達家・角田石川家・白石片倉家は政府から北海道に分領地を与えられ移住した。しかし，移住費が自弁できず帰農する家臣もいた。

亘理伊達家当主伊達邦成は，北海道開拓を戊辰の汚名を濯ぐ好機とする家老常盤新九郎の意見を入れ，亘理要害を払下げて費用を捻出した。1870(明治3)年，邦成と家中とその家族は移住先の有珠郡(北海道伊達市)に渡った。有珠郡は火山灰地だが，全国に先駆けて西洋式農具を導入し三井・三菱財閥と取引を行い，官営の砂糖工場が建設されるなど，開拓はしだいに成功した。1899年，邦成は伊藤博文らとともに，雑誌『太陽』の明治十二傑のうち農業家として紹介されている。

岩出山の伊達邦直も弟邦成の方針に倣い，北海道に移住した。岩出山要害に石垣が現存しないのは，要害の石まで払下げて資金調達したことを物語る。1871年，砂地の聚富(北海道石狩市厚田区)から石狩川下流の当別(北海道北斗市)に移り，邑則を決めて議員を選出し衆議で村を運営した。1873年，視察にきた開拓使顧問ケプロンは「有益の民」と評した。1872年，民籍に編入された旧仙台藩士だが，開拓の功により1885年に士族に復した。

(明治2)年に足利学校(栃木県)に寄附されている。

戊辰戦争(1868〜69年)では，仙台藩の降伏文書の調印が亘理要害で行われた。明治維新後は亘理伊達氏が北海道に移住し，要害跡は，大手門と裏門を結ぶ直線上に町道がつくられ，大沼や濠も埋め立てられ大きく変容した。現在では本丸跡は旧舘公園となり，その中に1879年創建の成実をまつった亘理神社がある。公園の南には内堀の一部が残り，上町の専念寺の山門は本丸詰ノ門，祝田の常因寺の山門は本丸大所門を移築したものといわれる。

亘理駅に隣接して悠里館(亘理町立図書館・郷土資料館)があり，

居久根でのくらしを解説した民俗コーナーや亘理伊達家の特設コーナー，戊辰戦争の悲哀を子孫に伝えるため箪笥の背面に書き残した「小野清吉覚書」など，ここでしかみられない資料が展示されている。

大雄寺 ⑭
0223-34-7796

〈M ▶ P. 126, 140〉亘理郡亘理町泉ケ入91
JR常磐線亘理駅🚶35分，または仙台東部道路亘理IC🚗15分

亘理伊達家の廟所

亘理要害跡から町道を南へ約200m行った所で右折し，さらに約700m行くと，御一門亘理伊達氏の菩提寺であった大雄寺（曹洞宗）がある。寺地は武石氏の小堤城跡にあたり，東西に土塁の一部が残存する。当初，信夫郡小倉郷（福島市）にあって陽林寺と号したが，伊達成実の父実元の戒名にちなんで雄山寺と改めた。1604（慶長9）年，現在地に移転し，1711（正徳元）年には仙台藩3代藩主綱宗の諡号「雄山」を憚り，再び寺号を改めて大雄寺と称した。

堂宇は，1736（元文元）年に焼失し，文政年間（1818〜29）に再建された。境内には，伊達成実霊屋（県文化）がある。木造の霊屋は，方一間宝形造・銅板葺きで，高欄付きの縁をめぐらし，正面に桟唐戸を開く。蟇股などに，江戸時代初期の手法が認められる。霊屋内の厨子には，成実の木造彩色甲冑像（県文化）が安置されている。御像踏板の墨書銘から，1715（正徳5）年に大仏師有覚の息子によってつくられたものと判明した。また寺には，実元と4代実氏の霊屋，13代邦実までの領主夫妻の墓（4代・9代・13代夫人を除く）もある。

荒浜湊 ⑮

〈M ▶ P. 126〉亘理郡亘理町荒浜
JR常磐線亘理駅🚌8分，または仙台東部道路亘理IC🚗20分

阿武隈川で運ばれた御城米積出港

荒浜湊は，亘理駅の東方約5km，阿武隈川の河口に位置する。1664（寛文4）年，伊達・信夫両郡（福島県伊達市・福島市）が幕府領になったことにともない，この地の年貢米（御城米）移送のため，初め江戸の豪商渡邊友以，その後は河村瑞賢によって，阿武隈川の改修と舟運の整備が進められた。この結果，東廻り航路が開かれると，荒浜湊は，仙台藩の江戸廻米，伊達・信夫両郡の御城米，村山地方・置賜郡高畠（山形県東置賜郡）方面の御城米，米沢藩の領米などの積出港として発展した。

142　阿武隈川の恵み

子籠鮭

コラム

食

仙台藩からの献上品

　駅弁で知名度をあげた鮭はらこ飯だが、郷土料理として江戸時代まで遡及する確証はない。

　一方、サケをはらこごと塩水に漬け、半生に仕上げた子籠鮭は、将軍家などへの献上品として、仙台藩が各地に設置した御仕込所で製造されていた。仙台城跡からは、「子籠」と記された元禄年間(1688～1704)の荷札などが出土している。また、寛永5(1628)年の「伊達政宗鮭魚役申付黒印状」には、「引あみながしの役可為如前々……舟一艘付而さけのうを五本」とあり、以前から行われてきた網漁を保証する代わりに鮭の貢納が義務づけられていたことがわかる。

　領主による網漁の統制は、1345(貞和元)年まで遡る。桃生郡地頭山内首藤一族、山内時通の養子松若丸への譲状に、松若丸に「一のととめ(留)のわたりあみ一帳」を譲るとあるので、川の一部を仕切り、中に入ったサケを、領主の財産の網で捕っていたことが知られる。

　『安永風土記』によれば、各藩の米蔵や陣所のほか、現在の荒浜小学校敷地内に、御城米蔵が13棟あったとされる。荒浜湊は、河口港のため水深が浅く、大型船の入港ができなかった。そこで、荒浜湊から、松島湾寒風沢(塩竈市)や牡鹿郡小渕浜(石巻市)で待機している江戸行の天当船(仙台藩の大型廻船)まで、小型船で積荷を廻送した。

　荒浜の浦役人として湊の管理にあたった武者家には、御城米移送の際に用いられ、「日の丸」が描かれた御城米絵符という幕府御用の木札が残されている。亘理町郷土資料館の特設コーナーに、この絵符の複製が展示されている。また、荒浜の鎮守川口神社(祭神倉稲魂神・大山祇神・道祖神)は、漁業関係者の信仰が篤い。

磯浜唐船番所跡 ⑯

元文の黒船を警備した番所

〈M▶P.126〉亘理郡山元町浜谷地
JR常磐線坂元駅 8分、または常磐自動車道山元IC 25分

　坂元駅から県道38号線を南へ約3km行くと、磯浜に至る。この地は、1589(天正17)年の相馬領駒ヶ嶺城攻略戦のとき、伊達政宗が初めて海をみた場所といわれる。その海を見下ろす高台にあるのが、唐船番所跡である。唐船番所は、1646(正保3)年に江戸幕府の命で全国に設置された。仙台藩では、磯浜のほか、気仙郡八ヶ森(岩

浜街道　143

手県大船渡市)，本吉郡泊浜(本吉郡南三陸町)・牡鹿郡鮎川(石巻市)・桃生郡大浜(東松島市)におかれた(『仙台領遠見記』1761〈宝暦11〉年成立)。

　唐船番所は，1869(明治2)年に廃止されるまで，外国船の航行を監視し，発見の際は代官所へ通報することを任務とした。磯浜では金山要害中島家の足軽42人が2人1組5日交代で，備え付けの望遠鏡を用いて監視した。1739(元文4)年には，ロシアのベーリング探検隊のうち3隻が沖合にあらわれ，坂元要害の館主大條監物道頼が警備にあたった。現在，番所跡は磯崎山公園として整備されている。

坂元要害(蓑首城)跡 ⓱

〈M▶P.126〉亘理郡山元町字舘下
JR常磐線坂元駅🚶10分，または仙台東部道路山元IC🚗20分

相馬領との藩境警備の拠点

　坂元駅の南西約2kmに，坂元要害(蓑首城)跡がある。坂元小学校が二の丸跡，その裏手の丘陵上の公園が本丸跡にあたる。蓑首の名称は，蓑をかたどった縄張りに由来するという。蓑首城は，1572(元亀3)年に亘理元宗の家臣坂元三河が築城したとされ，相馬氏との戦いでは最前線基地とされた。1591(天正19)年，坂元氏は亘理氏の涌谷転封に従い，その後，領主が数回かわった。1616(元和2)年，磐井郡東山(現，岩手県一関市)から大條宗綱が入封して館主となり，以後，同氏が10代250余年間にわたり当地を支配した。

　江戸時代の坂元は，西方の小斎峠を経て金山要害・角田要害と連絡する街道が通り，相馬氏との藩境警備の拠点として重視され，城は要害としての扱いを受けた。明治維新で廃城となり，1870(明治3)年に建物は焼失したが，大手門のみ，もとの位置(現，内山邸)に現存する。1911年には本丸跡に，村民らによって妙見大師を祭神とする坂元神社が創建され，村内各社が合祀された。本丸跡と道を挟んで，南側にある丘陵上には大條氏歴代の廟所があり，街区に鉤形筋違いが残る。

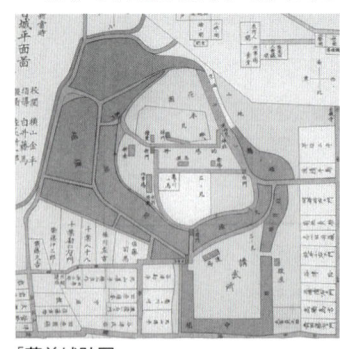

「蓑首城跡図」

144　阿武隈川の恵み

Funagatayama

船形山に抱かれて

江合川船着場図絵馬
（荒雄神社蔵）

柳沢の焼け八幡

七ツ森

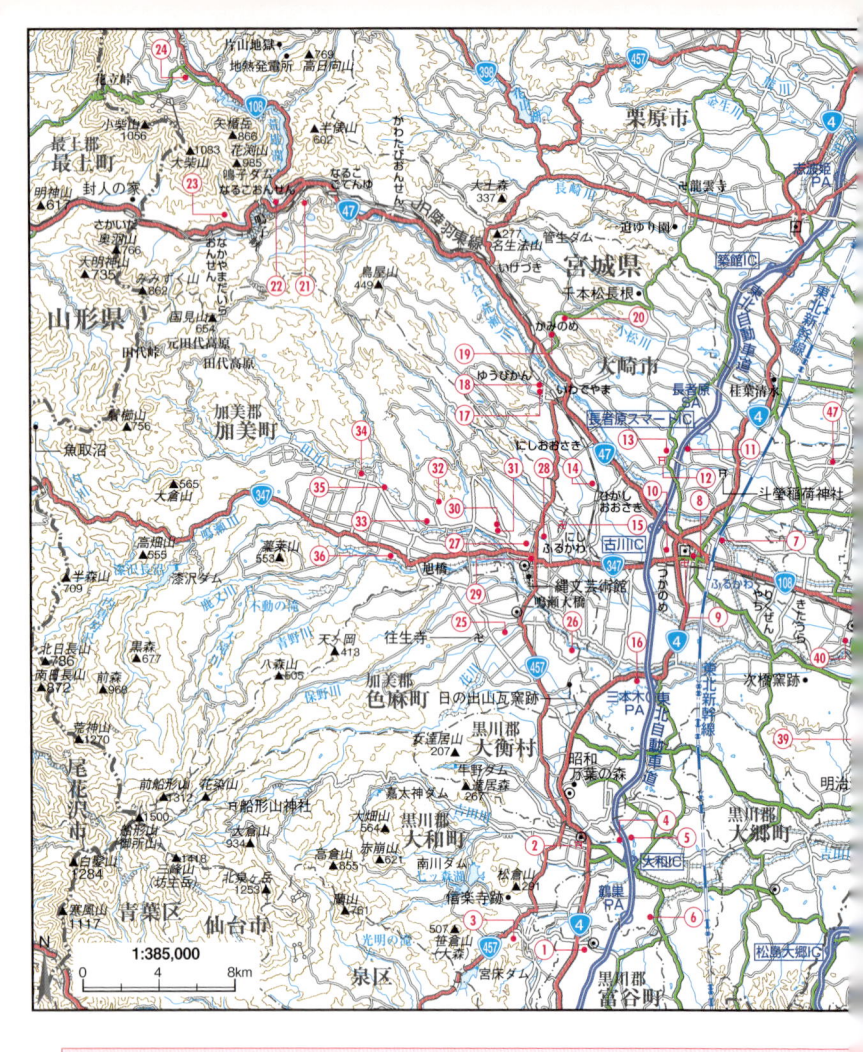

①宿場町富谷	⑧緒絶橋	⑮安国寺	の湯)
②吉岡八幡神社	⑨瑞川寺	⑯山畑横穴墓群	㉒尿前の関跡
③原阿佐緒記念館	⑩青塚古墳	⑰岩出山要害跡	㉓出羽仙台街道中山
④八谷館跡	⑪宮沢遺跡	⑱有備館	越
⑤御所館跡	⑫熊野神社	⑲天王寺	㉔鬼首番所跡
⑥鳥屋八幡古墳	⑬松川久兵衛の墓	⑳上街道	㉕色麻古墳群
⑦吉野作造記念館	⑭名生館官衙遺跡	㉑鳴子温泉郷(玉造	㉖念南寺古墳群

船形山に抱かれて

◎船形山周辺散歩モデルコース

1. 東北自動車道大和IC ..3.. 八谷館跡・御所館跡 ..25.. 宮床の里（原阿佐緒記念館・宮床宝蔵）..25.. 昭和万葉の森 ..20.. 山畑横穴群・亜炭記念館 ..20.. 東北自動車道古川IC
2. 東北自動車道古川IC ..10.. 瑞川寺 ..5.. 吉野作造記念館・荒雄神社 ..30.. 山前遺跡 ..15.. 松山城跡・大崎市松山ふるさと歴史館 ..20.. 鹿島台小学校校門（小川閘門）..20.. 明治潜穴公園 ..5.. 三陸自動車道松島北IC
3. 東北自動車道古川IC ..30.. 岩出山要害跡 ..15.. 有備館 ..15.. 天王寺 ..40.. 鳴子温泉郷 ..5.. 尿前の関跡 ..3.. 日本こけし館 ..60.. 古川IC
4. 東北自動車道古川IC ..25.. 縄文芸術館 ..25.. 松本家住宅 ..20.. 長興寺（中新田城跡）..10.. 伊達神社・色麻古墳群 ..15.. 往生寺 ..20.. 念南寺古墳 ..15.. 日の出山瓦窯跡 ..30.. 東北自動車道大和IC
5. 東北自動車道古川IC ..35.. 木戸瓦窯跡 ..40.. 黄金山神社・天平ろまん館 ..5.. 見龍院霊屋 ..5.. 涌谷要害跡 ..25.. 箟峯寺 ..25.. 宝ヶ峰縄文記念館（齋藤家庭園）..25.. 三陸自動車道矢本IC

㉗城生柵跡
㉘菜切谷廃寺跡
㉙中新田城跡
㉚夷森（大塚森）古墳
㉛大黒森古墳
㉜東山官衙遺跡
㉝壇の越遺跡
㉞宮崎城跡
㉟浜田景隆の墓
㊱松本家住宅
㊲品井沼
㊳元禄潜り穴
㊴松山城跡
㊵山前遺跡
㊶山神社
㊷涌谷要害跡
㊸見龍院霊屋
㊹黄金山産金遺跡
㊺追戸・中野横穴墓群
㊻箟峯寺
㊼木戸瓦窯跡

七ツ森の里

東に流れる吉田川。その流域に展開する古墳と館。奥州道中の宿場町、富谷と吉岡に伝わるエピソード。

宿場町富谷 ❶

〈M ▶ P. 146, 148〉 黒川郡富谷町富谷字町
JR・市営地下鉄仙台駅🚌吉岡・古川方面行富谷🚶3分

発掘された石碑から由来がわかる宿場

愛宕神社石碑

富谷バス停の南側一帯が、旧富谷宿である。『安永風土記』によれば、1618（元和4）年、仙台藩初代藩主伊達政宗によって町場に取り立てられた。このとき、町場を整備した検断役は、旧領主黒川氏の浪人内ヶ崎筑後（織部）であった。その後、下草（黒川郡大和町鶴巣）から奥州道中が付け替えられて近隣の人びとが移住し、宿場として独立した。

富谷バス停の西250mにある愛宕神社（祭神迦具土命）は、1640（寛永17）年頃、内ヶ崎織部によって創建された。境内には、富谷新町発祥の由来を記す石碑がある。1979（昭和54）年の社殿改築時に、床下から発見されたこの碑を伊達政宗騎馬像とする説もある。「享保八（1723）年」の銘をもち、1618（元和4）年に伊達政宗が富谷宿を設置したことや、政宗を神霊として崇めることで村民の安穏を祈念したことが刻まれている。

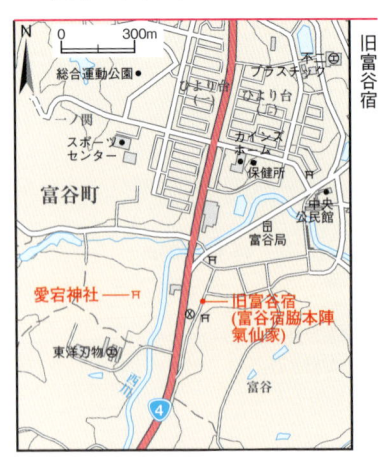

旧富谷宿

街道に面して富谷脇本陣氣仙家がある。ここには、嘉永年間

船形山に抱かれて

七ツ森と朝比奈三郎

コラム
伝

壮大な国土開発の伝説

　国道4号線の黒川郡大和町吉岡付近を通ると、西側に椀を伏せたような山々が南北に連なっているのがみえる。これが七ツ森である(145頁参照)。南から、笹倉山(大森山)・松倉山・撫倉山・大倉山・蜂倉山・鎌倉山・遂倉山の順に並んでいる。遂倉山の北隣のたがら森は、七ツ森には含まれない。

　七ツ森は、加美郡に住んでいた怪力の大男、朝比奈三郎がつくったという伝説がある。

　あるとき、三郎は弓の稽古のため、的にする山をつくることにした。そこでまず、大きなタンガラ(土を運ぶための背負い籠)をつく

り、鹿島台(現、大崎市鹿島台)辺りからタンガラいっぱいに土を入れて、7回運び、的山(薬莱山、矢喰山)をつくった。運ぶ途中、1回ずつ休んだときにタンガラから土がこぼれ、その土が固まって7つの山ができた。これが七ツ森で、そのとき掘った所は品井沼、歩いた所は吉田川となり、最後にタンガラに残った土でできた山はたがら森となった。

　この伝説は、全国にみられる巨人伝説の1つで、大自然の創造と国土の開発をした神に対する崇敬と信仰が、その根底にあるのであろう。

(1848〜54)に建てられた御座の間(離れ座敷)が現存する。この座敷は、ほかの座敷より6尺(約1.8m)高い場所にあり、階段であがるようになっている。参勤交代の際に、大名の直臣の部屋として使われた。また、明治天皇の東北巡幸の際には小休所とされた。

吉岡八幡神社 ❷
022-345-4677

〈M▶P.146, 152〉黒川郡大和町吉岡字町裏39　P
JR・市営地下鉄仙台駅🚌吉岡案内所行終点🚶5分、または東北自動車道大和IC🚗10分

民間活力で不況を克服した宿場

　東北自動車道大和ICから県道3号線(吉岡街道)を北西へ約3km行くと、大和町役場があり、その北側に吉岡八幡神社(祭神応神天皇)がある。1616(元和2)年に、仙台藩初代藩主伊達政宗の3男宗清が城を下草から北東約3.5kmの吉岡に移転し、宿駅もおかれた。これにともない1618(元和4)年に移築したのが吉岡八幡神社で、黒川郡の総鎮守である。

　1710(宝永7)年に建てられた社殿は、1987(昭和62)年の落雷で全焼した。『安永風土記』によれば、本殿と拝殿は入母屋造平入で、現存する大崎八幡宮(仙台市青葉区)と同じ様式であった。随身門は

吉岡八幡神社随身門

1764(明和元)年、石鳥居は1814(文化11)年のものである。

宗清の死後、毎年9月15日の秋の例大祭では、流鏑馬が行われる。

吉岡八幡神社の南東約400mに龍泉院(曹洞宗)、その東隣に九品寺(浄土宗)がある。九品寺には『国恩記』の碑が残る。『国恩記』とは、江戸時代後期に重い伝馬役を課されて疲弊した吉岡宿の救済事業の記録で、1773(安永2)年に龍泉院8世栄州瑞芝が作成した。『国恩記』には篤志家からの義捐金1000両を藩に納入し、運用益を窮民救済にあてたことが記されている。

吉岡八幡神社から県道147号線を西へ約15km行った升沢地区に、船形山神社(祭神保食神)がある。毎年5月1日には、6世紀前半作の渡来仏と推定される金銅菩薩立像が開帳され、同時に梵天ばやい(県民俗)が行われる。この祭りは豊作を祈願する行事で、神官が投げた梵天(青竹に紙の幣をつけたもの)を参拝者が奪い合う。

原阿佐緒記念館 ❸
022-346-2925

〈M ▶ P. 146, 151〉黒川郡大和町宮床字八坊原19-2
東北自動車道大和IC🚗15分

才色兼備の女流歌人の里

大和町役場から県道9号線を西へ約1km行き左折し、国道457号線に入って約5km南下すると宮床に着く。

宮床郵便局の隣に、原阿佐緒記念館がある。原阿佐緒(1888〜1969)は、明星派の与謝野晶子・アララギ派の斎藤茂吉の指導を受けた歌人で、柳原白蓮・九条武子とともに、三閨秀歌人としてその美貌と才能を謳われた。記念館の建物は、阿佐緒の生家を利用したもので、館内には遺品などが展示され、庭内には歌碑が立っている。

1660(万治3)年、仙台藩初代藩主伊達政宗の孫宗房が、宮床に所領3000石を与えられ、一門に列せられた。『安永風土記』によると、宮床には、侍屋敷107軒・寺屋敷4軒・足軽屋敷96軒・町屋敷83軒

奥道中歌

> コラム
> 宿場名を詠み込んだ道中歌

　仙台藩の人びとは，奥州道中のことを，仙台城下の伝馬町と北目町を基点にして，北を奥道中，南を江戸道中とよんだ。

　両道中には，宿場名を詠み込んだ道中歌がある。仙台の本屋伊勢屋半衛門は，1816（文化13）年に長町（現，仙台市太白区）から深川（現，東京都江東区）までの宿場を詠んだ『奥街道道中歌往来』を，1819（文政2）年には国分町（現，仙台市青葉区）から松前（現，北海道松前郡）までを詠み込んだ『文政新刻奥道中歌』を出版した。

　奥道中歌は，仙台藩領内の19宿場を，つぎのように詠んでいる。

「国分の町より此処へ七北田よ　富谷茶呑んで味は吉岡　寒いとて焚かれぬものは三本木　雪の古川　荒谷冷たや　思いきり日は高清水宿取りの　杖築館て道急ぐとはあれ宮野沢辺の蛍草むらに　鳴く鈴虫の声は金成　噂する人に癖有壁に耳　口の開け立て一ノ関なり　山ノ目で酒呑んだ故前沢を　つい水沢に通る旅先　今日の日も早入相の金ヶ崎　旅の疲れを相去の関」

　この道中歌は，庶民も奥州道中を盛んに往来したことを教えてくれる。

があった。田手岡館跡は宮床小学校の南西約300mの丘陵にあり，土塁や石垣が残る。

　原阿佐緒記念館から国道457号線を南西へ約1km行くと，覚照寺（臨済宗）がある。この寺は，1660（寛文6）年に宮床館主伊達宗房が，生母のために創建した慶雲院に始まる。のちに，宗房の子で5代藩主となった吉村が堂舎を造営し，1718（享保3）年に覚照寺と改称した。寺の裏山の頂には宮床伊達氏廟があり，初代宗房から10代宗広の墓がある。

　覚照寺の東約500mには，宮床宝蔵がある。館内には，宮床伊達氏の

宮床の里

七ツ森の里　　151

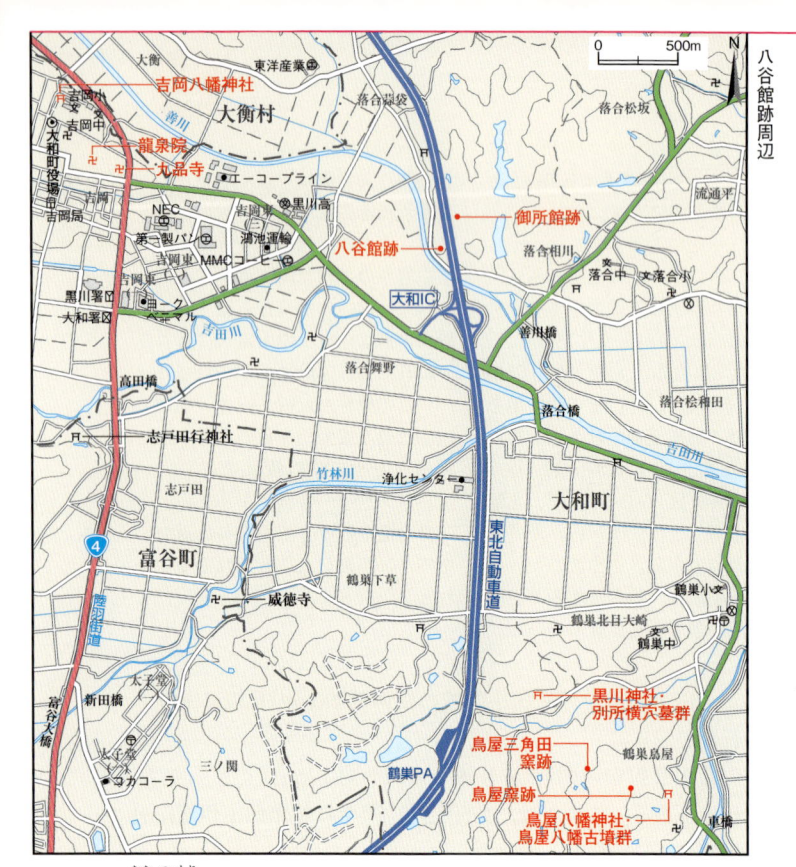

遺品や七ッ森の風土を背景にした山里の暮らしと生活文化に関する資料500点以上が展示されている。宝蔵に隣接して，旧宮床伊達家住宅がある。この住宅は，明治時代に10代宗広が居住し，その後も伊達家の住宅として使用されたものである。

　原阿佐緒記念館の北東約1km，山田地区の信楽寺門前に信楽寺跡がある。信楽寺は，824(天長元)年，慈覚大師(円仁)が創建した寺と伝えられる。中世以降，七ッ森信仰を背景に繁栄したが，1874(明治7)年の火事で焼失した。1970年代前半の調査で，心字池・本堂・講堂などの遺構が確認され，現在は史跡として整備されている。

コラム

島田飴祭り

島田髷形の飴に願う良縁

島田飴祭りは，12月14日に吉岡八幡神社境内で催される縁結びの祭りで，多くの参拝者で賑わう。この日にだけ売られる島田飴は，島田髷形の飴で，重さ約300g，高さ約12cmある。「千代のえにしを八幡様に結ぶあかねの島田飴」という歌も伝えられている。

このユニークな形をした飴には，心温まる伝説がある。昔，吉岡八幡神社の祭事「お歳とり」の12月14日，八幡神社の神主が，偶然，吉岡の町の横丁でみかけた高島田に結った花嫁を見初め，彼女を想い苦んで病になった。これを知った町の人たちは，島田髷の形をした飴をつくって神社に奉納したところ，神主はこの飴をとても気に入り，病はたちまち回復した。神主は町の人びとに深く感謝し，毎年12月14日を吉辰として縁結びの祭事を催すことになったという。

島田飴

八谷館跡・御所館跡 ❹❺

自然地形を利用した中世城館を体感できる

〈M ► P. 146, 152〉黒川郡大和町落合蒜袋 字新田／字宮下
東北自動車道大和IC🚗 3分

東北自動車道大和ICから松島方面に進み，仙台北部中核工業団地方面へ向かい，東北自動車道の高架をくぐると，右手に八谷館跡がある。延宝年間(1673〜81)に成立したとされる『仙台領古城書上』によると，館主は戦国時代の豪族黒川氏一門の八谷冠者，または八谷越前守とされる。

1972(昭和47)年，東北自動車道建設にともなう調査によって，南北130m以上・東西70m以上の規模をもつことがわかった，現在，北側3分の1は東北自動車道により失われているが，そのほかの部分は八谷館緑地公園となっている。

八谷館跡の北約300mに，御所館(石神館)跡がある。戦国時代前半，下草館(大和町鶴巣)に移る以前の黒川氏の居館跡とされている。この館跡も，東北自動車道建設にともなう調査によって，東西約400m・南北約400mにわたる，自然の地形を利用した大規模な城館

七ツ森の里

鳥屋八幡古墳 ❻ 〈M ▶ P.146, 152〉黒川郡大和町鶴巣鳥屋字天ヶ沢ほか 東北自動車道大和IC🚗20分

石室が見学できる後期古墳

鳥屋八幡古墳1号墳

東北自動車道大和ICから県道9号線を東へ約2km行き右折し、約2km南下すると、鳥屋集落の中央に鳥屋八幡神社（祭神誉田別尊）がある。神社の裏手の丘陵上に、2基の円墳がある。これが鳥屋八幡古墳（県史跡）である。1号墳は径約18mで、須恵器が出土した。2号墳は径約14mで、金銅製透彫り帯金具・琥珀玉が出土した。ともに横穴式石室をもち、7世紀後半の築造と推定されている。なお、1号墳は内部見学が可能である。

鳥屋八幡神社の北西約1kmの所には、黒川神社（祭神少彦名神）があり、その裏手に別所横穴墓群がある。土師器・須恵器・鉄鏃が出土し、その年代は8世紀前半と考えられている。

鳥屋八幡神社の南方約500mには鳥屋窯跡、西方約500mには鳥屋三角田窯跡がある。両窯跡は昭和40年代の調査で、地下式の須恵器窯と判明し、出土須恵器から8世紀前半の操業と考えられている。

大崎耕土

2

城柵が展開する蝦夷経営のフロンティア。伊達政宗の谷地開発に始まるササニシキのふるさと。

吉野作造記念館 ❼ 〈M▶P. 146, 156〉 大崎市古川福沼1-2-3 **P**
0229-23-7100　　　　　　　JR東北新幹線・秋田新幹線・陸羽東線古川駅🚶20分

　古川駅から東北新幹線の高架に沿って北へ約1km行くと、大崎中央高校の西隣に吉野作造記念館がある。この記念館は、大正デモクラシーの先駆者吉野作造を顕彰するため、1995(平成7)年に開館した。

　吉野作造は、1878(明治11)年、志田郡大柿村(現、大崎市古川)に生まれた。東京帝国大学法科大学を卒業後、欧米留学を経て、1914(大正3)年より1924年まで東京帝国大学教授として政治学・政治史を担当した。その後、朝日新聞社に編集顧問兼論説委員として入社したが、筆禍事件で退社した。1924(大正13)年明治文化研究会を創始し、本格的な日本近代史研究の先駆的役割をはたした。1933(昭和8)年、54歳で没した。

　吉野は、大正デモクラシーの理論的基礎になった「民本主義」の主張者として有名である。民本主義は主権在君の明治憲法で、民衆の政治参加を主張するもので、『中央公論』1916(大正5)年1月号所収の論文、「憲政の本義を説いて其有終の美を済すの途を論ず」で発表された。

　また、吉野は研究中心の学者であるばかりではなく、実践的な活動にも熱心であった。尾崎行雄との軍備縮小同志会の結成や、1923年の関東大震災の際におきた朝鮮人虐殺事件の真相解明などが、その例である。

　記念館は、前述の『中央公論』のほか、書簡・原稿・遺品など、貴重な資料を多数所蔵し、常設展示室では吉野の功績と人間像を紹介する。また、企画展・特別展も年に数回行われ、研修室は文化活動に開放されている。

　記念館に隣接して、荒雄神社(祭神菅原道真)がある。この神社

吉野作造

大正デモクラシーの先駆者の足跡をたどる

古川駅周辺

には，江合川舟運で栄えた長瀬の船着場の様子を描いた明治初年の絵馬（145頁参照）がある。この船着場は，荒雄神社の東約700mにあった。

江合川では，北上川舟運と連動して，1627（寛永4）年以前に年貢米輸送が始まっていた。長瀬の船着場が栄えたのは，1656（明暦2）年に御蔵場が建てられて以降のことであり，志田・玉造・遠田・栗原郡（現，栗原市）の年貢が集荷され，石巻まで移送された。『安永風土記』には，長瀬には30艘の艜舟のほか，25艘の瀬繰高瀬舟があったとある。この高瀬舟は，艜舟が浅瀬にさしかかったとき，積荷を移しかえるための舟である。

緒絶橋・瑞川寺 ❽❾
0229-22-0327（瑞川寺）
〈M ▶ P. 146, 156〉大崎市古川三日町2-2-2（瑞川寺）
JR古川駅🚶20分または🚌松山行三日町🚶5分

古川城の搦手門

三日町バス停から北へ約200m行くと，緒絶川に架かる緒絶橋がある。緒絶川は，旧江合川の流路とされ，「古川」の地名の由来となっている。橋のたもとには1807（文化4）年に建立された，「みちのくの　をだえの橋や　これならん　ふみみふまずみ　こころまどはす」（『後拾遺和歌集』）という，左京大夫藤原道雅の歌碑がある。緒絶橋は，古くは『源氏物語』にも詠まれたが，道雅の歌によって恋の歌枕の代名詞となった。また，松尾芭蕉も『おくのほそ道』で，この橋について記している。

三日町バス停の南西約300mに，瑞川寺（曹洞宗）がある。慶長年間（1596〜1615）に，伊達政宗の重臣鈴木和泉守元信によって再興さ

156　船形山に抱かれて

大崎地方の米作り

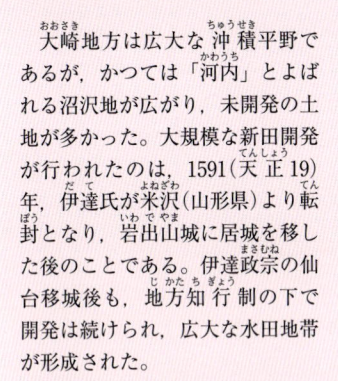

コラム 食

歴史と品種改良に裏打ちされた良米産地

　大崎地方は広大な沖積平野であるが、かつては「河内」とよばれる沼沢地が広がり、未開発の土地が多かった。大規模な新田開発が行われたのは、1591（天正19）年、伊達氏が米沢（山形県）より転封となり、岩出山城に居城を移した後のことである。伊達政宗の仙台移城後も、地方知行制の下で開発は続けられ、広大な水田地帯が形成された。

　仙台藩は、領内から収穫した大量の米を、買米制によって独占的に購入し、江戸に流通させていた。江戸での流通量の30〜40％以上が仙台藩米だったともいわれ、仙台米が入ると、江戸の米価は3割下落したという。

　仙台米の一大生産地が大崎地方で、生産された米は「本石米」といわれていた。仙台藩の産物を記した『封内土産考』にも、大崎地方の米作りの様子が叙述されている。当時、この地方の米は、江合川の長瀬船着場（現、大崎市古川福沼）に集められ、石巻から江戸に運ばれた。

　しかし、凶作や飢饉が、何度となく大崎地方を襲ってきた。宝暦（1753〜57年）・天明（1782年）・天保（1833〜39年）の飢饉は非常に深刻で、古川でも餓死者が出て、他藩から多くの難民が押し寄せてきた。

　凶作を克服するため、1921（大正10）年、宮城県立農事試験場分場（現、宮城県古川農業試験場）が設置され、気象変動に強い水稲の品種改良が進められた。

　1963（昭和38）年、この試験場で、銘柄米の代名詞となっている「ササニシキ」が誕生し、長年にわたって宮城県を代表する米として、県内作付面積第1位を占めた。しかし、冷害に弱いという欠点をもっていた。以後、1991（平成3）年に耐冷性にすぐれた「ひとめぼれ」が誕生した。1993年の冷害による大凶作を契機として、県内作付面積第1位の座は「ひとめぼれ」となった。

れた。山門は八脚門で、再興の際に、古川城の搦手門を移築し、寺門風に改築したものといわれる。境内には、1784（天明4）年の飢饉による死者を供養するため、1790（寛政2）年に造立された三界万霊供養塔などが立つ。

青塚古墳 ⑩　〈M▶P.146, 156〉大崎市古川塚目字屋敷
JR陸羽東線塚目駅 🚶10分

大崎平野最大の前方後円墳

　塚目駅東側の道を北へ約500m行くと、江合川の自然堤防上に青塚古墳がある。この古墳は全長約90mの前方後円墳で、現在は、後

円部の墳丘上に熊野神社が立っており、南側に張り出す前方部と推定される部分は、開発により破壊されている。

1958(昭和33)年の発掘調査の際、後円部から5.7mにおよぶ粘土郭の主体部が発見された。1980年の調査で、周濠の一部を確認し、底部を穿孔した塩釜式土師器が出土したことから、4世紀後半頃の築造と推定された。

宮沢遺跡 ⓫

〈M ▶ P. 146, 159〉 大崎市古川宮沢・古川川熊・古川長岡
JR古川駅🚌清滝・宮沢方面行 庚壇🚶5分または🚌15分

古川駅から国道108号線を北西へ約2km行くと、国道4号線に出る。右折してすぐ県道59号線に入り、約5km北上すると、東北自動車道のすぐ西側の小丘陵上に宮沢遺跡(国史跡)がある。

この遺跡は、東北自動車道建設によって分断されたが、東西約1400m・南北約850mという広範囲におよぶ。1969(昭和44)〜2003(平成5)年に行われた調査によって、外郭と土塁・築地・溝で区画し、その中に東西約650m・南北約300mの内郭施設といえるような区画があることが明らかにされた。出土遺物から、8世紀中葉から10世紀頃の城柵・官衙遺跡と推定され、その規模は多賀城をもしのぎ、『続日本紀』789(延暦8)年初見の玉造塞とする説もある。

現在、宮沢遺跡は、史跡公園として保存・整備され、市民の憩いの場となっている。付近には、大崎市古川出土文化財管理センターもあり、市内の遺跡からの出土品などが展示されている。

化女沼から東へ約500m行った丘陵の端に、小野横穴墓群朽木橋支群がある。7世紀から8世紀前半頃の横穴墓群とみられ、約50基が発見されている。なお「朽木橋」は、古くから歌枕として知られている。

宮沢遺跡から県道59号線を南へ約600m、左折して県道

宮沢遺跡

謎の大城柵

船形山に抱かれて

宮沢遺跡周辺

　165号線を東へ約3km行くと、大崎市長岡出張所の向かいに斗螢稲荷神社（祭神宇迦之御魂神）がある。この神社には、歌舞伎「義経千本桜」と同じ、左衛門尉四郎忠信に姿をかえて源義経を守り続けた、白狐の伝説がある。里人がこれを伝え聞いて、すぐれた僧良雲法師に頼んで神社を建て、「左衛門尉四郎稲荷大明神」として崇め奉ったのが神社の始まりという。

　社殿は、室町時代に奥州探題大崎持詮によって造営されたが、のちに焼失し、1562（永禄5）年に再建されたという。地元では「斗螢さん」の名で親しまれている。

　宮沢遺跡から県道59号線を約1km南下すると、Y字路に至る。右側の道を約2.5km行くと、江合川北側の丘陵に日光山古墳群がある。円墳や方墳、約60基からなる7世紀後半代の群集墳である。5号墳は全長約17m・高さ約3mの円墳で、1972（昭和47）年の調査により、全長7.8mの横穴式石室が確認され、金環・刀装具・土師器・須恵器などが出土した。

　日光山古墳群の東約700mには、創建期の多賀城・多賀城廃寺に瓦を供給した窯跡とみられる大吉山瓦窯跡（国史跡）があり、蓮華文鬼板（鬼瓦）などが出土している。また、大吉山瓦窯跡の南約200mには小寺遺跡、南東約2kmに南小林遺跡があり、ともに8世紀頃の城柵・官衙跡と考えられる。

大崎耕土

熊野神社・松川久兵衛の墓 ⓬⓭
0229-28-1885（光岳寺）

〈M▶ P. 146, 159〉 大崎市古川宮沢字内林7／字壱ノ沢29

JR古川駅🚌宮沢・清滝方面行宮沢🚶5分または🚗15分

銅造阿弥陀如来像懸仏（熊野神社）

宮沢遺跡から県道59号線を南へ約800m行くと、西側に熊野神社（祭神伊弉冉神・事解男神・早玉男神）がある。この神社は、『吾妻鏡』には藤原秀衡の造営と伝えられ、鎌倉時代の銅造阿弥陀如来像懸仏（県文化）を神体とする。また、同書には1200（正治2）年に新熊野社の社僧間に社領の境争いがあり、鎌倉幕府2代将軍源頼家が絵図に墨引きして、所領の広狭は運次第としたとある。それがこの地域である。

熊野神社の北方約400mに、1547（天文16）年、旦嶺吉朔によって開山された光岳寺（曹洞宗）がある。この寺には、義民松川久兵衛の墓がある。1870（明治3）年、新政府の重税に反発する宮沢村の農民ら100人余が熊野神社に集結し、涌谷の登米県庁に対して強訴を図る一揆をおこした。さらに、近隣の小林・高清水・川熊・桜ノ目などの農民が加わり、総勢数千人、あるいは1万人にも達したという。年貢の取立てが厳しかった大肝入の屋敷に乱入したが鎮圧され、多くの逮捕者を出した。首謀者とされた松川久兵衛は、斬首となった。

源頼家が所領を直裁した社

名生館官衙遺跡 ⓮
〈M▶ P. 146, 159〉 大崎市古川大崎
JR陸羽東線東大崎駅🚶10分

東大崎駅の北方約700m、西方から延びる河岸段丘東端に名生館官衙遺跡（国史跡）がある。遺跡は標高40mの段丘平坦面上に広がり、その範囲は東西約300m・南北約80mにおよび、北部の内館地区、中央部の城内地区、南部の小館地区の3地区に分けられる。

ここは、戦国時代の奥州探題大崎氏の名生城跡としても知られ

7世紀後半に造られた最北の官衙遺跡

160　船形山に抱かれて

旧石器遺跡捏造事件

コラム

考古学・歴史学・社会への衝撃

「数十万年前とされる上高森遺跡は捏造遺跡」(2000〈平成12〉年11月5日『毎日新聞』朝刊)。石器を埋め込んでいる藤村新一調査団長(当時, NPO東北旧石器文化研究所副理事長)の写真とともに報道された, 旧石器遺跡捏造の事実は, 社会に大きな衝撃を与えた。

これを機に,「藤村関与旧石器遺跡」の検証が, 学会・教育委員会を中心に真摯に行われた。検証活動は, 出土石器の再観察, 該当遺跡の再発掘, 遺跡・石器の自然科学的分析, 関係記録の収集・分析など多岐にわたった。その結果, 宮城県を中心とする東日本9都道県の「藤村関与旧石器遺跡」のほとんどが, 捏造あるいはその疑いがあるとの結論に達し, 座散乱木遺跡も国指定史跡から除外された。

教科書に掲載されていた高森・上高森(栗原市), 座散乱木・馬場壇A(大崎市), 中峯(黒川郡大和町)などの宮城県の旧石器遺跡は, 2002年度使用版で全面的に削られ, 一般書籍や自治体史でも回収・出版停止・改訂などがあいついだ。

この事件は社会に大きな混乱と衝撃を与えたが, 考古学・歴史学の研究姿勢や方法を根本から問い直し, 歴史研究の社会的重要性を再認識させるものでもあった。

てきたが, 1980(昭和55)年からの調査により, 大崎地方最古の官衙跡であることが明らかになった。

名生館官衙遺跡は6期の変遷がある。Ⅰ期は官衙成立以前の7世紀中葉〜末で, 遺構は小館地区に集中する。Ⅱ期は7世紀末〜8世紀初頭で, 城内・小館地区に溝と材木塀で区画した官衙院を形成する。Ⅲ期は8世紀初頭〜前葉で, 城内地区に正殿をもつ政庁を, 小館地区に官衙院を造営する。Ⅳ期は8世紀前葉から9世紀初頭で, 政庁が城内地区から小館地区に移動し, その中間に東西方向の溝を掘り, 櫓を設け外郭を形成する。Ⅴ・Ⅵ期は9世紀初頭〜後半で, Ⅴ期には政庁が小館地区で北西に移動し, 回廊状に方形区画した政庁

名生館官衙遺跡

大崎耕土

の中に正殿・脇殿を品字型に配置する。Ⅵ期の遺構は不明な点が多い。なお、Ⅴ・Ⅵ期の遺物に「玉厨」墨書土器がある。このような変遷を踏まえ、Ⅲ期は713(和銅6)年に建郡した丹取郡の郡衙、Ⅳ期以降は玉造郡衙と考えられているが、Ⅰ・Ⅱ期は判然としない。

また、重複してみつかった大崎氏の名生城の遺構には、掘立柱建物跡や溝跡がある。

名生館官衙遺跡の南約1kmには、その付属寺院と推定される伏見廃寺跡がある。1970(昭和45)年の発掘調査により、金堂跡とみられる基壇が発見され、瓦などが出土した。

安国寺 ⑮
0229-26-3460 〈M ▶ P.146〉大崎市古川柏崎字安国寺7
JR陸羽東線西古川駅 🚶 30分

南北朝内乱の戦死者の冥福を祈った寺院

西古川駅から北西へ約2.5km、多田川右岸(南)に安国寺(臨済宗)がある。「安国寺」は、足利尊氏・直義兄弟が夢窓疎石の勧めにより、南北朝内乱の戦死者の冥福を祈って、国ごとに1寺1塔を建立させた寺である。当寺は陸奥国安国寺で、1339(暦応2)年、夢窓疎石を開山として建立されたと伝えられる。1350年頃の吉良貞家書状(神奈川県鎌倉市立図書館蔵)には、陸奥国安国寺は、当初は伊達郡東昌寺であったが、大崎氏の支配の進展とともに柏崎に移ったとある。

その後、戦火によって焼失したが、寺内にあった小庵の常楽庵でわずかに法灯を保っていた。1652(慶安5)年、仙台藩2代藩主伊達忠宗が、領内巡視の際にこの寺の由来を聞き、瑞巌寺(宮城郡松島町)の雲居禅師に中興を命じた。

1760(宝暦10)年に造営された客殿は、藩主のための上段の間を設けた書院造である。この寺の本尊木造阿弥陀如来坐像(県文化)は、像高70cmのヒノキの寄木造。漆箔・

木造阿弥陀如来坐像(安国寺)

玉眼が施されており，14世紀の作とみられる。1676(延宝4)年に，通玄和尚が修補した。

山畑横穴墓群 ⓰ 〈M ▶ P. 146, 163〉 大崎市三本木蟻ケ袋字崖下ほか
JR古川駅🚍吉岡・仙台方面行蟻ケ袋🚶2分または🚗15分

鳴瀬川流域の装飾横穴墓群

古川駅から西へ約2km，左折して国道4号線に入り約7km南下すると，東北自動車道鳴瀬川橋に至る。ここから西へ約300m進むと，南側に山畑横穴墓群(国史跡)がある。

1971(昭和46)年，土取りの際に発見され，現在までに装飾横穴墓3基を含む26基が確認されている。6世紀末に築造が始まり，9世紀前半頃まで利用されたと考えられている。

3基の装飾横穴墓(6号・10号・15号)は，家形につくられた玄室の各壁面の境界，天井の棟，軒回りにあたる部分が朱色の直線で描かれ，それらに囲まれた部分には，太陽あるいは鏡を表現したともいわれる同心円文・珠文が配されている。

羨道部はかなり長く，玄室と羨道部を区切る玄門は，玄室床部とに段差をつくって区別する。8号・21号の玄室からは，数個体分の人骨が出土した。発掘調査後は，保存のために埋め戻された。

横穴墓群の西に隣接して，大崎市三本木ふるさと研修センターがある。装飾横穴墓(15号墳)の模型とその出土品のほか，三本木地区の坂本館山横穴墓群・青山横穴墓群・混内山横穴墓群から出土した遺物も展示されている。

国道4号線を古川方面へ約1km戻ると，「道の駅・三本木やまなみ」に，隣接して全国的にも珍しい大崎市三本木亜炭記念館がある。亜炭とは褐炭の一種で，炭化度の低いものをいい，おもに燃料として用いられた。この地の亜炭は，三本木亜炭として有名であった。記念館には，亜炭生産に関する資料や日本最大の亜炭塊(約10t)などが展示されている。

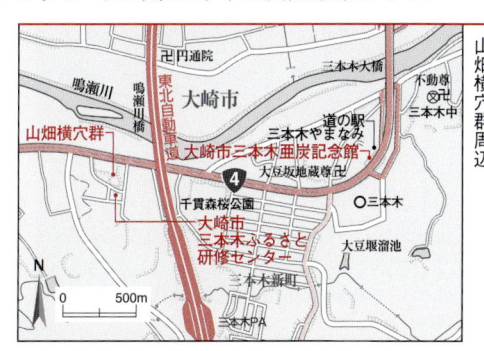

山畑横穴群周辺

大崎耕土

奥羽の山ふところ

③

陸奥から出羽への要衝地。将軍大野東人，俳聖芭蕉の面影を求め訪ねる史跡の数々。

岩出山要害跡 ⑰　〈M ▶ P.146, 165〉大崎市岩出山城山 P
JR陸羽東線岩出山駅または有備館駅 徒10分

徳川家康が改修した政宗の居城

　岩出山駅の北西，有備館駅の南西にみえる城山とよばれる小高い山が，岩出山要害跡である。

　岩出山要害は，戦国時代まで岩(磐)手沢城とよばれた。築城時期ははっきりしないが，14世紀中葉以降，奥州探題大崎氏の家臣氏家氏の居城となった。豊臣秀吉の奥羽仕置によって大崎氏が所領を没収され，その旧領が秀吉の側近木村吉清に属すと，岩出山要害には木村氏の家臣萩田三右衛門が入った。しかし，葛西・大崎一揆の結果，木村氏が所領没収となり，かわって伊達政宗が移封された。

　1591(天正19)年，伊達政宗は米沢(現，山形県米沢市)から居城を移し，岩手沢を岩出山と改めた。なお，このとき縄張りをしたのは，同年におきた九戸政実の乱の仕置にあたっていた徳川家康である。

　岩出山城は，以後12年にわたり政宗の居城とされた。政宗の仙台移城後は，政宗の4男宗泰が入部し，城は要害に位置づけられて，一門岩出山伊達氏1万4000石の居館として明治維新まで続いた。

　岩出山要害は，標高108mの丘陵東端に築かれ，本丸は東西32m・南北205m，二の丸は東西・南北とも83mの規模であった。要害の範囲は東西600m・南北400mにおよび，さらに一の構とよばれる土塁と水堀が城下町の北側と東側に構築されていた。

　現在，本丸跡は城山公園となっており，一部に土塁が残存し，1964(昭和39)年に仙

岩出山要害北の空堀跡

船形山に抱かれて

岩出山城跡周辺

台城跡から移された平服姿の伊達政宗像が立つ。二の丸跡は岩出山高校、大手門跡は岩出山小学校の敷地となっている。要害の北側は断崖絶壁で、その下を内川（政宗時代の用水川）が流れる。東と南には、二の構と称した土塁と幅約10mの水堀がL字型にめぐっていた。現在も東側の水堀は残っている。
要害の周囲には侍屋敷、館下を通る出羽街道（県道226号線）沿いには町人町を配し、立町・荒町・本町・柳町・肴町・大学町などを設けた。さらに、その外側に侍屋敷・足軽屋敷をおき、館下の南入口（岩出山字通丁）にも足軽屋敷をおいた。

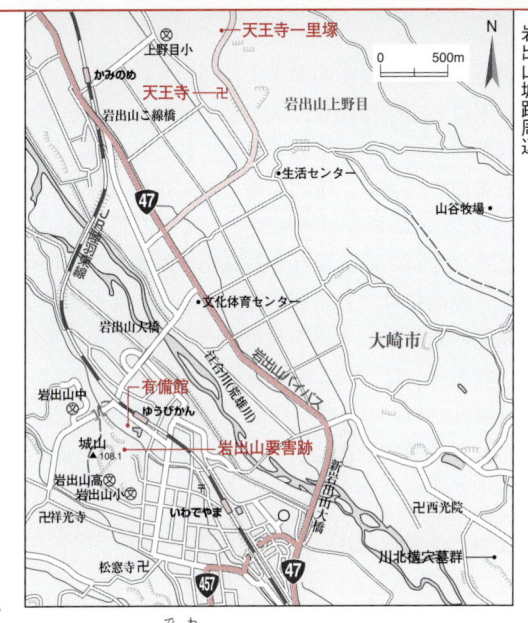

有備館 ⑱
0229-72-1344
〈M ▶ P. 146, 165〉大崎市岩出山上川原町6 P
JR陸羽東線有備館駅 🚶 1分

有備館駅のすぐ西側に、旧有備館および庭園（国史跡・国名勝）がある。有備館の建物は、1663（寛文3）年に岩出山要害二の丸の居館が焼失した際、岩出山伊達氏2代宗敏が要害内に急造した仮居館であった。1691（元禄4）年、3代敏親がこれを春学館と命名して学問所とし、翌年、現在地に移転・改築して有備館と改めた。これは、

有備館

奥羽の山ふところ

仙台藩の藩校養賢堂の開設より45年も前のことであった。有備館へは、家臣の子弟は10歳で入学して漢学などを学び、とくに優秀な者には藩校などで学ぶ機会が与えられたという。

　有備館の建物は、南北に並んだ東西棟2棟からなる。平屋建て単層寄棟造・茅葺きの書院造で、城主の間・御改所（学問所）・教官室などがある。現存する郷学の遺構としては全国最古のものである。館内には、岩出山伊達氏ゆかりの品などが展示されている。有備館の講師として招かれた仙台藩の儒学者佐久間洞巌の筆になる額「対影楼」は、御改所の正面床の間の上に掲げられている。

　庭園は、1715（正徳5）年、石州流茶道3代清水道竿によってつくられた池泉回遊式庭園で、城山の断崖（高さ約60m）を借景として、池の中に4つの島を配している。

天王寺と上街道 ⑲⑳

〈M ▶ P. 146, 165〉大崎市岩出山上野目字大保／字赤渋

JR陸羽東線上野目駅🚶20分、または東北自動車道古川IC🚗25分

全国4カ所に建立された天王寺の1つ

　国道47号線の新岩出山大橋を過ぎ約2km進み、右折して県道17号線に入る。そこから約800m進み、信号を左折して約500m直進する。そこに、石鳥居に神仏習合の名残りをとどめる天王寺（臨済宗）がある。この寺は聖徳太子が物部守屋を弔うために、摂津・伊勢・出羽・陸奥に建立した4天王寺の1つと伝える。境内にある「建武三（1336）年」銘の遠江前司の碑は、楠木正成が守屋の700年忌として建立したものという。

　天王寺から県道17号線を北東に200m進むと、天王寺一里塚がある。この県道と交差・平行する道が、松尾芭蕉が平泉（現、岩手県西磐井郡）からたどった陸奥上街道（国史跡）である。『安永風土記』では、一関（現、岩手県一関市）から岩ヶ崎（現、宮城県栗原市）までの道を上街道とよび、岩ヶ崎から岩出山までの道には上街道の名称はない。しかし、このルートを『延喜式』にある玉造と栗原を結ぶ駅路に比定する説、あるいは『陸奥話記』や『吾妻鏡』にある松山道とみる説がある。

　一里塚から県道17号線をさらに約3km進み、T字路を西に約

200m行くと磯良神社がある。その中間に松並木が残り，千本松長根とよばれる道が約1.4km整備されている。さらに県道17号線を北に5km進んだ栗原市一迫真坂の秋葉神社には，1800（寛政12）年に建てられた芭蕉の句碑「時雨塚」がある。

鳴子温泉郷（玉造の湯）㉑

〈M ▶ P.146, 168〉大崎市鳴子温泉
JR陸羽東線鳴子温泉駅・鳴子御殿湯駅・川渡温泉駅

多彩な泉質

鳴子温泉郷には式内社が2社ある。1社は鳴子温泉の温泉神社（祭神大己貴命・少彦名命）で，もう1社は川渡温泉の温泉石神社（祭神大己貴命・少彦名命）である。この2社は，陸奥国司が837（承和4）年，温泉郷の北方に聳える荒雄岳の噴火による災害を鎮めるためにまつられた。

玉造の湯とよばれ，13世紀の順徳天皇の『八雲抄』にも陸奥の名湯として名取・飯坂と並び称され，古くから都に知られていた。江戸時代に，温泉は山林鉱山と同様に藩の所有となり，金山方役人が百姓身分の湯守をおいて管理した。湯守は，湯治客から藩が定めた湯銭を徴収し，運上を納入した。文化・文政年間（1804～30）以降，農閑期に湯治をする農民が増え，運上の額も引き上げられた。

鳴子・川渡の湯は，1827（文政10）年の『諸国温泉功能鑑』では，東前頭5枚目に番付され，「成子の湯諸病吉」として全国的にも有名な温泉となっていた。同年，当地に湯治にきた水戸藩士小宮山昌秀は，『浴陸奥温泉記』に湯治場の様子を記している。昌秀の逗留した川渡の宿は，唐破風玄関のついた2階建てで，部屋は15畳で3尺の囲炉裏があった。食事は自炊だが，24文あれば1日分の副菜を朝市で賄え，宿には髪結や三味線弾き，団子売りもきた。また，同時期の水戸藩儒青山鉄槍の『大八州遊記』には，鳴子は売店や木地屋・漆器店が多く，「温泉ヲモッテ生活ヲ為ス者百五十戸」とある。

現在，往時を偲ぶものはないが，鳴子の湯元にある昭和初期の旅館の風情はゆさや旅館本館と土蔵（ともに国登録）にみることができる。また早稲田桟敷湯は，1948（昭和23）年に早稲田大学の学生がボーリング実習中に出湯したもので，1998（平成10）年に全面改築された。

奥羽の山ふところ

鳴子温泉周辺

　川渡温泉駅から南西約2.5kmの国道47号線の南側に，石の梅古墳がある。全長約60mの前方後方墳で，古墳時代前期の築造と推定されている。

尿前の関跡と出羽仙台街道中山越 ㉒㉓

〈M ▶ P.146, 168〉大崎市鳴子温泉尿前
JR陸羽東線鳴子温泉駅🚌中山 平 行鳴子峡入口🚶2分

芭蕉も難儀した関所

　鳴子峡入口バス停右手に，奥州道中吉岡宿から分岐して出羽に至る出羽仙台街道中山越に設置された尿前の関跡がある。江戸時代は，対岸の岩淵から渡舟で尿前に出た。
　境目守をつとめていた肝入遊佐信顕が1782（天明2）年に記した『岩手関由来書』によると，この地は歌枕「いわての関」の所在地で，奥州藤原氏3代秀衡の時代には陣ヶ森とよばれ，堀切や柵が設けられていた。大崎氏の治世には小屋館がおかれ，応永年間（1394〜1428）に家臣の柏山伊勢守が，この地を守備したという。大崎氏没落後，尿前境目とよばれるようになり，百姓身分となった遊佐氏が境目守をつとめた。1669（寛文9）年の「御境目御仕置」以降は，岩出山伊達家の支配地となるが，藩から役人が派遣された。尿前番

尿前の関跡

168　　船形山に抱かれて

こけし

コラム

産

遠刈田・弥次郎・作並・鳴子・肘折の5系統

　宮城県内のこけしは，5系統に分類される。頭部に放射状模様が彩描される遠刈田系，ロクロ模様と胴にくびれのある弥次郎系，胴の細い作並系，他の系統と異なり頭部に童子の髪形を彩描して頭部を胴に嵌め込む鳴子系，遠刈田系と鳴子系が混合した肘折系である。

　こけしの発祥には諸説あるが，堤人形や仙台張子「おほこ」の影響を受け，木地屋が湯治場のみやげ物として考案したとする説が有力である。文政年間(1818〜30)に作並や遠刈田で創作され，天保年間(1830〜44)に鳴子で製作され始められたと推定される。天保年間，遠刈田の佐藤音治は湯治場に卸売りしたといわれる。また鳴子には，1824(文政7)年生まれの大沼又五郎が，湯治にきた小田原の小物挽きの木地師から技術伝習され，創始したという伝承がある。

　こけしに関する最古の史料は，作並の木地屋岩松直助が1860(万延元)年に記した文書である。この文書からこけしの寸法や，1811(文化8)年以来の物価上昇による値上げが知られる。また，1862(文久2)年の鬼首の『高橋長蔵文書』には，「こふけし」とあることから，仙台領内では4音で発音したようである。

　明治40年代(1907〜12)の遠刈田では，仕送り制度で工人の生活が支配されていた。これは，工人を商店の専属とし，材料を支給して納品させ，さらに生活必需品も自店から購入させる制度であった。そのため，1917(大正6)年には生活改善を求めて，工賃賃上げストライキがおきた。翌年，県の補助で木地細工木工養成所が設置され，電動ロクロの導入で，職人雇用と量産体制が確立した。

　しかし，大正時代末期から，セルロイドやブリキ玩具が普及し，転・廃業を余儀なくされた。その後，天江富弥ら郷土研究家によってこけしが再評価された。1981年には前記の5系統のこけしが「宮城伝統こけし」として通産大臣より伝統的工芸品として指定された。

　現在，鳴子の日本こけし館，遠刈田のみやぎ蔵王こけし館では，制作工程の見学ができる。また，白石市鎌先温泉の弥次郎こけし村では，1月2日に行われるこけし神社の初挽きなど，生活や民俗との関係を学ぶことができる。

弥次郎こけし　　　鳴子こけし

奥羽の山ふところ

所の設置は、この頃と考えられる。屋敷面積1760坪あったといい、現存する寒湯番所(栗原市花山本沢)よりも大きい。

1689(元禄2)年、『おくのほそ道』の旅で松尾芭蕉と河合曽良もこの関を通過している。両者の記録には関の取締りの様子が記され、曽良の日記からは、あらかじめ通告するだけでは通行できず、通行手形が必要であったことがわかる。1777(安永6)年に当地を通過した富田伊之の『奥州紀行』によれば、この手形は代金12文で、近隣の百姓家で頼んで番所に届け出なければならなかった。

現在、尿前の関跡から、『おくのほそ道』で「封人の家」と記された堺田(山形県最上郡最上町)の境役人旧有路家住宅(国重文)まで、出羽仙台街道中山越(国史跡)が「歴史の道」として約9km整備されている。

鬼首番所跡 ㉔

〈M▶P.146〉大崎市鳴子温泉鬼首字八幡原
JR陸羽東線鳴子温泉駅🚌鬼首行鬼首小学校前🚶2分

秋田藩との関所

バスを降りて左手にある鬼首小学校の敷地が、最上仙北通(現、国道108号線)におかれた鬼首番所跡である。この道は出羽仙台街道中山越が鳴子で分岐・北上して、出羽国雄勝郡(現、秋田県湯沢市)に通じる。嘉永年間(1848〜54)に書かれた『鬼首村書上』によると、鬼首番所は、天正年間(1573〜92)に伊達領となって以後、設置されたとある。

江戸時代には仙台藩の直轄地となり、1682(天和2)年に藩士の野村六之進が派遣され、以後、野村氏が藩主の代替わりごとに知行を宛行れた。また、新田開発分を知行にした百姓が、足軽として境目に配置された。『鬼首村書上』によると、番所の規模は300坪で、鉄砲などを備えていた。野村氏は、同様に管理していた花山番所にもこれらの武器を分置していた。

なお、国道108号線を鳴子から鬼首へ向かう途中の見手ノ原には、秋田から本山銅山にきた金掘り(鉱夫)の墓がある。本山銅山は仙台藩が経営した銅山の1つで、鳴子ダムの北約1kmにあった。鬼首小学校の北約1kmには、仙台藩7代藩主伊達重村の愛馬の墓がある。

170　船形山に抱かれて

色麻古墳群 ㉕ 　〈M▶P. 146, 171〉加美郡色麻町四竈字上郷・字高台堂・字高野
東北自動車道大和IC🚗20分

　東北自動車道大和ICから県道9号線を北西へ約2km，右折して国道4号線を約1.5km行くとY字路に至る。左の道を行き国道457号線に入って約11km北上すると，色麻町役場に至る。この町役場の南西約400m，花川沿いの水田地帯に，東西約1.2km・南北約1.4kmの範囲に色麻古墳群がある。

　色麻古墳群は，上郷・高台堂・高野の3支群で構成され，推定500基にのぼる小円墳からなる，県内屈指の大群集墳である。1950（昭和25）年の分布調査では240基が確認されたが，その後の耕地拡張で多くが破壊された。1982年の上郷支群での発掘調査では墳丘・石室・周溝などの遺構を163基分確認した。

　古墳の径は5〜20mで，周溝を有し，河原石を用いた横穴式石室をもつものが多い。人骨のほか，須恵器・土師器・金環などが出土している。とくに関東系土師器の副葬と石室の形態から，北関東からの移民などとの関連が指摘されている。築造年代は7〜8世紀とみられる。

　色麻古墳群の北東約1kmには，御山古墳がある。直径約50m・高さ約6mの円墳で，埴輪が出土しており，古墳時代中期の築造と推定される。墳頂には，伊達神社（祭神五十猛命・経津主命・武甕槌命・大日霊命・火産霊神）が立つ。『延喜式』式内社で，播磨国飾磨郡印達郷の射楯神社（射楯兵主神社，兵庫県姫路市）を勧請したとする説がある。江戸時代には，伊達氏を憚って「香取様」とよばれた。『安永風土記』には，1691（元禄4）年に社殿の3尺下か

大崎平野の大群集墳

色麻町

奥羽の山ふところ

ら，宝鏡で蓋をされ四方を瓦で囲まれた三筋壺が出土し，壺の中から宝玉がみつかったとある。この三筋壺は，常滑（愛知県）産の12世紀頃のものである。これらの出土状況から古墳を経塚として再利用したものとみられる。

伊達神社の南約1km，国道457号線の東側には，一の関遺跡がある。発掘調査の結果，東西約11.4m・南北約14.3mの金堂基壇，掘立柱建物跡・竪穴住居跡などが発見された。基壇の周囲から，多賀城創建期を遡る時期の瓦が出土していることから，多賀城に先行して創建された寺院跡として注目されている。

伊達神社の南東約1.5kmには，803（延暦24）年の創建と伝えられる，『延喜式』式内社の磯良神社（祭神息長帯比売命・表筒男命・中筒男命・底筒男命）がある。木彫りのカッパ像が神体となっていることから，「おカッパ様」とよばれている。

伊達神社前のすぐ西側，花川左岸の信号のある丁字路を南西へ約3km。再び右折して深川に架かる大師橋を渡ると，往生寺（曹洞宗）に至る。1209（承元3）年，法然上人（円光大師）の弟子金光上人が栗原郡尾松村（現，栗原市栗駒）に金光往生寺として創建したが，大崎義隆によってこの地に移されたという。この寺には，鎌倉時代の作と推定される，木造円光大師像（県文化）がある。正治年間（1199～1201），金光上人が奥州布教を行ったとき，もたらした法然自作の像と伝えられる。

念南寺古墳群 ❷❻ 〈M▶P. 146, 171〉加美郡色麻町四竈字官林
東北自動車道大和IC🚗25分

家形石棺

伊達神社の前に架かる花川橋を渡り，信号を左折すると県道156号線に入る。これを東に約3.5km進むと，左手の雑木林の中に，前方後円墳1基と円墳30基ほどからなる念南寺古墳群（県史跡）がある。鳴瀬川右岸の標高約40mの丘陵上にあり，その頂部からは大崎平野を一望できる。この古墳群は古墳時代中～後期に，この地域を支配した首長層の墓と考えられている。

念南寺古墳は全長約52mの前方後円墳で，前方部長さ約16m・幅約20m，後円部直径約36m・高さ約6.3mである。1996（平成8）年の調査で，凝灰岩を刳り抜いた，長さ2.6m・幅約1m・高さ約

王城寺原と軽便鉄道

コラム

開墾と軍事演習場、そして鉄道敷設

　加美郡色麻町の南部、黒川郡大衡村・大和町との村町境に広がる王城寺原の近代は、開墾と軍事利用の歴史である。

　戊辰戦争(1868〜69年)後、領地削減処分を受けた仙台藩は、家臣の帰農を勧め、その一環として王城寺原の開墾が行われた。また三井銀行も、1885(明治18)年頃、約300町歩(約300ha)を取得して開墾した。しかし、開墾が進まないまま、1881年に大原砲兵演習場が設置され、軍備増強にともない用地は拡大し、王城寺原も買収されたことにより、1912年に現在の名称に改められた。昭和時代になると、化学兵器の演習も行われた。

　第二次世界大戦後は復員者の入植地となり開拓が進められ、また米軍が接収した演習場は、1958(昭和33)年、陸上自衛隊に引き継がれた。1997(平成9)年からは米軍実弾射撃演習場にもなっている。

　仙台から王城寺原へ軍事物資を運搬するための軽便鉄道会社の、仙台鉄道(仙台軌道株式会社)が1919(大正8)年に設立された。1923年に仙台通町(北仙台付近)から吉岡(黒川郡大和町)まで、その5年後に中新田(西古川駅)までが完成した。5両編成で1日10往復、仙台通町―中新田間を約2時間半で運行した。

　仙台からは軍需物資や肥料など、仙台へは木炭・亜炭などが輸送された。1950(昭和25)年のアイオン台風によって橋梁が流失して軌道の維持が困難となり、1960年には全面的に廃止された。

　仙山線東照宮駅ガード下を通る市道は、軽便鉄道の軌道跡である。(口絵「みやぎの近代交通史」参照)

0.9mの家形石棺が発見された。円筒埴輪・朝顔形埴輪・石製模造品などが出土している。

　また、この丘陵の西端(四竈字官林)には、古墳時代前期の全長約60mの前方後円墳である熊野堂神社古墳と、官林埴輪窯跡がある。

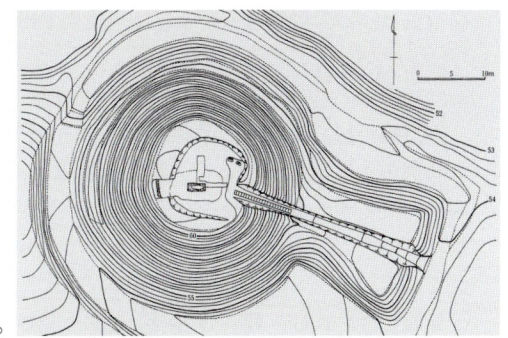

念南寺古墳墳丘実測図(『宮城県文化財調査報告書』第177集より作成)

奥羽の山ふところ

城生柵跡と菜切谷廃寺跡 ㉗㉘

〈M ▶ P. 146, 175〉加美郡加美町城生／加美町菜切谷
東北自動車道古川IC🚗40分

付属寺院 **色麻柵推定地と**

伊達神社から国道457号線を北へ約4.5km行くと、北西の丘陵上に、城生柵跡（国史跡）がある。この城柵は、1695（元禄8）年に作成された加美郡の絵図にも、遺構が明瞭に描かれている。その後、耕地拡張などによって西半部は破壊された。

1977（昭和52）年から調査が行われ、8世紀前半に造営された城柵跡であることが判明した。遺跡の範囲は東西約350m・南北約370m、周囲には溝・築地がめぐっていたことが確認され、門跡・掘立柱建物跡・倉庫跡・竪穴住居跡が発見された。政庁跡は未確認だが、倉庫跡からは炭化米が出土しており、正倉跡の可能性が高い。

城生柵跡は色麻柵跡に推定されている。東山官衙遺跡の性格については、関連する壇の越遺跡とともに現在も調査・研究が進められている。

城生柵跡から谷を挟んで東約700mの所に、菜切谷廃寺跡（県史跡）がある。1955（昭和30）年の調査で、東西約12.7m・南北約10.8m・高さ約1.4mの金堂基壇が発見され、城生柵の付属寺院と推定されている。基壇周囲から大量の瓦が出土したが、遺物の分布状態からみて、金堂一宇の寺院だったと推定されている。創建時期は出土瓦から多賀城創建期以前とされている。なおこの廃寺跡は、一の関遺跡（色麻町）の金堂基壇とほぼ同規模で出土瓦も共通している。

中新田城跡 ㉙

〈M ▶ P. 146, 175〉加美郡加美町北町
東北自動車道古川IC🚗20分

奥州探題の城館

国道347号線と国道457号線が交差する長興寺付近に、奥州探題大崎氏の中新田城跡がある。現在、城域は市街化されたが、2つの国道が交差する多川稲荷神社東側には土塁が残り、長興寺山門の西側には柄穴のある土台石が2つあり、この城の城門の礎石と推定されている。

斯波（大崎）氏は、観応の擾乱（1350～52年）による奥州四管領（吉良・畠山・石塔・斯波）の抗争の中で大崎地方の国人一揆（河内四頭）の協力が得られたので、鳴瀬・江合川流域の河内七郡に分郡支

174　船形山に抱かれて

配を形成した。鎌倉公方が派遣した篠川・稲村公方への奥州の国人の反発を利用して、1400（応永7）年に3代詮持か4代満持が奥州探題に任命されたといわれる。

探題は管領と異なり、相論審査や年貢の京進などの権限はもたないが、段銭徴収・官途推挙を奥州全体に行使することができた。さらに、奥州探題大崎家は、本家の斯波管領家の屋形より上位の御所と称され、大崎御所を中心にして伊達・葛西・蘆名・相馬など、奥州の国人の家柄が序列化していたことは、『余目旧記』や『鹿島社古記録』にみえる書状形式の規定からわかる。

現存史料で大崎姓が確認できるのは、「大州賀様」ともよばれた5代満詮以降である。州賀は、大崎市古川小野の須賀に比定される。同地には、4代満持の菩提寺続燈寺があったとされる。菩提寺は生前生活した場所の近くにつくられるので、満持の頃から小野付近が大崎氏の本拠になったと推定される。また、この東には大崎氏の守護神の大崎八幡神社跡もあることから、奥州探題満持の頃には小野の須賀を本城としたと考えられる。須賀の地には「舘ノ内」「東舘」「西舘」の地名があり、大崎義宣の妻梅香姫を開基とする梅香院の東側には土塁と堀切跡が残る。

大崎氏が中新田城に拠点を移した時期には諸説ある。『鹿島社古記録』などによれば、中新田に分封された7代教兼の子か孫（姉が伊達成宗妻）が、8代政兼に後嗣がなかったので、伊達氏の支援により9代義兼となり、中新田を本拠にしたとみられる。一門から当主になったことは、城の構造からも推察できる。この城郭には二重にめぐらせた堀と土塁がある。内側の堀は一町四方の国人居館の典型だが、一辺300mの外堀は戦国時代のものと指摘されている。一門の居館を奥州探題の城郭にするために、段階的整備を必要とした

城生柵跡周辺

奥羽の山ふところ　175

と推定される。

　また、大崎氏の実権を独占した氏家氏と新居田刑部との内紛に乗じて、伊達政宗が1588(天正16)年に留守政景・泉田重光に大崎氏を攻めさせたときの『伊達治家記録』の記述から城の様子がわかる。「二三ノ曲輪、町構ヲ放火ス」とあることから、「二三ノ曲輪」や町屋が城郭に取り込まれた構造が推定される。

夷森(大塚森)古墳と大黒森古墳 ㉚㉛

〈M ► P. 146, 178〉加美郡加美町
米泉 字小池裏・字北原
東北自動車道古川IC🚗30分

北限の前期古墳群

　中新田城跡から国道347号線を西へ約1km行き、信号を右折して県道159号線を北西へ約1km行くと、北側の丘陵上に夷森古墳がある。

　夷森(大塚森)古墳は、直径約47m・高さ約8mの古墳時代前期の円墳である。1995(平成7)年からの調査により、幅約20mの周溝をもち、3段築成の墳丘頂部は平坦で、墳丘には河原石が葺かれていたことが確認された。また、切通し状の墓道が発見された。主体部には、幅約1m、長さ約8mと約7mの割竹形木棺2基が南北に並んでおり、ガラス玉と管玉、漆塗りの布製品、鉄鏃などが出土した。

　夷森(大塚森)古墳から坂を下って西へ進むと、すぐに送電線が南北に通っているのがみえる。その真下、北側から延びる丘陵突端部の杉林の中に、大黒森古墳がある。古墳時代前期の直径約36.7m・高さ約6.1mの円墳である。1999年からの調査により、墳頂部から夷森古墳と同様の長さ6.9mの割竹形木棺が発見された。棺内からの副葬品の出土はない。

　なお、この付近には米泉横穴墓群・米泉古墳群・孫沢古墳群など、多くの古墳が築造された。

中新田の虎舞

コラム 芸

屋根の舞台に虎が舞う

　毎年4月29日に、中新田では火伏の虎舞(中新田の虎舞、県民俗)が踊られる。虎頭をつけた布に2人入り、寝覚めの虎が「岡崎の調べ」で最高潮に達した頃合に屋根に舞台を替えて舞い踊られる。

　この舞は本来、多川稲荷神社の2月の初午祭に付属した行事と考えられている。現在も、稲荷神社に、まず虎舞を献納してから山車とともに町内を練り歩く。この神社は、1771(明和8)年に京都伏見稲荷からの正一位の社格の授与が確認され、また大崎氏が中新田城築城の際に鎮守として勧請したと伝えられる。中新田城の東南に鎮座していると推定され、城の鎮守の祭礼に虎舞が行われるので、大崎氏が虎舞を招来したとみなす考え方もある。

　確かに近世の浄瑠璃に影響された沿岸部の虎舞とは異なり、「岡崎よいとこ」の囃子の調子以外に言葉はない。三河岡崎地方の守護職を斯波(大崎)氏の祖足利氏の一門で占有したが、この囃子詞は虎舞の由緒を暗示しているのだろうか。

　1902(明治35)年の大火で記録が焼失したため、その起源を知る術を失ったが、この大火を契機として火伏行事となった。「風は虎に従う」の故事にならい、大火の原因となる風を虎舞で鎮めようとする願いも込めた行事となった。

中新田の虎舞

東山官衙遺跡と壇の越遺跡 ㉜㉝

〈M▶P.146, 178〉加美郡加美町鳥嶋

JR東北新幹線・秋田新幹線・陸羽東線古川駅🚌鳥屋ケ崎集会所前🚶10分／壇の越遺跡：賀美石小学校前🚶5分

出羽への連絡につくられた官衙遺跡

　加美町立賀美石小学校から、県道159号線を北西に約700m進むと丁字路があり、右折して北に約300m進むと、東に丘陵がある。この丘陵一帯が東山官衙遺跡(国史跡)である。この遺跡は、1970(昭和45)年頃から地元の研究者によって紹介されていたが、1986年から本格的な調査が行われた。この結果、東西約300m・南北約250mの丘陵の平坦面から、8世紀中期から10世紀中葉まで存続した官衙遺跡であることが判明した。

奥羽の山ふところ

東山官衙遺跡　　　　　　　　　　　　　　　　　壇の越遺跡

　西側と北側には築地塀跡，南には南門跡が確認され，その内側は幅3mの大溝で，東側の政庁や厨（くりや）などの官衙院と，西側の倉庫院とに区分されていた。墨書（ぼくしょ）土器や円面硯（すずり），土師器・須恵器・瓦・金属製品などが多数出土した。8世紀末以降，この遺跡を取り囲むように，東・西・北に築地や溝などの外郭施設がつくられた。

　東山官衙遺跡の南側の沖積地一帯に壇の越遺跡がある。この遺跡は，東西約2km・南北約1.5kmの範囲に広がっている。1996（平成8）年度以降の調査で，南北・東西方向の道路が碁盤目状に1町（約109m）間隔でつくられていることが判明した。この中には，園池をもつ有力者の居宅跡や瓦塔（がとう）を有する仏教施設などがあった。

　さらに，東山官衙遺跡外郭の南門から延びる南北の道路が，この碁盤目状地割の基幹であることも明らかになった。また，8世紀後

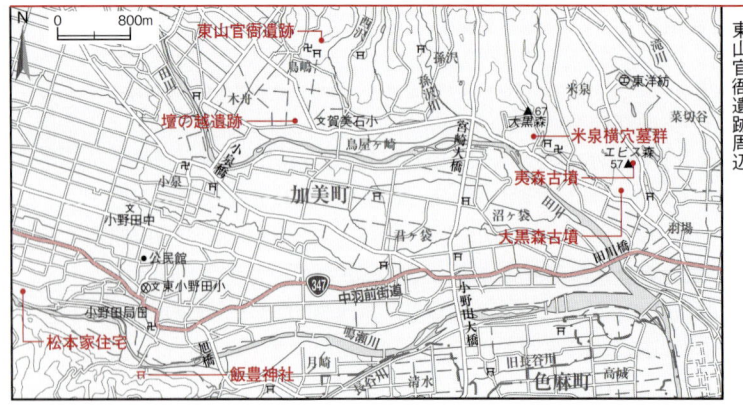

東山官衙遺跡周辺

半になるとあらたに築地塀・大溝が造られた。これは蝦夷との抗争を反映したものと考えられている。なお，このような地割は，多賀城跡にもみられる。

出土した須恵器・土師器から，壇の越遺跡は8世紀前半から10世紀中葉まで存続したと推定され，東山官衙遺跡と一体的な計画のもとで形成された遺跡として注目されている。しかし，国府より下位に位置づけられる官衙遺跡で，碁盤目状地割が認められる例はほかにない。

宮崎城跡と浜田景隆の墓 ㉞㉟

〈M ▶ P. 146〉加美郡加美町宮崎
東北自動車道古川IC🚗45分

葛西・大崎一揆、激戦の城

東山官衙遺跡から県道159号線を北西に約3km行くと，焼け八幡（県民俗）が行われる柳沢八幡がある。焼け八幡は，八幡社前につくった小屋を焚きあげ，煙のたなびき方で豊凶を占う小正月行事である。ここから，さらに県道159号線を道なりに約2km進むと，北側の丘陵地に宮崎城跡がある。「笠原氏系図」によると，正平年間(1346～48)に大崎家兼とともに奥州に下向した笠原近江守重広が築城したとされる。規模は東西300m，南北250mで，東と南は鳴瀬川の支流に囲まれた崖，北は沢に区切られ，西に堀切があり，西側に主要通路を配し，丘陵頂部に平場がある。現在も門跡や土塁が確認される。なお，『仙台城古城書上』には「竪四十二間，横四十間」とある。

1591(天正19)年，この城で奥羽仕置に反対する葛西・大崎一揆の激戦があった。原因は，仕置で新領主となった木村氏が，伝馬役を拒否した大崎氏旧臣を磔刑にする(「浅野家文書」)など，その暴政に起因したものとされる。一方，大崎氏旧臣も「かくし置候刀」を取り出して戦うなど，刀狩りの不徹底さが一揆勢力を強めた。

1590年11月，伊達政宗は，一揆勢に取り囲まれた木村父子を佐沼城(登米市迫町)から救出した。しかし，黒川郡(現，宮城県黒川郡)での一揆もあり，政宗の葛西・大崎一揆平定の動きは鈍かった。蒲生氏郷は豊臣秀吉に謀反と通報された。1591年1月，政宗は上洛して謀反の申し開きをしたが，木村氏の旧領を与えられる代わりに会津周辺の5郡を没収された。しかし，前年12月には大崎義隆に

旧領の3分の1を給与する秀吉の朱印状が出されており、政宗上洛の間、葛西・大崎の地は一揆の人びとが支配する「一揆もち」(「伊達家文書」)の状況が続いていた。

そこで、一揆煽動の疑念を晴らし大崎領を併合したい政宗は、1591年6月、一揆鎮定のため大崎旧臣笠原民部の立てこもる宮崎城を攻めた。この城は『御代々記録抜書』に「要害堅固に付き……城内鉄砲多く」と記されるように攻めにくかった。そのため、政宗の馬にも銃弾が中るほどの激戦となった。この激戦で伊達方の知将浜田景隆も討死した。宮崎中学校付近に、1771(明和8)年に大番士浜田武次が再建した浜田景隆の墓がある。

松本家住宅 ㊱
0229-67-2784

〈M ▶ P. 146, 178〉加美郡加美町 南小路11
JR古川駅🚌 漆沢ダム・鳴瀬川温泉行新小路🚶15分、または東北自動車道古川IC🚗40分

江戸時代中期の家中屋敷

中新田城跡から国道347号線を西へ約7km進むと、県道156号線との丁字路に信号があり、さらに国道を西へ約1.2km進み、Y字路を左折して約1km行くと、鳴瀬川近くに松本家住宅(国重文)がある。仙台藩の重臣奥山家の家老をつとめた、松本家の住居である。建築年代は、旧仙台藩領に現存するほかの侍屋敷との比較から、18世紀前半と推定されている。1977(昭和52)年に修理・復元された。

礎石建て、桁行5間半(約10.5m)・梁間3間半(約8.8m)の主屋と、桁行3間(約6.7m)・梁間2間半(約5.0m)の土間の2棟からなる分棟型民家である。仙台領内では、高い身分の家臣のなかの上・中位の屋敷は、分棟型に属するものが多い。全体として質素な造りである。

松本家住宅の南東約1.5km、鳴瀬川の右岸には飯豊神社(祭神豊宇気比売命)がある。705(慶雲2)年の創建とされる『延喜式』内社で、巨石を神体とすることから「石神」と別称する。

松本家住宅の西約5kmに、薬莱山(553.1m)がある。この山は薬師信仰の山であり、山頂には薬莱神社(祭神大己貴神・少彦名神)の奥宮がまつられている。神社の例祭(5月7～9日)には、上野目大宮にある里宮の神体を山上に遷座し、宮司と氏子が夜籠りして病気平癒を祈願する神事が行われる。

船形山に抱かれて

切込焼

コラム

仙台藩の磁器窯

切込焼（きりごめやき）とは、江戸時代末期以降に加美郡切込村（現、加美郡加美町宮崎字切込）でつくられた磁器の総称である。肥前有田焼の影響を受けて、白地に藍色で草花文が染めつけられているものが多い。日用雑器を中心に生産され、とくに「らっきょう形徳利（とっくり）」は類例の少ない独特のもので、切込焼を代表するものである。

開窯の時期については、文献や伝存資料から、天保年間（1830～44）には操業していたと考えられるが、17世紀に遡る説もある。

弘化・嘉永年間（1844～54）には、仙台藩の援助を受けて、山下吉蔵が活躍した。1854（安政元）年、仙台藩13代藩主伊達慶邦は、切込焼を藩の直営事業とした。しかし、明治維新により藩の保護を失い、廃絶した。

大正時代に、岩渕丈之助らが再興した。これがいわゆる大正切込焼で、時代を反映したモダンな文様も多い。しかし、世界恐慌のために1921（大正10）年に閉窯した。

江戸時代末期を中心とする切込焼は、切込焼記念館（加美町宮崎）や東北陶磁文化館（加美町町裏）でみることができる。

切込焼（染付網手花卉文徳利）

『安永風土記』によれば、貞和年間（1345～50）、奥州探題大崎家兼の命令で加美郡に「五人之神主（ごにんのかんぬし）」がおかれ、薬莱山でも社家（しゃけ）12人に神事と神楽をつとめさせてきたとある。神社には、大崎家兼が献納したといわれる神楽面が伝存し、春祭（5月9日）と秋祭（11月23日）に、薬莱神社三輪流神楽（県文化）が奉納されている。

薬莱山の北西約15km、翁峠（おきな）の中腹には魚取沼（ゆとり）があり、テツギョ生息地（国特別天然）として知られている。

松本家住宅

奥羽の山ふところ

④ 黄金の里

大仏の光のもとは小田郡の金。谷地・沼地、闘い続けた先人の勝利の証しは見渡す穂波。

品井沼と元禄潜り穴 ㊲㊳

〈M ▶ P.147〉大崎市鹿島台・宮城郡松島町幡谷・根廻
JR東北本線鹿島台駅または品井沼駅🚗5分（品井沼大橋まで）

沼地を美田にかえた干拓事業

　鹿島台駅から国道346号線を南へ約2km行った水田地帯が、品井沼干拓地である。品井沼は、北部の大松沢丘陵、南部の松島丘陵、西部の奥羽山地、そして東部を流れる鳴瀬川に続く、大きな沼であった。

　仙台藩2代藩主伊達忠宗は、新田開発に力をそそぎ、品井沼沿岸地区の荒地を拓いた。1673（延宝元）年から1687（貞享4）年にかけて、藩士我妻六兵衛のもとで、3回にわたり、干拓工事に向けた縄引き（測量）が行われた。この地の領主であった茂庭姓元より領地を借り上げ、藩直轄地とした。1693（元禄6）年には、藩士大越喜右エ門が総指揮をとり、鍬立て（起工式）がなされ、品井沼の水を、浦川（高城川）を介して松島湾に流すために、松島丘陵に潜り穴（トンネル）を通し、鳴瀬川からの逆流を防ぐために、小川閘門を設置するという2大工事が開始された。

　潜り穴の工事には、潜り穴頭と穴尻を結ぶ直線上に、ずり出し穴（竪穴）を10カ所掘り、さらに竪穴の底部から横穴を掘って連結する方法がとられた。排水路は、北部平堀（排水路）と元禄潜り穴、南部平堀からなっていた。全長約7.4km、潜穴区間は約2.6kmで、1698年に完成した。この潜穴の開削で617町歩もの新田が得られたと記されている。

　元禄潜り穴の穴頭は松島町幡谷明神崎に残るが、明治時代に改修され、現在はレンガで覆われている。穴尻は松島町根廻にあり、高城川に開かれ、下流域の水門が開かれているときに、対岸から眺めることができる。

　元禄潜り穴は、堤防の補修や潜り穴の土砂の取り出し作業（ずり出し）など、藩直轄事業により6回の改修工事が行われた。とくに

船形山に抱かれて

鎌田三之助

コラム

人

品井沼干拓に尽力した草鞋村長

鎌田三之助は，1863（文久3）年に木間塚村竹谷（大崎市鹿島台木間塚）で生まれた。祖父・父と3代にわたって，品井沼干拓に力をそそいだ。

1878（明治11）年に上京し，明治法律学校法学部（明治大学法学部）に学んだ。1894年，志田郡会議員・宮城県会議員に当選した。1902年，衆議院議員に当選したが，1904年の解散総選挙以降，3度立候補したが，落選した。

三之助は潜穴3条を掘って品井沼の水を松島湾に流し込むという，明治潜穴工事の実現に向けて，1906年までに準備を整え，代議士のときから構想していた移民計画を実行するためにメキシコへ渡航した。しかし，1907年に着工した干拓事業が続行派と中止派に分かれて紛糾していることが伝えられ，急ぎ帰国した。三之助は再び事業を軌道にのせるべく奔走し，1910年12月26日に念願の明治潜穴が完成した。

1909年2月，三之助は財政難にあえいでいた鹿島台村の村長に推され，84歳で退職するまで10期38年間，無給で村政を担当した。在任中は，「鹿島台村申合規則」をつくって村人に倹約を説き，みずからも実践した。常に，小倉木綿の洋服，脚絆に草鞋履き，腰に握り飯という格好で通したことから，「草鞋村長」とよばれた。

現在，鹿島台小学校の校門脇には三之助の功績を称える銅像が立つ。また，鎌田記念ホール内には鎌田三之助展示室が設置され，着用した衣服や遺愛の品などが展示されている。

鎌田三之助像

1864（文久4）年の改修工事は大規模なもので，1807（文化4）〜09年には新規工事ともいえる大規模な改修工事が行われ，近隣の農民が人足として割り当てられ，延べ3万2284人が動員された。ずり出し穴から出した土砂は，JR東北本線愛宕駅と品井沼駅の間の線路東側に沿って盛土状になり，現在もみることができる。

明治時代に入ると，新田開発に力をそそぐ宮城県令松平正直が，干拓工事の必要性を内務省に説いた。1882（明治15）年には，オランダ人の御雇技師ファン・ドールンによる実測がなされ，干拓工事の

黄金の里

明治潜穴

総額が、耕地の利益総額を上回ることが判明した。しかし、沿岸の3郡5カ村（現、大崎市鹿島台・黒川郡大郷町、宮城郡松島町）は、1889年に品井沼沿村組合を結成、独自に事業計画を作成して、県と交渉を続けた。その結果、1899年には県会議員鎌田三之助らの尽力によって予算を獲得し、新排水路の実測調査が行われた。1907年には、潜穴3条の排水路をもつ明治潜穴が着工。潜穴の崩壊・落盤、設計変更による工費の増額などの困難を乗り越え、1910年12月、ついに完成を迎えた。

国道346号線沿いの松島町幡谷には明治潜穴公園があり、そこからレンガ造りの明治潜穴の穴頭をみることができる。穴尻には、松島町民の森長松公園がある。また、小川閘門は、鹿島台小学校校門として移築されている。

明治潜穴完成の前年、山形県北村山郡長瀞（現、東根市）から農家18戸が集団入植してきた。2反歩区画（約1983㎡）の大きな田地であったが、直後は大凶作で、生活は非常に厳しかった。しかし、入植者は品井沼と長瀞から一字をとり、沼瀞団を組織して団結し、田地を耕作し続けた。

その後も事業は続き、1921（大正10）年からは、新吉田川の改修工事が行われ、鳴瀬川と併流させた。1940（昭和15）年には吉田川を品井沼から分離、新吉田川を掘って河口付近で鳴瀬川に合流させた。また、沼の水をサイフォンで吉田川の河底を横断させて元禄潜り穴と明治潜り穴に導き、品井沼は姿を消した。現在の広大な水田地帯は、こうした努力の賜物である。

松山城（千石城）跡 ㊴

〈M▶P.146, 185〉大崎市松山千石 Ｐ
JR東北本線松山町駅 🚗 5分

松山駅から県道153号線を西に約800m進むと、道はゆるやかに南にカーブする。そのままさらに約1km進み県道242号線に入り、北に約100m行くと、西側に大崎市松山ふるさと歴史館がある。原始

船形山に抱かれて

松山城跡周辺

から現代に至るまでの松山の歴史を紹介し，1595（文禄4）年に茂庭綱元が徳川家康から拝領した毛槍など，仙台藩の重臣茂庭家ゆかりの品を数多く所蔵する。また，歴史館前に展示されている人車は，定員8名の車輌を車人夫1人が軌道の上を押したものである。1922（大正11）年から約6年間，松山駅と町中心部までの約2.3kmを15分で結ぶ交通機関として営業した。（口絵「みやぎの近代交通史」参照）

歴史館から県道242号線を南に約150m行き，東の丘陵地をのぼると松山城（千石城）跡がある。本丸・二の丸・三の丸がまっすぐ並んだ連郭式山城で，各郭は堀切ではっきりと仕切られている。松山一帯は，室町時代から戦国時代にかけて遠藤氏の支配下にあった。1401（応永8）年，関東公方足利満兼により，11代遠藤盛継が志田・玉造・加美3郡の郡奉行に任じられた。このときから松山に居住するようになり，17代高康の1590（天正18）年まで続いた。

1590（天正18）年，葛西・大崎一揆の討伐に向かった伊達政宗は，同年11月に松山城に入り，ここを基地として師山城（大崎市古川）・高清水城（栗原市高清水）・佐沼城（登米市迫町）を攻略し，一揆を鎮圧した。その後，1588（慶長3）年まで石川昭光が，1603年まで古内重直が松山城主となった。1603年には茂庭綱元の子良元が赤萩城（岩手県一関市）より松山城に入った。

松山城は山城で防備にすぐれてい

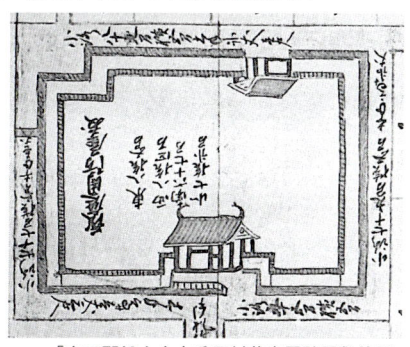

屋根に鯱をのせる城館

「志田郡松山之内千石村茂庭周防屋敷絵図」

黄金の里

茂庭家霊屋

たが,江戸時代には住民統治の面から,領主の居住には適さなくなった。このため,良元は,1631(寛永8)年に下屋敷として上野館(現,松山高校)を設け,居をここに移した。このとき,家格は一族であったが,一門にのみ認められていた屋根に鯱を載せることを特例として許されたが,1657(明暦3)年には良元の子定元も上野館に居を移し,松山城は留守居の家臣を1人おくだけとなった。現在は,松山御本丸公園(コスモス園)として親しまれている。

県道242号線に戻り約600m南下すると,山門に「龍門山」の扁額を掲げた石雲寺(曹洞宗)に至る。石雲寺は,遠藤盛継が1404(応永11)年にこの地に創建した万年寺を志田郡下中目(大崎市古川)に移し,その跡に1605(慶長10)年,茂庭良元が出羽国置賜郡川井村(山形県米沢市)から移したものである。山門は1663(寛文3)年の造営とされる。

推定樹齢500年のコウヤマキ(県天然)が見下ろす境内には,茂庭家霊屋(県文化)がある。霊屋は,茂庭氏初代良元・2代定元・3代姓元の墓の上に立ち,堂前の石灯籠の銘から,「宝永五(1708)年」までに建立されたと考えられる。正面に1間の向拝を設けた,素木造・方3間の建物で,屋根は宝形造・茅葺き。内部は鶯張りの床板敷きで,欄間板に拝領紋の竪引両(三ツ引両)と,茂庭家の家紋重剣菱の透彫りがみられる。壇上には,良直(綱元の父)・綱元夫妻・良元夫妻・定元夫妻・10代升元の8体の彩色木造坐像と,その背後に藩主伊達氏と茂庭氏の累代の位牌が安置されている。これらは,1月16日と8月16日の年2回,開帳される。

また,境内には「延慶二(1309)年」銘などの板碑や,豊臣秀吉の奥羽仕置により所領を没収された和賀氏の子孫の墓があり,天保の飢饉(1833〜39年)の際の供養碑も残る。

船形山に抱かれて

石雲寺と通りを挟んで向かい側に、妙伝院（曹洞宗）がある。開基は茂庭良元の妻微笑院殿で、1631（寛永8）年、上野館築城にあたり現在地に移された。境内には微笑院殿の五輪塔があり、中世の板碑もみられる。

　歴史館から県道242号線を北に約300m進むと、丁字路に信号がある。そこを東に折れて約100m行くと、刀匠法華三郎で知られる日本刀鍛錬所がある。1963（昭和38）年、8代信房（当時、県無形）は「大和伝」の復元に成功した。現在は、9代信房・10代栄喜が、毎年1月初めに打初め式を行っている。

　歴史館の南東約1.5km、松山駅の南西約1kmの丘陵地には、7世紀から平安時代後半まで造営・使用された、100基を超える亀井囲横穴墓群がある。金銅製馬頭大刀・轡などの武器・馬具、金環・ガラス玉などの装身具、土師器・須恵器など多数の副葬品が出土した。また「德」「廣」と墨書された平安時代の土器も発見された。被葬者は、松山周辺の有力氏族集団と考えられる。

　歴史館の西約2kmの丘陵地には、次橋窯跡がある。8世紀中頃の操業と推定される、須恵器窯跡2基が確認されている。主として坏などの小型製品を焼成したとみられ、「田」の文字が記された墨書土器も出土した。これらは亀井囲横穴墓群の出土品とともに、歴史館に展示されている。

山前遺跡 ㊵　〈M ▶ P.146〉遠田郡美里町北浦字山前・新山前
　　　　　　　　JR東北本線・石巻線・陸羽東線小牛田駅🚗10分

＊古墳時代前期の豪族居館＊

　小牛田駅から西へ約400m、県道19号線に出て出来川沿いに南下、小牛田高等養護学校を過ぎた辺りで右折し、西へ約800m行くと山前遺跡（国史跡）がある。

　山前遺跡は、鳴瀬川により形成された段丘上の南側緩斜面に立地し、遺跡全体の面積は約4万㎡にもおよぶ。1965（昭和40）年と1975年に発掘調査が行われ、縄文時代早期から古墳時代および奈良・平安時代にかけての集落跡や、古墳時代の大溝などの遺構が確認された。

　この遺跡を特徴づけるのは、古墳時代前期の竪穴住居跡と大溝跡である。古墳時代前期の竪穴住居跡は、25軒確認された。1辺が約

黄金の里

3.5mのものと約8mのものがあり,柱は4本のものが多い。ほかに柱穴跡・炉跡・周溝跡などもみられる。

この集落跡を囲むように,大溝が段丘裾部に掘られている。幅3～6m,深さ1～4mである。大溝は直線的であるが,「コ」の字状に折れまがっている所もある。

溝の断面は逆台形で,部分的にU字型とV字型がみられる。溝の内部には,段がつけられた箇所もあり,溝に直交して細長く地山を掘り残した堰状の構造もみられる。この構造では,流入した水の流出を妨げることになるから,大溝は排水目的のものではなく,外敵に備える防御的な性格をもった施設と考えられる。

大溝の内部からは,木製品や竹製品が出土している。木製品では,鋤4点・砧1点・突き棒1点,漆塗りの把手状の破片などが発見された。竹製品では,笊・籠の一部とみられる断片が10点ほど確認され,なかには編み方のわかるものが数点ある。この時期の東北地方での木器の出土例は少なく,とくに農具,漆塗り製品の発見は貴重である。

縄文時代早期の貝塚には,ハマグリ・シジミなどの海水産の貝が多数みられる。この貝塚は,鳴瀬川流域でもっとも奥に位置する。ほかにもスズキ・マダイ・エゾシカ・クマ・ヤマトイノシシ・カモなど,魚・獣・鳥類の骨が発見され,当時の食生活がうかがえる。また,縄文時代前期のサルボウまたはアカガイなどの貝殻の腹縁を土器面に押しつけた貝殻刺突文のある土器,縄文条痕土器が大量に発見された。このほか,石匙・石鏃・石槍などの石器,クマの牙を加工した垂飾装身具や,シカの肩甲骨を利用した利器などの骨角器も出土した。縄文時代中期の竪穴住居跡は3基確認され,増・改築された跡がみられる。

古墳時代以降のものとしては,奈良・平安時代の竪穴住居跡が3軒確認され,南北朝時代の板碑十数枚も集中して発見された。

現在,山前遺跡は史跡公園として整備されており,復元住居・縄文時代の貝塚などをみることができる。

山神社 ㊶
0229-33-2082
〈M▶P.147〉遠田郡美里町牛飼字斎ノ台37
JR小牛田駅🚗5分

小牛田駅より県道19号線を北へ約2km,国道108号線との交差点から約200m北に進むと,松並木がひときわ目立つ神社が立つ。現在は,安産の神として広く親しまれている山神社である。祭神は木花開耶姫命で,明治時代末期に大山咋命・天照大御神・応神天皇が合祀された。1141(永治元)年に,小山田清寧が家神として奉祀したのが社の始まりとされる。国道108号線沿いの南小牛田村町屋敷にあったが,1908(明治41)年の火災により1915(大正4)年に現在地に移転した。

1931(昭和6)年に再建された社殿は,おもにケヤキ材を用いた幣殿造で,拝殿・幣殿・本殿からなる。春と秋の例大祭(4月26・27日,11月18・19日)は,多くの人で賑わう。

涌谷要害跡 ㊷
〈M▶P.147,190〉遠田郡涌谷町涌谷字下町
JR石巻線涌谷駅🚶15分,または🚗5分

涌谷駅より北東へ向かい江合川に架かる涌谷大橋を渡ると,北方の高台に,涌谷伊達氏2万3000石の居城であった涌谷要害跡がある。

築城年代は不明だが,1431(永享3)年頃,大崎氏の一族涌谷氏が居城したといわれ,葛西・大崎一揆を経て伊達氏の配下に入った。

1591(天正19)年,伊達政宗の岩出山転封に従い,亘理郡から亘理元宗・重宗父子が百々城(大崎市田尻大沢)に移った。百々城は山城で領内の西方に片寄っていたため,1593(文禄2)年,領内の中央に位置する涌谷要害を整備し,入城した。

涌谷要害は,篦岳丘陵の南端,江合川に臨む地であり,また三方が開けて城下町の形成に適していた。亘理元宗は入城後まもなく死去し,重宗は豊臣秀吉の文禄の役(1592年)に従軍し,関ヶ原の戦い(1600年)では伊達政宗の人質として江戸にいたため,本格的な館下町涌谷の整備は3代定宗の頃に始まった。

涌谷要害の太鼓堂と石垣

山の神講

二階櫓の要害

黄金の里

涌谷要害跡周辺

伊達姓を許された定宗は、館下の町割を行い、家中を館下に組織し、通りを鉤状にめぐらすなどして防御に工夫を凝らした。商人や職人たちの居住区も整備し、館下町は江合川の水運を利用した米の集散地として藩内の経済発展を担った。

江戸時代初期の涌谷要害は、江合川に大橋を架け、追手門を構えていた。要害に通じる小路には蔵屋敷などが並び、中ノ門から坂をのぼると詰ノ門に至った。詰ノ門奥の石垣上の左側に太鼓堂が建てられ、瓦屋根には、仙台藩で一門のみに許された鯱が載せられていた。現存の太鼓堂は、1833(天保4)年の再建である。本丸には、殿舎が立ち並んでいたが現在は詰ノ門と太鼓堂だけが残る。

現在、要害跡は城山公園となっており、3層の天守閣風の外観をした涌谷町立史料館が建ち、1階に考古・民俗資料、2階に涌谷伊達氏関係資料が展示されている。また本丸跡には、1874(明治7)年に創建された涌谷神社があり、寛文事件(伊達騒動)で原田甲斐宗輔に刺殺された伊達安芸宗重がまつられている。ヒノキ材を用いた素木の神明造の社殿前には、宗重の胸像が立つ。

伊達安芸の霊廟

見龍院霊屋 ㊸
(けんりゅういんたまや)
0229-42-2428
〈M▶P. 147, 190〉遠田郡涌谷町字龍渕寺10 P
JR石巻線涌谷駅🚶15分、または🚗5分

涌谷大橋を渡り最初の信号を直進して北東へ約600m行くと、右

見龍院霊屋内部

手に老杉がみえる。ここが見龍寺(臨済宗)である。

見龍寺は,寛文事件で死去した伊達安芸宗重以降,歴代の涌谷伊達氏の菩提寺である。初め円同寺と称し,涌谷移城の際,亘理重宗によって再興され,1671(寛文11)年3月,宗重を当寺に葬り,その法号にちなんで,1699(元禄12)年,寺号を見龍寺と改めた。本尊の木造如意輪観音坐像は,涌谷伊達氏の遠祖千葉常胤が,子孫繁栄のために造立したと伝えられる。

境内には,涌谷伊達家の霊屋がある。宗重の見龍院霊屋(県文化)は,宗重の三回忌にあたる1673年に造営された。仙台藩領における江戸時代前期の代表的な霊廟建築である。方2間(3.6m)の総ケヤキ材の素木造で向拝がつき,屋根は宝形造・銅板葺き。廟内は石敷きで,奥の壇上に宗重の束帯姿の木造坐像をおく。正面上部には,「盡忠　見龍院」の扁額が掲げられている。これは仙台藩4代藩主伊達綱村の筆になるもので,寛文事件における宗重の忠節を賞したものである。霊屋門前には,石造五重塔・水盤・盥石(いずれも県文化)がある。

宗重の霊屋の左手には,夫人の霊屋である長厳院霊屋がある。宗重廟と規模・様式は同一で,建物全体はスギ材を用い,扉のみケヤキ材となっている。壇上に黒の袈裟法衣をまとった木造の夫人坐像をおく。

黄金山産金遺跡 ④
0229-42-2619(黄金山神社)
〈M▶P.147, 190〉遠田郡涌谷町涌谷字黄金山ほか Ⓟ
JR石巻線涌谷駅🚗20分

天平の産金地

見龍寺から北東へ約400m,国道346号線に出て約1.5km北上すると,右手に朱塗りの柱が立ち並ぶ,天平ろまん館がある。その脇の大きな金色の鳥居を過ぎ,整備された庭園を眺めながら進むと,『延喜式』式内社の黄金山神社(祭神天照皇大神・金山彦命・猿田彦命)に至る。この神社の境内と周辺地域が,奈良東大寺の大仏に用いられた金を産出した「小田郡陸奥山」の比定地,黄金山産金遺

黄金の里

跡(国史跡)である。

『続日本紀』によれば、749(天平21)年2月、陸奥国守百済王敬福は、小田郡で黄金が産出したことを聖武天皇に報告した。当時、大仏鋳造が進むにつれ、鍍金用の金の調達が困難となっていたため、天皇はこの報に歓喜し、年号を「天平感宝」と改めて、産出地小田郡の調・庸を永く免じた。同年4月には黄金900両(12.65kg)が朝廷へ献じられ、752(天平勝宝4)年4月、大仏開眼供養が盛大にとり行われるに至った。

奈良時代は鉱業奨励策が効果をあらわし、鉱物も朝廷に献上されていた。百済王敬福は、百済滅亡の際、日本に亡命した百済王禅広の4世孫を名乗っており、陸奥国介・守として赴任した。『続日本紀』にみえる産金の功労者のなかに、余足人・戸浄山ら、渡来系の名が確認できる。このことから産金と渡来人との関わりが推測される。その後も、「陸奥国の調・庸は多賀より以北は黄金を輸さしめよ」とする勅が『続日本紀』にみられることから、採金が行われていたと考えられる。

1957(昭和32)年に行われた黄金山神社周辺の発掘調査では、社殿付近で、奈良時代造営の建物の基壇跡と根石が確認された。また、多賀城跡・陸奥国分寺跡・同尼寺跡と同様の文様をもつ軒瓦などが出土し、1944(昭和19)年に発見された六角錐形の「天平」銘をもつ瓦製宝珠破片とともに、一部は史跡黄金山遺跡出土瓦として県の文化財に指定された。これらの遺構・出土瓦から、当地には産金に関わる六角円堂の仏堂があったとみられ、その礎石の多くは、黄金山神社に転用されたと考えられている。

境内には樹齢400年を超える神木の老杉が聳え、大伴家持が産金を祝って詠んだ、「須売呂伎能　御代佐可延牟等　阿頭麻奈流　美知能久夜麻爾　金花佐久」の歌碑が立つ。「陸奥山」は『万葉集』に詠まれた最北の地でもある。

史跡黄金山産金遺跡出土瓦

追戸・中野横穴墓群 ㊺ 〈M▶P.147〉遠田郡涌谷町小塚字追戸・字中野
JR石巻線涌谷駅🚌15分

歴史公園として整備された装飾横穴墓

　黄金山産金遺跡から国道346号線を南東へ約2km行き左折し，約1.2km西に行くと，箟岳丘陵の南西斜面に追戸・中野横穴墓群がある。凝灰岩を刳り貫いてつくられた8世紀前半を中心とする横穴墓群で，現在までに175基ほどが確認されている。このうち追戸横穴墓群A地区の横穴墓9基が追戸横穴歴史公園として整備されており，見学が可能である。

　1号墓の玄室は，奥行約3.8m・幅約3.7mの方形である。造営当初は「コ」の字型に3棺座が設けられていたが，のちに奥の棺座が破壊され，通路が奥壁まで達するよう改造された。出土遺物には玉類などがあるが，とくにトンボ玉は珍しい。このトンボ玉の表面は，コバルトの地色に白線で囲まれた藍色の斑点がある。2号墓の玄室は，奥行約3.4m・幅約3.1mで3棺座がある。玄室および羨道側壁には，朱塗りの線が残る。1・2号墓の西北にある3～9号墓は，前者と比べて規模が小さく，構造も簡略化されている。

　追戸・中野横穴墓群は，天平産金遺跡の近くにあり，造営年代も重なるところもあることから，その被葬者は産金と関わった豪族層が含まれると考えられる。また，出土した須恵器の中には，産金遺跡の北約5kmにある長根窯跡群の製品もあると考えられる。

追戸横穴墓群3～9号墓

箟峯寺 ㊻ 〈M▶P.147〉遠田郡涌谷町箟岳字神楽岡 P
JR石巻線涌谷駅🚌50分

自治を許された神仏習合の地

　黄金山産金遺跡から国道346号線を南東へ約2km，左折して北東へ約5km行くと箟岳山に至る。箟岳山は，標高232mながら大崎平野の独立峰で，古くから信仰の山として崇められた。老杉が生い繁る山頂には，比叡山延暦寺(滋賀県大津市)を本山とする無夷山箟

黄金の里

箟峯寺観音堂

峯寺(天台宗)がある。この寺は、観音堂を中心に16坊(はじめ21坊)からなる一山寺院で、古来、天台僧徒である衆徒(坊)と修験の山伏(禰宜・鐘撞)により、法灯を守り続けてきた。

774(宝亀5)年から始まる蝦夷とのいわゆる38年戦争に際し、光仁天皇の勅願で創建され、加賀(現、石川県)の白山宮を勧請した。蝦夷征討後、807(大同2)年に坂上田村麻呂が十一面観音堂を建立し、霧岳山正福寺と称した。のちに慈覚大師(円仁)が中興し、無夷山箟峯寺尊常住院と改めたとされる。

南北朝時代以降、箟峯寺は西の大崎氏・東の葛西氏の領地の中間に位置し、両氏のために祈禱を行ったという。『一山記録帳』には、1587(天正15)年の観音堂修造にあたって、右御柱の彩色を葛西氏、左御柱の彩色を大崎氏が寄進したと記されている。現在でも、白山神事の御弓神事では、僧は東側と西側に分かれて列席し、東側の僧は葛西氏、西側の僧は大崎氏のために祈禱をする。

また同記録に、祭礼には伊達氏も参加したとあり、伊達氏の勢力が北に拡大していたことがわかる。伊達政宗による葛西・大崎一揆の平定を経て、江戸時代には箟峯寺は仙台藩の庇護のもと領内唯一の村外地とされ、一山の自治を任され、殺生禁断・女人禁制の聖地とされていた。

石段をのぼると、仁王門の右手前に白山神社(妙理堂)がある。石川・福井・岐阜の3県にまたがる白山を崇拝する白山信仰と天台密教との神仏習合の形態を残すものであり、白山妙理菩薩を本尊とし、十一面観音を本地仏とする。

仁王門をくぐると、観音堂(本堂)がある。本堂は、1591(天正19)年の葛西・大崎一揆による戦火を受けて焼失し、1645(正保2)年に仙台藩2代藩主伊達忠宗が再興した。1762(宝暦12)年に大改修が

行われたが、1842(天保13)年に18坊中の11坊を焼く大火に見舞われ、1851(嘉永4)年に再建されたのが現在の堂宇である。元禄年間(1688～1704)の本堂は、土地の高低により柱に長短があったという。坂上田村麻呂軍が蝦夷の赤頭高丸と悪路王を討った際、首は京に送り、胴体は戦死者とともに塚に埋め、その上に観音堂を建てたため、塚の高低に従って柱の長短が生じたと伝えられている。

　本尊の木造十一面観音立像は像高33cmで毘首羯摩の作、左脇侍の不動明王像は運慶作、右脇侍の毘沙門天像は徳一作と伝えられる。『一山記録帳』によると、南北朝時代初期の1340(暦応3)年、一山衆徒は北朝側に堂閣・仏像の修造を申請し、1353(文和2)年に完成したとされる。このとき、本尊の胎内に納められた観音経・妙法蓮華経などには、奥州管領吉良貞家の奉行人であった左衛門尉景利と山城権守家利の署名が残されており、北朝勢力下にあったことがうかがえる。

　本堂の手前には、鐘楼がある。この梵鐘は、寛文事件の際、原田甲斐宗輔に斬殺された伊達安芸宗重の供養のため、5代宗元が寄進したものである。鐘銘は見龍寺5世石水和尚が筆になる。

　一山行事に際しては、神事を僧徒が行う神仏習合の風がみられる。正月行事である白山神事(県民俗)は、大晦日より1月25日まで神事が続く。1月25日の例祭では、烏帽子・直垂姿の稚児による御弓神事が行われ、当った矢数でその年の天候を占う。『安永風土記』(1775年)に記録が残り、現在も行われている。

木戸瓦窯跡 ❹ 〈M ▶ P.146〉大崎市田尻沼部字木戸・字的場・字北沢・字館山
JR東北新幹線・秋田新幹線・陸羽東線古川駅🚌瀬峰行木戸🚶10分、またはJR東北本線田尻駅🚕15分

郷里制・軍団制を示す箆書き瓦

　田尻駅から北西へ約3km、北東の瀬峰駅から南西約5kmの築館丘陵東端に木戸瓦窯跡(国史跡)がある。遺跡は南北約1km・東西約500mにおよび、水田となった旧湖沼が入り組む標高20～35mほどの低い丘陵地に立地する。旧湖沼は、江合川にそそいでおり、江戸時代までは水運に利用された。沼部(1886〈明治19〉年以前は沼辺)の地名が往昔を物語る。

木戸瓦窯跡出土の箆書文字瓦

窯跡は現在までに低丘陵斜面に約30基確認されているが、総数は100基前後あったとみられる。A・B・Cの3地点に分かれ、それぞれ窯群を形成する。このうちA地点の一部が国史跡に指定され、史跡公園として整備されている。

数度の発掘調査により、多賀城創建期（8世紀前半）の瓦と須恵器を焼成した、長さ約10m・幅約1.5〜2mのトンネル状の窯跡が発見され、重弁蓮花文軒丸瓦・重弧文軒平瓦・蓮花文鬼瓦などが出土した。発掘調査以前に出土した軒平瓦に、「□郡仲村郷他辺里長二百長　丈部皆人」と箆書きしたもの（東北大学蔵）がある。これは丈部皆人が里長と兵士200人を率いる校尉を兼ねていたことを示すもので、この地域での郷里制と軍団制の施行を証明している。

瓦のおもな供給先としては、窯跡から南方約35kmの陸奥国府多賀城、南西約2kmの新田柵推定地（大崎市田尻）、南約11kmの一本柳遺跡（遠田郡美里町）などが知られている。

新田柵は、『続日本紀』天平9（737）年条に初見する。推定地では、1990（平成2）年に外郭区画施設である築地塀跡が発見され、周囲の丘陵地をめぐることが判明した。近年は、門跡や内部の建物群跡の発掘調査が行われ、しだいにその様相が明らかになっている。

田尻駅から県道15号線を東に約6km行くと信号がある。そこを右折し、さらに約2km進むと、涌谷伊達氏3代定宗の菩提寺祇劫寺（臨済宗）がある。本堂（県文化）は、江戸時代初期の礎石建て木造建築で、桁行は10.5間（18.9m）・梁間7間（12.6m）ある。境内には、コウヤマキ（国天然）やマルミガヤ（県天然）の巨木が茂る。

迫川とともに
Hasamagawa

有壁宿(『増補行程記』)

伊豆沼の白鳥

登米能

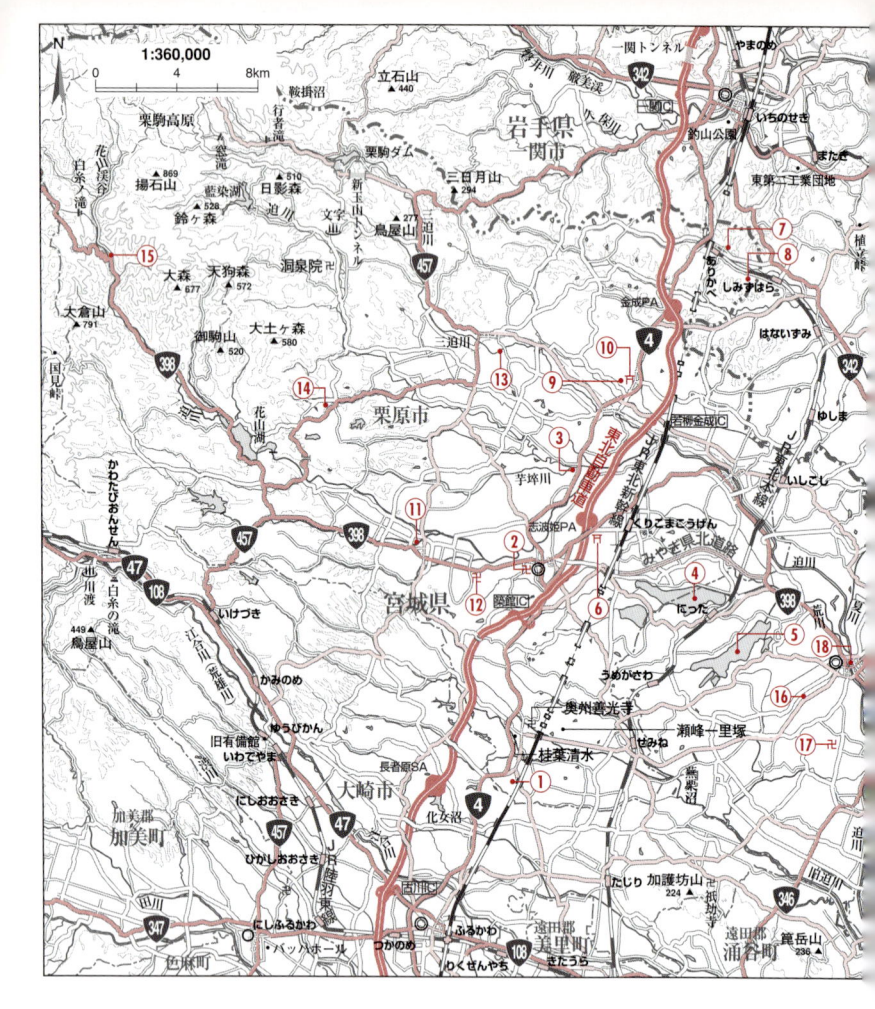

◎迫川沿岸散歩モデルコース

1. 東北自動車道築館IC_10_双林寺（杉薬師）_15_伊治城跡_25_鳥矢崎古墳群_60_寒湯番所跡_50_山王囲遺跡_20_築館IC

2. JR東北本線有壁駅_2_旧有壁宿本陣_10_有壁五輪沢経塚_25_旧金成小学校校舎・日枝神社_25_JR東北本線石越駅

3. JR東北本線瀬峰駅_25_興福寺六角堂_15_佐沼要害跡・登米市歴史博物館_25_伊豆沼_3_JR東北本線新田駅

①仰返り地蔵　⑭細倉鉱山跡
②双林寺　⑮寒湯番所跡
③伊治城跡　⑯踊り念仏の碑
④伊豆沼　⑰興福寺六角堂
⑤長沼　⑱佐沼要害跡
⑥志波姫神社　⑲香林寺
⑦旧有壁宿本陣　⑳登米の武家屋敷
⑧有壁五輪沢経塚　㉑旧登米高等尋常小
⑨旧金成小学校校舎　　学校校舎
⑩日枝神社　㉒弥勒寺
⑪山王囲遺跡　㉓隠れキリシタンの
⑫妙教寺　　里
⑬鳥矢崎古墳群　㉔華足寺

4. JR東北本線瀬峰駅 45 旧登米高等尋常小学校校舎 5 登米の武家屋敷 10 覚乗寺高台院霊屋（天山廟）30 弥勒寺 30 華足寺 20 隠れキリシタンの里 50 JR東北本線石越駅

栗駒山

白鳥が舞い降りる伊豆沼の里。松前道本陣の面影と近代民権運動のふるさとを歩く。

仰返り地蔵 ❶   〈M▶P.198〉栗原市高清水仰ケ返り
東北自動車道築館IC🚗20分

国道4号線を築館ICから古川方面へ南下し、ハム工場を過ぎてまもなくのY字路交差点を左折。ここから約3km南に行った県道19号(鹿島台高清水)線の高清水台町交差点から、田尻方面に300m行った、東北新幹線の高架のすぐ西側に仰返り地蔵がある。約2mの石に刻まれた、その名の通り、空を仰ぐ形で横たわる特異な地蔵である。台町地区の南入口の守りとして、台町地区のすぐ北を東西に流れる透川南側を川沿いに東へ300mほど行った南の畑の中にある横返り地蔵とともに、安置されたといわれている。

仰返り地蔵の製作年代は不明だが、周辺から中世の瓦が出土していることは興味深い。古来、縁結びや諸願成就の霊験があるといわれ、享保年間(1716〜36)にこの地で狩りを行った仙台藩5代藩主伊達吉村も、この地蔵に祈願して獲物を得たと伝えられる。

この付近では東北新幹線の建設にともない、多くの遺跡が調査された。仰返り地蔵の北側一帯に広がる観音沢遺跡は、古墳〜鎌倉時代にかけての大規模な集落跡で、竪穴住居跡・掘立柱建物跡、中国産の白磁・青磁・古銭などが出土した。仰返り地蔵から北へ約2kmの東館遺跡は弥生〜平安時代の集落跡で、古墳時代前期の方形周溝墓もみつかっている。

市街地中心部にある栗原市高清水総合支所から北へ400mほど行くと、愛宕山公園内に奥州善光寺(瑞昌寺、浄土真宗)がある。縁起によると、保安(1120

仰返り地蔵

仙北鉄道

コラム

県北の鉄道網

仙北鉄道は、1919（大正8）年、登米・栗原両郡の地域開発のために計画された。1921年に登米線が開通し、鉄道大臣元田肇らを迎え、登米駅を会場とした祝賀の催しが、3日間にわたり行われた。登米線は東北本線瀬峰駅を起点とし、佐沼を経て登米駅に至る28.6kmを走行した。さらに1923年には、瀬峰・築館間12.5kmを走る築館線が開通した。沼地や起伏が多く、工事には予定の2倍の用を費やしたという。

客車2両・貨車1両が、軽便の機関車に牽かれて、1日5～6往復した。平均時速約25kmで走る、その小さな列車を、住民は「けいべんこ」とよんで親しんだ。

第二次世界大戦後の物資不足のなかでは、石炭・石油燃料の代わりに、木炭を燃やして発生するガスを利用した代燃車で運行した。

1947（昭和22）年のキャサリン台風、翌年のアイオン台風は、とくに築館線に甚大な被害をおよぼし、運行不能となった。これにより1949年には築館線が廃止され、以後はその軌道をバスが走った。

登米線は運行が継続されたが、1968年に廃止された。その駅舎は宮城交通のバスターミナルなどに転用され、現在でも佐沼や登米などにその面影を残している。（口絵「みやぎの近代交通史」参照）

~24）年間、奥州藤原氏2代基衡が、父清衡の菩提を弔うために、信濃善光寺（長野市）の阿弥陀三尊の分身像を京都の仏師につくらせ、伽藍も模して建立した。現在は、13世紀半ば頃に前立として制作されたとされる銅造阿弥陀如来立像が祠にまつられている。

なお、高清水は湧水が多く、かつては「七清水」があったという。愛宕山公園から南へ400mほどの所にある桂葉清水はその1つで、日本名水百選にもなっている。

双林寺 ❷

平安時代初期の薬師様

0228-22-5028

〈M ▶ P.198〉 栗原市築館薬師台1-1 P
JR東北新幹線・秋田新幹線くりこま高原駅🚌築館行築館営業所前🚶5分、または東北自動車道築館IC🚗10分

築館ICから国道4号線を北へ約3km、栗原市役所手前を左折し道なりに進み、丁字路を右折して北へ100mほど行くと、薬師山の麓に「杉薬師双林寺入口」の標柱がある。杉木立の参道をのぼり、途中33体の観世音石仏を左手にみながら進むと、双林寺（曹洞宗）の境内に至る。

栗駒山

双林寺は杉薬師の名で親しまれ，古くから，栗原地方の人びとに篤く信仰されてきた。寺の縁起によると，奈良時代後期，孝謙上皇が病を患い，易博士により病の原因とされたスギの大木を伐らせた地に，上皇の命により仏堂を建てて勅願霊場としたのが始まりという。その後，医導山興福寺と称して延暦寺（天台宗，滋賀県大津市）の末寺に連なり，盛時には48坊を数えた。1578（天正6）年，能持寺（曹洞宗，築館下宮野）の林茂和尚により，双林寺として再興されたという。

　境内にある蟇股が施されている方8間の薬師瑠璃殿は，1806（文化3）年に建立された。従来は，ここに本尊を始めとする諸仏が納められていたが，現在は収蔵庫（奥の院）に移されている。

　本尊の木造薬師如来坐像（国重文）はケヤキ材一木造，嵯峨天皇の命により最澄がつくったと伝えられ，肩が張り膝の厚い点に平安時代初期の特徴がみられる。また，平安時代末期の木造二天王立像（持国天立像・増長天立像，国重文），鎌倉時代初期の木造地蔵菩薩立像・銅造阿弥陀如来立像（ともに県文化），双林寺の歴史を伝える棟札1枚（県文化）も伝存する。いずれも東北地方の仏教文化を知るうえで，貴重なものである。なお，収蔵庫の見学は事前連絡を要する。

　山頂東端には，1本の巨大なスギの老木が聳え立つ。樹齢千年を超えるといわれ，人びとはこの老木を，敬愛の念を込めて「姥杉」（薬師堂の姥杉，県天然）とよんでいる。

　山頂の西半分は薬師公園として整備され，その一角には白鳥省吾の詩碑がある。省吾は，築館出身の民衆派詩人である。栗原市役所の西側に隣接して白鳥省吾記念館があり，省吾の原稿や遺品などが展示されている。

木造薬師如来坐像（双林寺）

古代の城柵

コラム

律令国家の前線基地

　律令国家は、7世紀から9世紀にかけて、北陸地方と東北地方に城柵を設置した。文献上の初見は北陸の渟足柵・磐舟柵である。宮城県内に多賀柵/城(多賀城市)、玉造柵(大崎市名生館官衙遺跡か)、新田柵(大崎市)、色麻柵(加美郡加美町城生柵跡か)、牡鹿柵(東松島市赤井遺跡)、桃生城(石巻市)、伊治城(栗原市)、覚鱉城(不明)、中山柵(不明)、山形県に出羽柵(酒田市城輪柵跡)、秋田県に秋田城(秋田市)、雄勝城(仙北市払田柵跡か)、岩手県に胆沢城(奥州市)、志波城(盛岡市)、徳丹城(紫波郡矢巾町)がある。このように城柵は陸奥・出羽両国に数多く、東北経営の進展とともに北へ築かれたことが『続日本紀』や『日本後紀』などに記録されている。

　さらに『続日本紀』天平9(737)年の記事によって、多賀城などのほかに「自余諸柵」があったことがわかる。本県でも、東山官衙遺跡(加美郡加美町)・宮沢遺跡(大崎市)など、文献上の城柵名に比定できない遺跡がある。また、多賀城造営以前の陸奥国府または城柵や郡家であったと推定される郡山官衙遺跡(仙台市太白区)などもあり、発掘調査によって明らかになったことも多い。

　これらの城柵は、築地塀や材木塀などによって囲まれた一辺数百mから1km程度の外郭を設け、その内部に築地塀などで囲う政庁域をもつ。政庁は、瓦葺きの建物を「コ」の字型に配置し、その前面に広場を設けることが多い。

　東北の古代城柵は、平城宮の官衙の配置と似ることから、政治・行政的役割の強い施設と考えられている。しかし、しばしば蝦夷の攻撃対象となり、また8世紀半ばから後半にかけての対蝦夷政策強化にともない、標高の高い丘陵上に、外郭施設を厳重に設けて造営されるようになったことなどからみても、重要な軍事施設であったことは忘れてはならない。

　城柵は、律令国家が蝦夷の地およびその境界領域を支配していくための、軍事と行政の拠点であった。本県では7世紀から8世紀にかけて盛んにつくられ、大規模な蝦夷征討が終わる9世紀には多賀城など一部を残す再編成がおこり、10世紀以降の律令国家の変質によってその役割を終えた。

伊治城跡 ❸

伊治公呰麻呂反乱の舞台

〈M ▶ P. 198, 204〉栗原市築館城生野

JR東北新幹線・秋田新幹線くりこま高原駅🚌15分、または東北自動車道若柳金成IC🚗15分

東北自動車道若柳金成ICから西へ約2km、国道4号線に入り約

栗駒山

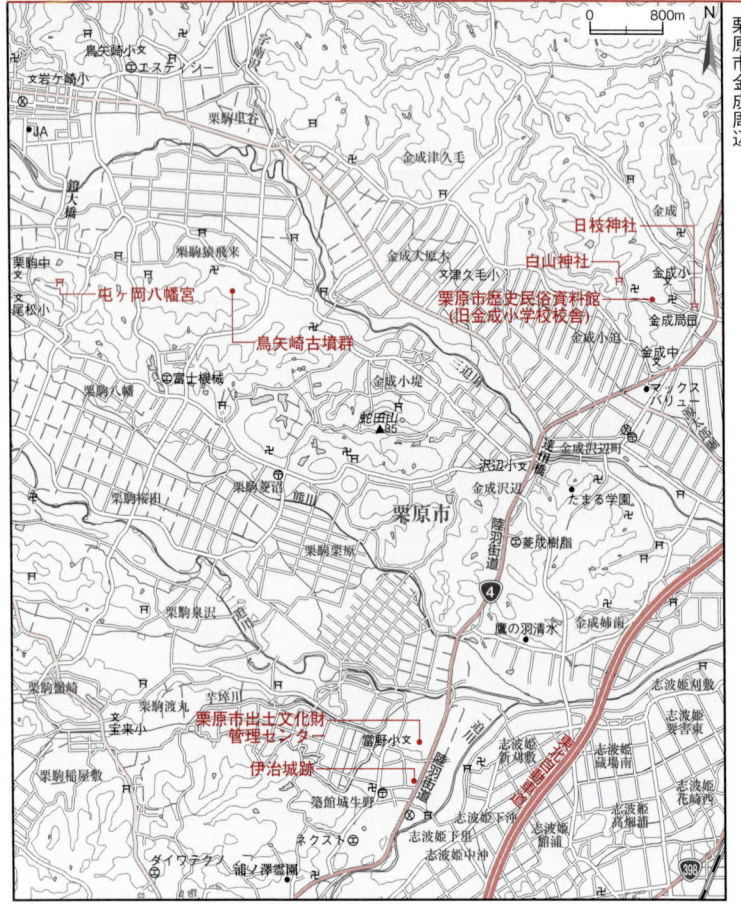

5 km南下すると，西方の栗駒山から続く丘陵が途切れる東端部，
一迫川と二迫川の河岸段丘上に伊治城跡(国史跡)がある。

　伊治城は，767(神護景雲元)年，東北経営の最北前線基地として
造営された。蝦夷は朝廷の支配の強化・拡大に対して反発を強め，
780(宝亀11)年には，伊治郡大領の伊治公呰麻呂が反乱をおこし
た。『続日本紀』には，この反乱は，牡鹿郡大領の道嶋大楯が，
呰麻呂を蝦夷出身として侮ったことが原因と記されている。呰麻呂
は，陸奥按察使紀広純と大楯を殺害して伊治城を焼き払い，さらに
鎮守府多賀城も襲撃して焼き払った。乱後の呰麻呂の消息は不明

である。城跡の北西約5.5kmにある鳥矢崎古墳群は呰麻呂一族の墳墓と考えられている。伊治城は，その後再建され，征夷大将軍坂上田村麻呂の北進の際，有力な拠点となった。

　城跡は，東西700m・南北900mの範囲におよぶ。築地塀によって区画された東西180m・南北240mの内郭の中央に，東西55m・南北60mの政庁域が設けられ，さらに全体を土塁と大溝が取り巻いて外郭をなしている。政庁域からは，正殿を中心に「コ」の字型に配した建物群がみつかっている。

　出土遺物には，多賀城と同様式の瓦や，国内初の発見となった弩の発射装置にあたる「機」などがある（口絵「みやぎの貝塚と城柵・官衙遺跡」参照）。これらは城跡のすぐ北，富野小学校の隣にある栗原市出土文化財管理センターに保管されており，事前に連絡すれば見学もできる。

伊豆沼・長沼 ❹❺

〈M ▶ P. 198〉栗原市若柳上畑岡・築館横須賀字遠東，登米市迫町新田ほか

JR東北本線新田駅🚶5分，またはJR東北新幹線・秋田新幹線くりこま高原駅🚗15分

ラムサール条約の登録地

　新田駅の北から西にかけて広がる伊豆沼・内沼の湖沼周辺は，縄文〜弥生時代の遺跡や，古代の横穴墓群が多い。伊豆沼の北西約2kmの嘉倉貝塚からは，縄文時代前期後半〜中期初頭の直径80mの環状集落が発見された。この拠点的集落の住人の生活を支えていたのは，伊豆沼周辺の谷地に生息する魚貝類や植物・鳥獣と考えられている。また鎌倉時代後期には，品ノ浦や熊狩などに伊豆沼古窯群が形成され，瓷器系の大甕・壺などの搬出には湖沼・河川交通が利用されたとみられる。

　新田駅の南約2kmにある長沼は，1616（元和2）年から土手を構築して迫川の遊水池から用水池となり，水門を設置して村々の立会いで水量調整をした。そのため，干拓による新田開発は，用水を利用する諸村の反対で実施されなかった。また，佐沼要害館主津田氏の拝領沼であったため，村民は代役を納入した。

　伊豆沼は，迫川の遊水池として利用された。1684（貞享元）年，仙台藩は流れの定まらない迫川に，三方島土手を築いて谷地を開発

栗駒山

し始めた。しかし館主津田氏は、伊豆沼が遊水池として機能しなくなり、洪水が佐沼を直撃するとして開発に反対した。このため、元禄年間(1688〜1704)に一定の水位を超えると、河水が土手を越えるように設計して、遊水池として伊豆沼を機能させた。また、伊豆沼周辺の村民が谷地開発を申請しても、長沼を用水源とする諸村が、迫川の氾濫を恐れて新田開発を実施させなかった。

その結果、第二次世界大戦後に北上川と迫川の本格的河川改修が行われるまで、伊豆沼は洪水処理の機能をしたため、沼周辺は水辺の生物の楽園となった。

第二次世界大戦後の干拓で生物の生息範囲は狭められたが、現在でも、わが国の鳥類の42%が確認され、ガン・カモ・ハクチョウなどの水鳥に限れば73%がみられる。1967(昭和42)年には伊豆沼・内沼の鳥類およびその生息地として国の天然記念物に指定、さらに1985年にはラムサール条約(「特に水鳥の生息地として国際的に重要な湿地に関する条約」)によって、559haが指定湿地に登録された。また、魚類は在来種が多く、環境変化が少ないことを物語っている。宮城県伊豆沼・内沼サンクチュアリセンターやこれに隣接して若柳館(鳥類)・迫館(淡水魚)・つきだて館(昆虫)では、自然観察と動植物の展示を行っている。

志波姫神社 ❻

〈M ▶ P.198〉栗原市志波姫八樟 新田126-1　🅿
JR東北新幹線・秋田新幹線くりこま高原駅🚗5分、または東北自動車道築館IC🚗15分

伊豆沼開墾地の守護神

くりこま高原駅の南西約1.5kmに、志波姫神社(祭神木花開耶姫命)がある。『安永風土記』によると、もとは築館源光にあったが正保年間(1644〜47)に社殿が焼失し、1657(明暦3)年、仙台藩2代藩主伊達忠宗の命を受けた古内主膳重広によって、伊豆野開墾地の守護神として八樟村に遷されたという。

本殿(県文化)は一間社流造・目板葺きで、鞘堂に守られている。木鼻の彫刻や蟇股、虹梁の若葉文、渦文の形が、江戸時代初期の建築様式を今に伝えている。

なお、当社は『延喜式』式内社の志波姫神社であると伝えられるが、『奥羽観蹟聞老志』や『新撰陸奥風土記』では、栗原市高清水

安重根と千葉十七

コラム

栗原市若柳大林の大林寺(曹洞宗)に、「安重根と千葉十七の追念碑」がある。

安重根は、1879(高宗16、明治12)年に平壌の北、平安南道に生まれ、抗日運動に参加した人物である。1909年10月26日、ハルビン駅で初代韓国統監の伊藤博文を射殺し、翌年死刑に処せられた。

旅順獄中の安重根の看守をつとめたのは、栗原郡栗駒村(現、栗原市)出身の憲兵千葉十七(当時27歳)であった。千葉は安の人間性に感じ入り、尊敬の念を抱くに至った。安も千葉の人間性あふれる知遇に対して処刑の直前、絹布に掌紋を押した遺墨を贈った。

千葉は、1921(大正10)年に軍を退役し、1934(昭和9)年に没するまで、その遺墨を仏壇に供えて安の冥福を祈った。その遺志は、妻きつよと一族の人びとに引き継がれ、70年間にわたって大切に保管されてきた。

1979年、「安重根義士生誕百周年式典」が韓国で開催されるのを知った千葉十七の遺族は、この遺墨をソウルにある安重根義士崇慕館へ寄贈した。その2年後、千葉十七夫妻の菩提寺である大林寺境内に、安重根と千葉十七の顕彰碑が、日韓の人びとの協力により建立された。

1998(平成10)年9月6日には、安重根と千葉十七の追悼法要が大林寺で営まれ、日韓の関係者約200人が参列した。

― 安重根の残したもの ―

の志波姫神社に比定している。

旧有壁宿本陣 ❼

〈M ▶ P.198〉 栗原市金成有壁本町31
JR東北本線有壁駅 🚶 5分、または東北自動車道若柳金成IC 🚗 15分

有壁駅から北東へ約400m行った県道187号線北側に、旧有壁宿本陣(国史跡)がある。有壁宿は、1619(元和5)年に奥州道中の宿駅の1つとして設けられた。1744(延享元)年に大火に遭い、現在の地に建てられた。『安永風土記』によれば、家数74、町並みの長さは5町4間。本陣は、江戸時代には仙台藩以北の諸大名の参勤交代、幕府の巡見使などの休息・宿泊施設となり、明治時代には、ロシアのコンシュル(領事)や明治天皇の東北巡幸時の休息所や行在所としても利用された。

現在の本陣は、1975(昭和50)年からの修復工事を経て、1986年に

― 幕末の本陣跡 ―

栗駒山

旧有壁宿本陣

幕末の姿に復元されたものである。御成門、平屋建ての本屋1棟、2階建ての長屋1棟、土蔵6棟、馬屋1棟からなる。

代々本陣をつとめた佐藤家には、宿駅検断文書・本陣宿泊文書・佐藤家内度文書など多数の古文書のほか、関札74枚余が保存されている。

伝存の文書からは、本陣の利用手続きなどがわかる。休泊の際は、まず、大名が本陣宛に先触れを出し、宿割り賄料を決定する。例えば、1862（文久2）年8月2日、松前藩家臣が本陣に先触れを出し、同月11日、有壁宿本陣佐藤治右衛門が請書を松前藩の家臣宛に提出して、手続きが完了している。大名家が本陣を利用した料金の例としては、1868（慶応4）年2月に盛岡藩南部氏が46人・馬2頭で休息した際に、昼食代800文と茶代300疋を支払った記録が残る。

有壁五輪沢経塚 ❽　〈M ► P.198〉栗原市金成有壁熊口
JR東北本線有壁駅🚶30分、または東北自動車道若柳若柳金成IC🚗20分

大小5基の経塚群

旧有壁宿の家並みからはずれ、東北本線の南に沿って東西に延びる道を東へ2kmほど行き、右手の山側に入ると、五輪山とよばれる丘陵がある。この丘の頂上から斜面にかけて、大小5基からなる有壁五輪沢経塚がある。

経塚群のうち最大のものは、約10m四方に丸石を積み上げて基壇をつくり、その上に大小2基の石

有壁五輪沢経塚

千葉卓三郎と鈴木文治

コラム

自由民権運動と社会主義運動

千葉卓三郎は、1852(嘉永5)年、仙台藩士千葉宅之丞の子として、陸前国栗原郡白幡村(現、栗原市志波姫伊豆野)に生まれた。11歳にして、仙台藩校養賢堂において開国論者の大槻磐渓(蘭学者玄沢の子)に学び、16歳のとき、戊辰戦争に参加して敗れ、放浪の身となった。この間、上京し、ロシア人ニコライからギリシア正教の洗礼を受けるなど、幾多の精神遍歴を経て、1878(明治11)年頃から五日市勧能小学校(東京都あきる野市五日市)の助教となり、2代目校長もつとめた。

当時の五日市は、自由民権運動の高まりのなかにあって、いわば民権の里であった。1880年頃には、住民により学芸講談会という結社がつくられ、定期的に演説会や討論会が開催されていた。卓三郎は、教壇に立つかたわら、学芸講談会のリーダーとして、地元青年とともに日本の未来像を求めて学習し、この活動を通じ、みずからの手で憲法草案を起草した。この草案の基本的人権についての規定は、204条中150条を占め、現行の日本国憲法とくらべても見劣りのしないほど先進的な内容をもっている。

この「五日市憲法草案」の第45条「日本国民ハ各自ノ自由権利ヲ達ス可シ。他ヨリ妨害ス可カラズ。且国法之ヲ保護ス可シ」からは、五日市の青年たちの、民主的憲政への情熱が感じられる。

1883年、卓三郎は31歳の若さで病没し、仙台市青葉区北山の資福寺(臨済宗)に葬られた。

鈴木文治は、1885年、栗駒郡金成村上町(現、栗原市金成上町)の酒造家益治の子として生まれた。10歳のとき、生家近くの金成ハリストス正教会で洗礼を受け、古川中学校時代には信仰上の文通を通して、終生の友人吉野作造を得た。

生家の没落により、山口高等学校・東京帝国大学法学部を苦学して卒業。海老名弾正が牧師をつとめた本郷教会で、吉野作造や安部磯雄らの影響を受け、労働運動に目覚めた。大逆事件の直後で、社会主義運動の「冬の時代」といわれるさなか、1912(大正元)年には同志15人と友愛会を結成、さらに1921年には日本労働総同盟へと改称・発展させ、日本の労働組合運動の先駆となった。

また、第二次世界大戦前の国際労働機関(ILO)代表や社会民衆党代議士もつとめた。1946(昭和21)年、文治は60歳で死去し、仙台の二十人町教会で社会党葬が行われた。現在は、旧金成小学校校舎前に銅像が、生家跡前に記念碑が立つ。

栗駒山

造宝塔を安置している。南側の塚からは，写経石が出土した。

『安永風土記』によると，これらは奥州藤原氏4代泰衡の家臣照井太郎高直一族の供養塔という。高直は，1189（文治5）年源頼朝を柴田郡の韮神山（現，柴田郡村田町）に迎え撃ち，その地で戦死した。高直の妻子は当地に落ちのびた後，酒造をなして長者となり，高直らの菩提を弔うためにこの五輪塔を建てたといわれている。

旧金成小学校校舎 ❾
0228-42-2155
〈M ▶ P.198, 204〉栗原市金成中町7
東北自動車道若柳金成IC🚗10分

明治時代後期の小学校

若柳金成ICの北西2.5kmほどの所に，金成郵便局に隣接して旧金成小学校校舎（県文化）がある。現在は栗原市金成歴史民俗資料館として利用され，館内では金成地区の歴史に関する展示がなされている。

この校舎は，1908（明治41）年に建てられた，中廊下式の平面をもつ和洋折衷の建物である。木造素木造で，寄棟造・銅板葺き。中央部に幅2間・出8尺のポーチ（1階）とベランダ（2階）が設けられ，このポーチ上部の唐破風や軒裏のせがい造が和風であるのに，小屋組に洋風のキングポスト（棟と梁を結ぶ束）を用いているなどの特色がある。また，1838（天保9）年に再建された金成宿本陣菅原家の，藩主領内巡視の際の宿泊・休息施設であった御仮屋（御殿）の玄関に用いられていた大瓶束を転用しているのも珍しい。

旧金成小学校校舎

迫川とともに

小迫の延年

コラム 芸

奥州藤原氏時代の舞

栗原市金成小迫の勝大寺（真言宗）の鎮守白山神社には，小迫の延年（国民俗）が伝わる。平安時代末期，祭礼・法会の後宴や貴人の饗応などに寺院で催された，延年の舞の一種である。岩手県西磐井郡平泉町の毛越寺にも同種の舞が伝わっており，平泉文化の影響を受けていると考えられる。

旧暦3月3日（現在は4月第1日曜日）の白山神社の祭礼は，小迫祭とよばれる。近世までは勝大寺を中心に行われ，その様子を1786（天明6）年，当地を訪れた菅江真澄が詳述している。神仏分離後は白山神社での神事のみ神官が行う。

まず，勝大寺本堂で法会が行われた後，舞人や囃子方も加わった神輿行列が，山上の白山神社に向かう。長床が楽屋となり，神社石段下の広場に忌竹を立て，注連縄をまわした3間四方の土壇で舞が奉納される。

舞は，悪魔払いの獅子舞から始まる。献膳に続いて御法楽があり，法衣に翁面をつけた神男が神社に向って祭文を読み，老女・若女が化粧をしたり，神男とからんだ所作を行う。

さらに，僧形の2人が長刀を携えて舞う入振舞，扇をもって蝶のように舞う飛作舞，花笠をかぶった舞人らによる田楽舞と続く。最後に祭のハイライトである馬上渡という武人姿の6騎による流鏑馬が行われる。流鏑馬の的や矢，田楽舞の笠は，豊作や厄除けに利益があるとされ，終了後に観衆が奪い合い，持ち帰って神棚に供える。

舞の奉納が終ると，神輿は勝大寺に還御する。

小迫の延年（馬上渡）

日枝神社 ❿

〈M ▶ P. 198, 204〉 栗原市金成中町27 P
東北自動車道若柳金成IC🚗10分

拝殿と本殿の柱の形が異なる桃山様式の社殿

旧金成小学校校舎のすぐ北側に，日枝神社（祭神大山咋神）がある。『安永風土記』によると，746（天平18）年，近江国坂本（現，滋賀県大津市坂本町）から，日吉大社を分霊し勧請したとされる。

拝殿（県文化）は素木造で，正面に千鳥破風の向拝をつける。日吉造に類似した屋根をもち，内部の格天井の鏡板には草花や鳥獣が

日枝神社拝殿

描かれており、江戸時代後期の建築とみられる。

本殿(県文化)は朱塗りで、蟇股・虹梁（こうりょう）・斗栱（ときょう）には胡粉（ごふん）彩色、柱上の斗や肘木（ひじき）は極彩色に彩られている。彫刻や飾金具の意匠に桃山様式の特徴が残ることから、江戸時代初期の造営と考えられている。また、拝殿に丸柱、本殿に角柱を用いている点が珍しい。

日枝神社の北西約800mには、小迫（おばさま）の延年（えんねん）(国民俗)で知られる白山（はくさん）神社(祭神菊理比咩神（くくりひめ）・伊邪那岐（いざなぎ）神・伊邪那美神（いざなみ）)がある。

山王囲遺跡（さんのうがこいいせき）⓫
0228-57-6012
(山王ろまん館)

〈M▶P.198〉栗原市一迫真坂字山王（いちはさまさか） P

JR・市営地下鉄仙台駅🚌一迫総合支所行一迫公民館前🚶すぐ、または東北自動車道築館IC🚗20分

縄文時代の編布と籃胎漆器

東北自動車道築館ICから国道4号線を約3.5km北上、左折して国道398号線に入り約7km行くと一迫総合支所がある。その北側、長崎（なが さき）川に架かるトンネル状のみちのく縄文橋を渡ると、山王囲遺跡(国史跡)に至る。一帯は、2002(平成14)年から史跡公園として整備が進められており、初夏にはアヤメが色とりどりに咲き乱れ、アヤメ祭りの舞台ともなっている。

山王囲遺跡は、縄文時代晩期から弥生時代中期にかけての集落遺跡で、北側を流れる一迫川と、南を大きく迂回（うかい）する長崎川の間に形成された自然堤防上に位置する。遺物の多くは、この自然堤防の北斜面や後背地の泥炭層から大量に出土する。1965(昭和40)年から行われた発掘調査では、厚さが3mにもおよぶ遺物包含層から、縄文時代晩期〜弥生時代中期の遺物が、層位的に良好な状態で認められた。

山王囲遺跡出土の彩文籃胎漆器

出土遺物は、土器・土偶（どぐう）・石器の

ほかに，縄文時代晩期の籃胎漆器・朱漆塗櫛・編布などがある。籃胎漆器は，細い籤で編んだ籠に朱漆と黒漆を幾重にも塗り重ねたもので，表面に亀ヶ岡文化に特徴的な模様が描かれている。編布は大麻を用いてひも（糸）をつくり，編まれたもので，断片が3点出土している。縄文時代の編布は，全国初の発見であった。編布は，現在でも全国で10カ所ほどでしかみつかっていない，貴重な考古資料である。

公園内には，竪穴住居が復元され，栗原市山王考古館がある。また，西側の少し離れた所には，栗原市一迫埋蔵文化財センター「山王ろまん館」がある。山王囲遺跡の出土品を展示しており，縄文時代と同じ工程で漆器・編布製作も体験することができる。

妙教寺 ⑫
0228-52-3008 〈M ▶ P.198〉栗原市一迫 柳目字高畑3 P
東北自動車道築館IC🚗15分

特異な造形をもつ山門

一迫総合支所から国道398号線を東へ約3km，右折して約200m行くと，左手の丘陵上に石柳山妙教寺（日蓮宗）がある。『安永風土記』によれば，1287（弘安10）年，柳目城主三浦左馬助の外護を受けた，駿河国富士郡（現，静岡県富士宮市）の大石寺2世日目上人が開いたとされる。

石段の参道をのぼりきると，山門（県文化）がある。素木造の四脚門で，屋根は切妻造・銅板葺き（もとは茅葺きか）。虹梁・大瓶束・蟇股・象頭の木鼻など，随所に室町時代末期の建築技法がみられる。

山門の右手奥には御宝蔵があり，中世の曼荼羅などの本尊や書状が保存されている。また，意匠から江戸時代初期から中期頃の造営と考えられている祖師堂脇には「徳昌二年」の私年号の題目板碑などが残る。

妙教寺山門

鳥矢崎古墳群 ⓭ 〈M ▶ P. 198, 204〉栗原市栗駒猿飛来字鳥矢崎
東北自動車道若柳金成IC🚗20分

伊治公一族の群集墳

　若柳金成ICから西へ約２km，国道４号線に入り約１km南下する。沢辺西大寺交差点を右折し，県道181号線を西へ約６km行くと，二迫川と三迫川に挟まれた丘陵上に鳥矢崎古墳群がある。高さ１m・径６〜７mの円墳33基が確認されており，1971（昭和46）年の調査で，このうちの２基が調査された。１号は，川原石を積み上げ，横穴式石室の形態をとる。２号は，組み合わせ型木棺直葬で，棺内から人骨と青銅製帯金具が出土した。１号の内部構造は，岩手県南部にみられる終末期古墳と共通する。年代は８世紀中葉と考えられ，被葬者は伊治公砦麻呂の一族が想定される。

　鳥矢崎古墳群の西500mに，屯ヶ岡八幡宮（祭神品陀別尊）がある。南北朝時代頃のものと推定される，縹糸威胴丸残欠兜・袖付と色々威胴丸残欠・兜付（ともに県文化）を所蔵する。1340（康永元，興国３）年，「とや」などに館を築いた北畠方を，奥州総大将石塔義房が攻めた三迫合戦との関連も考えられる。また，1807（文化４）年に屯ヶ岡八幡宮を訪れた谷文晁は，院主から「古冑」をみせられており，この胴丸と同じ可能性もある。

　屯ヶ岡八幡宮の西10kmには，洞泉院（曹洞宗）がある。この寺は，茂庭綱元が主君伊達政宗の菩提を弔う寺で，墓標に荒砥石でつくられた坐禅像を用いた綱元の墓がある。

　さらに北へ３km行くと，柿ノ木御番所跡があり，門と備荒蔵が残る。ここは秋田との往還沿いの番所で，門は袖壁が両側についた四脚門である。備荒蔵は，藩命により，不作に備えて1000俵の籾を貯蔵していた。

鳥矢崎古墳群石室

正藍染

コラム

産

県北に伝わる古い藍染技法

　栗駒山の麓、栗原市栗駒文字の千葉家が伝えてきた、古い藍染技法が正藍染である。縮藍の栽培から、藍玉作り、桶を用いた木灰による藍だて(発酵)、藍染めを、自然の温度のままで行う。

　染めた布は、二迫川で振り洗いする。藍栽培に並行して、麻を栽培し、皮を剥いで水に晒し、乾燥して糸を紡ぎ、麻布に織るという全工程を1人で行う。

　こうした自給自足的な織り・染めの技術は、昭和時代初期まで栗原地方各地の農村に細々と伝えられてきたが、工業製品が普及するにつれて消滅した。

　藍は寒さに弱く、藍瓶の温度調節に火を使うのが一般的だが、火をまったく使わず、自然発酵する時期だけ染めるという奈良時代以来の素朴な技法を伝える稀有な例として、1955(昭和30)年に千葉あやの(故人)が人間国宝に指定された。現在は、千葉まつ江(県無形)が技法を受け継いでいる。

　県道179号線沿いの栗駒市文字鍛冶屋に愛藍人館があり、正藍染を体験できる。

細倉鉱山跡 ⑭

0228-55-3215(細倉マインパーク)

〈M ▶ P.198〉栗原市鶯沢南郷字荒町 P

東北自動車道若柳金成IC 🚗 25分

日本有数の鉛鉱山

　鳥矢崎古墳群から県道181号線に戻り、尾松郵便局交差点を越えて国道457号線を西へ7kmほど行くと、細倉鉱山跡がある。細倉鉱山は、『安永風土記』によれば、天正年間(1573～92)に本格的な開発が始まったとされる。宝永年間(1704～11)の『石母田家文書』には「細倉銀山之山師　古切支丹」とあり、当初は銀山扱いで、技術者はキリシタンであった者が多かったことがうかがえる。

　細倉鉱山は金山奉行の支配を受けたが、仙台藩は直接生産には関与せず、運上を徴収して山師に経営を許可した。このことは、細倉鉱山の利益金を、本吉郡津谷村(現、本吉郡本吉町津谷)の御金山下代菅原伊兵衛が運上していることからわかる。藩は精錬のための炭を藩有林から供給したり、掘り子の食料を栗原郡内から調達した。また藩は、産出した地金を山師から買い占め、鶯沢の百姓に川口(現、栗原市一迫川口)まで輸送させ、問屋に卸し市中に販売させた。

　鉛は、銀・銅の精錬に不可欠であったために需要が増え、そこで灰吹法の技術を導入して生産を増大させ、これにこたえた。細倉山

栗駒山　215

神社には大坂商人が献納した常夜灯などがあり、細倉の鉛が大坂まで輸送され、銀製錬に使用されたことを物語る。全山33カ山という分割採掘のため、坑道ごとに信仰する神々をまつっていたことが、鉱山山頂に残る石の祠(ほこら)からも知られる。

また、安政(あんせい)年間(1854〜60)には、「細倉当百(とうひゃく)」という山内流通の鉛の貨幣が鋳造された。この鉛貨は、厚さ2分(ぶ)(約6mm)・縦横2寸(約6.4cm)の正方形で中央に四角穴があり、大英博物館にも展示されている。

近代には、鉱山経営を引き継いだ高田(たかだ)鉱山が、亜鉛製錬を国産化して亜鉛も生産するようになった。1934(昭和9)年、三菱(みつびし)鉱業株式会社に経営が移管され、昭和30年代には岐阜県神岡(かみおか)鉱山につぐ鉛の生産量となり、鶯沢の人口も1万3000人ほどになった。しかし、非鉄金属の価格下落により1987年に閉山した。

現在、旧坑道は細倉マインパークとして観光開発され、鉱山住宅地跡には鉱山資料館が立ち、鉱山作業の様子を展示している。

この観光施設と石越を結ぶ交通機関が、宮城県唯一の私鉄くりはら田園鉄道であった。1890(明治23)年に東北本線が石越(いしこし)まで開通したが、細倉から石越までの鉱物輸送は馬車で2日を要していた。そこで1915(大正4)年、細倉—石越間の馬引(うまひき)鉄道に改良され、さらに1921年に石越—沢辺間、翌年には岩ケ崎(いわがさき)までが軽便(けいべん)鉄道となり、1940(昭和15)年に細倉まで全線開通した。1955年に旧国鉄と同じ軌道に改め、電化されたことで、鉱山からの貨客輸送が容易になったが、2007(平成19)年3月をもって廃止された。

寒湯番所跡(ぬるゆばんしょあと) ⓯ 〈M▶P.198〉栗原市花山本沢字温湯口(はなやまほんさわぬるゆぐち)
東北自動車道築館IC🚗60分

現存する関所の建物

細倉鉱山資料館から県道178号線を西へ約6km。花山湖畔で国道398号線に入り、北へ約11km行くと、温湯温泉に至り、市営の温湯山荘のすぐ隣に仙台藩花山村寒湯番所跡(国史跡)がある。仙台藩は、湯原(ゆのはら)・上戸沢(かみとざわ)(七ヶ宿(しちがしゅく)街道)、笹谷(ささや)(笹谷街道)、越河(こすごう)・相去(あいさり)(奥州道中)など、藩境に27ヵ所の関所を設けていた。番所は藩境警備のために設置され、旅人の検断を行い、物資の他領流失を監視した。馬・兵具類は宿老(奉行)の、銅・鉛・鉄や紙などは出入司(しゅつにゅうづかさ)(直接

姉歯の松　コラム

　沢辺の梨崎八幡神社に『伊勢物語』以来の歌枕「姉歯の松」がある。1786(天明6)年当地を訪れた菅江真澄は，気仙郡高田長者の娘姉妹の采女伝説など，この歌枕の名の由来と古松の一片を土地の人びとが「わらば病み」の薬に利用したことを記している。真澄の2年後に，幕府巡検使とともに当地を訪れた古川古松軒も，「幾度と枯れてうへつぎし松ながら，一抱えばかりある雅なる松二本あり」と記している。この松は，慶安・承応の頃に枯れたとあり，また伊達吉村巡視の折りに，硯箱の用材として切断された口伝がある。1790(寛政2)年，当地を訪れた高山彦九郎は，案内役の梨崎村忠治郎から枝が京を向いていることや三葉である説明を受けている。

民政・財務の事務を担当)の，紅花・藍・蠟(ろう)・漆(うるし)・米などは勘定奉行の許可証を必要とした(『出入司鑑』)。

　寒湯御番所は，秋田県湯沢市に通じる仙北通(せんぼくどおり)(通称花山越え)におかれた口留(くちどめ)番所であり，正式には仙台藩仙北御境目寒湯番所と称し，奥羽山脈方面12番所の1つであった。御境目守は，1566(永禄9)年の初代久山から三浦(みうら)家が代々これをつとめ，10代陽之助のときに明治維新によって廃止された。

　花山番所の門は，茅葺き・両切妻造・総ケヤキ楔(くさび)留めの四脚門で，街道をまたぐ形で建てられている。三浦家の役宅は門をくぐって右手前方にあり，江戸時代の生活を偲ばせる展示物がある。検断所跡と馬屋跡は，基壇のみが残る。これらの遺構は，いずれも安政年間(1854～60)のものである。

② 登米の里

中世葛西氏の面影を求め、伊達家一門の城下を過ぎれば、明治文明開化の街に出会う。

踊り念仏の碑 ⑯

〈M ► P.198〉登米市南方町板倉
JR東北本線瀬峰駅🚌佐沼高校行板倉🚶5分、または三陸自動車道登米IC🚗25分

踊り念仏の板碑

瀬峰駅から県道1号線を佐沼方面へ約9km、板倉バス停手前を左に200mほど進むと踊り念仏の碑(県文化)がある。もとは中須崎地区(みなみかた花菖蒲の郷公園付近)にあったが、明治時代に現在地に移された。

碑は、砂岩製で高さ約1m。阿弥陀如来をあらわす種子と、1300(正安2)年閏7月15日、約50人で48日にわたって踊念仏をしたと刻まれている。阿弥陀の四十八願にちなみ、踊念仏を行ったことを示す結衆板碑としては、初期のものである。時宗の開祖一遍とこの碑を関係づける見解もあるが、碑の造立年は一遍による奥州教化の20年後であり、また、融通念仏宗などでも踊念仏を修するため、時宗板碑であるかどうかは検討の余地がある。

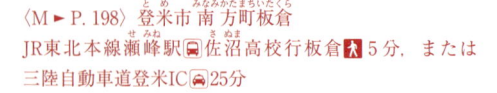

踊り念仏の碑

踊り念仏の碑から北西へ約1.5km行くと、縄文時代中期から後期に形成された青島貝塚がある。シジミなどを中心とする淡水産貝塚で、屈葬された縄文人の全身骨格が出土したことでも知られる。

踊り念仏の碑の南西約7km、蕪栗沼の北岸には、縄文時代中期の淡水産貝塚である長者原貝塚がある。踊り念仏の碑の南約6kmにある米山町中津山の縄文時代後・晩期の網場貝塚からは、凝灰岩に雲形文の鋭い線刻が施された岩版(国重文)が出土した。

興福寺六角堂 ⑰
0220-58-3572

〈M ► P.198〉登米市南方町本郷大嶽18 P
JR東北本線瀬峰駅🚌15分、または三陸自動車道登米IC🚗15分

教会風の寺院建築

瀬峰駅から県道1号線を佐沼方面に約7.5km、南方中学校手前の

迫川とともに

柳生心眼流甲冑術

コラム

仙台藩に伝わる古式の技

　柳生心眼流の流祖は、江戸時代初期の兵学者竹永隼人兼次である。兼次は、各流を修めて奥義を極め、柳生新陰流柳生但馬守宗矩に師事し、許されて柳生の名を冠する柳生心眼流を興したと伝えられている。晩年、桃生郡高須賀（現、石巻市）に閑居した後も、門人を育てたという。

　幕末、仙台藩藩校養賢堂の武道教授となった、登米郡新田村（現、登米市）生まれの星貞吉義治が心眼流の基礎を大成させ、多くの門人を養成し、本格的に広めた。

　同兵法には、剣術・棒術・甲冑術・甲冑柔術などがあり、剣・鎧通し・棒・陣鎌などの武器術の形があり、甲冑術は表の形・極の形・落しの形など28形からなっている。1981（昭和56）年に柳生心眼流甲冑術・甲冑柔術として県指定の無形文化財となった。

柳生心眼流甲冑術

　交差点を右折して東へ約4km進むと、大嶽山興福寺（天台宗）がある。興福寺は、807（大同2）年坂上田村麻呂の創建とされ、開山以来、修験の道場として栄えた。1616（元和2）年に津田氏が亘理郡坂元より佐沼へ所替のとき来山した永盈和尚が中興し、伊達家の祈禱所になった。1884（明治17）年に観音堂の再建に先立ち、棟梁鈴木長作らによって改築された庫裡道場が、六角堂である。2階建て・土蔵造の擬洋風建築で、屋根は六角形をしている。1階の壁は人造石製、ポーチには洋風柱を用いている。2階の壁は漆喰で、バルコニーの柱は組物、手すりには擬宝珠高欄をめぐらしている。また、2階内陣の柱は極彩色で、虹梁の木鼻は竜頭、格天井には彩色画が施されている。

興福寺六角堂

登米の里　219

佐沼要害跡 ⑱

〈M ▶ P. 198〉登米市迫町佐沼字西館 P
JR東北本線瀬峰駅🚌登米行佐沼営業所🚶15分, または三陸自動車道登米IC🚗20分

葛西・大崎一揆の舞台

佐沼バス停から北方へ800mほど進むと, 東を迫川, 北を支流の荒川が流れる小さな高台に, 輪郭式の平城として築かれた佐沼要害跡がある。現在は鹿ケ城公園として整備され, 南側には空堀が残り, 城の由緒を伝える記念碑が立つ。

佐沼城は, 文治年間(1185～90)に, 奥州藤原氏3代秀衡の家臣照井太郎高直が築いたと伝えられる。築城の際, シカを生き埋めにして城の守護神としたため, 鹿ヶ城ともよばれたという。

栗原郡に属した佐沼地方は,『伊達正統世次考』によると, 永正年間(1504～21)は葛西領であった。しかし, 天文年間(1532～55)に大崎氏の家臣石川氏が入り, 西館の地を居城とした。豊臣秀吉の奥羽仕置後, 大崎氏の旧領は木村吉清に与えられた。木村吉清・清久父子が厳しい検地・刀狩りを実施したため, 1590(天正18)年10月, 葛西・大崎氏の旧臣と農民は一揆をおこした(葛西・大崎一揆)。一揆は4万6000の大軍で, 木村父子のこもる佐沼城を攻撃した。木村氏は白河(現, 福島県)に滞陣中の浅野長政に援軍を頼み, 伊達政宗と蒲生氏郷は1万余の兵を率いて, 木村父子を救出した。

木村氏の旧領を引き継いだ政宗は, 秀吉に残党処理を命じられた。一揆煽動の疑いをかけられていた政宗は, これを晴らすために, 1591年6月から, 佐沼城にこもる一揆勢を平定した。このとき, 武士500人・農民2000人が討ち取られたといい,「佐沼のなで切り」とよばれている。遺体は, 城の西側にある大念寺(浄土宗)の近くに葬られた。これが現在残っている首壇で, 大念寺を陣所とした留守政景は「一揆平定の後, 亡霊の追善利益のため」念仏三昧を命じた

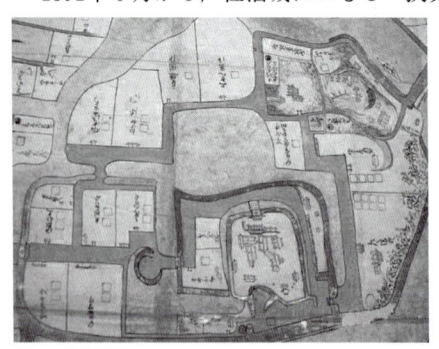

「佐沼要害絵図」

横綱丸山権太左衛門

コラム

張り手が武器の横綱

登米市米山町中津山字城内に,第3代横綱丸山の生家がある。

丸山は,1713(正徳3)年,領主大立目氏の家老芳賀楽右衛門の子として生まれ,銀太夫と称した。

1729(享保14)年,仙台藩5代藩主伊達吉村の参勤交代に際し,大立目成紹に従って江戸に上った。身長190cm・体重160kgを超える銀太夫は,再び辛い道中を旅する気にもなれず,黒川郡出身の力士七ツ森折右衛門に弟子入りした。

20歳になった銀太夫は,1732年,江戸深川八幡(東京都江東区)の春場所に,東大関丸山権太左衛門として登場する。26cmの手を生かした張り手を武器に土俵をつとめ,18年間で2敗したのみであった。1749(寛延2)年,巡業先の長崎において,37歳で病没した。その後,吉田司家から横綱の免許を贈られた。

丸山は,長崎市川内町一ノ瀬街道のかたわらに埋葬され,丸山塚が現存する。遺髪と遺品は,郷里中津山の芳賀家に妻の手で届けられたといわれ,その菩提所である松寿院(臨済宗)の丸山堂にも墓がある。また「道の駅よねやま」には,銅像が立つ。

丸山権太左衛門銅像

といわれる。1913(大正2)年には旧迫町の有志が首壇の碑を建てた。

仙台藩領になると,城は要害とされ,初め津田氏が入部した。1757(宝暦7)年には亘理氏が,5000石を与えられて高清水(現,栗原市)から移封され,幕末に至った。

なお,要害の南側の発掘調査の際,近世の家中屋敷跡と古墳時代前期の集落・祭祀跡が発見されている。その出土品は,公園内にある登米市歴史博物館で,佐沼要害や亘理氏の関連資料とともに展示されている。また,1892(明治25)年につくられた亘理家の邸宅(古鹿山房)も現存し,見学することができる。

香林寺 ⑲
0225-76-2307
〈M ▶ P.199〉登米市豊里町杢沢87 P
JR気仙沼線御岳堂駅 🚶10分,三陸自動車道桃生津山IC 🚗20分

御岳堂駅から県道257号線を南西に約800m行くと,月輪山香林寺(曹洞宗)がある。この寺は,1584(天正12)年に,葛西氏家臣月輪

登米の里

香林寺山門

中世葛西氏ゆかりの門

氏の菩提寺として開山された。

山門(県文化)は、月輪六郎・七郎兄弟の居館といわれる月の輪館の東門を移築したもので、月輪氏の家紋二ツ葉柏が彫刻されている。1540(天文9)年築造の平屋建てで、桁行5.15m・梁間3.36m。本柱を中央ではなく前面に配し、四脚門とも異なる特異な形は、中世城門の姿を伝えている。また、妻側の虹梁の上にある蟇股の意匠は地方色に富む。

登米の武家屋敷 ⑳

登米伊達家の歴史遺産

〈M ▶ P. 199, 223〉登米市登米町寺池
JR東北本線瀬峰駅🚌登米行終点、または三陸自動車道登米IC🚗5分

　桃生豊里ICから、国道45号線を北上、柳津大橋を渡ると国道342号線につながる。そのまま北上して、登米町日根牛交差点を左折し、登米大橋を渡ると登米の町並みに入る。『続日本紀』には774(宝亀5)年、桃生城に侵入した遠山村の蝦夷を陸奥鎮守府将軍大伴駿河麻呂が討ったとあり、この遠山村が登米の地名の由来とされている。中世後期には、登米一帯は葛西氏領となり、寺池に居館が営まれた。寺池道場にある養雲寺の山門は、当時の様式を残している。

　豊臣秀吉の奥羽仕置後、寺池城には木村吉清が入ったが、葛西・大崎一揆を経て、伊達政宗の所領となった。1604(慶長9)年、水沢(岩手県奥州市水沢区)から伊達家家臣の白石相模宗直が入部。1605〜08年にかけて、北上川の改修と新田開発のために「相模土手」を築き、館下町の整備を行った。その後、白石氏は2万石を領して伊達姓を与えられ、一門に列した。

　登米町北端丘陵上には寺池要害跡があり、本丸跡と二の丸跡にわかれている。古川古松軒は往来より櫓をみている。また吉田松陰は、「隠として一城堡の如し」と評している。現在、本丸跡は城跡公園として整備され、二の丸跡にある登米懐古館は、仙台藩初代藩主伊

迫川とともに

達政宗所用と伝える具足，3代藩主綱宗の脇差や自作の茶碗など，登米伊達家ゆかりの資料約130点を所蔵・公開している。

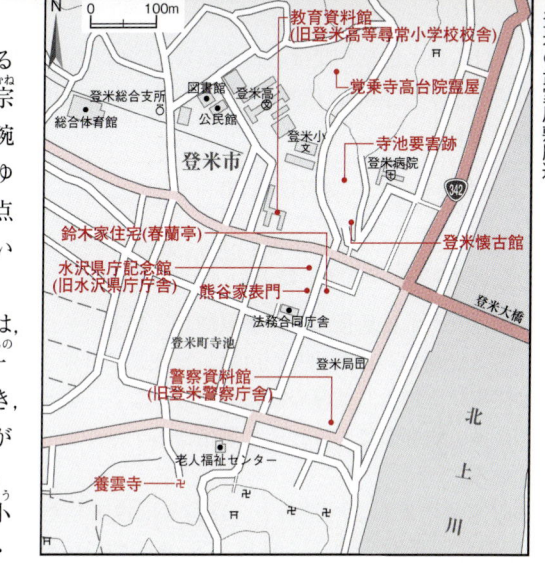

寺池要害の館下は，北上川に沿った一関街道に町屋をおき，その周辺に侍屋敷が割り出されていた。現在も，前・後小路，桜小路，前・後舟橋など，町割を示す字名が残る。

登米の武家屋敷は，書院を別棟とせず，母屋に取り込む直家型である点に特徴がある。門から入って正面，あるいは横向きに広間があり，その奥の廊下続きに本宅がある。桜小路の鈴木家住宅(春蘭亭)は，江戸時代中頃の登米上層家中の典型的な武家住宅様式を今に伝えている。同じく桜小路の熊谷家表門は，一般的な近世武士住宅の門の型式とは異なり，中世城門の特徴をもっており，葛西氏の寺池城の搦手門を移築したとの言い伝えがある。なお，屋敷群中，一般公開されているのは春蘭亭のみである。

寺池要害跡の北側には，覚乗寺高台院霊屋(天山廟，県文化)がある。覚乗寺(廃寺)は，2代藩主忠宗の5男で登米伊達家に養子に入った宗倫が，父を弔うため，江戸幕府より許可を得て再興した。宗倫は，忠宗の日光代参をつとめた後，1670(寛文10)年に急死した。宗倫が政宗の孫であることから，登米伊達家菩提寺の養雲寺ではなく，とくに覚乗寺に葬られ，1672年に霊屋がつくられた。天山廟の別称は，宗倫の諡に由来する。

建物は方三間で，前面に向拝と縁がつき，屋根は宝形造・柿葺きである。内部は，須弥壇上に極彩色の家形厨子をおき，須弥壇の

床下には石畳の墳墓が設けられている。宗倫の兄光宗をまつった松島円通院霊屋(三慧殿，国重文)と並ぶ，仙台藩の桃山様式霊廟建築の秀作である。

旧登米高等尋常小学校校舎 ㉑
0220-52-2496(教育資料館)

〈M ► P. 199, 223〉 登米市登米町寺池桜小路6 P
JR東北本線瀬峰駅🚌登米行終点🚶3分，または三陸自動車道登米IC🚗5分

明治の香り漂う洋風建築の校舎

　登米は，明治維新後，土浦藩取締地・登米県・一関県・水沢県・磐井県と変遷し，1876(明治9)年，宮城県に合併された。現在も町には洋風建築物や，重厚な蔵造りの商家など，明治時代を偲ばせる建物が多く現存しており，その風情から「みやぎの明治村」とよばれている。

　熊谷家表門から北へ進むと，1872年に竣工した旧水沢県庁庁舎(水沢県庁記念館)がある。破風に狐格子のついた入母屋造の玄関は，和風建築である。スレート葺きの本棟は，洋風の木造平屋建てで，日本独自の洋風建築の貴重な遺例といえる。内部には，石巻治安裁判所登米出張所として使われた当時の，法廷が再現されている。

　旧水沢県庁庁舎の北側の県道36号線を渡り西へ進むと，右手にレンガ造りの門があり，旧登米高等尋常小学校校舎(国重文)に至る。学制公布の翌年，1873年，凌雲小学校として開校し，1879年に登米小学校となった。今日残る校舎は，1888年に山添喜三郎が設計し，棟梁佐藤朝吉の手により竣工した。

　建物は素木造の2階建て，瓦葺きで，正面に41.8mの中央校舎を配し，東西両翼に長さ20mの建物を南へ突き出した凹字形をなす。教室前面には吹抜け廊下が

旧水沢県庁庁舎

カマ神さま

コラム

かまどの守り神

　宮城県中部から岩手県南部の旧家には，土間の大黒柱や竈近くの柱に，「カマ神さま」とよばれる異形の面をまつる風習がみられる。これは家や竈を新築したときに，大工や左官によってつくられたと伝えられる。材質は土製と木製に大別され，目にアワビや瀬戸物を嵌め込むなどして，恐ろしい形相につくられているのが一般的である。火除け・魔除け・家の守り神などとされる。

　この風習を記した最古の史料は，江戸時代後期の国学者菅江真澄の紀行文『続はしわの若葉』である。真澄は，1786（天明6）年に仙台藩領を訪れた際，桃生郡鹿又（現，石巻市）に立ち寄り，民家の柱に，土をこねて貝殻を目に嵌めた，「かまおとこ」と称する「いかる人のつら（顔）」をみかけたと記している。

　家の繁栄を象徴する竈を神聖視する風習は全国的にみられるが，御札を貼るか，幣束を立てるのが一般的で，異形の面を掲げるのは珍しい。その由来や神としてまつり始めた時期，旧仙台藩領にのみ存在する理由は謎である。

カマ神（鹽竈神社博物館蔵）

めぐり，東西両翼の1階突端には，半六角形の昇降口がある。正面校舎の中央に吹抜け式玄関が突出し，1階はポーチ，2階はバルコニーになっている。ペンキで白く仕上げられた和洋折衷の建物で，明治時代の学校建築の特色を残している。1987（昭和62）年から保存修理が行われ，教育資料館として一般公開されている。大正時代の授業を体験できる再現教室が設けられ，明治時代以降の教科書などの展示がある。

旧登米高等尋常小学校校

旧登米高等尋常小学校校舎

舎の南東約400mには，旧登米警察庁舎（県文化）がある。この庁舎も山添喜三郎の設計により，1889（明治22）年に竣工した。木造2階建て，下見板張り白ペンキ塗り，2階バルコニーの屋根に鬼瓦を載せる擬洋風建築である。1986（昭和61）年の改修の際に，設計当時の留置所の基礎が発見され，本庁舎と併せて復元された。現在は警察資料館となり，歴代の警察官の制服などが展示されている。

　明治時代以降，天然スレートは洋風建築に不可欠であった。登米町で産出される登米スレートは，天然スレートとして全国に知られ，日本各地で屋根瓦として使われてきた。その代表例が東京駅駅舎・法務省旧本館（東京都千代田区）の屋根である。

弥勒寺 ㉒
0220-34-6763

〈M ► P.199〉登米市中田町上沼字弥勒寺山63　P
三陸自動車道登米IC🚗15分

死者の霊魂と出会える場所

　若柳金成ICから県道4号線を，東へ約8km。石越駅を越えて約10km南下すると国道346号線に出る。左折して北東に向かい国道342号線に入り，北へ1.2km行くと長徳山歓喜院弥勒寺（真言宗）がある。京都智積院の末寺で，開山は修験道の祖役小角ともいわれる。本尊の木造弥勒如来坐像（県文化）は，ヒノキ材寄木造・玉眼入。運慶・湛慶らに代表される奈良仏師の作と伝えられ，鎌倉時代の造立とみられ，豊作を願う農民の信仰を集めていた。脇侍の阿難尊者・迦葉尊者像も同時期の作で，迦葉尊者の台座の墨書から，正徳年間（1711〜16）に気仙郡（現，岩手県陸前高田市）にも信者がいたことが知られる。

　弥勒寺は死者の魂の集まる場所として信仰を集め，毎年8月15・16日の盆法会の際には多くの参詣人で賑わう。「3年弥勒寺参りをすれば，死者に会える」と伝え，参詣人のなかに故人と似た人を見つけると，酒食を馳走するという珍しい風習もある。本堂には，家族による故人の衣服・写真などの奉納物が多数あり，地域の巫女（オカミサン，オガミサマ，オガミヤサン）の口寄せで集められた死者の言葉も納められる。

　弥勒寺から国道342号線を南へ約4km行くと，奥州七観音の1つに数えられる，遮那山長谷寺（天台宗）がある。807（大同2）年，坂上田村麻呂の発願による創建と伝えられ，平安時代の木造観音立像

(県文化)がある。外護者であった葛西氏の滅亡後は衰微の一途をたどり、本尊十一面観音の再興は、仙台藩4代藩主伊達綱村の時代、1670(寛文10)年、登米伊達氏の家臣高橋五郎兵衛重昭によって成された。

弥勒寺から国道342号線を北へ約3.2km、岩手県一関市との境にほど近い交差点を右折し、北上川に向かって約1km行くと、太白山長承寺(曹洞宗)がある。810(弘仁元)年、慈覚大師(円仁)の開山で、千手観音像などの諸尊像を、大師みずからが彫刻したと伝えられる。初め補陀落山観音寺と号したが、1132(長承元)年に天台僧覚源が中興したとき、年号にちなみ、長承寺と改めた。南北朝時代以降、葛西氏の庇護を受けたが、同氏滅亡後は再び荒廃。1592(文禄元)年、住持芦月禅林和尚によって堂舎が再建され、このとき天台宗から曹洞宗へ、山号も太白山に改められた。境内には、観音堂・妙理堂・子安堂がある。

隠れキリシタンの里 ㉓

〈M ▶ P.199〉登米市東和町
三陸自動車道登米東和IC🚗20分

登米市東和町米川から本吉郡本吉町馬籠町・岩手県東磐井郡藤沢町にかけては、隠れキリシタンの里とよばれている。

この地でのキリスト教の広がりは、狼河原村朴の沢・竹の河原(現、東和町米川字綱木)、鱒淵村小出沢(現、東和町米川字鱒淵)の3カ所で行われていた製鉄を端緒とする。1558(永禄元)年、葛西氏の家臣千葉土佐が、備前・備中の国境有木(現、岡山市吉備津)から布留(千松)大八郎・小八郎の兄弟を招聘した。彼らは南蛮流の製鉄術にすぐれ、同時にキリシタンでもあった。当時、炯屋(製鉄所)において、「あるまじないを唱えると鉄がよく溶ける」と教示されていたが、実はこのまじないこそがキリスト教の教えと祈りの言葉だったのであろう。炯屋の発展につれてキリスト教もしだいに広まり、信者の数は3万人にも達したという。しかし、支倉常長帰国後の1623(元和9)年から仙台藩でもキリシタンの弾圧が始まった。

1639(寛永16)年から翌年にかけての大弾圧では、磐井郡大籠村(現、岩手県東磐井郡藤沢町)で300余人、狼河原で200余人の殉教者を出した。大籠の地蔵ノ辻や上野・祭畑は刑場で、逃げる人びとが

土木・製鉄技術者のイエズス会信仰への弾圧

鉄砲で撃ち殺されたなどという迫害の悲惨さが伝えられている。

　東和総合支所から北東へ約5km行った西上沢には、国道346号線の脇に、1952(昭和27)年に建立された後藤寿庵の墓と、「万延元(1860)年」銘のある「天齢延寿庵主」と刻まれた寿庵供養碑が立つ。当初、供養碑が寿庵の墓と考えられていたが、碑のそばに埋もれるようにしてある丸石が、実際の寿庵の墓とみられる。寿庵は、慶長年間(1596〜1615)、伊達家より胆沢郡見分村(現、岩手県奥州市水沢区)に1200石を給されて召し抱えられ、寿庵堰の工事やイエズス会カリヴァリオ神父の招請など、同地の開発・布教に活躍した。1623(元和9)年、キリシタン弾圧を受けて南部藩領へ逃れたものと伝えられている。

　寿庵供養碑から国道346号線を東へ約5km。岩手県東磐井郡藤沢町に入ってすぐ左折して県道155号線を1.8kmほど北上、案内板に従って山中にわけ入ると、大柄沢キリシタン洞窟がある。1973(昭和48)年に発見され、幅約1m・奥行約10m、高さは手前で約1.3mあるが、奥に行くほど低くなっている。奥に2段の自然の岩層を利用した壇があり、ここにマリア像や蠟燭を立てて、ミサを行っていた可能性が指摘されている。

　寿庵供養碑から西進して国道456号線に入り、1.5km北上すると、綱木沢に入る。地区の集会所である綱木親和会館脇の山道を入るとすぐ、「史跡遊歩道」の看板があり、急な坂をのぼると分岐を示す標識がある。右の道を行くと海無沢の三経塚がある。三経塚は、享保年間(1716〜36)に処刑されたキリシタン120人を、約40人ずつ、老の沢・海無沢・朴の沢の3カ所に経文とともに埋葬したと伝えられる場所である。

華足寺(けそくじ) ㉔　〈M▶P.199〉登米市東和町米川字小山下2
0220-45-1221　　三陸自動車道登米東和IC🚗25分

蟠龍を載せた楼門

　東和総合支所から国道346号線を北へ約600m、右折して約1.8km行くと、華足寺(真言宗)がある。京都智積院の末寺で、境内にある馬頭観音堂は、坂上田村麻呂が蝦夷征討の際に乗馬を葬ったといわれる堂で、奥州七観音の1つと伝えられる。

　創建以来、荒廃と火災による焼失を繰り返し、1786(天明6)年に

北上川改修とお鶴明神

コラム 伝

治水と人柱の伝承

　登米市中田町浅水にある浅水小学校の付近、北上川の大きく湾曲する通称「米谷の曲袋」の手前の土手に、お鶴明神とよばれる小さな祠がある。この祠は、水害から人びとを守るために、人柱となったお鶴をまつったものという伝承がある。お鶴は、現在の岩手県南部の出身で、村の彦総長者の家の下女であったという。

　この話は、江戸時代初頭、登米寺池の要害館主白石相模宗直（登米伊達氏初代）と2代若狭宗貞による、北上川改修にまつわる伝承といわれている。

　当時の北上川の流路は、現在とは異なり直線的な流れで、常に登米地域の低地帯へ甚大な水害をもたらしていた。そのため、宗直は、1605（慶長10）年から4年にわたり、流路を中田町浅水字川面から東和町米谷に至る「米谷の曲袋」という湾曲した流路に整備し、さらにその上流部分に堤防を築いた。この堤防は宗直の功労を記念して「相模土手」とよばれ、その後、宗貞によって改修されたことから「若狭土手」とよばれるようになった。

　この一連の改修は工事を急ぎ、台風の時期でも行われたため、破損を繰り返して多数の犠牲者を出したと伝えられる。この悲話が「お鶴明神」の伝承を生んだ。

は仙台藩8代藩主伊達斉村によって本堂が、1799（寛政11）年には9代藩主周宗によって山門が再建されている。山門（県文化）は、屋根に蟠龍を載せた荘厳な楼門で、入母屋の上層と下層の間口と、奥行の差が大きい奇抜な建物である。「寛政十一年」銘の棟札があり、棟梁は登米郡新井田村上畑屋敷（現、登米市中田町）の兵作広忠とわかる。客殿（県文化）は、江戸時代中期の造営で、桁行8間・梁間5間、単層入母屋造・桟瓦葺き（もと茅葺き）である。

　東和町米川の五日町では、毎年2月の初午の日に、米川の水かぶり（国民俗）という行事が行われている。五日町の男性が藁装束を身につけ、顔に竈の煤を塗り、字

華足寺山門

登米の里　229

仙北の伝統的食材

コラム

小麦を使った庶民の味

「はっと」は、小麦粉を練り伸ばして具材とともに煮たもので、名称は甲州（山梨県）の「ほうとう」から変じたとする説がある。おもに旧葛西領の北上川流域で食されている。この地域が、小麦と豆の二毛作地域であったことに由来した料理である。

小麦を使った食材には、油麩がある。これは、明治時代に、登米の豆腐屋が、保存のために麩を油で揚げたことに始まるもので、煮付に使われることが多い。

米川の水かぶり

町下の大慈寺（曹洞宗）境内にある秋葉山大権現で火伏せ祈願をした後、町に繰り出す。家々の用意した桶の水を屋根にかけ、奇声を発しながら町内を駆け抜けて行く厳寒の荒行である。水かぶりの一行が通りかかると、町中の人びとが争って装束の藁を引き抜き屋根に載せる。厄年の男の厄払いや成人儀礼ともいわれるが、異論もある。今日では、火伏せの行事として伝えられている。

北上川と南三陸海岸

Kitakamigawa Minamisanrikukaigan

「仙台石巻湊眺望之全図」（部分）

入谷の打囃子

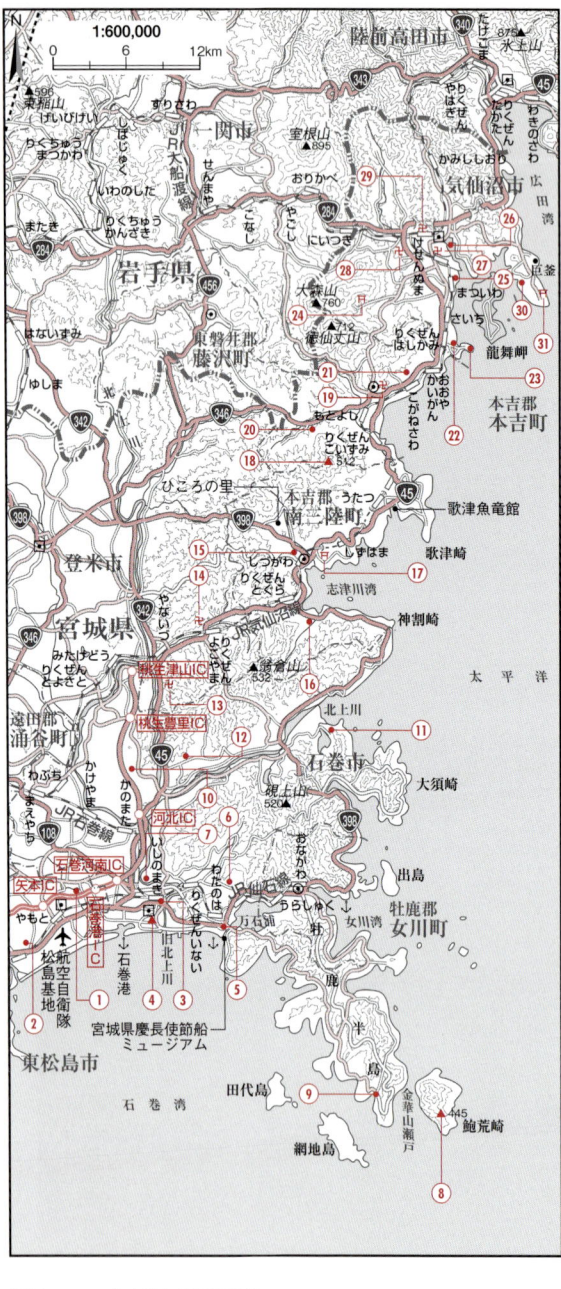

① 赤井遺跡
② 矢本横穴墓群
③ 仙台藩鋳銭場跡
④ 日和山
⑤ 流留・渡波塩田跡
⑥ 沼津貝塚
⑦ 石井閘門
⑧ 金華山
⑨ 鮎川浜
⑩ 桃生城跡
⑪ 海蔵庵板碑群
⑫ 和泉沢古墳群
⑬ 柳津虚空蔵尊
⑭ 横山不動尊
⑮ 旭館跡
⑯ 鹿踊供養碑
⑰ 荒沢神社
⑱ 田束山
⑲ 峰仙寺
⑳ 馬籠の製鉄
㉑ 大谷金山跡
㉒ 波路上塩田跡
㉓ 岩井崎
㉔ 羽田神社
㉕ 煙雲館
㉖ 気仙沼港
㉗ 観音寺
㉘ 宝鏡寺
㉙ 補陀寺六角堂
㉚ 唐桑半島
㉛ 御崎神社

北上川と南三陸海岸

◎南三陸散歩モデルコース

1. JR石巻線・仙石線石巻駅 20 鳥屋神社 15 巻石 15 旧石巻ハリストス正教会教会堂 20 日和山 30 石巻文化センター 20 宮城県慶長使節船ミュージアム(サン・ファン館) 30 JR石巻線渡波駅
2. JR気仙沼線柳津駅 5 柳津虚空蔵尊 20 伊達小次郎の墓 2 長谷寺 5 横山不動尊 5 JR気仙沼線陸前横山駅
3. 三陸自動車道桃生津山IC 10 柳津虚空蔵尊 20 横山不動尊 30 大雄寺 15 ひころの里 90 東北自動車道築館IC
4. 東北自動車道一ノ関IC 110 宝鏡寺 5 補陀寺六角堂 5 観音寺 20 岩井崎 45 歌津魚竜館 70 三陸自動車道桃生津山IC
5. JR気仙沼線松岩駅 3 煙雲館 8 観音寺 3 男山・角星店舗 3 神明崎(浮御堂) 5 JR大船渡線鹿折唐桑駅

南北文化の大動脈

1

江戸と往来した千石船、ローマを目指した伊達の黒船。北上川の湊と金華山詣の道を歩く。

赤井遺跡 ❶
〈M ▶ P. 232〉 東松島市赤井上区・中区・下区
JR仙石線陸前赤井駅・東矢本駅 🚶 30分

推定牡鹿柵・牡鹿郡家

陸前赤井駅の北約2km、東矢本駅の北東約2km、東西に延びる浜堤上に、牡鹿柵あるいは牡鹿郡家と推定される赤井遺跡がある。遺跡の範囲は東西約4km・南北約1.5km、西側は江合川の旧流路にあたり、石巻湾から内陸の大崎平野に至る交通の要地に立地している。

7世紀後半に、材木塀と小規模な掘立柱建物が造られる。関東系土師器も多数出土し、関東からの移民が官衙成立に大きくかかわったと考えられる。

8世紀になると、真北にあわせた材木塀で四方を区画した院が複数造られ、その中に大規模な掘立柱建物が建ち、官衙機能が充実する。院からは「牡舎人」と墨書された須恵器や、牡鹿郡内の郷名を示す墨書土器が発見されている。遺跡の西側では、運河跡も確認されている。

赤井遺跡の南約1kmの五味倉地区には、古墳時代中期の円墳である五十鈴神社古墳がある。直径約20mで、墳丘裾部から埴輪片が出土した。

赤井遺跡の北西約2.5kmに、平田原貝塚（県史跡）がある。大塩丘陵から東に突き出た舌状台地上に東西約150m・南北約100mの範囲に広がり、北・北東・南の3つの斜面に貝層が分布する。1968（昭和43）年、このうち最大規模の南斜面の貝層中央部を、塩竈女子高

赤井遺跡

234　北上川と南三陸海岸

校が発掘調査した。ハマグリを主とした海水産の貝層から縄文時代前期の土器・石鏃・石匙・貝刃，マグロ・サメ・クジラ・イノシシの骨などが出土した。

矢本横穴墓群 ❷

〈M ▶ P.232〉東松島市矢本
JR仙石線鹿妻駅 🚶15分

鹿妻駅から北西へ約1km行くと，上沢目地区の丘陵東側に，推定100基を超える矢本横穴墓群がある。「大舎人」の墨書土器が出土していることから，被葬者は牡鹿郡司道嶋氏の一族と考えられる。横穴の構造は，房総半島に特徴的な高壇式横穴墓に類似し，出土

矢本横穴墓群

遺物から東海・関東地方，東北地方北部との広域的交流が確認された。また一部は中世墓への転用が認められ，全国的に珍しい，法華経の題目すべてが墨書された礫石経も出土した。

矢本横穴墓群から北西へ約3km行った大塩地区には，深谷保(旧桃生郡河南町，東松島市)の地頭長江氏により造立された，1273(文永10)年以降の初期板碑が潤洞院(曹洞宗)などに集中している。また地区内の中沢下には，登米伊達家が本陣とした矢本家の重層門がある。1785(天明5)年の仙台参勤の際，肝入矢本平太夫に命じて建てさせたと伝わる入母屋造の門である。2階勾欄下の虹梁に若葉唐草を彫り，庇下の欄間には極彩色の雲竜の透彫りがある。

古代豪族道嶋氏の墓域

仙台藩鋳銭場跡 ❸

〈M ▶ P.232, 236〉石巻市鋳銭場
JR石巻線・仙石線石巻駅 🚶5分

石巻駅東側に鋳銭場の地名が残る。北上川舟運の利用により，原鉱・燃料の搬入と鋳造した銭の搬出に利便性があるため，江戸幕府の許可を得て，仙台藩の銭座がこの地におかれた。鋳造は1728(享保13)年から寛永通宝の銅銭に始まり，明和年間(1764～72)に鉄銭にかわる。銭の裏面には仙台藩での鋳造を示す「仙」「千」の字を

寛永通宝と仙台通宝の鋳造

南北文化の大動脈

仙台通宝の母銭

鋳した銭もあった。寛永通宝の半分は領内で，残り半分が江戸で売られ，藩財政を潤した。1784(天明4)年には藩内で強制的に使用させた撫角銭の仙台通宝が鋳造されたが，粗悪で破損しやすいため，評判はよくなかった。

幕府の許可した鋳造期間に限り，建物が営まれた。1837(天保8)年の鋳銭場の平面図から，80間四方が堀と竹矢来に囲まれた構造であったことがわかる。

石巻駅の南東約500m，羽黒町の寿福寺(真言宗)には，鋳銭場を支えた人びとが奉納した絵馬や供養碑がある。

駅前から南へ約150mの所で左折して約700m行くと，『延喜式』式内社の大島神社(住吉神社，祭神底筒男神・中筒男神・表筒男神・素佐之男尊)に至る。境内は住吉公園となっており，社頭の御島北側，旧北上川の中に石がある。『安永風土記』に「烏帽子岩」

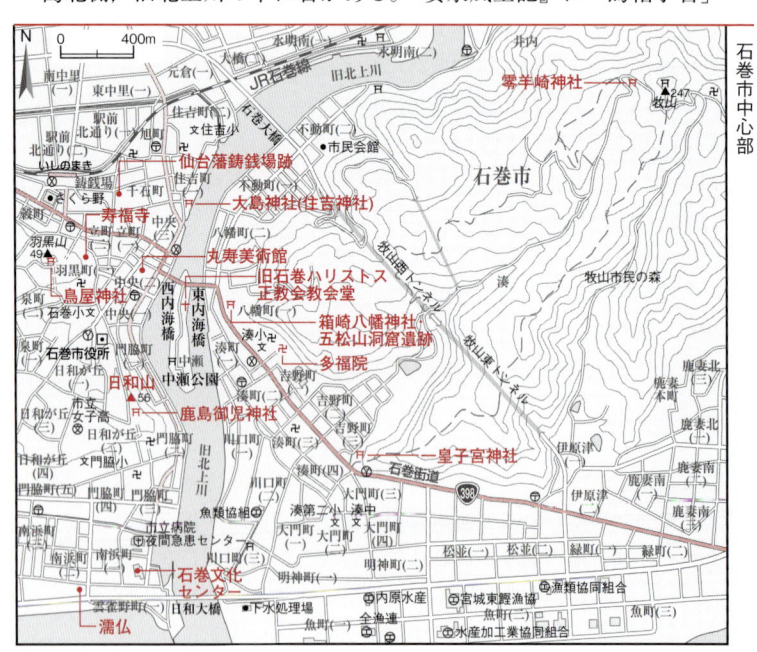

石巻市中心部

とみえ、川水を巻き上げることから巻石とよばれ、石巻の地名の由来とされる。

また旧北上川河岸は、源義経伝説の残る渡船場で、歌枕「袖の渡し」の地でもあった。1786（天明6）年8月、国学者菅江真澄は、袖の渡しで十三夜月を観て歌を詠み、ここから歌枕「真野萱原」を訪ねている。

南側の河岸は、近世の荷揚場跡である。江戸廻米に使われた観慶丸が、帰り荷として運んできた陶磁器は、住吉公園の南西約400mにある丸寿美術館（休館中）で展示されている。旧観慶丸陶器店の建物は、1930（昭和5）年に竣工した。丸窓やアーチ窓をつけ、外国製タイルを貼り、スペイン瓦を葺く。

丸寿美術館から南東へ進み、西内海橋を渡ると中瀬公園に着く。右岸は近世の千石船の造船場であった。

公園から東内海橋を渡り右折すると、箱崎八幡神社（祭神高皇産霊尊）がある。『延喜式』式内社の拝幣志神社に比定され、死霊の鎮魂と清浄を目的とした、祭祀の場と考えられている。また、ここには、弥生時代から古墳時代に営まれた五松山洞窟遺跡がある。

「鋳銭工程絵図」

日和山 ❹ 〈M ▶ P. 232, 236〉石巻市日和が丘
JR石巻線・仙石線石巻駅🚶20分、または三陸自動車道石巻河南IC🚗15分

住吉公園から旧北上川沿いに約1km南下すると、右手に小高い

南北文化の大動脈　237

丘がみえる。これが、伊達政宗が居城候補地に挙げた日和山である。1689(元禄2)年には松尾芭蕉も訪れ、弟子の河合曾良が日記に「石ノ巻中、残らず見ゆ」と記したように、標高約50mの独立丘陵ながら眺望がよい。

芭蕉が来訪する約400年前、日和山には奥州総奉行葛西氏の城館があった。山頂にある『延喜式』式内社の鹿島御児神社(祭神武甕槌命・鹿島天足別命)の境内が城館の平場とされ、城域は東西約400m・南北約500mにおよぶ。発掘調査により、館跡南縁部から中世後期の建物跡が確認されている。

葛西氏が日和山に居館を構えていた時代、対岸の湊地区周辺は、寺院に付帯した供養所や墓所が営まれた。専称廃寺跡(現、菅原神社)は葛西氏の菩提寺で、時宗系の板碑(専称寺廃寺板碑群)が残る。また、吉野町の多福院(曹洞宗)は、初め日輪寺と称する天台宗寺院で、南朝年号の板碑(多福院板碑群)や吉野先帝菩提碑が残る。大門崎の一皇子宮神社(祭神護良親王)には、後醍醐天皇の皇子護良親王御陵墓と伝える塚があり、葛西氏と南朝の関わりの深さを物語っている。

日和山の北約1kmの羽黒山には、『延喜式』式内社の鳥屋神社(祭神猿田彦神・船御魂神)がある。神体は鳥形の自然石とされる。拝殿の西壁には、1805(文化2)年に石巻村中町(現、石巻市)の総若衆が、会津(現、福島県)生まれの蒔絵師長谷川吉右衛門義一に、石巻港の繁栄を描かせて奉納した絵馬、「奥州石ノ巻図」(県文化)がある。

伊達政宗が居城候補地に挙げていた古城館

「奥州石ノ巻図」

南東の門脇町には盛岡藩蔵宿、対岸の湊町には仙台藩の米蔵があった。仙台藩では穀船の航海安全のため、この地にあった海門寺に護摩修法を行わせたり、対岸の牧山にある『延喜式』式内社の

川村孫兵衛重吉

コラム 人

北上川の流路改修

　川村孫兵衛重吉は、長州(現、山口県)出身で毛利家に仕えていたが、慶長年間(1596～1615)、近江(現、滋賀県)を流浪中に諸産業の技術者として、伊達政宗に登用されたといわれる。1597(慶長2)年正月に、川村孫兵衛の宿送判紙が仙台藩領内で発行されていることから、孫兵衛登用の年はこれ以前と考えられる。

　孫兵衛は400石の荒地を領地として与えられたが、新田開発を進め、1616(元和2)年には1000余石にした。史料上には、金山開発・荒鉄輸送・製塩業に携わっていたことが確認される。北上川改修については、同時期の史料が少なく不明な点も多いが、1667(寛文7)年の『普誓寺縁起』には、河川の土木工事に従事し、幾万の田地を開いたとある。

　1623(元和9)年から4年間にわたる、石巻湾への北上川(旧北上川)の流路改修と、迫川・江合川の合流は、新田開発と舟運体系の整備を可能にし、江戸廻米制度を実現させた。

　孫兵衛は、1648(慶安元)年に没するまで、牡鹿郡門脇村(現、石巻市)に住んだという。その屋敷跡とされるのが石巻市門脇の普誓寺(真言宗)で、孫兵衛の墓が残る。また、石巻の川開き祭りは、彼の業績への感謝の行事でもある。

零羊崎神社(祭神豊玉彦命)に幣帛を納めていた。

　日和山の南約900m、旧北上川河口近くには石巻文化センターがあり、貝塚・板碑・近世海運に関する展示がなされている。

流留・渡波塩田跡 ❺

〈M ▶ P.232〉石巻市渡波
JR石巻線渡波駅🚶15分、または三陸自動車道石巻河南IC🚗25分

仙台藩最大の塩田　つぼ打ち唄が歌われた

　石巻市内より牡鹿郡女川町へ向かう国道398号線途上の万石浦に、流留・渡波塩田があった。

　仙台藩では専売政策のもと、製塩を統制した。藩は金1分で塩4俵を買い上げて塩蔵に収納させ、春と秋に割付塩として金1分につき2俵で領内の村々に販売した。

　1626(寛永3)年、牡鹿郡流留村の菊地与惣右衛門が、下総行徳(現、千葉県市川市)の塩田技術を導入して、流留・渡波塩田を開いた。この万石浦西岸に広がる入浜式塩田は領内最大のもので、1804(文化元)年には、領内産塩の約半分にあたる9万俵余の生産高を記

南北文化の大動脈

録した。塩田の周囲には海水の堀がめぐり、塩田で採れた濃い塩水は個人所有の大坪(おおつぼ)に溜めて、共有地にある釜屋で製塩された。なお、この坪をつくるときに、つぼ打ち唄が歌われた。塩田年貢(ねんぐ)は30年間免除されたため、塩田の配分を受けた百姓は、新田開発を進めて自立した。

1895(明治28)年の内国勧業博覧会に出品された「流留渡波塩田図解」には、当時の製塩作業の様子が詳述されている。当地での製塩は、機械製塩などにより衰退し、1958(昭和33)年に廃止された。

沼津貝塚(ぬまづかいづか) ❻ 〈M ▶ P. 232〉石巻市沼津出外(でと)
JR石巻線沢田駅🚶20分

骨角器の優品

縄文海進がもっとも進んだ縄文時代早期末〜前期初頭、旧北上川河口から約30km上流の登米(とめ)市や遠田(とおだ)郡付近まで、古石巻湾が広がっていた。その後、海岸線は後退していったが、石巻の平野部はほとんどが海水で覆われ、遠浅の入江や潟になっており、日和山は入江に浮かぶ大きな島であったと考えられる。

この古石巻湾に面して、多くの縄文遺跡が分布する。とくに石巻市内では60前後の貝塚が確認されており、旧石巻市域だけでも、その半数以上を占める。旧市域の貝塚分布は、JR石巻線陸前稲井(いない)駅・沢田駅間の北側に広がる稲井地区、渡波地区を含む万石浦に面した地域、田代島(たしろじま)を含む牡鹿半島部、そして旧北上川河口付近の日和山と対岸の牧山丘陵周辺に分けられる。

稲井地区は、縄文時代前期以降の古石巻湾奥部にあたり、現在、水田が広がる地域には、古稲井湾とよばれる内湾が形成されていた。当時の海岸線と考えられる山際には、沼津貝塚や南境(みなみざかい)貝塚を始めとする多くの貝塚が分布する。

沢田駅の北方約1.5kmにある沼津貝塚(国史跡)は、西に開口する古稲井湾の東南奥に位置する。京ヶ森(きょうがもり)から西方の水田地帯に延びる半島状丘陵の鞍部一帯、東西約220m・南北約160mの範囲に広がる。貝層は縄文時代中期後半から形成され、主体となる貝類が中期後半から弥生時代にかけて、ハマグリからアサリ、そしてヤマトシジミへと変化することから、淡水化の過程がわかる。この貝塚は、石巻在住の民間考古学者毛利総七郎(もうりそうしちろう)・遠藤源七(えんどうげんしち)によって、1909(明

北上川の舟運

コラム

近世物流の大動脈

　北上川は、岩手県南部・宮城県北部を縦断して石巻市で太平洋に注ぐ全長249kmにおよぶ東北一の大河である。

　江戸時代、仙台藩初代藩主伊達政宗は長州(現、山口県)出身の川村孫兵衛重吉に改修工事を命じた。1616(元和2)年には迫川と江合川を合流させ、1623～26(寛永3)年には、これを北上川と合流させた。この大工事により、上流までの遡航が可能となり、舟運が活発化した。

　仙台藩では、この頃から買米制が実施され、流域から集められた米は、石巻の御蔵に貯蔵された(川下げ)。元禄年間(1688～1704)には、石巻に米蔵44棟、代官所・穀改番所などがおかれた。貯蔵された米は約13万5000俵にのぼり、石巻は北上川の終点として、また江戸廻米の基地としても発展した。

　石巻に運ばれた米は、さらに千石船によって海路江戸へと輸送された(為登米)。また、盛岡藩・八戸藩も、北上川舟運を利用して藩米輸送を行っていた。

　北上川舟運で、もっとも一般的に使用されたのが艜船である。大型のものは米俵350～450俵を積載でき、宝暦年間(1751～64)には仙台藩領内で464隻あったと記録されている。船の用途には、藩米を運んだ御穀艜のほか、商人荷物を運んだ渡世艜もあった。現在、岩手県北上市に復元された天神丸がある。

　このように、北上川は近世を通じて物流の大動脈として機能したが、明治時代に入ると鉄道開業により大打撃を受け、昭和50年代末に登米市中田町で使用された船を最後に、北上川流域から姿を消した。

　この北上川や迫川流域は、水害常襲地帯でもあったので、水山という微高地を築いた。井戸を掘り、長期間の水害に備えた。江戸時代は買米制のため、一般農家に蔵はなく、近代以降に蔵のある水山の景観となった。

曳航される艜船

治42)～30(昭和5)年まで継続的に発掘調査され、骨角製の釣針・銛などの漁労具、櫛・垂飾品などの装身具を始め、膨大な遺物が採集された。この調査には、人類学者長谷部言人ら、多くの研究者も

南北文化の大動脈

参加した。これらの遺物は、陸前沼津貝塚出土品(国重文)として、現在は東北大学文学部(仙台市青葉区)に移管されている。

沼津貝塚の北西約8km、古稲井湾の湾口に近い北岸には南境貝塚がある。籠峰山と北上川の湾曲に沿うように形成された三日月形の丘陵をつなぐ丘陵鞍部に、東西約120m・南北約150mの範囲に広がる。貝層は、縄文時代中期末～後期初頭に形成された。1913(大正2)年以降、毛利・遠藤によって発掘調査が行われ、出土した縄文時代後期初頭の土器は南境式とされ、東北地方南部の標識土器となっている。また、骨角製、古式離頭銛の存在が初めて明らかにされた。昭和40年代前半の発掘調査では、縄文時代中期～晩期の膨大な遺物が出土した。

渡波地区を含む万石浦に面した地域には、平安時代や近世までくだる遺物を包含する貝塚が分布する。なかでも、蕨手刀を出土した垂水囲貝塚や、平安時代の製塩土器などを出土した梨木畑貝塚などがよく知られている。また縄文時代の貝塚は、万石浦の南岸にのみ集中する。

田代島を含む牡鹿半島部は、リアス式海岸であることから、アワビ・サザエなどの岩礁性貝類を含む貝塚が形成された。田代島の東南にある縄文時代前期～後期の仁斗田貝塚(県史跡)は、保存状態が良好で、土器・石器・骨角製漁労具などが出土した。

日和山と牧山丘陵周辺の貝塚は、市街化によって破壊されたものや、未調査のものが多い。そのうち、石巻小学校近くの永巌寺貝塚で1953(昭和28)年に、石巻駅近くの明神山下貝塚で昭和40年代初めに、石巻高校が中心となって、試掘や遺物採集などが行われた。

支倉常長と慶長遣欧使節

コラム

政宗、太平洋貿易の野望

　1613(慶長18)年、仙台藩初代藩主伊達政宗は藩士支倉常長らを、メキシコ、スペイン、ローマに派遣した。これが慶長遣欧使節である。一行は仙台藩士のほか、江戸幕府関係者、各地の商人、ソテロらフランシスコ会宣教師など、計約180人で構成された。その目的は、仙台藩の太平洋貿易参入のための外交交渉であった。

　使節船は、『伊達治家記録』には「黒船」、スペイン側の資料には「サン・ファン・バウティスタ」(洗礼者聖ヨハネ)と記されている。この船は、1613年4月頃から幕府船手頭向井忠勝派遣の船匠を中心に、仙台藩の船大工らが、遣日大使ビスカイノ配下のスペイン人の補佐を得て建造された。船材は、気仙・本吉・磐井・江刺各郡から調達され、ガレオン船とよばれる洋式帆船が完成した。

　一行は、1613年10月に月浦(石巻市)を出帆し、約90日後にアカプルコ(メキシコ)に上陸した。その後、陸路で大西洋側まで進み、船を乗り換えてスペインへと向かった。1615年にはマドリードの王宮で国王フェリペ3世に、翌年にはローマ教皇パウロ5世に謁見をはたした。この期間の常長らの行動は、同行したアマチの『伊達政宗遣使録』に詳しい。

　常長はセビリアでスペイン国王からの返書を待ったが、ルソン(フィリピン)で渡されることになり、ルソンに2年間滞在した。しかし、返書を受け取れないまま1620(元和6)年仙台に戻り、翌年、51歳の生涯を閉じたといわれる。

　慶長遣欧使節の事績は、1873(明治6)年岩倉使節団が、ヴェネツィアの文書館(現、国立古文書館)で、「支倉六右衛門」の花押のある書状を発見するまでのおよそ250年間、国内ではほとんど知られていなかった。

　2001(平成13)年に、常長の「ローマ市公民権証書」を含む47点が、「慶長遣欧使節関係資料」として国宝に指定、さらにその中の「支倉常長像」など3点が2013年に世界記憶遺産に登録され、仙台市博物館に収蔵・展示されている。サン・ファン・バウティスタ号は、1993(平成5)年に復元され、石巻市渡波にある宮城県慶長使節船ミュージアムで公開されている。

支倉常長像

南北文化の大動脈

石井閘門 ❼

〈M ▶ P. 232〉石巻市水押3丁目
JR仙石線陸前山下駅🚶15分，またはJR石巻線・仙石線石巻駅🚗5分

石井閘門

陸前山下駅の北約1km，旧北上川と北上運河の分岐点に石井閘門（国重文）がある。日本初の洋式港湾の野蒜港と北上川舟運を結節する北上運河の出入口として，1880（明治13）年に設置された。名称は，建築に関係した内務省土木局長石井省一郎にちなむ。

石井閘門建設の目的は，運河と北上川の水位調整をして船の運航を行う，近世の北上川舟運のほかに，北上川の氾濫の影響を防ぎ，農業用水を取水することにあった。

その構造は，水位調節時の停船場となる閘室，川に接続するレンガ造りの閘頭部，運河側と接続する閘尾部からなる。門扉の両側には，東京小菅（現，東京都葛飾区）でつくられたレンガ，閘門内には稲井石が積み上げられている。日本初のレンガ積み建築で，明治時代から大正時代にかけて建造された近代閘門のモデルとなった。

隣接する北上川運河交流館（休館中）では，国内外の運河の情報を知ることができる。北上運河は，オランダから購入した蒸気浚泥機を，わが国で初めて使用して開削された。岩手県方面からの旅客で賑わい，1902年5月に旧制盛岡中学の修学旅行で北上川を下った石川啄木は，「右に石井運河の水門を望んで少しゆくと……」と日記に書いている。

金華山 ❽

〈M ▶ P. 232, 247〉石巻市鮎川浜
JR石巻線・仙石線石巻駅🚌鮎川行鮎川港⛴金華山行25分，またはJR石巻線女川駅🚶（5分）女川港⛴金華山行30分

国道45号線から，通称石巻街道（国道398号線）を石巻市内に向か

レンガ積み洋風建築

うと，県道石巻女川線との交差点付近に，1873（明治6）年建立の「金華山道」の石碑がある。石碑には，大街道から金花山大金寺までの経路が刻まれ，この付近は，金華山参詣の道である金華山道の起点とされてきた。この道は石巻市渡波で，牡鹿半島の石巻湾側を通る表浜街道（渡波→荻浜→大原→鮎川→山鳥渡）と，裏浜街道（渡波→浦宿→新山→鮎川）に分かれ，再び鮎川浜で合流し，山鳥渡から金華山へ達する。また万石橋のたもとには，1857（安政4）年，最後の官許の仇討ちの碑もある。

「風青き越の峠」と石川啄木が詠んだ風越峠を過ぎると，折浜へ出る。1868（慶応4）年，榎本武揚が江戸から箱館へ逃れる途中，艦隊を率いて集結した所である。

侍浜を過ぎると，月浦へ着く。侍浜は，伊達政宗の命を受けた支倉常長ら仙台藩士が，慶長遣欧使節出帆準備のために滞在した地，月浦は1613（慶長18）年に彼らが出帆した地と伝わる。月浦の港には，南蛮井戸と南蛮小屋跡，東郷平八郎の筆による「歐南使士支倉六右衛門常長解纜地」の碑がある。

1881（明治14）年，郵便汽船三菱会社による函館・横浜間定期航路開設により，築港中の野蒜の補助港として寄港地となっていた荻浜を過ぎると，給分浜へ出る。高台に，方三間宝形造の持福院観音堂（県文化）がある。海老虹梁に施された文様や木鼻などの意匠に，江戸時代中期の特徴がみられる。本尊は木造十一面観音立像（国重文）である。一本のカヤから彫り出したものを，前後に貼り合わせるという古い手法でつくられている。鎌倉時代の作で，もとは，石巻市桃生町の『延喜式』式内社日高見神社の本地仏であったが，この浜に移されたとの伝承がある。

捕鯨の町として栄えた鮎川浜から半島先端部をめぐり，山鳥渡へと向かう。この半島先端の高台には，江戸時代に仙台藩が唐船（外国船）監視のために設置した5つの唐船番所の1つ，仙台藩鮎川浜唐船御番所跡があり，現在は御番所公園として親しまれている。

対岸に金華山を臨む金華山一の鳥居をくぐると，山鳥渡の船着場へ至る。金華山（444.9m）は太平洋に浮かぶ島で，島の西斜面に金華山黄金山神社（祭神金山毘古神・金山毘売神）がある。神仏習合の

霊場金華山への参詣道

南北文化の大動脈　245

金華山黄金山神社初巳大祭

時期は，弁財天を安置して金花山大金寺と称した。中世には東奥の三大霊場の1つとされ，多くの修験者が訪れて金華山信仰を各地に広めた。女人禁制であったため，女性参詣者は，鮎川浜の山鳥渡にある一の鳥居から金華山を礼拝した。明治時代初期の神仏分離令によって，寺号を廃し，黄金山神社となった。

一方，裏浜街道沿いの女川には，1824（文政7）年に建立された三十三観音碑があり，遊歩道が整備されている。また，東方に浮かぶ江島は，田代島・網地島（石巻市）とともに仙台藩の流刑地でもあった。

鮎川浜から船で約20分の所に，網地島がある。この島の立ヶ崎に潮音堂が立つ。本尊の木造聖観音立像（県文化）は，鎌倉時代の作で像高83.6cm。前面は一木で内刳りを施し，背面に別木を彫ってあてた寄木造の仏像だが，一般の拝観は許されていない。

石巻港から船で約1時間の所に位置する田代島には，仁斗田貝塚（県史跡）がある。

鮎川浜 ❾

〈M ▶ P.232, 247〉石巻市鮎川浜
JR石巻線・仙石線石巻駅🚌鮎川行鮎川港🚶2分，または三陸自動車道石巻河南IC🚗60分

捕鯨の町

鮎川浜は牡鹿半島東南端の港町で，かつて捕鯨の町として盛えた。古くから金華山島沖は，俗に「抹香城」とよばれ，クジラの群れが集まる漁場であった。この地域には，死んで海上を漂流する「流れ鯨」，シャチに追われて磯辺に流れ寄った「寄り鯨」を捕獲する伝統があった。

1837（天保8）年，仙台藩は係御医師佐々城朴安を鯨漁着手の御用係とし，牡鹿郡狐崎浜の岡元某と桃生郡大須浜の七右衛門を，漁師主立に任命した。当時，導入された漁法は網取り式捕鯨で，岸近くにあらわれたクジラを，入江の奥の網場に追い込み，銛を打ち込

むものであった。しかし、技術的未熟さと従来の捕獲慣行との確執から、十分な成果が上がらなかった。

1899(明治32)年、岡十郎が山口県下関に創立した日本遠洋漁業株式会社は、1904年に東洋漁業株式会社と改めて当地に進出してきた。同社は、早くから捕鯨砲を用いるノルウェー式捕鯨を行っていた。日露戦争(1904～05年)で拿捕した捕鯨船ニコライ号・捕鯨解剖汽船ミハイル号などを借り受けると、独占的に事業を拡大することになった。

東洋漁業株式会社の成功後、鮎川には捕鯨会社が、つぎつぎと進出した。昭和初期には、当時国内の大手捕鯨会社12社のうち9社が集まり、当地の捕鯨は最盛期を迎えた。

鮎川出身の岡田寛は、著書『華やぎし町にて―鮎川・捕鯨全盛のころ』のなかで、当時の模様をつぎのように記している。「鮎川には、全国各地からの転入が相次ぎ、昭和30年、牡鹿町の人口は一万三千余に達した。港には、大型・小型、二十隻近い捕鯨船が頻々と出入りし、その汽笛が幾度も町に響き渡った。」

1953(昭和28)年以来、毎年8月(現在は8月第1日曜日)に鯨まつりが開催され、実際の捕鯨砲を使った捕鯨の実演、鯨供養や海難物故者の慰霊祭などが行われていた。東日本大震災後、いったん中断

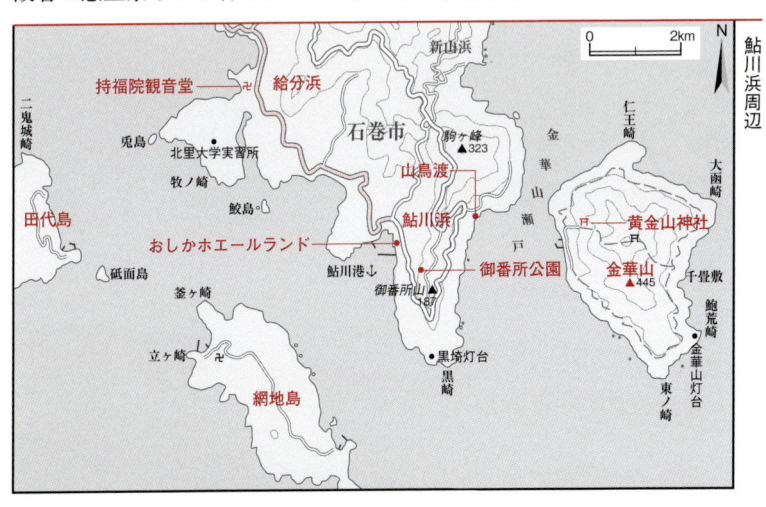

鮎川浜周辺

南北文化の大動脈

鯨の引き揚げ（昭和時代中頃）

していたが、2013（平成25）年10月に3年ぶりに開催された。

雄勝硯・鳴子漆器

コラム

産

国指定の伝統工芸品

　雄勝硯は、『建網瀬祭初穂料帳』に、1396(応永3)年の「ヲカチノスズリハマ」とあるので、室町時代から生産が始まっていたことがわかる。1591(天正19)年には、葛西氏滅亡にともない、家臣高宮氏が奥田氏と改姓して、田河津浜で硯切りをしていたとされる。元和年間(1615〜24)には、伊達政宗の牡鹿半島での鹿狩りの際、硯が献上され、その子忠宗は硯材の山を保護した。なお、政宗の霊廟瑞鳳殿(仙台市青葉区)に雄勝硯が副葬されていたことから、政宗もこの硯を愛用したと考えられる。

　鳴子漆器は、『安永風土記』に「ぬりもの・木地挽もの」として記載があるので、18世紀後半には特産品となっていたとみられる。1818(文政元)年の近江筒井八幡宮(現、滋賀県東近江市)の「氏子駈帳」には、鳴子中山村に13軒の「挽もの師」が確認される。この文政年間(1818〜30)に、岩出山領主伊達弾正敏親が尿前の関の鉄砲組の内職として塗物生産を奨励し、塗師村田氏を技術修得のため京都へ派遣している。1827年に当地を訪れた水戸藩士小宮山昌秀は、『浴陸奥温泉記』で、湯治場に漆器を扱う店が多いことを記している。明治時代には会津(現、福島県)からの技術導入が図られ、叢雲塗やぼかし塗などの改良が行われ、第二次世界大戦後には流紋塗が創作された。

　また鬼首では、1805(文化2)年の「漆出高覚」(『中鉢家文書』)から、漆の採取が確認される。翌年には、椀座創設願が鬼首村肝入より提出され、1817年に鬼首村肝入が信州飯田(現、長野県飯田市)から挽物師・塗師を連れてきている。このとき、信州下伊那郡(現、長野県飯田市)の木地師が、全国の木地師を支配した近江の筒井公文所に、「相応之山御座候ニ付」、仙台領の鬼首村に移住するという文書を提出している。

　現在、毎年9月鳴子で行われる全国こけしまつりにあわせて、鳴子漆器展が開催されている。

日本一の硯

南北文化の大動脈

2 2つの北上川

北上川の中世板碑群に、海からの鎌倉文化の足どりをたどる。

桃生城跡 ⑩

〈M ► P.232〉 石巻市飯野・桃生町太田ほか
JR気仙沼線陸前豊里駅🚌飯野川行飯野🚶20分、JR石巻線・仙石線石巻駅🚌35分、または三陸自動車道桃生IC🚗10分

海道最北の城柵

　石巻市河北町の中心部から、北上川を越えて西へ約4km行くと、桃生城跡に至る。桃生城は、8世紀半ばに陸奥按察使兼鎮守将軍恵美朝獦(藤原仲麻呂〈押勝〉の子)が、出羽国の雄勝城とともに造営した城柵である。

　遺跡の範囲は東西1km・南北650m、標高50～70mほどの所に位置する。城の外周は、築地塀・土塁・材木塀・溝などによって区画されていた。内部のほぼ中央に築地塀で囲まれた政庁域があり、瓦葺きの建物が「コ」の字型に配置され、その中央に儀式などを行う広場が設けられていた。

　政庁を始め、城内の主要な建物、北辺の築地塀、櫓は同時期とみられる火災で焼失し、その後復興されなかった。『続日本紀』には、758(天平宝字2)年に造営を開始し、774(宝亀5)年に海道の蝦夷による攻撃を受けたことが記されている。城内の火災は、この蝦夷の反乱が原因とみられ、桃生城は約15年ほどでその役割を終えたと考えられる。

　桃生城跡の北約1kmには、桃生に瓦を供給したとみられる太田瓦窯跡、北上川の水神をまつった日高見神社(祭神天照皇大神・日本武尊・武内宿禰)がある。

海蔵庵板碑群 ⑪

〈M ► P.232〉 石巻市尾崎字宮下
JR石巻線・仙石線石巻駅🚌60分、または三陸自動車道河北IC🚗40分

全国でもこの地にしかない天井と側面を石板で囲んだ板碑

　北上川は石巻のほかに、三陸海岸の長面にも河口をもつ。この河口の長面浦を見下ろす傾斜地に海蔵庵板碑群がある。全国でもこの地でしか確認されていない、側面と上方を石板で囲まれた石堂風の板碑がある。発掘調査の結果、9基の「石堂」の存在が推定されている。このうち整備された「弘安十(1287)年」銘の最古の板碑は、

齋藤善右衛門

コラム

近代的な博物館を創設した資産家

　JR石巻線・気仙沼線前谷地駅の南方約1.6km、石巻市北村に「裏に酒田の本間有り　表に前谷地の齋藤有り」と称され、地主としては、現金保有全国一の齋藤善右衛門家がある。

　齋藤家の所有地は他県にもおよび、抵当物件として都市の宅地も集積し、資本運用総額は1925年度末で553万円であった。1909(明治42)年に1万1000石の小作料をもとに齋藤株式会社を設立し、地主・小作関係を契約に基づいた経営関係に転換した。小作人が契約を遵守しない場合は農地を取り上げ、争議の場合は訴訟をおこして判決に従った。1928(昭和3)年には、齋藤家の農地取り上げに、日農組合員が共同耕作で対抗した前谷地事件がおこっている。この顛末は、『齋藤家・周辺物語』に詳述されている。

　一方で10代善右衛門有道は、齋藤報恩会を設立して社会慈善事業を展開した。これは、現在の自然史博物館(仙台市青葉区)に結実している。この博物館には、1910(明治43)年、齋藤家の別荘建築の際に出土した、縄文時代後期～晩期にかけての土器・土偶・石器類も展示されている。遺跡調査にあたり、瓦礫も学問にとっては宝であるとの意味から、人類学者坪井正五郎によって宝ヶ峯遺跡と命名された。また、縄文時代後期の土器は、宝ヶ峯式として標式土器の1つとなったが、農地改革後の開墾で遺跡は壊滅した。

　齋藤氏庭園(国名勝)は、本邸を中心として、周囲に平庭や園池を配し、散策を楽しむ造りの明治時代後期の庭園である。

齋藤氏庭園

　『安永風土記』の中で「よりともせきとて　洞石　壱」と記されている板碑と推測されている。この「よりとも」の板碑は、父の三十五日忌の追善供養として造立されたものである。

　この「石堂」の両脇には、板碑が1基ずつ配されている。この両脇の五大種子の板碑を、「よりとも」の主尊大日如来に奉賽して、菩提成就を表現したと考えられる。また、この五大種子の板碑の薬研彫が、ほかの貞和四・五年銘の板碑の種子と類似するが、「弘安十年」の「よりとも」の大日如来の種子の皿彫とは異なる。このこ

海蔵庵板碑（整備前）

とから露座の「弘安十年」の碑が，貞和年間（1345〜50）に石堂になったと推定されている。

石組みの中に年紀の違う複数の人びとの板碑が集められ，火葬骨が埋納されているものもあり，命日や彼岸に親族が参る供養の場と考えられている。これらの石堂形式は，中世の鎌倉に独特の上級武士の墳墓形態である「やぐら」に類似している。これは，鎌倉建長寺に在住した経歴をもつ海蔵寺開山の洞叟仙公禅師との関連が指摘されている。

鎌倉文化がこの地に伝播した理由としては，この牡鹿・桃生郡内の浜が「遠島五十四浜」として北条氏の直轄領とされたことが指摘できる。もう1つの理由は，ともに北上川河口に開けた長面浦と石巻の中世的景観の類似性が指摘されている。石巻は当時牡鹿湊として栄え，海蔵寺と開山時期が重複すると考えられている日輪寺（現，多福院）には海蔵庵と酷似した種子を使用した板碑がある。一方，海に突き出た岬に守られた長面浦は，近世初頭に他国の船が出入りした良港としての伝承がある。つまり，長面浦の北上川河口も牡鹿湊と同様に板碑のみえる湊として海から鎌倉文化を受容していたと推定される。

また，海蔵庵本堂左には，夫婦を同時に供養するために1306（嘉元4）年に造立された一石型双式板碑がある。右よりも左が荘厳なので，左は夫の追善供養，右は妻が自分の逆修をかねて同時に建立したとされる。1基の板碑に2人分の供養の内容を刻む形式の板碑は下総香取（現，千葉県香取市）地方に多く，刻銘の形状などにも香取地方の影響が指摘できる。長面浦が風待ち港であれば，この形式の板碑は香取神宮（千葉県香取市）大禰宜に支配された海夫が，故郷の宗教文化を移入して造立したことを今に伝えている。

宮城県の板碑

コラム

石に刻まれた中世人の願い

　板碑は中世の石造供養碑の一種である。宮城県内の板碑は全国第3位の総数を有する。碑面に丁寧な加工研磨を施し，頭部は素材の形を活用したものが多く，県南では安山岩，県中央部では砂岩・粘板岩，県北では粘板岩（稲井石）をおもに利用する。なかでも石巻で産出する稲井石は，北上川流域のみならず県中央部まで広く分布する。稲井石は，下総（現，千葉県北部・茨城県南西部）で板碑に使用される黒雲母片岩に似ているので，下総板碑の存在を知る人たちが素材に選んだと考えられている。

　県内の年紀がわかる最古の板碑は，伊具郡丸森町の宗吽院や石巻市小船越字川前のもので「文永五（1268）年」の銘をもつ。板碑の造立は，鳴瀬川以南では，鎌倉時代後半に最盛期を迎え南北朝時代に終わる。北上川流域では，河川で稲井石が運ばれたことで造立地域が拡大し，弘安年間（1278〜88）までに県北の7割の地域に普及し，室町時代初頭に盛期を迎える。

　碑面には主尊を梵字（種子）で刻むものが一般的であるが，主尊を多様な種子で表現するものが多く，仏の姿や五輪塔を刻んだ図像板碑などが多彩である。また，複数の梵字を彫り込んで密教が重視する曼荼羅を板碑で表現したものも多く，その分布は，全国一の集中度を示す。

　この板碑の種子から，造立者周辺の人びとの信仰や生活がうかがえる。関東では主尊に阿弥陀如来が多いが，北上川流域では大日如来が多数を占める。これは本県の中世寺院に天台宗系が多いこととかかわり，密教の影響をうかがい知ることができる。一方，鎌倉新仏教の影響とされる名号板碑や題目板碑も北上川やその支流域に分布する。「南無阿弥陀仏」と阿号のつく人名を刻む時宗の名号板碑の分布は，時衆が水運との関係で宗教活動をしていたことを示す。「南無妙法蓮華経」を刻む日蓮宗の題目板碑の分布は，登米市中田町の本源寺（日蓮宗）にある「元弘四（1334）年」銘の板碑願文中にみえる大石寺2世日目上人（伊豆畠郷から登米郡に下向した地頭新田氏の子息）の布教活動を受容した地域を跡づけるとされる。

　南北朝時代以降は，年忌供養の本尊のほかに，観音・地蔵信仰などの民間信仰の標識化していく傾向がみられる。また，石巻市北上町長塩谷板碑群には種子を金箔で荘厳したものもある。

　近年は，小泊遺跡（石巻市北上町）や雄島（宮城郡松島町），大門山遺跡（名取市高舘熊野堂）の調査から，板碑の造立地の性格や機能の研究も進展し，火葬骨の埋納施設をともなう墓域に追善供養として板碑が建てられたことがわかってきた。

和泉沢古墳群 ⑫

〈M ▶ P. 232〉石巻市中島字和泉沢畑
三陸自動車道河北IC🚗15分

北東北特有の終末期古墳の構造をもつ古墳群

飯野川の街並みから北へ2km、北上川流域の丘陵南斜面に和泉沢古墳群(県史跡)がある。東西約130m・南北約60mの範囲に、直径約3〜9mの円墳50基ほどが分布する。この円墳は、砂岩の割石を積み上げて石室をつくり、その上に盛土をするという構造をもつ。これは、7世紀初頭以降の北上川流域に特有なもので、和泉沢古墳群はその南限にあたる。石室からは、鉄斧・鉄鏃・土師器・蕨手刀・勾玉などが出土しており、築造年代は8〜9世紀頃と考えられている。

この地域には、山内首藤氏が15世紀頃に居城とした七尾城跡がある。七尾城は、16世紀初めの永正合戦の際、葛西氏との最後の攻防地となった。現在は、熊野神社へ至る途上に大手門跡が残る。

対岸の大川地区に、『延喜式』式内社小鋭神社がある。初め小田神を祭神とし、のちに加茂神社の神々をまつったとされる。奥院には、木造男神像(県文化)として、加茂建角身命・加茂別雷命各1躯、随神3躯が安置されている。カツラ材の一木造で、もっとも大きい像は高さ約50cmある。

いずれも忿怒の相で、武士の礼服である狩衣をまとった姿をしており、もとは彩色像であった。

柳津虚空蔵尊 ⑬
0225-68-2079

〈M ▶ P. 232〉登米市津山町柳津字大柳津63 🅿
JR気仙沼線柳津駅🚃5分、または三陸自動車道桃生津山IC🚗10分

ウナギの絵馬を奉納する寺

柳津駅から国道45号線を北上川に沿って約2.5km南下すると、左手に大鳥居がみえ、その先の杉木立の中に宝性院興福寺(真言宗)がある。

興福寺の本尊は虚空蔵菩薩で、柳津虚空蔵尊として信仰を集めている。この像には、聖武天皇の勅を受けた行基が、東国巡遊の際に、会津(現、福島県)と常陸村松(現、茨城県)にある柳津の虚空蔵菩薩像とともにつくったという伝承があり、日本三大虚空蔵の1つに数えられている。またこの像は秘仏で、33年ごとに開帳されており、次回は2016(平成28)年となっている。また脇侍として、弘法

陸前法印神楽

コラム 芸

ルーツは修験奉納の神楽

法印とは修験(山伏)のことで、江戸時代、各村に何々院と称する堂を構え、日常は祈禱や占いを行い、祭礼の際などには神前に神楽を奉納した。神楽は集団で行うため、近隣の修験が集まって舞組を形成した。舞の所作に修験道の行法も加味されるため、厳しい稽古を積んだ。

明治時代初期の神仏分離後は、修験のみでは難しくなり、各神社の氏子も加わって伝承されてきたが、現在は、宮城県にだけ伝わる。海岸部のものは浜神楽ともよばれ、気仙神楽・牡鹿神楽・桃生神楽の3系統に分けられる。内陸部には、薬莱神社(加美郡加美町)や大崎八幡宮(仙台市青葉区)の能神楽など異伝のものもある。

神社の境内に設営された舞台は神聖視され、四本柱に忌竹を添え注連縄やキリコを飾る。かつては、始める前に湯立の神事で清めた。今でも、太鼓を打ち鳴らして神下しを行ってから舞い始め、終わりには神歌を歌って神送りをする。

衣装・面を用いる舞には、太鼓・笛の楽がつく。舞には、修験の呪術や祈禱の型がみられる。太鼓打ちは胴取りとよばれ、神歌を歌い、進行役をつとめる。神楽のせりふは神諷とよばれる。神話を素材とする筋立てなど、多くの演目がある。

なお、岩手県南部から宮城県北部にかけては、南部神楽が伝えられている。幕末・明治時代初期から、法印神楽に関与できない大衆により、娯楽として創始されて流行した。庶民の喜ぶ説話などの題材を脚色し、面をつけた舞人がせりふをまじえ、軽快な締太鼓や手平鉦のリズムにあわせて舞う。

大師(空海)作と伝えられる大黒天像と毘沙門天像が安置されている。元来、これらの3像は、大土山山頂の虚空蔵堂にまつられていたが、1615(元和元)年、山麓の現在地へあらたに堂を建立して移されたという。

本堂には、このほかにウナギの奉納絵馬が数多く残っている。ウナギは、虚空蔵菩薩の使者といわれる。虚空蔵菩薩を守り本尊とする丑・寅年生まれの人びとのなかには、現在でもウナギを口にしない人がいるという。

山門には、足の難病快癒の由来がある仁王像が安置されている。また当寺には柳津虚空蔵尊七不思議の伝説があり、境内には、行基ゆかりの黄土山の黄金水、弘法大師にまつわる玉こぶの欅や月見

2つの北上川

柳津虚空蔵尊本堂

の井戸、滅亡に際して葛西晴信夫人が石巻日和山から持参したシダレザクラと伝える雫の桜（涙の桜）などが残る。

柳津虚空蔵尊から国道45号線に戻って約2km北上すると、右手に福田寺（曹洞宗）がある。境内には、南北朝時代の板碑や、1729（享保14）年におきた大判山の義挙の首謀者として処刑された四良次をまつる、義民四良次延命地蔵堂がある。

福田寺から国道45号線を南へ350m、右折して国道342号線を約2.5km行くと、比良地区に音聲寺（単立）がある。この寺には、鈴木安右衛門解剖記念碑と高屋養仙の墓がある。かつて当地域では、黄牛病とよばれる病が蔓延していた。1886（明治19）年、この病に罹った鈴木安右衛門が献体を申し出、その死後、福田寺において旧仙台藩医高屋養仙が解剖を行った結果、肝臓ジストマ虫が原因と判明した。碑は、1888年に安右衛門の貢献をたたえて建てられた。

横山不動尊 ⓮
0225-69-2249

〈M ▶ P. 232, 256〉登米市津山町横山字本町3　P
JR気仙沼線陸前横山駅🚶5分、または三陸自動車道河北IC🚗20分

ウグイを使いとする不動明王

横山駅の西約500mに、横山不動尊の名で知られる大徳寺（曹洞宗）がある。

1765（明和2）年建立の石鳥居をくぐって参道を進むと、山岡鉄舟の筆になる山号「白魚山」の扁額が掲げられた山門に至る。山門を抜けると、葛西家の家臣で横山邑館主の男沢蔵人が改築したと

256　北上川と南三陸海岸

青銅五重塔

伝えられる御池があり、池の中央の小島には薬師如来がまつられている。池に生息するウグイ(国天然)は、「お不動様のお使い」とされ、捕らえれば失明すると伝えられてきた。

境内東方の山際にある不動本堂は本林流宝塔造で、内陣には木造不動明王坐像(国重文)が安置されている。成田不動尊(新勝寺、真言宗、千葉県成田市)、菅谷不動尊(菅谷寺、真言宗、新潟県新発田市)とともに、日本三大不動尊の１つに数えられる。当寺の不動明王像は像高275cm、平安時代後期の様式をもつ丈六仏で、胎内には１寸８分の金装不動明王像が納められている。寺伝では、保元年間(1156〜59)に、本吉郡南三陸町の水戸辺浜に漂着した像を安置したものという。カツラ材寄木造で、在地の仏師の作と考えられる。当時、この地は本良荘とよばれ、奥州藤原氏の勢力下にあり、本像の制作にも藤原氏が関与した可能性が高い。

不動本堂の右手奥には、1766(明和３)年建立の青銅五重塔(県文化)が立つ。仙台の鋳物師、高田定四郎慈延・早山彦重郎春次・早山八重郎一次らによってつくられ、建立当時は「銅五階塔」とよばれていた。塔の高さは約5.4mあり、青銅塔としては大型である。

横山不動尊の南約900mに、舎那山長谷寺(曹洞宗)がある。当寺の木造観音立像(県文化)は、像高156cmのケヤキ材一木造で、宝髻から足先まで矧ぎ付けがなく、内刳りもない。

長谷寺の南、右年山山頂には、伊達政宗の弟伊達小次郎の墓がある。1590(天正18)年、小次郎は政宗に誅され、福島の某寺に埋葬後、母義姫(保春院)の化粧料地であった当地に小次郎の守役小原縫殿之助定綱によって改葬された。殉死した小原定綱の墓は、遺言により「小次郎君より五十間下げ」た所にある。

2つの北上川

3 黄金海岸

南三陸の山の富，仙台藩の金山・製鉄・絹の里を訪ねる。

旭館跡と鹿踊供養碑 ⓯⓰

〈M ▶ P.232〉 本吉郡南三陸町志津川下保呂毛
JR気仙沼線志津川駅🚶20分／JR気仙沼線陸前戸倉駅🚶30分

藤原秀衡4男高衡の館

　志津川駅の西約1km，標高70mの丘陵上に旭館(朝日館)跡がある。院政期，この地域は本良荘として立荘された。領主の藤原頼長は，その日記『台記』に，現地管理者である奥州藤原氏2代基衡との間で，金などの年貢増徴を交渉した経緯を記している。旭館は，この本良荘に派遣された，3代秀衡の4男高衡(本吉冠者)によって築かれたと伝えられている。南北朝時代以降は，葛西氏の勢力下に入り，家臣の千葉氏が本吉氏を称して城主となった。現在，城域は，東西約300m・南北約500mの規模と確認されている。

　旭館跡の東600mに，本吉氏の菩提寺である大雄寺(曹洞宗)がある。桃山様式の壮麗な山門は，1751(宝暦元)年，仙台藩養蚕の祖といわれる山内甚之丞により寄進された。境内裏手には，旭館最後の城主と伝えられる千葉大膳大夫重次の逆修供養の板碑が立つ。

　志津川駅の南隣，陸前戸倉駅から東へ約2km行った水戸辺には，行山流鹿踊供養碑がある。仙台藩領北部に伝わる行山流八つ鹿踊は，水戸辺村の住人伊藤伴内を祖として，元禄年間(1688〜1704)に創始されたという。この碑は，1724(享保9)年の建立で，養蚕の技術習得にきた人びとが，同時に芸能も伝習したことを示唆している。

　鹿踊供養碑から東へ約5km行った長清水には，「文化九(1812)年」銘の干魚供養塔がある。所々に鯨塚や鰻供養塔はあるが，干魚供養塔は珍しい。

荒沢神社 ⓱

0226-46-6339

〈M ▶ P.232〉 本吉郡南三陸町志津川袖浜101-3
JR気仙沼線志津川駅🚶30分または🚌細浦方面行袖浜🚶5分

紺紙金泥経を伝える神社

　志津川駅より東へ約2km，荒沢神社(祭神 天御柱神・風御柱神・龍田比古神・龍田比女神)がある。滝不動ともよばれ，貞観年

コラム

鹿踊

勇躍する8頭の鹿

腰につけた太鼓を打ち鳴らしながら跳躍して踊る，太鼓踊系の鹿踊は，宮城県北部から岩手県中部にかけて分布する。

舞手は，長い黒髪を垂らした権現風の鹿頭を振りたて，幕で体を覆い，長い2本のささら竹を背にして，八頭立で勇壮に踊る。中立ちとよばれる鹿を中心に，側鹿や雌鹿などの役割を分担し，陣形を組んだり崩したりして物語を展開する。

鹿供養に端を発したものといわれ，先祖供養や病魔退散・五穀豊穣を祈る。江戸時代初期，仙台藩初代藩主伊達政宗や2代藩主忠宗が，盆の供養の鹿踊組をみたという記録も残る。

鹿踊の系統は，行山流・金津流・春日流の3系派に大別される。もっとも古く，数も多い行山流は，伝来の巻物に「元禄十三(1700)年七月行山之祖　本吉郡水戸辺村(現，本吉郡南三陸町)伊藤伴内持遠」と記されている。口伝や由来書では，仙台藩北部の邑主に保護され，また藩主御覧の際に賞賛され，装束に伊達家の家紋の1つである九曜紋を使用することを許されたとする組が多い。

早稲谷鹿踊
(気仙沼市)

間(859～877)に，大和国の龍田神社(現，奈良県生駒郡三郷町)より勧請されたと伝えられる。

1609(慶長14)年，仙台城下の大橋修理の際に，境内のスギ25本を拠出して代金1貫文が与えられた。その後，仙台藩初代藩主伊達政宗により社殿が寄進され，以後も歴代藩主の崇敬を受けた。

社宝には，紺紙金泥大般若経巻二百九十七(県文化)がある。この経は，藤原基衡の代に中尊寺(岩手県西磐井郡平泉町)経蔵に納められた紺紙金字一切経2739巻(国宝)のうちの1巻が流出し，

黄金海岸　259

紺紙金泥大般若経巻二百九十七

田束山寂光寺(廃寺)の什物となっていたのが当社に伝わったものといわれている。

境内には、太郎坊・次郎坊のスギの巨木が2本あったが、現在は、太郎坊の杉(県天然)だけが残っている。高さ約40m・周囲7.7mで、樹齢は800年におよぶといわれる。

志津川駅の南東約5km、志津川湾内にある椿島は、タブノキなどの暖地性植物が自生し、椿島暖地性植物群落として国の天然記念物に指定されている。

田束山 ⓲ 〈M▶P.232〉本吉郡南三陸町歌津樋の口
JR気仙沼線(BRT)歌津駅🚗40分

平安時代末期の経塚群と中世の霊場

歌津駅から県道236号線を伊里前川に沿って北西へ約5km進むと、田束山(512m)の登山口に至る。『奥羽観蹟聞老志』によると、田束山は、承和年間(834〜848)に天台密教の修験道場として開かれ、平安時代末期には藤原秀衡の帰依を受けて繁栄した。かつては、山上に羽黒山清水寺、中腹に田束山寂光寺・幌羽山金峰寺(いずれも天台宗)が立ち、秀衡の4男高衡(本吉冠者)が祭礼を執行したと伝えられる。しかし、江戸時代の山火事により堂房は焼失し、現在は山腹の平坦面に堂舎跡のみが残る。

頂上付近には、11基からなる田束山経塚群(県史跡)がある。発掘調査の結果、第5号経塚の石室から青銅製経筒が発見された。経筒の底には松喰鶴文の

田束山経塚碑

北上川と南三陸海岸

コラム

気仙道

南三陸の輸送路

　江戸時代，仙台城下から気仙郡（現，岩手県陸前高田市）に至る街道を**気仙道**とよび，明治時代には**陸前浜街道**と称した。

　城下より利府（現，宮城郡利府町）・高城（現，同郡松島町）までは金華山道と重なり，小野宿（現，東松島市）から分かれて，内陸部を北上する。和渕（現，石巻市）より北上川を渡り，柳津・横山（現，登米市）を経て，志津川（現，本吉郡南三陸町）からは海岸沿いとなる。気仙沼を通って，気仙郡今泉（現，岩手県陸前高田市）に入り，境目番所のある唐丹浜（現，同県釜石市）に達する。柳津以北は，おおむね国道45号線沿いであるが，山が急に海に落ち込む地形が多いため，旧道の経路はかなり複雑である。

　先に挙げた宿駅は，在郷町として周辺の村々の経済的な核となった。『職鑑（宝暦職鑑）』によって，江戸時代の交通の要衝「所」拝領をみると，気仙道では，分岐点の小野に富田氏，和渕に武田氏，中津山（現，石巻市）に黒沢氏，柳津に布施氏，気仙沼に鮎貝氏が配置されている。

　おもな支道は，柳津は一関街道との交点，津谷（現，本吉郡本吉町）は涌谷（現，遠田郡涌谷町）・登米に通じる西郡街道の分岐点，気仙沼で一関と結ぶ気仙沼街道が分かれ，今泉では，一関城下に通じる今泉街道と結ぶ。これらの街道は，仙台への往還路として，また，藩中北部の中奥や奥五郡の物資運搬路として機能した。

　旧街道沿いには，分岐点に追分石が設置され，本吉郡本吉町には一里塚跡が残る。

銅鏡が嵌め込まれており，内部には朱書きの法華経が納められていた。また周辺からは12世紀頃の常滑焼の三筋壺も出土しており，これらの経塚は平安時代末期の築造と考えられている。

　田束山は，現在はツツジの名所として知られ，5月下旬にはツツジ祭りが行われている。また当地の眺望は，南三陸金華山国定公園でも随一であり，気仙沼湾から志津川湾までの南三陸海岸が一望できる。

室町時代の仏涅槃図

峰仙寺 ⓳
0226-42-2432

〈M ▶ P.232〉気仙沼市本吉町津谷舘岡17
JR気仙沼線（BRT）本吉駅🚶20分

　本吉町は，北・西・南を山に囲まれた内陸部と，太平洋に面する沿岸部に集落が点在する。中世には馬籠遠野館の馬籠（千葉）氏，津谷館の米倉氏ら，葛西氏の家臣が割拠していた。彼らは，葛西氏滅

黄金海岸

亡後に帰農し、近世には村役人層となった。

本吉駅から北へ300mの所にある商店街は、かつての宿場である。その町並みの北方の丘陵には、津谷館跡がある。

本吉町役場付近で国道346号線は大きく東へ曲がり、まもなく国道の北側に峰仙寺(曹洞宗)の山門と石段がみえてくる。寺伝によると、津谷館の領主米倉氏の菩提寺として、1513(永正10)年に創建されたという。また、江戸時代には、5つの末寺をもつ有力寺院であった。

峰仙寺には、1539(天文8)年頃、京都で求めたといわれる仏涅槃図・釈迦十六善神像図(ともに県文化)が伝わる。涅槃図は、金泥や切金文様を用いた大幅である。十六善神図像は同図としては県内最古の例で、巧みな彩色が残る。いずれも、室町時代中期の仏教絵画の特色をよく伝える。

仏涅槃図　　　　　　　　　　　　　　　　　　　　　釈迦十六善神像図

馬籠の製鉄 ⑳　〈M ▶ P.232〉気仙沼市本吉町馬籠
JR気仙沼線(BRT)本吉駅🚌10分

本吉駅から国道346号線を西へ約5km行くと、馬籠の集落に至る。ここは、沿岸と登米・東山地方を結ぶ宿場であった。

1605(慶長10)年，馬籠村の佐藤十郎左衛門は，中国地方に旅して製鉄法を学び，翌年，馬籠で製鉄を始めたと伝える。馬籠も，西隣の米川(現，登米市東和町)・大籠(現，岩手県東磐井郡藤沢町)と並び，キリシタンの多い地域であった。いずれも製鉄地帯であり，1798(寛政10)年の『封内土産考』に，踏鞴の棟梁は「切支丹類族(キリスト教信者の子孫)の者なり」と記すように，製鉄技術者とキリシタンとの関連が注目されている。

　1780(安永9)年馬籠村の『風土記』には，「古切支丹類族男三十七・女二名」の記事がある。スペイン人のフランシスコ・バラヤス神父が布教したといわれる。馬籠や山田の旧家には，神父をかくまった隠れ座敷と伝える部屋があったが，改築で姿を消した。

大谷金山跡 ㉑

〈M ▶ P.232〉気仙沼市本吉町大朴木
JR気仙沼線(BRT)小金沢駅 🚗 5分

　小金沢駅の北東約300m，赤牛漁港付近から赤牛川を約2.5km遡ると，山腹に巨大な選鉱施設跡がある。ここが，かつての大谷金山である。途中の沢沿いには，鉱山従業者の住宅が建てられていたが，今は所々に石垣を残すのみである。

　大谷金山は，1905(明治38)年頃から本格的に開発された。昭和時代初期には機械採掘も取り入れ，年間産出量は1tにおよんだ。太平洋戦争中は休山していたが，1950(昭和25)年に再開し，一時は全国有数の産出量を誇った。しかし，1971年に金が枯渇して閉山となり，現在は鉱廃水処理のみを行う。今も坑口やコンクリートの選鉱場が残っており，往時を偲ばせる。現在，鉱山跡地に大谷鉱山歴史資料館があり，関係資料が展示されている。

　この鉱山では，1930(昭和5)年に大規模な労働争議がおこっている。劣悪な労働・生活条件の改善を求める坑夫が，御岳農民組合の支援のもと，賃上げや労

大谷金山跡

黄金海岸

働組合認可など17項目の要求を掲げて争議に突入した。事業所の回答引き延し、警察の検束、争議団内部の分裂で敗北したが、事件後は労働改善の成果を得た。

波路上塩田跡 ㉒　〈M ▶ P.232〉気仙沼市波路上瀬向
JR気仙沼線（BRT）陸前階上駅🚌 3分

播州流製塩

　陸前階上駅から国道45号線に出て南へ約250m、左折して南東へ約1.5km行くと波路上明戸地区に至る。海岸にある明戸霊園は、1896（明治29）年の三陸大津波で死者438人を出し、壊滅した集落の跡地である。波路上牧地区の地福寺の海嘯記念碑には、その惨状が記されている。

　地福寺の東約300mの所に気仙沼向洋高校（東日本大震災により被災、移転）があった。その跡地や付近一帯が、江戸時代の波路上塩田跡である。

　近世初期、三陸地方の製塩法は「素水釜」とよばれる、汲み上げた海水をそのまま大釜で煮詰める直煮法であった。当地では磯浜が多いため、塩田を確保できないという事情もあったが、この方法は燃料効率が悪かった。

　1680（延宝8）年、馬籠村（現、本吉郡本吉町）の製鉄師佐藤三右衛門は、山陰地方への製鉄法視察の途中、播州赤穂（現、兵庫県赤穂市）を訪れ、播州流製塩法を学んで郷里に伝えた。これは、入浜式塩田で濃縮水をとって鹹水を煮沸するため、人手や薪が少なくて済む、進んだ技法であった。

　その後、馬籠村、気仙沼・清水川（志津川）・歌津などの資産家10人が費用を出し合い、人を派遣して指導を受けさせ、塩師2人が招聘された。そして、1683（天和3）年、塩田開発の許可と藩の援助を願い出て、波路上で製塩を始めた。塩場6町7反、満潮時に水門を開いて貯蔵する潮留6町歩、年間生産量8000俵におよんだ。波路上では、「花塩」と称する形造りの塩を藩に献上した。

　1696（元禄9）年、仙台藩4代藩主伊達綱村は、本吉郡巡検のおり、整備された塩田をみて喜び、関係者に褒賞を与えている。塩は藩の専売品であったため、強い統制下におかれ、密売買の取締りが行われた。燃料の薪は、藩の塩木山より供給された。

TSUNAMI（津波）

コラム

繰返される海の猛威

2011（平成23）年3月11日午後2時46分，三陸沖を震源とする日本地震観測史上最大のM9.0の地震が発生した。この地震によって発生した津波は東北地方から関東地方にかけての太平洋沿岸を襲い，戦後の自然災害としては最大の被害（死者15884人，行方不明者2640人，平成25年末現在）をもたらした。

宮城県域では沿岸各地で10mを超える津波が襲来し，死者9537人，行方不明者1287人を出したのみならず，各地において浸水・火災・地盤沈下などにより多くの損害をもたらした。文化財についても国登録文化財の旧角星酒造工場・佐藤家住宅板倉（気仙沼市）・旧北上町役場（石巻市）をはじめ，沿岸部で多数の文化財が津波により流失・破損した。また，内陸部でも地震により有備館（国史跡・名勝：大崎市岩出山）の主屋が倒壊，仙台城（国史跡）の石垣も一部崩落し，その他我妻家住宅（国重文：蔵王町）・山畑横穴墓群（国史跡：大崎市）なども大きな被害を受けた。

宮城県域の沿岸は縄文時代以降，数多くの津波が襲来したことが知られている。史料上確認されている最古の津波は869（貞観11）年5月26日に発生した「貞観の大津波」である。『日本三代実録』によれば，この津波は多賀城の「城下」を襲い，約1000人の溺死者がでたと記されている。そして，この時に多賀城や多賀城廃寺，国分寺・国分尼寺が地震により一定の被害を受けたことが指摘されている。また，鼻節神社（七ヶ浜町）・清水峯神社（名取市）・末の松山（多賀城市）などにこの津波に関する伝承が残されている。

中世については明確な記録が存在せず，津波の詳細については不明である。

近世に入ると津波の記録が数多く残されるようになり，三陸地方を中心に1611（慶長16）年，1677（延宝5）年，1793（寛政5）年，1835（天保6）年，1856（安政3）年などの津波が知られている。その中で最大の津波とされるのが慶長16（1611）年10月28日の「慶長の大津波」である。この津波は宮城県沖を震源とする推定M8.1の地震により発生したもので，東北地方の太平洋岸に大きな被害をもたらした。宮城県域では，仙台市若林区の浪分神社の場所まで津波が押し寄せたとされ，『治家記録』には「千七百八十三人溺死，牛馬八十五頭溺死ス」と記されている。さらに，『駿府記』には伊達政宗の話として千貫神社（岩沼市）の周辺まで阿武隈川を遡上した津波が襲来したという「千貫の松」の話が伝えられており，この記事の中にある「世日津波云々」は「津

黄金海岸

波」の語の初出とされる。イスパニア使節で当時，幕府の許可を受けて三陸沿岸の測量にあたっていたビスカイノの『金銀島探検報告』にも，越喜来(岩手県大船渡市)で津波に遭遇した時の状況や，今泉(岩手県陸前高田市)，相馬(福島県相馬市)における津波の被害の見聞が記されている。

この津波で荒地と化した仙台市若林区荒浜や飯田では，再開発が行われたが，三本塚では津波から30年を経ても「汐入悪地」が残った。「慶長の大津波」に関しては七北田川の付け替えや貞山堀(木曳堀)の造営への影響も指摘されている。また，浪分神社の他，蛸薬師(仙台市太白区)・浪切不動尊(仙台市宮城野区・塩竈市)にもこの津波に関する伝承が残されている。

近代に入ると，戦前では，死者2万6791人(内県内3452人)の被害を出した1896(明治29)年6月15日の明治三陸津波と，3000名を越える死者・行方不明者(内県内315人)の被害を出した1933(昭和8)年3月3日の昭和三陸津波が知られる。明治・昭和の三陸津波の教訓を伝えるため，各地に多数の海嘯記念碑や震嘯記念館が津波の到達地点付近に建てられたが，東日本大震災で気仙沼市内の33基の記念碑の内13基が流失，倒壊，震嘯記念館も残存していた5館の内4館が津波により流失するなど，甚大な被害を受けた。

戦後では，1960(昭和35)年5月23日午前4時11分(日本時間)，南米のチリで発生したM8.75の地震が，翌日未明，太平洋を越えて三陸沿岸に最高潮位5.5mの津波をもたらしたチリ地震津波がある。この津波の際，日本では引き潮があったが，地震がなかったため，十分な対策がとられず死者・行方不明者139(内県内54名)という大きな被害をもたらした。地震をともなわない津波は江戸時代にも発生している。1837(天保8)年10月，石浜(現牡鹿郡女川町)の『勇蔵日記』には何の前触れもなく津波が襲来したことを記している。

東日本大震災の体験を記憶するために，宮城県は3月11日を「宮城鎮魂の日」と定め，東日本大震災メモリアルパークの建設などが計画されている。各市町村でも岩沼市の「千年希望の丘」など震災祈念施設の建設計画が進められている。震災遺構については現時点(2013年10月現在)，中浜小(山元町)・荒浜小(仙台市)・「かんぽの宿松島」・JR野蒜駅・浜市小・野蒜小(東松島市)・女川交番(女川町)などについて保存の方向で検討が進められている。

波路上塩田は，明治維新以降，藩の塩木山が官有林となったことなどから経営が悪化し，1876（明治9）年頃には廃業状態となり，塩田の施設も1896（明治29）年の三陸大津波で破壊された。

岩井崎 ㉓

伊達綱村命名の景勝「祝崎」

〈M ► P. 232, 266〉気仙沼市波路上岩井崎
JR気仙沼線（BRT）陸前階上駅🚶5分

波路上塩田跡の南東約1km，芝生と松林に覆われた岬が岩井崎で，三陸復興国立公園の最南端にあたる景勝地である。荒波が打ち寄せる海岸には海蝕を受けた石灰岩からなる，潮吹岩などの奇岩が多く，地獄崎とよばれていたが，仙台藩4代藩主伊達綱村が巡視の際に訪れて景観を称え，「祝崎」と命名したといわれている。古生代二畳紀の岩石からなり，露出する石灰岩には多種類の化石（岩井崎石灰岩化石，県天然）が含まれている。

岬にある琴平神社（祭神大物主神・事代主神）は，1635（寛永12）年に讃岐（現，香川県）の金刀比羅宮（香川県多度郡琴平町）を勧請したものといわれる。1859（安政6）年に奉納された船絵馬などが伝わる。

岩井崎には，1928（昭和3）年に建てられた9代横綱秀の山雷五郎の顕彰碑がある。雷五郎は，最知村（現，気仙沼市）に生まれた。少年時代から力が強かったため，16歳で江戸に出て，先代秀の山伝次郎に弟子入りした。力士としては小柄だったが技を磨き，1837（天保8）年に入幕し，1841年には大関に昇進した。3代秀の山を襲名し，翌年38歳で横綱の免許を受けた。横綱在位5年，優勝

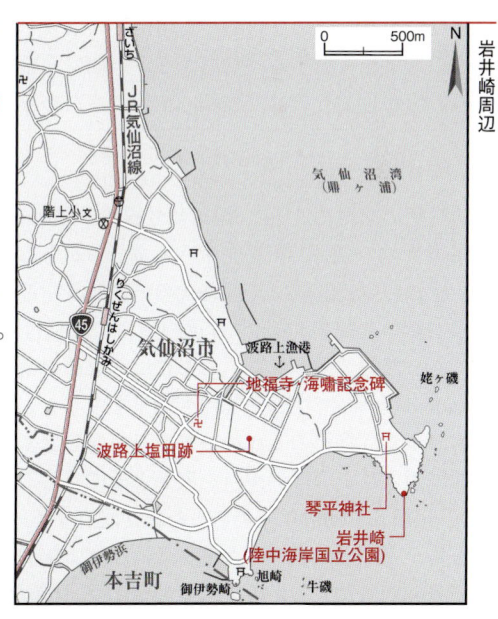

岩井崎周辺

6回で引退した後は、門弟の指導にあたり、武蔵山芳之助や陣幕久五郎らを育てた。今も最知には生家の菊田家があり、横綱の遺品を所蔵している。

陸前階上駅の北隣、最知駅から南へ約400m行くと、国道45号線の西側に南最知貝塚がある。1968(昭和43)年の発掘調査の際、竪穴住居跡や土壙墓が発見され、石器・骨角器が出土した。

羽田神社 ㉔
0226-23-5549
〈M ▶ P. 232〉気仙沼市赤岩上羽田213
JR気仙沼線(BRT)松岩駅🚌20分

「お山がけ」儀礼

最知駅の西約7.5km、気仙沼駅の南西約8kmの羽田山(460m)の中腹に羽田神社(祭神倉稲魂命・月読命・大名持命)がある。宮司の尾形家は、30代余り続く。社殿の左右には、樹高40mを超える巨木、太郎坊・次郎坊の杉(県天然)が聳える。

羽田神社では旧暦9月29日に、近世には気仙沼一番といわれた神輿渡御祭が行われる。旧暦8月15・16日には、近世以来、羽田のお山がけ(国民俗)とよばれる行事が行われている。白装束をまとった数え7歳の男児が、祓を受けた後、付添いの親族の男性とともに竹杖をつきながら、自力で羽田山にのぼり、山頂の奥宮月山社に成長の無事を祈願する。幼児から少年期に入る節目の儀礼で、父親以外の男が付添うのは、依頼心を封じるためといわれている。

煙雲館 ㉕
〈M ▶ P. 232, 269〉気仙沼市松崎片浜
JR気仙沼線(BRT)松岩駅🚶10分

「鬼太郎」の城館

松岩駅の北西約200m、国道45号線脇の峻険な丘に八幡神社(祭神品陀和気命・息長帯比売命・大雀命)がある。ここが、中世の城館古屋館(八幡館)跡で、熊谷氏の一族熊谷左近の居城と伝えられる。

松岩駅の北東約400m、片浜の高台に、仙台藩の重臣鮎貝氏の居館であった煙雲館がある。ここには、眼前の気仙沼湾・岩井崎・大島を借景とする、広さ500坪の池泉を中心とした回遊式庭園が残る。樹木が多く、築山の立体的な地割や石組などは変化に富み、全体として構成のとれた庭園美が目を楽しませてくれる。作庭時期は不詳だが、「元禄五(1692)年」銘の石灯籠が現存する。

家格一家の上座を占めた鮎貝氏は、寛文年間(1661~73)から元禄年間(1688~1704)にかけて、気仙沼に所拝領(仙台藩で交通の要衝

煙雲館

を領地として与えられること)となり、気仙沼湾の入口である松崎村片浜に居館を構えた。給地1000石は、当地から気仙沼市本郷にまたがる。歴代当主は、藩の奉行(家老)などの要職をつとめ、また泊浜唐船番所の海防を担当した。

　12代当主太郎平盛房は、戊辰戦争(1868〜69年)には細谷十太夫とともに官軍を悩ませ、「鬼太郎」の異名で勇名を馳せた。この盛房の2男として生まれたのが、国文学者落合直文である。11歳で仙台中教院に入学し、14歳のとき、同校の創立者落合直亮の養子に入った。東京大学古典講習科に学んだ後、1893(明治26)年に浅香社を創設し、和歌改良の運動をおこした。また、弟の鮎貝房之進(槐園)も、東京外国語学校朝鮮科に学び、渡韓。在韓52年におよび、朝鮮文化研究にすぐれた業績を残し、朝鮮文化功労賞を授与された。

　松岩駅の北西約3km、山裾に広がる赤岩牧沢にはリアスアーク美術館がある。館内では、気仙沼・本吉地方の農魚村民具の造形美なども紹介されている。

気仙沼港 ㉖

〈M▶P.232, 269〉気仙沼市魚町
JR気仙沼線(BRT)南気仙沼駅🚶10分

　気仙沼港は、近世、内陸の登米郡(現、登米市)・東磐井郡(現、岩手県一関市)の特産物と沿岸漁村の海産物を、江戸へ運ぶ廻船によって発展した。1788(天明8)年に気仙沼を訪れた江戸幕府巡検使随行の古川古松軒は、『東遊雑記』に「気仙沼は商家多く、大海より三里の入江にて、五百石積みくらいの船、数かず入津してあり。鰹魚の名所にて、数多く取れることゆえ、価賤し」と記している。

　気仙沼港の北西約500m、現在の気仙沼市役所付近は、代官所がおかれていた。また、港の周囲には廻船問屋が軒を並べていたが、現在も海産物商・漁業会社・船舶仕込問屋がある。

　港の北岸に面した通りには、男山本店店舗・角星店舗(いずれも

港に沿った昭和時代初期の町並み

黄金海岸

気仙沼市中心部

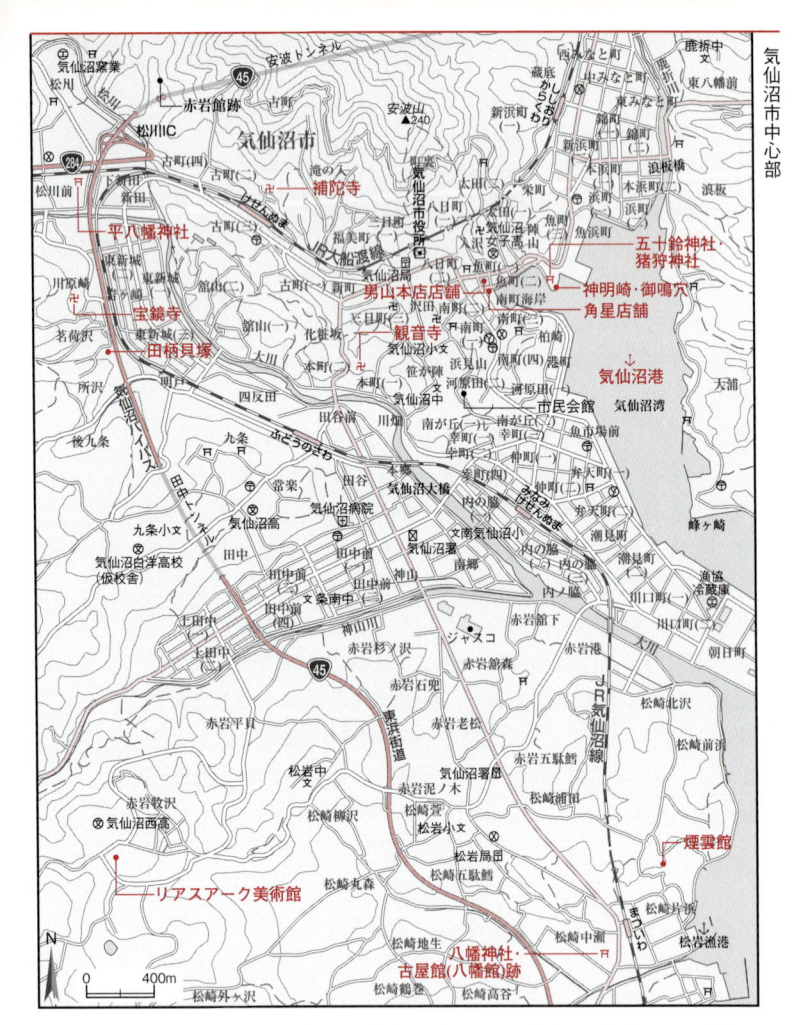

国登録)がある。1929(昭和4)年の気仙沼大火後の建築で、重厚な造りは昭和時代初期の建築様式を伝えている。

ほかにも国登録有形文化財として、市内に武山米店・三事堂ささ木(店舗・住宅)・小野健商店土蔵が立つ。また、下八瀬に小野寺家住宅(主屋・小家・板倉)の農家建築、塚沢に旧月立小学校校舎が残る。

その東方、湾奥部から延びる神明崎は、気仙沼を自生北限とする

暖地性喬木モクゲンジに覆われている。この岬には，五十鈴神社がある。境内の猪狩神社は，1854(安政元)年に気仙沼に初めて江戸湾の海苔養殖技術を導入した猪狩新兵衛をまつる。

神明崎西崖下には，御鳴穴(管弦窟)とよばれる鍾乳洞がある。今は半ば埋もれているが，近世には，満潮時に潮が洞の中の岩に当って神秘的な音を発する名所であった。1932(昭和7)年，岬の先端に浮御堂が設けられた。

観音寺 ㉗
0226-22-0247

〈M ▶ P.232, 269〉気仙沼市本町1-4-16
JR気仙沼線(BRT)不動の沢駅🚶7分，またはJR気仙沼線(BRT)・大船渡線気仙沼駅🚶15分

気仙沼市役所前の通りと大川に挟まれた地域には，舘山笹が陣の地名が残り，中世の館跡が分布する。気仙沼駅の南東約1.5km，気仙沼市民会館の東側の海岸段丘には，内の脇貝塚がある。

気仙沼駅の南東約700mで右折し，化粧坂の切通しを抜けると，大川に架かる本町橋北岸に観音寺(天台宗)がある。本尊の木造阿弥陀如来坐像(県文化)は，像高42cmの寄木造で，平安時代末期の作である。柔和な表情を浮かべ，上品下生の印を結ぶ。中尊寺金色堂(岩手県西磐井郡平泉町)の阿弥陀仏と共通の特色をもち，同じ文化圏でつくられたものとみられる。

本堂脇には，1723(享保8)年建立の観音堂があり，観音堂厨子(県文化)を納める。厨子は入母屋造・柿葺きで，

木造阿弥陀如来坐像(観音寺) 　　　　　　　　　観音寺観音堂厨子

平安時代末期の阿弥陀如来

黄金海岸

軒唐破風をつける。懸魚・獅子頭など繊細な細工が施され，黒漆・朱色・金色の彩色も華麗である。庫裏は，文化年間(1804〜18)に建立された。山門の下や境内には，落合直文・前田夕暮・辻潤ら文人の歌碑が立つ。

宝鏡寺㉘　〈M ▶ P.232, 269〉気仙沼市川原崎31
0226-22-8460
JR気仙沼線(BRT)不動の沢駅またはJR気仙沼線(BRT)・大船渡線気仙沼駅🚌 5分

気仙沼駅から北西へ約700m，国道284号線に入り，西へ約700m行き左折すると，新月中学校の南方にひときわ目立つ森がある。ここが平八幡神社(祭神誉田別尊)で，参道の両側には樹齢800年といわれる6本の大サワラ(県天然)が聳える。

平八幡神社の南約500mに，宝鏡寺(曹洞宗)がある。奥州市水沢区の名刹正法寺の末寺である。鎌倉時代初期，当地の地頭熊谷直宗の開基とも伝えられる。境内には直宗の建立とされる，梵字のみが刻まれた石碑が残る。

本堂はたびたび火災に遭っているが，宝暦年間(1751〜64)に造営された山門が現存する。八脚二層で入母屋造・茅葺き，廻縁に勾欄をつけた重厚な造りで，県内有数の大きさである。また，本堂書院の桐戸には，1835(天保6)年に，仙台藩四大画家の1人である東東洋が描いた鶴図がある。

宝鏡寺の南方500m，茗荷沢川と田柄川に挟まれた丘陵には，縄文時代後期の田柄貝塚がある。1979(昭和54)年，バイパス工事の際に発見され，埋葬遺構なども検出された。豊富な出土品は，宮城県田柄貝塚出土品として国の重要文化財に指定された。とくに骨角器のうち，ヤス・釣針などのすぐれた漁労道具が注目される。

宝鏡寺楼門

補陀寺六角堂 ㉙
0226-22-0981

〈M▶P.232, 269〉気仙沼市古町2-2-51　P
JR気仙沼線(BRT)・大船渡線気仙沼駅🚶10分

気仙大工がつくった観音堂

気仙沼駅の北約200mに，**補陀寺**(曹洞宗)がある。18世紀末，独特の仏像彫刻で知られる**木食遼天**も当寺の9世住持をつとめた。

本堂の左手にある朱塗の観音堂は，**六角堂**(県文化)とよばれる。一般に，円堂は平面が八角形であり，六角形は珍しい。1762(宝暦12)年の建立で，棟梁は気仙沼三日町の瀬左右衛門と伝えられる。現在は赤瓦葺きだが，もとは柿葺きで，各所に江戸時代中期の技巧が凝らされている。堂内の**家形厨子**には，本尊の**如意輪観音像**を納める。この像は秘仏で，33年に1度の開帳となっている。

補陀寺六角堂

唐桑半島と御崎神社 ㉚㉛
0226-32-3406(御崎神社)

〈M▶P.232, 273〉気仙沼市唐桑町中(巨釜)・小長根(半造)／崎浜2-3　P
JR気仙沼線(BRT)南気仙沼駅・大船渡線(BRT)鹿折唐桑駅🚌30分(巨釜・半造)／🚗50分

「はじき猿」の縁起物

気仙沼駅から国道45号線を北へ約9km，只越峠にかかる唐桑トンネルを越えると，県の最北東端の唐桑町に入る。只越で国道を降り，典型的なリアス式海岸の半島部へ向かうと，鞍部の幹線道路から各浜に通じる道が分かれる。唐桑半島西側の内湾部は屈曲に富み，水深も深いので，宿・小鯖・鮪立などの良港がある。小鯖—気仙沼間には，大島水道を通る定期船が運航され，海上から漁村の景観を望むことができる。

近世以降，当地では急速に漁業が発展した。1675(延宝3)年，鮪立の鈴木家は**紀州**(現，和歌山県)船を積極的によび寄せ，三陸地方で初めて鰹一本釣漁を取り入れた。鰹節製造も，これを機に始まった。近代に入り，動力船が導入されると遠洋漁業が展開し，とく

黄金海岸

に鮪延縄漁業の基地となった。

　集落には，今も大きな造りの家が目立つ。船乗りが陸にあがったときは，家屋に安らぎを求めたことから造作に意を注いだためで，俗に唐桑御殿とよばれる。

　湾の最奥部の宿浦の入口の段丘上に，縄文時代前期・中期の藤ヶ浜貝塚がある。半島中部には，標高220mの早馬山が聳える。漁民が海上から方位や距離を測る目印の山であり，往古は女人禁制・殺生禁断の霊地でもあった。麓には早馬神社（祭神倉稲魂神）があり，山頂にはその奥院がまつられている。この神社の旧暦9月19日の例祭では，町を練り歩いた神輿を，宿浦から御座船に載せて御崎沖に運び潮水で清める，海上渡御が行われる。早馬神社の参道入口にあたる馬場には，樹齢約800年の巨木，上二本杉・下二本杉（県天然）がある。2株が並んで立つことから，夫婦杉ともよばれている。上二本杉は近年枯れてしまったが，下二本杉は20mの樹高を保つ。なお，早馬山の中腹には公園漁火パークがあり，ハイキングコースも整

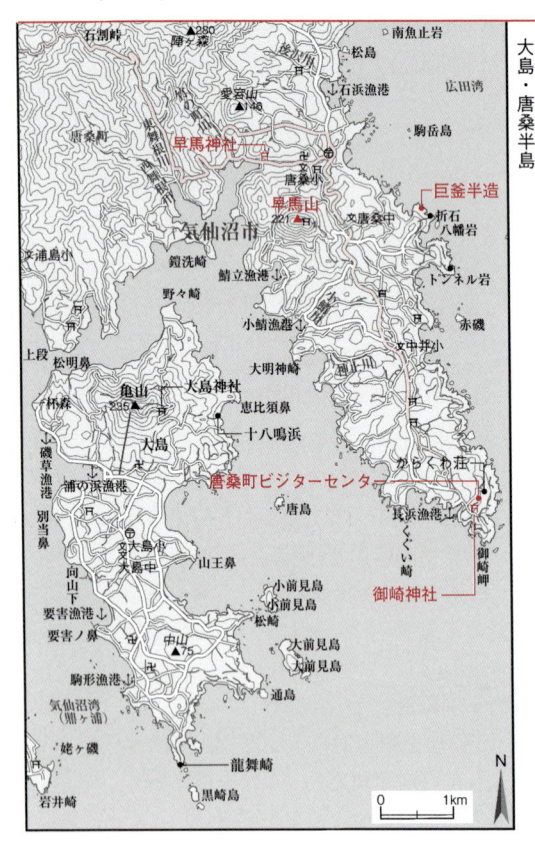

大島・唐桑半島

備されている。

　唐桑中学校付近の分岐点を東海岸に向かうと、マツの魚付林の先に荒海があらわれ、三陸復興国立公園の景勝地の1つ巨釜半造(県名勝)に至る。前田浜を境に、湾入部の北を巨釜、南を半造と称し、遊歩道で結ばれている。石灰岩が海蝕されてできた、奇岩・怪石が連なる景勝地である。巨釜突端には、海中より天を衝く折石がある。中間に亀裂があることから名づけられたといわれ、1896(明治29)年の三陸大津波で先端部が折れた。

　唐桑半島の南端は御崎とよばれ、国民宿舎「からくわ荘」の南方に、漁業・航海の守護神として名高い御崎神社(祭神素戔嗚尊・大海津見神・日本武尊)がある。1723(享保8)年、仙台藩5代藩主伊達吉村が参拝し、『海浜歴覧記』に「聞きしにまさりたる宮居のさま、まことに有難くおぼえぬ」と記されている。1月14・15日の祭礼は「御崎さん」とよばれ、14日宵宮から翌朝にかけて多くの参詣者で賑わう。このとき、難除けの「はじき猿」、大漁・航海安全の「さっぱ舟」という素朴な郷土玩具が売られる。

　境内には、1810(文化7)年と1836(天保7)年の鯨塚の碑が立つ。また、黒潮の影響を受けた温暖な気候から、10mを超す亜熱帯植物タブノキ林がある。これは自生分布としては北限となる。

　国民宿舎に隣接する唐桑町ビジターセンターでは、唐桑半島の自然や暮らしに関する展示がなされており、日本唯一の津波体験館が併設されている。御崎岬の一帯は、粘板岩の断崖が男性的景観を織りなす。潮流が渦巻く陽沼・陰沼、海蝕棚の八艘曳(千畳敷)などの景勝がある。

　町の北部の小原木地区は、広田湾に面する。石灰岩層が海に落ち込み、岩井沢一帯は大理石海岸とよばれている。採掘場跡があり、かつて石材・製鉄・セメント用として大理石を積み出した。石材として、東京三越本店の内装にも使用されたという。

　なお、気仙沼市唐桑町は、隣接の岩手県一関市室根町に伝わる室根神社祭のマツリバ行事(国民俗)にも関係している。この祭礼は、閏年の翌年の旧暦9月17日から3日間、宮城・岩手両県にまたがる氏子が、厳格な神役制を分担して行われる。

俵物と養殖

コラム

世界と結ぶ南三陸の幸

　本県は全国第2位の漁獲高があり、三陸海岸は磯漁と養殖が盛んな土地柄である。

　仙台藩では仙台湾を表浜、三陸海岸を裏浜として、浜方百姓の村々から海上高という漁場使用料を徴収した。裏浜では、藩に上納した磯物(アワビ・ナマコ)の残りを市場に出荷したり、俵物の請負商人に売るなどして換金した。俵物は、長崎貿易で清に輸出された。

　宮城県が養殖の始まりとなる海産物には、ワカメ・コンブのほか、三陸特産のホヤがある。ワカメとコンブの養殖は、1953(昭和28)年に大槻洋四郎が牡鹿郡女川町小乗浜で初めて成功したとされる。

　ホヤの養殖は、1902(明治35)年、気仙沼市唐桑町の畠山豊八が、錨を結んだブドウの蔓に海鞘種が付着したことをヒントに始めたといわれる。

　海苔養殖は、19世紀中頃、気仙沼の海産物商猪狩新兵衛が、江戸大森(現、東京都大田区)から養殖法を移入していた。

　欧米に輸出したカキは、1676(延宝4)年に没した内海庄左衛門が、松島野々島で稚貝を地播して始めたという伝承がある。明治時代以降、県水産試験場の指導で本格化した。さらに本県特産のフランス牡蠣の養殖は、1961年、牡蠣研究所が気仙沼湾で成功させた。

発刊によせて

　1972(昭和47)年に発刊された『宮城県の歴史散歩』は，1988年に改訂し，『新版 宮城県の歴史散歩』として版を重ねてまいりました。そしてこのたび，史跡や文化財の再調査がなされ，明らかになった史実や新しい研究成果も取り入れながら，記述と内容を一新し，より実用的で使い易いものに全面的な改訂をいたしました。

　昨今，生涯学習への関心が高まり，地域の歴史に関する講座，講演，史跡めぐりなどが各地で盛んに開催され，内容もより専門的で高度になってきております。地域の歴史を学ぶことは，学校の授業とは異なる新鮮な興味や関心を呼び起こすものであり，多くの歴史愛好家の誕生とともに，地域の文化財や文献の掘り起こしにも大いに役立っております。

　「百聞は一見に如かず」とありますように，ぜひ本書を手にし，散策を通じて，文化遺産や自然に親しみながら，宮城の良さを再認識していただければと思います。

　――日本人は，いつも思想はそとからくるものだと思っている。ともかく日本の場合，ひとびとのすべてが思想化されてしまったというような歴史をついにもたなかった。これは幸運といえるのではあるまいか。――『この国のかたち』(司馬遼太郎著)より

　その日本の中にあって，宮城県の各市町村は，特色ある豊かな自然景観と独自の恵まれた歴史的遺産を有し，それぞれが伝統的な祭りや行事など，質の高い文化遺産を今もって数多く残しております。このことはまことに幸運であり，それはまた，そこに住む人びとの郷土への思いやりの深さを示しているといえます。

　行政改革が進行する中で市町村の合併が盛んに行われ，きめ細かな文化の伝承や保存がますます難しくなるだろうとの危機感も叫ばれております。

　今こそ，人間の知恵と科学の粋を尽くし，きちんと後世に文化遺産を伝えていくことが，現代に生きるわれわれの使命であり，責務であるように思います。

　本書は，国および県指定の文化財を数多く取り上げるなど，歴史

的視点を重視しつつ,正確さにいっそう留意しながら,現代に息づいている民俗行事や伝統的な地域の食文化,そして特産品などの新しい要素も取り入れ,歴史散歩を楽しめる懇切丁寧な工夫もしております。

　中学生・高校生など地域の歴史に関心をもつ初心者にとって,わくわくするような「未知との遭遇」「ふるさとの再発見」につながる入門書となることを期待するとともに,一般読者の皆様には,散策をとおして,ゆっくりと地域の歴史をふりかえる「心のやすらぎ」への案内書になれば幸いです。

　本書は,県内高校の先生が,自ら現地を訪れ確認しながら,誠実に執筆・編集した成果です。

　関係各位のご協力に敬意を表しますとともに,本書が宮城県の歴史探訪の入門書として,広く活用されることを期待いたします。

平成19年7月
　前宮城県高等学校社会科(地理歴史科・公民科)教育研究会会長
　　　　　　　　　　　　　　　　　　　　　　　髙橋良明

【宮城県のあゆみ】

はじめに――歴史の展開した舞台・自然環境

　宮城県は、東側は太平洋に臨み、西側に奥羽山脈が連なり、南東部には阿武隈山地、北東部には北上山地が広がる。中央部は奥羽山脈から東に向って延びる松島丘陵が、平野を南北に二分している。北部は主として北上川水系に属する仙北の平野、南部は広瀬川、名取川・阿武隈川水系に属する仙南の平野に区分される。

　仙北の平野は丘陵と低地の配置が複雑で、両地形の接する付近には、沼や湿地が多く、段丘以外の平坦地は水田である。また、北上川水系は河床勾配が小さいため、水害を受けることが多い。仙南の平野は、丘陵と低地の区分が明瞭である。また丘陵内部に、白石川水系の白石盆地・村田盆地、阿武隈川水系の角田盆地などが形成されている。

　気候は、温暖な太平洋岸型と、親潮の影響を受ける北日本の特徴をあわせもつ。この気候の特色は、植生にあらわれている。宮城県は温帯林と暖帯林の接触地帯であり、仙台市の青葉山(国天然)はユズリハ・ダブノキなどの暖地性樹林の北限にあたる。

　花粉分析によって植生の変化をたどると、人びとの生活の変化を推定できる。約500年前までに、開発行為により、平野を覆っていたハンノキの分布域が消滅した。丘陵地帯でも、約500年前にはモミなどの原生林から、人が管理する里山へと変化した。宮城郡松島町の松島(国名勝)も、この頃にマツが増殖したとされる。また、亘理郡亘理町称名寺のシイノキ(国天然)など、この地に自生しない樹木は、本県への人びとの移動を物語っている。さらに刈田郡蔵王町平沢に、樹齢1300年の弥陀の杉(県文化)がある。この木の根元にある戒石銘「村役方へ願イ遺ワス　コノ大杉ヲ永世伐ラセナヘテ下サレ」は、本県の人びとの文化財保護の精神を今に伝えている。

　北上山地には、イヌワシ繁殖地(国天然)がある。現在は確認されていないクマゲラが、1794(寛政6)年の『観文禽譜』(県文化)に「仙台城の裏山に産す」と記録されている。クマゲラ同様にイヌワシの生息地が失われないように、天然記念物を始めとする本県の文化財を後世に残す責務が私たちに求められている。

原始

　宮城県は、「前・中期旧石器遺跡」が集中する地域として知られていた。しかし、2000(平成12)年11月に発覚した旧石器遺跡捏造事件に端を発する検証活動の結果、200カ所を超えるとされていた旧石器遺跡のうち、約150カ所が捏造であり、とくに「前・中期旧石器遺跡」はそのすべてが偽りと判明した。県内の旧石器時代遺跡は約80カ所に激減し、しかもそのすべてが3万5000年以降の後期旧石器に属するものであるとされた。

このようななかにあって全国的に注目されるのは、富沢遺跡(仙台市)である。地表下約5mから、約2万年前の湿地林と旧石器時代人のキャンプ跡が発見され、当時の環境と人間の活動を具体的に知るうえで、貴重な成果をもたらしたからである。
　縄文文化は貝塚に象徴される。県内には200カ所以上の縄文時代の貝塚が、三陸沿岸・北上川中流域・阿武隈川下流域・仙台湾沿岸の4ブロックに分布する。県内の縄文文化の調査・研究は、これらの貝塚を対象に進められてきた。層位学的発掘が初めて行われた里浜貝塚(東松島市)、東北地方南部の土器編年の基準遺跡である大木囲貝塚(宮城郡七ヶ浜町、国史跡)、製塩遺跡で注目された西の浜貝塚(同郡松島町、国史跡)、見事な骨角器や装身具を出土した沼津貝塚(石巻市、国史跡)、ほぼ完全な遮光器形土偶(国重文)を出土した恵比寿田遺跡(大崎市)など枚挙に暇がない。
　東北地方で稲作農耕社会が成立するのは、弥生時代前期とされている。宮城県内でも十三塚遺跡(名取市)・山居遺跡(石巻市)などで、近畿地方や伊勢湾地方から搬入された前期の土器が出土していることから、この頃に初期農耕社会が出現したとみられる。中期には農耕社会が確立し、水田が各地につくられるようになる。仙台平野でも富沢遺跡で水田跡が、また高田B遺跡(仙台市)では集落と水田跡が発掘されている。高田B遺跡の北約3kmにある中在家南遺跡(同市)では、墓域の一部と土器・装身具・骨角器・木製品など、多数の生活資材が発掘されている。後期になると、河川流域の自然堤防や河岸段丘、丘陵地帯などのさまざまな環境に小規模な集落がみられるようになり、農耕社会の適応地域が拡大したことがわかる。
　宮城県の弥生時代終末期と古墳時代初頭には連続的な変化がみられず、大きな変動があったと推測されている。古墳時代初頭の在地の土師器にまじって、戸ノ内遺跡(仙台市)や大橋遺跡(刈田郡蔵王町)では関東・東海地方の、また宮前遺跡(亘理郡亘理町)では北陸地方の特徴をもつ土師器が出土している。このように宮城県の古墳時代は、関東・東海・北陸との関わりをもちながら成立したとみられる。
　古墳時代に最初に造営された墓は方形周溝墓で、4世紀前半の戸ノ内遺跡がもっとも古い。これに後続する方形周溝墓は、安久東遺跡(仙台市)、今熊野遺跡(名取市)、東館遺跡・鶴の丸遺跡(ともに栗原市)など、県内全域で発見されているが、5世紀にくだる例はない。県内に高塚古墳が築造されるのは4世紀前半からで、飯野坂古墳群中の前方後方墳である観音塚古墳(名取市)や、前方後円墳の千塚山古墳(柴田郡村田町)はこの時期のものとされる。その後、前方後円墳の遠見塚古墳(仙台市)や青塚古墳(大崎市)が4世紀後半に築造され、同世紀末には東日本で最大級の雷神山古墳(名取市)が出現する。
　しかし、5世紀前半には古墳の築造は途絶する。再び活発になるのは5世紀後半からで、瓶ケ盛古墳(白石市)・名取大塚山古墳(名取市)・兜塚古墳(仙台市)・念南寺古墳(加美郡色麻町)が築造される。この頃から、鷹ノ巣古墳群(白石市)や台

町古墳群(伊具郡丸森町)に代表される群集墳が形成される。7世紀に入ると高塚古墳は衰退し、県内各地に横穴墓が群集してつくられるようになる。

宮城県の古墳の特徴は、迫川・江合川流域を境として南北に大別できる。南は4世紀以降、前方後円墳が築造されるが、北ではそれが築造されず、7世紀以降初めて小円墳からなる群集墳がみられる。これは、県北地域が北方社会との結びつきが強かったことの反映と理解されている。

古代

7世紀中頃、律令国家の建設が始まり、ほどなく「道奥国」が設置され、8世紀初頭までには「陸奥国」と表記を改めた。7世紀中頃から末頃にかけて、蝦夷支配の拠点として設置されたのが、郡山官衙遺跡(Ⅰ期、仙台市)と名生館官衙遺跡(大崎市)である。それとともに関東地方から人びとを移住させ、土地開発と村づくりにあたらせた。県内各地のこの時期の竪穴住居跡から発見される関東系土師器は、移民にかかわるものと理解されている。

このようにして律令制を浸透させ、地域が安定した段階で建設された国府が、仙台郡山官衙遺跡(Ⅱ期)であるとみられる。しかし、律令政府の支配の強化は黒川(現、黒川郡)以北では蝦夷の反発を招き、720(養老4)年に陸奥・出羽の行政監督官である按察使の上毛野広人が殺害されるという事件がおきた。このような事態の復興政策のなかで、国府を北の多賀城に移し、あわせて黒川以北の10郡設置と玉造柵(大崎市)など、5柵の整備・設置が進められた。

多賀城は律令国家による東北経営の拠点と位置づけられ、国府のほかに鎮守府・按察使がおかれた。国府には国司が駐在し、陸奥国全体の行政にあたった。鎮守府には鎮守将軍を始めとする鎮官がおり、鎮兵を率いて征討する任務をになった。按察使は陸奥・出羽を管轄する広域地方官で、蝦夷対策・辺境支配を一体的に進める役割をはたした。多賀城の北方には、玉造柵・新田柵(大崎市)・色麻柵(加美郡)・牡鹿柵(東松島市)などの諸柵がおかれ、あらたに律令国家の領域となった。

律令国家は、仏教による国家鎮護政策をとった。そのため、城柵・官衙には寺院が付属することが多い。仙台郡山官衙遺跡(Ⅱ期)には郡山廃寺跡、多賀城には多賀城廃寺(観音寺)跡、玉造柵には伏見廃寺跡、城生柵には菜切谷廃寺跡(加美郡加美町)が確認されており、一の関遺跡(加美郡色麻町)も城柵に付属する寺院跡とみられる。このうち七堂伽藍を備えていたのは郡山廃寺跡と多賀城廃寺跡だけで、8世紀中頃には陸奥国分寺(仙台市)が建立された。また、749(天平21)年、東大寺大仏鍍金のための金が陸奥国小田郡(現、遠田郡)から進上されると、「天平感宝」と改元され、小田郡には六角円堂が建てられた(国史跡、天平産金遺跡)。

天平宝字年間(757〜765)、律令国家の蝦夷政策は強圧的になり、それまで蝦夷固有の地域であった所にも城柵を設置した。陸奥の桃生城(石巻市)、出羽の雄勝城(秋田県仙北市)がそれである。さらに多賀城・秋田城(秋田県秋田市)なども改修した。

このような強硬策が原因で、三十八年戦争といわれる蝦夷と政府軍の戦乱の時代を迎えた。774(宝亀5)年の海道の蝦夷による桃生城の襲撃に始まり、780年には伊治公呰麻呂の乱により多賀城は焼討ちにされた。801(延暦20)年に到り、征夷大将軍坂上田村麻呂が蝦夷を制圧した。その後、胆沢城(岩手県奥州市)、志波城(同県盛岡市)を造営し、鎮守府が胆沢城に移された。三十八年戦争は、811(弘仁2)年の征夷将軍文室綿麻呂による岩手県北部の征討で終焉する。

9世紀末に、蝦夷支配は、それまでの武力で制圧する体制から、在地豪族の支配力を取り込んだ体制へと変化した。在地豪族は、胆沢郡(奥州市)以北に国府から相対的に独立した領域(奥六郡)を形成した。10世紀には、安倍氏が奥六郡に台頭した。一方、出羽側では山北三郡の清原氏が台頭した。国司に随伴・下向して陸奥在庁官人となっていた藤原経清(清衡の父)や平永衡は、安倍氏の女婿となることで、亘理郡や伊具郡に土着したとされる。

前九年(1051~62年)・後三年合戦(1083~87年)の後、藤原清衡を初代とする奥州藤原氏が平泉(岩手県西磐井郡平泉町)を本拠として、奥羽両国の軍事・警察権を握り、勢力を振るった。その勢力は宮城県地方にもおよび、県北地域に藤原氏が管理権を有した摂関家領の本良荘(本吉郡)、栗原荘・高鞍荘(栗原市)などの荘園が形成された。栗原荘は藤原頼通の所領を関白藤原師実が継承したもので、花山寺の伽藍跡(栗原市)に京の影響が偲ばれる。本良・高鞍荘は、のちに保元の乱(1156年)をおこす左大臣藤原頼長の荘園である。1153(仁平3)年に現地の荘務権をもつ奥州藤原氏の2代基衡との間に年貢交渉があった(『台記』)。奥州藤原氏の勢力は県南にもおよび、清衡は大高山社(柴田郡大河原町)・刈田峯社(刈田郡蔵王町)の年貢を神祇官に貢納している。また、3代秀衡の妻の発願で伊具荘に伊蔵寺阿弥陀堂(角田市)が新造された。

中世

奥州藤原氏の勢力から国衙は相対的に独立し、留守職が在庁官人を指揮して行政の機能をはたしていたと考えられる。また、在庁官人が主体となって県の中部域の高城川・鳴瀬川・江合川・迫川・北上川の氾濫原低湿地帯の開発が進められ、高城・大谷・長世・深谷・小田・柳戸の6つの保という行政単位が成立した。この地域の開発は、中世を通じて一進一退を繰り返しながら行われた。

奥州藤原氏は、1189(文治5)年の奥州合戦で源頼朝に滅ぼされ、葛西清重・伊澤家景が奥州総奉行に任じられた。清重は平泉周辺に所領を与えられて御家人の統率を行い、1190(建久元)年の大河兼任の乱に連座して従来の留守職が追放された後に、家景は留守職に任命され国内の行政を担当し、子孫もこの職を世襲して留守氏を名乗った。また、宮城の地は御家人らに恩賞として配分された。たとえば千葉常胤が亘理郡・伊具郡、小山氏が柴田郡、和田義盛が葛岡郡、奥州総奉行の葛西氏が牡鹿郡、同じく伊澤(留守)氏が国府周辺の高用名を与えられた。その後、

和田合戦(1213年)・宝治合戦(1247年)などを経て,北条得宗家の勢力が拡大するのにともない,鎌倉時代後期には刈田郡・名取郡・葛岡郡・遠田郡などが同氏の支配下におかれた。当地に下向した関東御家人や北条得宗家の被官らによって東海系の製陶技術が移入されて,刈田郡に白石古窯群,栗原・登米郡に伊豆沼古窯群が形成された。また,関東から移任してきた御家人らにより,北上川流域に板碑が造立された。

　鎌倉幕府が滅亡し,建武政権が成立すると,東北地方には義良親王を陸奥大守に戴く北畠親房・顕家父子を中心とする陸奥将軍府が設置された。しかし,まもなく建武政権が破綻すると,足利尊氏は奥州総大将として斯波家長を,のちに石塔義房を派遣して,陸奥の支配に乗り出した。南北朝間の抗争が繰り広げられたが,1338(延元3)年の摂津阿倍野の戦いで北畠顕家が戦死した後,三迫の戦いを経て,北朝方の支配が行われるようになった。

　観応の擾乱(1350〜52年)では,足利尊氏方の奥州管領畠山国氏と,尊氏の弟直義方の吉良貞家が対立した。1351(観応2)年には,吉良が畠山とそれに味方する留守氏が立てこもる岩切城(仙台市)を攻めて敗死させる岩切城合戦がおきた。一方,南朝方の北畠顕信は,この合戦による混乱に乗じて,一時,国府を奪回した。

　観応の擾乱後も,四管領(石塔・吉良・畠山・斯波)が並立するなど,混乱が続いた。最終的には,河内(大崎市)方面の国人の支持を受けた大崎(斯波)氏が勝利し,大崎5郡(加美・玉造・志田・遠田・栗原)に本拠をおき,奥州探題として威勢を振るった。北上川水系を中心とする地域には,室町時代以降,葛西氏の勢力がおよび,16世紀には寺池(登米市登米町)を拠点として,牡鹿・登米・桃生・本吉郡など岩手県南部から宮城県東北部を勢力圏とする戦国大名へと成長した。しかし,大崎・葛西両氏ともに家臣の独立性が強く,絶えずその反乱に悩まされるなどして,領内に対する支配は弱体であった。

　この両氏に対して戦国時代に着実に勢力を拡大していったのが,福島県北部の伊達郡を拠点とした伊達氏であった。伊達氏は15世紀初頭には名取郡を勢力圏とし,その後も留守氏に養子を送り込むなどして勢力の北進を図り,16世紀前半には伊達稙宗が陸奥守護職となり,分国法『塵芥集』の制定を行った。天文の乱(1543〜48年)で父稙宗を隠居させて家督を継いだ晴宗は,『采地下賜録』の作成にみられるように家中への支配力を強化し,奥州探題に任じられるなど,その力は大崎・葛西両氏を凌ぐようになった。そして,晴宗の孫政宗の代には,両氏は伊達氏の軍事指揮権に従うことになり,宮城県域は政宗の勢力下で,豊臣秀吉による奥羽仕置(1590年)を迎えることになった。

近世

　伊達政宗は,奥羽仕置(1590年)への反発である葛西・大崎一揆を平定した。その後,豊臣秀吉は米沢(山形県米沢市)から岩出山(大崎市)に政宗の居城を定め,国替

えした。関ヶ原の戦い(1600年)の直後、旧領回復を約束した徳川家康の覚書「百万石のお墨付き」により領地の中心となる仙台に、石垣造で金箔瓦葺きの城を築いた。政宗は家臣の支倉常長をローマに派遣し(慶長遣欧使節団)、川村孫兵衛に河川改修を命じ新田開発と廻米制を実現させた。また、京畿の文化を移入して、大崎八幡宮(仙台市)や瑞巌寺(宮城郡松島町)に結実させた。晩年は、仙台藩の大御所的存在として若林城(仙台市)で過ごした。

政宗が、天下人との駆け引きのなかで形成した仙台藩には、固有の特色がある。「民にまで太刀をはかせ」「三十二石で二十六人も」(南部藩士那珂通高『旅の苞』)家人を従えていたので、「本邦諸侯は仙台最も大なり」(帆足万里『東潜夫論』)と評価された。この多くの家臣団を、血縁に擬制した家格を設けて序列化し、四十八館に配して領内を統治した。戦国時代を通じて形成した、一門(伊達氏に服属した戦国大名も含む)・一家・準一家・一族(譜代の家臣)・宿老・着坐(功績による登用)・太刀上(一門・一家の分家)以上の家臣を、城・要害・所(町場の要地)や在所(農村の居屋敷)に配した。館主は藩の制定法を遵守し、本藩と同じ職制をつくり直属の家臣に給地を与え、知行地内の町人・百姓から直接諸税を徴収する地方知行制で統治した。知行高は貫高で宛行われ、一門・一家層の館主は仙台に参勤した際の屋敷を仙台城下に与えられた。宿老・着座層は奉行として藩主権力を構成し、在郷屋敷から仙台城詰へと交代で勤務した。仙台城下町の住民のみが町人で、仙台以外は郡村で、百姓身分として南方・北方・中奥・奥の郡奉行に支配された。村役人には百姓代がなく、肝入と組頭で民政が行われた。浜辺では、網元や船主が、網子や船子を使って漁を行った。

2代忠宗が寛永の総検地を実施して土地制度の基本を確立し、家中法度や官僚制を整備したことで、藩政のあり方が藩主個人の資質から藩組織へと移行した。そのため、3代綱宗と家臣団の間に軋轢が生じて寛文事件(伊達騒動、1660〜71年)がおこった。また、4代綱村も累積する財政悪化に対して、正貨を回収するために藩札使用を強制して物価騰貴を招いたり、家中に手伝金を課したため、一門や奉行らが諫書するおよび隠居を余儀なくされた。

藩財政悪化に対し、5代吉村は享保の改革を行った。領内総検地は地方知行制のため失敗したが、藩が買米で余剰米を独占し、江戸廻米高を増やして利益をあげた。また、石巻で鋳造した鉄銭の半分を江戸で金銀に換え、さらに仙台平や馬産などの殖産興業により財政再建をはたした。

この再建財政も、18世紀中頃から幕府の手伝普請と凶作のため、不安定なものになった。米価低落による年貢収入減少のなかで、幕府への手伝普請の費用を捻出するために、家臣も知行に応じて負担金を上納させられ、生活が圧迫された。1755(宝暦5)年の大凶作の際は、買米元金を藩が自前で調達できなくなり、商人に買米を請け負わせた。天明年間(1781〜89)以降は、蔵元からの借金で買米金を充当した

ため，買米は借金の抵当となり，藩の財政は大坂の升屋などの蔵元に握られた。この財政難に対し，天明の飢饉(1782年)対策を名目にして寛永通宝を禁じ，鉄銭(仙台通宝)を使用させ，さらに銀札と正貨を交換させて金銀を回収し，藩財政は潤ったが，庶民は経済混乱に陥った。このほか，安価で強制的に買米をしたり，特産物の専売(国産仕法)で対応した。「天明の飢饉の後，人心が荒れ村役人の命を聞かない」とする大槻文作上書が，寛政の大一揆(1797年)に至る世情を示している。この一揆により，郡村支配改革と作柄にあわせた買米が実施された(寛政の変法)。

18世紀後半から19世紀中頃までは，藩主の早世と幼主襲封により，若年寄の堀田正敦(6代宗村の子)や奥向きの意向が藩政に影響した。天保の飢饉(1833～39年)後の農政は，質地の移動などで変化した農民所有地を把握し直す施策から，豪農の藩への献金に対する身分特権付与へと転換した。また，商品取引税の増収策が強化されたが，この施策を利用して，移入商品の仕入れを独占しようとする六仲間(特権商人)と，他領からの直接仕入れを要求する在方商人が対立した。

幕末には，藩校養賢堂に産業開発にあたる開物方が設置され，学校派が藩主側近として藩政を補佐した。19世紀前半からすでに幕命で警衛していた蝦夷地は，1859(安政6)年に預地になると，場所請負制による運上金取得や，仙台領民による蝦夷地交易が進展した。また，1855(安政2)年の米国船石巻来航を受け，軍艦建造などの軍備拡充策がとられたが，財源の確保が問題となった。しかし，慶応年間(1865～68)には生糸などを資金源として，横浜で軍艦や武器を購入するまでになった。政治動向としては，盛岡藩領でおきた三閉伊一揆(1847・53年)のときなど，他領の民からも訴願を受けて幕府との交渉の斡旋をするなど，「東方の大藩」として政治的使命をはたした。

近代・現代

幕末の動乱のさなか，仙台藩は朝幕双方から62万石の大藩として活躍を期待されていた。13代藩主伊達慶邦は，幕府からは参議に推挙され，朝廷からも薩摩(現，鹿児島県)・土佐(高知県)・長州(山口県)・加賀(石川県)と並んで，国事を図るべき五大老の1に数えられていた。仙台藩は名分論に忠実で，朝幕の対立には批判的なため，両者に距離をおく政治姿勢をとっていた。薩長による倒幕の動きのなかで，朝敵とされた会津藩(福島県)の救済と，薩長の横暴を排して「まことの勤王」を実現すべく，東北諸藩に長岡藩(新潟県)なども加わり，仙台藩を盟主とする奥羽越列藩同盟が結成された。同盟は南北戦争になぞらえて，その正当性を対外的に主張したり，加賀や水戸藩(茨城県)などの奥羽越以外の諸藩との連携を模索したが，会津戦争の最中に同盟は崩壊し，仙台藩も降伏した。

明治維新後，仙台藩は28万石へと減封された。新仙台藩に引き継がれなかった旧藩領は，他藩預地の後，版籍奉還によって4つの県に分割され，1871(明治4)年の廃藩置県によって新仙台藩は仙台県となり，その後，幾多の改廃・統合を経て1876

(明治9)年に現在の宮城県が成立した。石高の削減で旧家臣らの禄高確保は困難となり、武士身分の解消によって旧藩士の帰農政策がとられた。また、一門の亘理伊達家や岩出山伊達家では北海道開拓が推進された。

旧藩士は、賊軍の汚名をそそぎ「白河以北一山百文」の蔑視観を克服するため、平等を説くハリストス正教を信仰したり、自由民権運動を展開させた。旧藩士の正教徒の伝道で、県北を中心に各地に教会がつくられた。1881(明治14)年、自由民権運動の高まりのなか、自由党結党に先立ち、仙台で東北七州自由党が結成された。この党大会で、私擬憲法が検討されたといわれる。また、栗原出身で正教徒の千葉卓三郎は、東京で基本的人権の保障、法の下の平等、教育内容の自由、地方自治などの内容を含む、「五日市憲法草案」を起草した。

1871(明治4)年に富国強兵政策の下、仙台に東北鎮台がおかれ、のちに陸軍第二師団へと発展した。殖産興業政策として、1878(明治11)年政府は野蒜築港に着手した。北上・阿武隈川水運を貞山・東名運河で野蒜港と結ぶ、広域経済圏の開発構想であったが、1884(明治17)年に港湾施設が台風によって破壊され、開発計画は中止となった。鉄道による交通政策も進み、1887(明治20)年に日本鉄道東北線上野—塩竈間、1890(明治23)年に仙台——関間が開通した。

近世以来、宮城県の産業は、稲作・養蚕主体の農業と水産業であった。米の増産のため、品井沼の干拓や北上川改修による米山短台谷地の水田化がなされたが、凶作などで所有地を失う農民が増えて、地主小作制が進展した。大正時代には、発動機船の導入により遠洋漁業が発展し、気仙沼や石巻には竹輪・蒲鉾などの水産加工工場が設立された。工業は紡績より製糸が発展し、地元生産の繭を原料として地主が経営する製糸場が各地で操業した。また、日本初の水力発電所を併設した宮城紡績会社が開業したが、経営不振のため、電灯事業やカーバイト製造に方向転換した。

仙台は「軍都」としての機能のほかに、「学都」の役割もはたした。1887(明治20)年に第二高等学校が、1907年に東北帝国大学が創立された。東北帝大は、日本で初めて女子の入学を実現させた。大正時代には、この帝大との技術提携で産学協同の工場も設立された。

1916(大正5)年、古川(大崎市古川)出身の吉野作造が民本主義を説くと、仙台文化生活研究会が文化人の講演会を開き思想を広めた。また、東大新人会が平民協会を組織し、東北労働者大会が開かれて、争議に影響を与えた。米騒動が仙台に波及すると、軍隊で鎮圧した。これに対し、知事の軍隊出動要請を新聞が批判したり、市民も石巻市出身の弁護士布施辰治の講演会を開催するなど、市民社会にデモクラシーが広がった。農村部でも日本農民組合が組織され、1928(昭和3)年に前谷地(石巻市)でおきた大地主齋藤家に対する小作争議を組織的に支援した。

1920年代までには市民生活の都市化も進み、陸羽東線・石巻線・仙山線などの地

方幹線が整備され,秋保電鉄・宮城電鉄の私鉄沿線は宅地開発が進み,遊園地などの都市型レジャー施設が整備された。

1933・34(昭和8・9)年の三陸津波や冷害で農・漁村が疲弊した。一方,仙台では政府が国策の会社を設立し,起業助成を行い,地域振興を図った。また,満蒙開拓団として分村した村もあった。

戦時体制の強化にともない,船岡(柴田郡柴田町)に海軍火薬廠,原町(仙台市宮城野区)に陸軍造兵廠,多賀城(多賀城市)に海軍廠が建設された。こうした軍施設の存在によって,本県は空襲の対象になった。1945(昭和20)年7月10日の仙台空襲で仙台の街は焼け野原となり,国宝の仙台城大手門や伊達政宗の廟所瑞鳳殿などが焼失した。戦局の悪化にともない,学徒動員が行われ,また,郡部の農村には,東京などの学童が集団疎開した。

第二次世界大戦後,宮城県は東北地方の中枢として復興を遂げた。農地改革以後,単位面積あたりの米の収穫量が全国水準を超え,ササニシキなどの銘柄米が生み出された。1960年代からの都市化・工業化を志向する新全国総合開発は,雇用を創出して兼業農家を増加させ,一方,仙塩地区を中心に光化学スモッグなどの公害を招いた。

仙台市は,1989(平成元)年に東北で初の政令指定都市となった。しかし270年におよぶ一藩単独支配が続いたためか,仙台中心の考え方が各界に根強く残り,宮城県は「仙台一極集中的」傾向が顕著にみられる。交通網の発達によって,今日では,首都圏と近くなりすぎた弊害ともいえる現象がおこっている。中央資本の流入による地元産業の空洞化は,その最たる例であろう。また,仙台には政府の出先機関や大企業の支店が多く,支店経済といわれる一面もある。このため,地域に根ざした独自性の確立が今後の課題である。

文化面では,圃場整備にともなって歴史的景観が改変された。一方で,伊達政宗がローマに派遣した支倉常長に関わる慶長遣欧使節関係資料が,歴史資料として初めて国宝に指定されたことや,仙台城跡の国史跡指定は,地域に息づく文化財の重要性を県内外に再認識させた。

【地域の概観】

杜の都仙台

　仙台は、広瀬川の形成した河岸段丘上に立地している。仙台城も、その地形を活かして築かれている。河床が低く川の利用が困難なので、江戸時代には都市生活を維持するため、四ッ谷用水が開削された。その名称については、築城以前から満蔵寺（若林区）など市内各所に伝存する千体仏に由来を求める説がある。伊達政宗が中国の故事にちなみ、「仙台」の字に改めた。

　後期旧石器時代の人間活動が富沢遺跡（太白区）で確認され、5世紀に遠見塚古墳（若林区）と南小泉遺跡（同区）に支配権者と集落の関係がうかがえる。律令国家が7世紀後半に陸奥国府（仙台郡山官衙遺跡群、太白区）を設置し、8世紀中頃に国分寺（若林区）を東山道沿いに創建し、そこから南へ延びる道を条里の基準とした。

　10世紀後半に多賀城（多賀城市）の政治的機能が西に移り、中世を迎えると領主権力が町場を形成した。七北田川沿いの東光寺（宮城野区）付近には留守氏の「たかのこう町」があり、陸奥国分寺の門前に国分氏による国分日町が形成された。

　仙台は、入会地と中世の町場を取り込んで形成された。町普請は、関ヶ原の戦い（1600年）後、奥州道中を南北軸、石巻街道を東西軸として行われた。仙台城下では、士分の屋敷を「丁」、町人町を「町」と表記区分した。家臣団の参勤のため、城下は武士屋敷が多く、そこへの植林が奨励されて、「杜の都」の原風景が形成された。政宗が隠居した若林城（若林区）にも城下町が形成され、藩の都市行政域である仙台輪中が拡大していった。桃山文化の粋を集めた大崎八幡宮（青葉区）や、寛永文化を反映した仙台東照宮（同区）が造営された。また、仙台平の考案や埋木細工など、独自の文化も創造された。

　明治維新後、鉄道開業により、街道筋から駅前に繁華街が移り、「丁」が商人町へと変化した。仙台城跡には東北鎮台、のちに陸軍第二師団がおかれ、軍都の面影は榴ヶ岡（宮城野区）の第四歩兵連隊兵舎に残る。また、第二高等学校の設置で学都となり、島崎藤村や魯迅に人生の転機を与えた。

　1945（昭和20）年7月の空襲では、城下町の面影を残す町並みも、国宝であった仙台城大手門・瑞鳳殿（青葉区）とともに焼失した。しかし、第二次世界大戦後の復興で、青葉通・定禅寺通などの都市計画道路が整備され、市街地が一変した。全国に先駆けて、1973年「杜の都の景観をつくる条例」が制定され、あらたな「杜の都」の景観が形成されてきた。

多賀城と松島

　この地域は、県のほぼ中央に位置し、国の特別名勝松島（宮城郡松島町）が所在する場所として、全国的に有名である。

　多賀城（多賀城市）は、奈良時代に設置された陸奥国の国府であり、8世紀後半

以降には直線路で区画された町並が形成され、9世紀初頭まで鎮守府もおかれ、古代東北の政治・行政・軍事的中心であった。

松島には、平安時代に天台宗延福寺が建立され、鎌倉時代には臨済宗円福寺として開山された。江戸時代に、伊達政宗が臨済宗瑞巌円福禅寺(瑞巌寺)として再興し、五大堂・円通院・観瀾亭など、桃山様式の建築物が伊達文化を伝えている。また、松島は日本三景の1つとして知られており、西行や松尾芭蕉など、古くからこの地を訪れた文人は多い。松島の四大観は仙台藩の儒学者舟山万年が文政年間(1818〜30)に『塩松勝譜』で紹介し名づけたもので、多聞山からの「偉観」、富山からの「麗観」、扇谷からの「幽観」、大高森からの「壮観」は、それぞれの眺望の特色をよく言いあらわしている。

塩竈は、国府多賀城の国府津としての機能をはたした。室町時代には、奥州一宮鹽竈神社(塩竈市)の門前町が形成された(天文年間〈1532〜55〉頃の『留守分限帳』)。江戸時代には藩公認の荷揚場となり、貞享二(1685)年の特令で領内に移入される物資は塩竈に着岸が指定され、繁栄した。

塩竈の東方は宮城郡七ヶ浜町であり、縄文時代の貝塚が多く分布し、国府の「御厨印」が納められていた鼻節神社や、中世に七北田川河口の川湊であった湊浜には穴薬師がまつられ、「夜明けの薬師」として、近世には東光寺(仙台市宮城野区)の「宵の薬師」、利府町菅谷の「夜中の薬師」の石窟仏とともに信仰された。また、利府町では、古代では多賀城の瓦、近世になると瑞巌寺の瓦が焼かれていた。

名取の里

西に高舘丘陵があり、東流する名取川と阿武隈川が沖積平野を形成し、太平洋に注いでいる。縄文・弥生時代の遺跡は西部丘陵地帯に分布し、雷神山古墳(名取市)などの大型古墳が平野部を一望する丘陵地帯に集中し、奈良時代にかけての横穴墓群も発見されている。古代には名取郡が建郡され、名取軍団がおかれた。

名取平野は、東山道と海道が結節し、出羽越えの起点となる交通の要衝である。10世紀中頃に玉前・名取の駅が設置された。東山道沿いに武隈の松(岩沼市)などの歌枕の地があり、藤原実方や西行らが訪れている。また、「補陀落や　浄土の春を　陸奥の　名取の山に　うつしてぞみる」と『嚢塵埃捨録』に歌われた、名取老女伝説が物語る熊野三社(名取市)が成立し、当地は熊野に見立てられる信仰の地となった。

奥州合戦(1189年)の際に、藤原泰衡を後見する熊野別当と名取郡司が、名取川で鎌倉勢と交戦していることから、平安時代末期には、当地は奥州藤原氏の勢力下にあったと考えられる。鎌倉時代には国衙領となり、名取市上余田に「余田政所浄空」の造立した供養碑がある。和田氏に与えられた名取郡地頭職は、和田合戦(1213)後は三浦氏、宝治合戦(1247年)後は北条得宗家領と変遷した。新宮寺(名取市)では一切経写経事業が、陸奥国分寺西院僧らの参画で進められた。

地域の概観

南北朝時代には，名取熊野三社による交通の統制が行われた。奥州管領吉良貞家は，1352(観応3)年，熊野堂別当に益田駅への関所設置を命じ，1353(文和2)年には出羽越えの赤石関所を熊野堂に寄進した。
　文明年間(1469～87)に聖護院道興は，武隈の松や藤原実方の墳墓を訪ねている(『廻国雑記』)。天文の乱(1542～48年)後の「晴宗公采地下賜録」に名取惣成敗役がみられることから，16世紀には当郡が伊達氏の勢力下に入ったと考えられる。
　近世に入ると岩沼の地は要害となり，1650(慶安3)年，増田は奥州道中の宿場となった。増田・岩沼宿には検断がおかれ，岩沼の検断屋敷は，藩主の御休所・他藩の外人宿として機能した。岩沼は，寛文事件(1671年)の頃に田村氏3万石の城下町となり，町並みが整備された。在方は，「居久根」に囲まれた洞口家住宅(名取市)のような名取型とよばれる田の字型間取りの農家が構えられ，刃が長くて反りがある名取鍬で農地が耕作された。馬市が立った竹駒神社(岩沼市)の神前では，種の取引も行われた。18世紀後半，岩沼周辺では藍などの多様な作物が栽培され(『阿古屋之松』)，藍玉は玉崎渡邉家(岩沼市)などの商人が仙台染師町や信達地方(福島県福島市・伊達市・伊達郡)に出荷した。
　明治維新後，当主古内氏が無償で農地を下賜して足軽が帰農できたので，これに感謝して，1912(大正2)年から竹駒神社の初午祭に竹駒奴が始められた。

蔵王を仰ぐ
　柴田・刈田地域は県の南西部に位置し，西方には蔵王連峰が聳え，中央を阿武隈川の支流白石川が貫流し，槻木周辺で阿武隈川に合流している。早くから，陸奥国南部と中央部を結ぶ，回廊の役割をはたしてきた。そのため，古代では東山道，中世では奥大道，近世では奥州道中，近代では東北本線，また近年では東北自動車道・東北新幹線などにみられるように，この地域は中央と東北地方を結ぶ重要な交通路として利用されてきた。
　律令制下には，721(養老5)年に柴田郡より刈田郡が分置された。院政期には，藤原清衡が大高山社(柴田郡大河原町)・苅田峯社(刈田郡蔵王町)の年貢を納入するなど，奥州藤原氏の勢力下にあった。1189(文治5)年の奥州合戦では，阿津賀志山(白石市・福島県伊達郡国見町)で激戦が行われた。
　中世には，1351(観応2)年，観応の擾乱のさなか，白石川の流域で南北両軍の激戦が行われた。16世紀には，刈田・柴田両郡は伊達氏の勢力下に入った。『ふなはさまの日記』(「留守家文書」)から，この時期の郷地頭による在家支配の様子がわかる。
　豊臣秀吉の奥羽仕置により，1591(天正19)年以降，刈田郡は蒲生氏，のちには上杉氏の所領となった。1600(慶長5)年，徳川家康方の伊達政宗が，石田三成方の上杉氏の白石城(白石市)を攻略し，刈田郡の領有を認められた。
　江戸時代には，白石城は一国一城令の例外として存続し，幕末・明治維新期には

奥羽越列藩同盟の公議所や三陸磐城両羽按察府などがおかれた。これは，この地域が南北交通だけでなく，七ヶ宿街道・笹谷街道など出羽国と結ぶ東西交通路としても重要であったことによる。

高度経済成長期の1962(昭和37)年には蔵王エコーライン(白石―上山間)，1975年には東北自動車道(郡山―仙台間)，1982年には東北新幹線，2001年には山形自動車道(村田酒田線)が開通して交通網の整備が進み，内陸工業地域を形成した。

また，1995年には白石城三層櫓が復元されたり，村田では蔵の町並みを整備するなど歴史を活かした町づくりをしている。

阿武隈川の恵み

県南部を俯瞰できる四方山は阿武隈丘陵の北東端に位置し，角田市と亘理町・山元町の境界上にある。その展望台からは，阿武隈川の流れに沿った角田市と伊具郡丸森町，太平洋に臨む亘理郡亘理町・山元町を見渡せる。

縄文時代は，梁瀬浦遺跡(角田市)などの調査から阿武隈川周辺には湖沼が広がっていたことがわかる。弥生時代の鱸沼遺跡(同市)からは炭化米が出土し，早くから農耕が始まったことを物語っている。古墳時代にはいると，横倉古墳群(同市)と台町古墳群(伊具郡丸森町)が形成された。

『国造本紀』に「日理・伊久国造」とあり，亘理郡は『続日本紀』養老2(718)年条に初めて登場する。伊具郡の初見は，『続日本後紀』承和7(840)年条である。角田郡山(官衙)遺跡(角田市)は伊具郡衙跡，三十三間堂官衙遺跡(亘理郡亘理町)は，平安時代の亘理郡衙跡と考えられている。角田郡山官衙遺跡は，発掘調査から8世紀前半を遡のぼることがわかっている。

11世紀中頃には，安倍氏と姻戚関係にあった藤原(亘理)経清・平(伊具)十郎永衡が勢力をもったが，前九年合戦(1051～62年)で源頼義に滅ぼされた。藤原経清の子清衡は，後三年合戦(1083～87年)を経て，平泉(現，岩手県西磐井郡平泉町)に奥州支配の拠点を築きあげた。1177(治承元)年に建立された高蔵寺阿弥陀堂(角田市)は，平泉文化との関連や浄土教の伝播を理解するうえで重要な文化財である。

奥州合戦(1189年)後，亘理郡は千葉常胤が地頭職に任じられた。常胤の3男武石氏が相続し，のちに亘理氏と改姓した。戦国時代には亘理氏は伊達氏の勢力下に入り，相馬氏との領地争いが繰り広げられ，1584(天正12)年には伊達氏の帰属となった。

豊臣秀吉の奥羽仕置(1590年)後，伊達政宗は相馬氏への備えとして，伊具郡には角田に石川氏，丸森に佐々氏，金山に中島氏，小斉に佐藤氏を配し，亘理郡には涌谷に亘理氏を移した後，亘理に伊達成実，坂元には大條氏を館主として配し，館下町が形成された。

江戸時代には阿武隈川の治水工事により新田開発が行われ，舟運により流域が栄

えた。近世後期に養蚕業が盛んになり，特産品として金山紬（丸森町）が生産された。

戊辰戦争（1868〜69年）の旗巻峠の戦いで，仙台藩兵が新政府軍に敗れた後，当地は盛岡藩の移封地となり，各家中は知行地の譲渡が迫られ，亘理伊達家や角田石川家では士族身分を守るため，1870（明治3）年から北海道の分領地へ移住した。

阿武隈川の自然堤防に沿って桑畑がつくられ，1886年に金山では最新のフランス製の機械を備えた製糸工場の操業が始まった。しかし，伊具郡では桑畑が蒸気機関車の煙で燃えるなどの不安から，日本鉄道施設計画の反対につながり，常磐線の開通した亘理郡とは異なり，鉄道交通からは隔絶した地域となり，大正時代に角田電鉄が計画されたが頓挫した。

太平洋戦争中の1945（昭和20）年，船岡火薬廠を防衛するため，三門山（亘理町）山頂に高射砲と探照灯が設置され，敵軍の上陸を監視する部隊が亘理小学校に駐留した。

1965年，火薬廠跡地（角田市）に航空宇宙研究所が開設された。1968年，東北本線のバイパスルートとして計画された国鉄丸森線（槻木—丸森間）が開通し，1984年に第三セクター阿武隈急行線として福島駅と結ばれた。

船形山に抱かれて

船形山から延びる大松沢丘陵と，この山を源とする吉田川が，宮城県を南北に区分する自然境界といわれる。古墳時代には，続縄文文化と古墳文化の両者の様相がみられる北と，南の文化が交錯する境界領域であった。

奈良時代，律令政府の蝦夷経営のフロンティアである当地には，多賀城創建以前の城柵・官衙や多賀城に瓦を供給した窯が営まれた。東山官衙遺跡に接する壇の越遺跡（加美郡加美町）には，方格地割が確認されている。大野東人が開いた陸奥と出羽を結ぶ道が通っていた。小田郡の黄金山産金遺跡（現，遠田郡）からは，東大寺大仏造立に使用された金が産出した。

奥州合戦（1189年）後，当地の郡・保は国衙領となり，地頭として関東から御家人が移住した。北条氏は，郡地頭である遠田郡から砂金を年貢として上納させた（『余目旧記』）。鳴瀬・江合川の舟運地域には，板碑が造立された。また，近江国（現，滋賀県）の先達により，志田郡（現，大崎市）の住人が熊野参詣をするなど，熊野信仰も広がりをみせた。

観応の擾乱（1350〜52年）後，大崎5郡の国人の協力を得た大崎氏が，奥州探題として支配秩序を形成した。豊臣秀吉の奥羽仕置（1590年）後，これに反発した葛西・大崎一揆を平定した伊達政宗が，米沢から岩出山に封じられ，仙台移城まで居城をおいた。

仙台藩成立後，政宗は谷地を含めて知行を与えたため，鳴瀬・江合川の乱流地の新田開発が進み，大崎広稲（耕土）が形成された。江戸の米価を左右した本石米の主産地となる一方で，寛文事件（伊達騒動，1660〜71年）の発端となる谷地争いも生

じた。
　須江家住宅(大崎市)は領主の在郷屋敷、松本家住宅(加美郡加美町)は家中屋敷の様を伝える。松尾芭蕉が歩いた出羽仙台街道中山越は、奥州道中吉岡宿から分岐する。吉岡宿は江戸時代後期に伝馬役負担で疲弊したが、民間活力で再生した(『国恩記』)。この頃、藩窯切込焼が開陶し、戊辰戦争(1868～69年)の際には陶製砲弾も焼いた。
　近代に入り、品井沼(大崎市・宮城郡松島町)干拓が本格化し、三本木(大崎市)は亜炭の産地となり、仙台鉄道が王城寺原(加美郡色麻町)に陸軍兵を運んだ。
　第二次世界大戦後、古川農業試験場では、銘柄米のササニシキやひとめぼれが開発された。

迫川とともに

　県北西部の栗原の地には栗駒山が聳え、迫川が金成耕土を潤し、登米の地で北上川と合流する。迫川流域には伊豆沼(栗原市)などの湖沼が広がり、縄文時代には淡水性貝塚が形成され、山王囲遺跡(同市)からは漆器が出土した。また、古墳時代には北限の川北横穴墓群(大崎市)もつくられた。
　登米の地では、按察使大伴駿河麻呂が桃生城(石巻市)を攻撃した遠山村(登米市)の蝦夷を討った。一方、栗原の地には奈良時代後半、伊治城(栗原市)が築かれたが、伊治公呰麻呂がこれを焼き、反乱をおこした。
　平安時代後期には、高鞍荘(栗原市)などの荘園がおかれ、奥州藤原氏が預所をつとめた。鎌倉時代中期以降、しだいに関東御家人が移住し、鎌倉時代後期には北上川水系に板碑が造立され、伊豆沼周辺では東海系の陶器が焼かれた。
　南北朝内乱後、北上川流域は葛西氏が支配し、栗原郡は奥州探題大崎氏の支配地域となった。奥羽仕置(1590年)で葛西・大崎氏の領地は、豊臣秀吉の近臣木村吉清に与えられた。しかし、葛西・大崎両氏の旧臣と農民が一揆をおこし、半年ほど「一揆もち」の状態にした(葛西・大崎一揆)。その後、佐沼城(登米市)などでこれを鎮圧した伊達政宗が、葛西・大崎両氏の旧領を継承した。
　江戸時代、登米要害に入った白石相模宗直は、北上川改修や新田開発に取り組んだ。松尾芭蕉が旅した北上川沿いの登米には、現在も江戸時代の町割や武家屋敷が残る。また、岩手県境地域には隠れキリシタンの史跡が分布し、当時の宗教政策の一端がわかる。栗原郡には奥州道中が通り、有壁本陣が残る。また、その脇街道には、藩境警備・流通統制のために寒湯番所(栗原市)が設置された。
　明治維新後、水沢県庁がおかれた登米には、尋常小学校など明治時代の擬洋風建築が現存する。栗原郡には、近代戦を支えた鉛亜鉛を産出する細倉鉱山があり、鉱石を東北本線に運ぶために大正時代に栗原電鉄が開業し、一方、東北本線瀬峰駅と佐沼を経由して登米まで仙北鉄道が開通した。
　民俗では、平泉文化の影響がみられる小迫延年舞や、国学者菅江真澄の紀行文で

紹介された異形の面を掲げまつる「カマ神様」の風習が残る。

北上川と南三陸海岸

　旧牡鹿・桃生・本吉郡は三陸海岸と北上川下流域に広がる。縄文時代には，環境に恵まれて多くの遺跡が分布するが，弥生時代の遺跡は少ない。古墳は，群集の小円墳や横穴墓を主とする。

　古代には，蝦夷社会との接触地であった。当地の住民は，「海道の蝦夷」とよばれ，724(神亀元)年には反乱もおこった。律令政府は，東北経営のために城柵を設置した。

　牡鹿・桃生両郡の史料上の初見は，8世紀半ばである。その頃，牡鹿郡司出身の牡鹿嶋足は中央で活躍した。

　本吉郡の初見は中世だが，藤原頼長の日記『台記』仁平3(1153)年条に，本良荘があらわれる。平安時代後期には，奥州藤原氏の支配下にあった。柳之御所遺跡(岩手県西磐井郡平泉町)からは豊富な陶磁器が出土し，平泉文化と北上川舟運の関連が注目される。『台記』には，摂関家領本良荘の年貢をめぐり，現地の管理者藤原基衡との争いを記す。その年貢は，金・馬・布であった。とくに金は有名で，牡鹿・桃生・本吉の3郡には産金伝承が多い。

　鎌倉時代には，関東御家人が下向し，牡鹿郡は奥州総奉行葛西氏，桃生郡は山内首藤氏，本吉郡は熊谷氏が領した。北上川下流域は有数の板碑集中地域で，信仰圏のほかに舟運による石材流通圏も指摘されている。葛西氏は戦国大名に成長したが，豊臣秀吉の奥羽仕置(1590年)で改易となり，家臣の多くは帰農した。このため，近世の豪農には，葛西氏の旧臣を称する者が多い。

　江戸開府で，北上川舟運とともに東廻り航路が発達する。川村孫兵衛の北上川改修によって舟運が整備され，石巻には仙台藩や盛岡藩の蔵屋敷が建てられた。また，北上川支流と本流を合流させる大工事で氾濫を解消させ，同時に新田開発が進んだ。気仙沼も物産の集散地で，江戸登せの廻船で賑わった。

　産業をみると，平野部の米は江戸廻米として集荷された。漁業も盛んで，牡鹿半島は大規模なマグロ定置網の発祥地である。近世前期には紀州(現，和歌山県)漁民の進出があり，入漁に反対する地元民との軋轢を生じたが，しだいに紀州漁法が導入された。また，万石浦や気仙沼湾では，地元有志が行徳(現，千葉県市川市)や赤穂(現，兵庫県赤穂市)から入浜式塩田を取り入れた。本吉郡の山中では製鉄が行われ，砂金産出量が減少する18世紀から養蚕が盛んになり，京都西陣との取引もした。

　明治時代には，石巻を小倉(現，北九州市)と並ぶ要衝の地とみなした政府が，1870(明治3)年に流通を監督する民部省支庁を設置，翌年には東山道鎮台を設置した。また，器機製糸場が郡内に続々と建てられ，雄勝の硯石はスレートとして近代建築の法務省や東京駅の屋根に利用された。明治時代後期に，広大な水田地帯で

は,齋藤家など典型的な地主制が成立した。

　昭和時代初期には鮎川の捕鯨が全盛期を迎え,南三陸では津波被害を受けながらも,リアス式海岸を活用して,本県発祥となるホヤやワカメ・コンブの養殖に成功した。また,景勝地として1955(昭和30)年に陸中海岸国立公園,1979年に南三陸金華山国定公園の指定を受け,観光業が盛んである。

　なお,当地域には,法印神楽の分布など,民俗的な共通性もみられる。

【文化財公開施設】　　　　　　　　　　　　　①内容，②休館日，③入館料

青葉城資料展示館　　〒980-0862仙台市青葉区川内天守台　TEL022-222-0218　①伊達政宗公と青葉城について，②年中無休，③有料

カメイ記念展示館　　〒980-0022仙台市青葉区五橋1-1-23　TEL022-264-6543　①世界の蝶の標本，東北地方のこけし等，②月曜日(祝日以外)，年末年始，③有料

齋藤報恩会博物館　　〒980-0014仙台市青葉区大町2-10-14　TEL022-262-5506　①東北地方唯一の自然史系博物館，②日曜・祝日・月曜日，年末年始，③有料

三居沢電気百年館　　〒980-0845仙台市青葉区荒巻字三居沢16　TEL022-261-5935　①東北電力の電気事業の歴史や三居沢発電所百年の歩みを伝える，②月曜日(祝日の場合は翌日)，年末年始，③無料

伊達政宗公御廟瑞鳳殿　　〒980-0814仙台市青葉区霊屋下23-2　TEL022-262-6250　①戦災で焼失した桃山様式廟建築の学術調査成果，②年末年始，③有料

仙台市科学館　　〒981-0903仙台市青葉区台原森林公園4-1　TEL022-276-2201　①参加・体験型総合科学館，②月曜日(祝・休日の場合は翌日)，祝・休日の翌日(日曜日以外)，第4木曜日，年末年始，③有料

仙台市天文台　　〒980-0823仙台市青葉区桜ヶ岡公園1-1　TEL022-222-6694　①戸板保祐らの設計した国内で唯一現存する象限儀・渾天儀を展示，②月曜日，祝日の翌日，第4木曜日(12月と祝日以外)，年末年始，③有料

仙台市縄文の森広場　　〒982-0815仙台市太白区山田上ノ台町10-1　TEL022-307-5665　①山田上ノ台遺跡で発掘された縄文時代のムラを復元，土器づくりなどの体験もできる，②月曜日(休日以外)，休日の翌日(土・日曜日以外)，第4木曜日(休日・12月以外)，年末年始，③有料

仙台市富沢遺跡保存館地底の森ミュージアム　　〒982-0012仙台市太白区長町南4-3-1　TEL022-246-9153　①2万年前の人類の活動跡と森林跡の公開，②月曜日(休日以外)，休日の翌日(休日・土曜日・日曜日以外)，第4木曜日，年末年始，③有料

仙台市博物館　　〒980-0862仙台市青葉区川内三の丸跡　TEL022-225-2557　①年4回展示替えの常設展，企画展，②月曜日(祝日以外)，祝日の翌日(土・日曜日，祝日以外)，年末年始，③有料

仙台市歴史民俗資料館　　〒983-0842仙台市宮城野区五輪1-3-7　TEL022-295-3956　①明治時代以降の庶民生活資料を旧日本陸軍の兵舎建築に収蔵・展示，②月曜日(休日の場合は翌日)，休日の翌日，第4木曜日(12月と祝日以外)，年末年始，③有料

仙台文学館　　〒981-0902仙台市青葉区北根2-7-1　TEL022-271-3020　①郷土ゆかりの文学者を中心に宮城県の近代文学を紹介，②月曜日(祝日以外)，祝日の翌日，第4木曜日(12〜3月，祝日の場合は開館)，年末年始，③有料

東北大学総合学術博物館　　〒980-8578仙台市青葉区荒巻字青葉6-3　TEL022-795-6767　①東北大学創立以来収集されてきた資料標本の公開など，②月曜日(祝日の場合は翌日)，年末年始，③有料

東北大学植物園　　〒980-0862仙台市青葉区川内12-2　TEL022-795-6760　①地方丘陵の原生的自然を保存，②12月1日〜春分の日の前日，月曜日(祝・休日の場合は翌日)，③有料

東北電力グリーンプラザ　　〒980-0811仙台市青葉区一番町3-7-1　TEL022-225-2969　①東

北の生活文化史の展示,②月曜,祝日の翌日,③無料

東北福祉大学芹沢銈介美術工芸館　〒981-8522仙台市青葉区国見1-8-1　TEL022-717-3318　①人間国宝芹沢銈介の作品と世界の工芸品,②会期中無休,9月25日(東北福祉大学創立記念日),入学試験日,大学休暇期間,③有料

東北学院大学博物館　〒980-8511仙台市青葉区土樋一丁目3-1　TEL022-264-6920　①東北学院大学関係の資料の展示,②日曜,祝日,休日,大学の定める休業日,③有料

社会福祉法人共生福祉会福島美術館　〒984-0065仙台市若林区土樋288-2　TEL022-266-1535　①福島家が収集した江戸時代から第二次世界大戦前までの日本画・書・工芸品,②年3回の展覧会期間のみ開館。月曜日,祝日の翌日,第1日曜日,年末年始,③有料

宮城県図書館展示室　〒981-3205仙台市泉区紫山1-1-1　TEL022-377-8441　①「22世紀を牽引する叡智の杜づくり」をテーマに,図書館の資料を駆使して常設展・企画展を逐次開催,②月曜日(祝・休日の場合は翌日),年末年始,第1金曜日(祝日の場合は直前の平日),③無料

宮城県美術館　〒980-0861仙台市青葉区川内元支倉34-1　TEL022-221-2111　①東北地方にゆかりのある作品を中心に収蔵,②月曜日(休日以外),年末年始,③有料

宮城県公文書館　〒983-0851仙台市宮城野区榴ヶ岡5　TEL022-791-9333　①明治時代以降の宮城県行政資料の保存と公開,②月曜日,祝日,年末年始,③無料

岩沼市民図書館ふるさと展示室　〒989-2448岩沼市二木二丁目8-1　TEL0223-25-2302　①岩沼の考古・歴史・民俗資料の展示,②月曜日,年末年始,館内整理日(月1回),③無料

亘理町立郷土資料館悠里館　〒989-2351亘理郡亘理町字西郷140　TEL0223-34-8701　①亘理町の歴史・民俗を紹介,②月曜日,祝日,最終金曜日,年末年始,③有料

山元町歴史民俗資料館　〒989-2203亘理郡山元町浅生原字日向13-5　TEL0223-37-0040　①山元町の歴史・民俗・自然,②月曜日(こどもの日・文化の日は開館し,翌日休館),祝日,年末年始,③有料

姥ヶ懐民話の里ふるさとおとぎ苑　〒989-1302柴田郡村田町大字小泉字胱石2　TEL0224-83-4140　①ロボットのおとぎばあさんがこの地の伝説「渡辺の綱」鬼退治物語の話を聞かせてくれる,②月曜日(祝日の場合は翌日),年末年始,③有料

村田町歴史みらい館　〒989-1305柴田郡村田町大字村田字迫85　TEL0224-83-6822　①村田町の祈りと祭りの伝承,道と蔵の紹介,②月曜日,祝日の翌日,年末年始,③有料

みやぎ蔵王こけし館　〒989-0916刈田郡蔵王町遠刈田温泉字新地西裏山36-135　TEL0224-34-2385　①全国の伝統こけし,木地玩具,②年末年始,③有料

宮城県蔵王野鳥の森自然観察センター　〒989-0916刈田郡蔵王町遠刈田温泉字上ノ原162-1　TEL0224-34-1882　①蔵王の自然や野鳥の生態,イヌワシ等鳥類の剥製の展示,②月曜日(祝日の場合は翌日),祝日の翌日,年末年始,③有料

しばたの郷土館　〒989-1603柴田郡柴田町船岡西1-6-26　TEL0224-55-0707　①縄文時代から昭和時代までの町の歩みと「第一海軍火薬廠」のジオラマ,②月曜日(祝日の場合は翌日),年末年始,③有料

白石・人形の蔵　〒989-0255白石市城北町4-18　TEL0224-26-1475　①東北各地の土人形・市松人形・ブリキ人形・セルロイド人形等,②水曜日,③有料

角田市郷土資料館　〒981-1505角田市角田字町17　TEL0224-62-2527　①角田の考古・民俗

資料,角田館主石川氏資料等,②月曜日(祝日の場合は翌日),祝日,年末年始,③無料

学水館あぶくま角田館　〒981-1523角田市梶賀高畑地内　TEL0224-61-2707　①阿武隈川に関する資料の展示,②月曜日,年末年始,③無料

丸森町蔵の郷土館齋理屋敷　〒981-2165伊具郡丸森町字町西25　TEL0224-72-6636　①豪商齋理商店の屋敷と蔵を公開　②月曜日(祝日の場合は翌日),年末年始,③有料

まるもりふるさと館　〒981-2152伊具郡丸森町字鳥屋83-1　TEL0224-72-2631　①丸森町の歴史と産業,②月曜日(休日の場合は翌日),年末年始,③無料

東北歴史博物館　〒985-0862多賀城市高崎1-22-1　TEL022-368-0101　①東北地方の歴史,②月曜日(祝日以外),年末年始,③有料

多賀城市埋蔵文化財調査センター　〒985-0873多賀城市中央2-27-1　TEL022-368-0134　①考古資料・民俗資料・歴史資料の展示,②月曜日(祝・休日の場合は翌日)・年末年始,③無料(特別展は有料の場合あり)

多賀城市埋蔵文化財調査センター体験館「多賀城史遊館」　〒985-0873多賀城市中央2-25-5　TEL022-368-3127　①多賀城市の歴史・体験学習(まが玉づくり,貝絵付,火おこし等),②月曜日(祝・休日の場合は翌日)・年末年始,③無料(展示のみ,体験学習は有料)

長井勝一漫画美術館　〒985-0036塩竈市東玉川町9-1　TEL022-367-2010　①『月刊漫画ガロ』の代表作家たちの原画や資料,②月曜日,祝日(こどもの日・文化の日以外),月末,年末年始,③無料

鹽竈神社博物館　〒985-8510塩竈市一森山1-1　TEL022-367-1611　①鹽竈神社の歴史資料や製塩関係資料,4代藩主綱村が徳川家光より拝領の刀剣「来国光」,②なし,③有料

七ヶ浜町歴史資料館　〒985-0824宮城郡七ヶ浜町境山2-1-12　TEL022-365-5567　①史跡大木貝塚の出土品を展示,②月曜日(祝日の場合は翌日),年末年始,③無料

瑞巌寺宝物館　〒981-0213宮城郡松島町松島字町内91　TEL022-353-4486　①国宝瑞巌寺に伝わる伊達家の美術,中世円福寺に関する資料,②年中無休,③有料

奥松島縄文村歴史資料館　〒981-0412東松島市宮戸字里81-18　TEL0225-88-3927　①里浜貝塚出土の縄文土器等,②水曜日,年末年始,③有料

石巻文化センター　〒986-0835石巻市南浜町1-7-30　TEL0225-94-2811　①石巻郷土資料,毛利コレクション,高橋英吉の木彫,②月曜日(休日以外),祝日の翌日(土曜日・日曜日以外),年末年始,③有料

北上川運河交流館水の洞窟　〒986-0803石巻市水押3-66-69　①北上川運河・貞山運河など世界の運河の紹介,②水曜日(祝日の場合は翌日),年末年始,③無料

宮城県慶長使節船ミュージアムサン・ファン館　〒986-2135石巻市渡波字大森30-2　TEL0225-24-2210　①慶長使節と帆船の歴史,②火曜日(祝日以外),年末年始要確認,③有料

大谷鉱山歴史資料館　〒988-0278気仙沼市本吉町高瀬ヶ森58-16　TEL0226-44-3180　①大谷鉱山関係の資料・写真展示,体験学習(要予約),②水曜日,年末年始,③無料

南三陸町ひころの里松笠屋敷　〒986-0782本吉郡南三陸町入谷字桜沢442　TEL0226-46-4310　①江戸時代後期の地方郷土居宅の復元,②火曜日(祝日以外),年末年始,③有料

原阿佐緒記念館　〒981-3624黒川郡大和町宮床字八坊原19-2　TEL022-346-2925　①明治時

代の女流歌人原阿佐緒の生家，②月曜日(祝日の場合は翌日)，③有料

伊達の村宮床宝蔵　〒981-3624黒川郡大和町宮床字下小路64　TEL022-346-2438　①宮床伊達家伝世品の展示，②月曜日，祝日の翌日，年末年始，③有料

大衡村ふるさと美術館　〒981-3602黒川郡大衡村大衡字平林39-12　TEL022-345-0945　①大衡村出身の洋画家菅野廉の作品展示，②年末年始，③有料

鎌田記念ホール(鎌田三之助展示室)　〒989-4102大崎市鹿島台木間塚字福芦335-1　TEL0229-56-6311　①品井沼干拓事業の展示，②月曜日，年末年始，③有料

大崎市松山ふるさと歴史館　〒987-1304大崎市松山千石字松山428　TEL0229-55-2215　①大崎市松山地域の歴史，②月曜日，年末年始，③有料

吉野作造記念館　〒989-6105大崎市古川福沼1-2-3　TEL0229-23-7100　①大正デモクラシーの旗手吉野作造の業績等を紹介，②月曜日(祝・休日の場合は翌日)，年末年始，③有料

縄文芸術館　〒981-4241加美郡加美町南町186-1　TEL0229-63-5030　①詩人宗左近寄贈の縄文土器を芸術品として展示，②月曜日，祝日の翌日(土曜日・日曜日以外)，年末年始，③有料

東北陶磁文化館　〒981-4261加美郡加美町町裏64　TEL0229-63-3577　①江戸時代後期から大正時代まで東北各地の陶磁器を展示，②月曜日，祝日の翌日(土曜日・日曜日以外)，年末年始，③有料

墨雪墨絵美術館　〒981-4252加美郡加美町字西田1-33　TEL0229-63-3617　①加美町出身の河合墨雪の作品展示，②月曜日，祝日の翌日(土曜日・日曜日以外)，12〜2月，③有料

加美町ふるさと陶芸館切込焼記念館　〒981-4401加美郡加美町宮崎字切込3　TEL0229-69-5751　①宮崎地区の歴史と切込焼の展示，②第2・4月曜日，年末年始，③有料

涌谷町立史料館　〒987-0121遠田郡涌谷町涌谷字下町3-2　TEL0229-42-3327　①涌谷伊達氏の関係資料等，②水曜日(祝日の場合は翌日)，12〜3月，③有料

天平ろまん館　〒987-0121遠田郡涌谷町涌谷字黄金山1-3　TEL0229-43-2100　①日本初の砂金産出にちなんだ資料，②年中無休，③有料

涌谷町くがね創庫・山岸登美ギャラリー　〒987-0114遠田郡涌谷町新町裏110　TEL0229-43-6066　①染色画家山岸登美の作品展示，②水曜日，年末年始，③有料

登米市歴史博物館　〒987-0511登米市迫町佐沼字内町63-20　TEL0220-21-5411　①佐沼郷の暮らし，②月曜日(祝日の場合は翌日)，年末年始，③無料

宮城県伊豆沼・内沼サンクチュアリセンター　〒989-5504栗原市若柳字上畑岡敷味17-2　TEL0228-33-2216　①ラムサール条約登録地伊豆沼・内沼の調査と自然環境の保全，②月曜日，祝日の翌日，③無料

白鳥省吾記念館　〒987-2252栗原市築館薬師3-3-26　TEL0228-23-7967　①栗原市出身の詩人白鳥省吾の紹介，②月曜日，祝日(月曜日の場合は翌日)，年末年始，③有料

栗原市一迫埋蔵文化財センター山王ろまん館　〒987-2308栗原市一迫真坂字鎌折46-2　TEL0228-57-6012　①山王囲遺跡出土品等の展示，②月曜日，祝日，年末年始，③有料

リアス・アーク美術館　〒988-0171気仙沼市赤岩牧沢138-5　TEL0226-24-1611　①金山関係資料，鹿踊・田植踊資料の展示，②火曜日，祝日の翌日，③有料

【無形民俗文化財】

国指定

月浜のえんずのわり　　東松島市　えんずのわり保存会　1月11～16日

米川の水かぶり　　登米市東和町米川　米川の水かぶり保存会　2月の初午

雄勝法印神楽　　桃生郡雄勝町大字大浜　雄勝法印神楽保存会　3・4月の春祭，9月の秋祭

小迫の延年　　栗原市金成津久毛　小迫延年保存会　4月第1日曜日

秋保の田植踊　　仙台市太白区秋保町湯元・長袋・馬場　湯元・長袋・馬場の田植踊保存会　薬師様5月5日・神明神社4月中旬・秋保大滝不動尊4月28・29日

羽田のお山がけ　　気仙沼市赤岩上羽田　羽田神社総代会　旧8月15・16日

室根神社のマツリバ行事　　岩手県室根村中心(宮城県分は気仙沼市)　室根神社祭保存会　閏年翌年の旧9月17～19日

県指定

篦峯寺の正月行事(篦岳白山祭)　　遠田郡涌谷町篦岳(篦峯寺)　大晦日～1月27日

芋沢の田植踊　　仙台市青葉区芋沢(宇那禰神社)　1月2日，旧3月19日，9月19日

富谷の田植踊　　黒川郡富谷町富谷(雷光神社)　1月14日，旧3月31日(現在不定)

小野田の田植踊　　加美郡加美町字中島　1月14・15日

柳沢の焼け八幡　　加美郡加美町柳沢　1月14・15日

道祖神神楽　　名取市愛島　1月15日，4月20日，6月14日，8月6日

新川の田植踊　　仙台市青葉区新川(新川神社)　1月15・16日，旧9月15日

名振のおめつき　　石巻市雄勝町名振　1月24日

廿一田植踊　　気仙沼市字落合　旧正月2日～

青葉の田植踊　　伊具郡丸森町大内(熊野神社)　旧正月14日，4月19日

切込の裸カセドリ　　加美郡加美町宮崎字切込　旧1月15日

新城の田植踊　　気仙沼市字瘦槻　旧正月に各戸を回る

小泉の水祝儀　　加美郡加美町小泉　旧2月2日

日高見流浅部法印神楽　　登米市中田町浅水(白山神社)　3月15日・9月15日

熊野堂神楽　　名取市高館(熊野神社)　4月19日

滝原の顕拝　　仙台市太白区秋保町馬場(秋保大滝不動尊)　4月28・29日

野口鹿踊　　仙台市太白区秋保町馬場(秋保大滝不動尊)　4月28・29日

愛子の田植踊　　仙台市青葉区下愛子(諏訪神社)　4月29日

中新田の虎舞　　加美郡加美町字西田　4月29日

船形山神社の梵天ばやい　　黒川郡大和町吉田(船形山神社)　5月1日

上谷刈の鹿踊・剣舞　　仙台市泉区上谷刈(加茂神社)　5月1日，10月7日

江島法印神楽　　牡鹿郡女川町江島(久須師神社)　5月8日

薬莱神社の三輪流神楽　　加美郡加美町字上野日(薬莱神社)　5月9日

駒形根神社の巡幸神事　　栗原市栗駒沼倉(駒形根神社)　3～5年毎　5月最終日曜日

鹽竈神社藻塩焼神事　　塩竈市一森山(鹽竈神社)　7月4～6日

皿貝法印神楽　　石巻市河北町皿貝(大日靈神社)　旧6月15日

一迫町鹿踊　　栗原市一迫宮前・清水目　7月17日以降

気仙沼市早稲谷鹿踊　　気仙沼市字早稲谷(甘酒地蔵尊)　旧6月24日
金津の七夕　　角田市尾山金津　8月6日
大倉の役人田植踊　　仙台市青葉区大倉(定義如来)　旧7月6日
川前鹿踊・川前剣舞　　仙台市青葉区芋沢(竜宝寺)　花祭・盆の供養・旧7月7日ほか
牡鹿法印神楽　　石巻市湊(零羊崎神社)　8月9日
入谷の祭と打囃子　　本吉郡南三陸町入谷(八幡神社)　旧8月15日
米倉鹿島神社の献饌行事　　大崎市古川米倉(米倉鹿島神社)　9月9・10日
大崎八幡宮の能神楽　　仙台市青葉区八幡(大崎八幡宮)　9月14日
登米能　　登米市登米町寺池　とよま秋祭　9月14日
寺崎の法印神楽　　石巻市桃生町寺崎(八幡神社)　9月15日
とよま秋祭　　登米市登米町寺池　9月第3土・日曜日
下倉の田植踊　　仙台市青葉区大倉(小倉神社)　9月29日
寺崎のはねこ踊　　石巻市桃生町寺崎(寺崎八幡神社)　9月第2土曜日
上町法印神楽　　登米市豊里町上町(稲荷神社)　旧9月15日，体育の日の前日
福岡の鹿踊・剣舞　　仙台市泉区福岡(鷲倉神社)　10月29日
樫崎法印神楽　　石巻市桃生町樫崎　市内の春秋の祭典で上演

【おもな祭り】(国・県指定無形民俗文化財をのぞく)

釜谷の大般若巡行　　石巻市釜谷　1月3日
どんと祭　　仙台市青葉区八幡(大崎八幡宮)　1月14日
御崎神社例祭　　気仙沼市唐桑町(御崎神社)　1月14・15日
石尊さまの水かぶり　　栗原市若柳武鎗(石尊神社)　2月12日に近い日曜日
初午祭　　岩沼市(竹駒神社)　旧2月初午の1週間
帆手祭　　塩竈市(鹽竈神社)　3月10日
鉄砲祭　　栗原市花山(御嶽神社・花山ダム湖畔)　4月9日
宮崎熊野神社例祭　　加美郡加美町宮崎(熊野神社)　旧3月15日
木下白山神社祭　　仙台市若林区(白山神社)　4月第3日曜日
花祭塩竈市(鹽竈神社)　4月第3日曜日
大滝不動尊祭　　仙台市太白区秋保(大滝不動尊)　4月28・29日
互市　　大崎市鹿島台　4月，11月10～12日
青麻神社例祭　　仙台市宮城野区岩切(青麻神社)　5月1～3日
ぼたん祭　　岩沼市(金蛇水神社)　5月中旬
青葉まつり　　仙台市青葉区(青葉神社)　5月第3土・日曜日
塩竈みなと祭り　　塩竈市　7月第3月曜日(海の日)
志津川湾夏まつり　　本吉郡南三陸町　7月第4土・日曜日
栗駒山車まつり　　栗原市栗駒　7月最終土・日曜日
石巻川開き　　石巻市　7月末～8月初
気仙沼みなと祭　　気仙沼市　8月第1土・日曜日
定義まつり　　仙台市青葉区大倉(西方寺)　旧7月6・7日
仙台七夕まつり　　仙台市　8月6～8日

灯籠流し	宮城郡松島町	8月15日
弥勒尊大祭	登米市中田町上沼（弥勒寺）	8月15・16日
大崎八幡宮例祭	仙台市（大崎八幡宮）	9月14・15日
若宮八幡湯立神事	大崎市三本木（若宮八幡神社）	旧9月18日
布袋祭	柴田郡村田町（白鳥神社）	10月10日
薬師祭	栗原市築館（双林寺）	11月3日
白石市犬卒都婆のゴンダチ	白石市白川犬卒都婆　羽山神社	11月8日
島田飴まつり	黒川郡大和町吉岡（八幡神社）	12月14日
金津の七夕	角田市尾山金津	8月10日

【有形民俗文化財】

国指定

福應寺毘沙門堂奉納養蚕信仰絵馬　　角田市鳩原　福應寺

県指定

カマ神（10体）　　塩竈市一森山　鹽竈神社
カマ神（20体）　　登米市豊里町赤生津本地字杢沢87　香林寺
カマ神（8体）　　多賀城市高崎　東北歴史博物館
踊念仏の碑　　登米市南方町板倉　登米市南方町

【無形文化財】

国指定

精好仙台平技術　　仙台市太白区根岸　甲田綏郎
石盤葺　　石巻市水押　佐々木信平

県指定

正藍染　　栗原市栗駒文字　千葉まつ江
柳生心眼流甲冑術・甲冑柔術　　登米市迫町新田　新田柳心館
日本刀鍛錬技術保持者宮城眞一（刀匠名　昭守）

【登録有形文化財】（美術工芸品）

国指定

紙芝居資料（5652点）　　仙台市泉区　宮城県図書館

【散歩便利帳】

宮城県の教育委員会・観光担当部署・文化財愛護団体など

宮城県教育庁文化財保護課　〒980-8423仙台市青葉区本町3-8-1　TEL022-211-3682
(財)宮城県文化財保護協会(文化財保護課内)　〒980-8423仙台市青葉区本町3-8-1　TEL022-211-3682
東北歴史博物館　〒985-0862多賀城市高崎1-22-1　TEL022-368-0101
宮城県経済商工観光部観光課　〒980-8623仙台市青葉区本町3-8-1　TEL022-211-2822
(社)宮城県観光連盟　〒980-8423仙台市青葉区本町3-8-1　TEL022-381-2822

県外の観光問い合わせ事務所

宮城県震災復興・企画部東京事務所　〒102-0093東京都千代田区平河町2-6-3都道府県会館12階　TEL03-5212-9045
宮城ふるさとプラザ　〒170-0013東京都豊島区東池袋1-2-2東池ビル1・2階　TEL03-5956-3511
宮城県経済商工観光部大阪事務所　〒530-0001大阪府大阪市北区梅田1-3-1-900大阪駅前第1ビル9階　TEL06-6341-7905

市町村の教育委員会・観光担当部署・文化財愛護団体など

[仙台市]
仙台市教育委員会生涯学習部文化財課　〒980-0811仙台市青葉区一番町4-1-25東二番丁スクエア3階　TEL022-214-8892
仙台市経済局国際経済・観光部観光交流課　〒980-0803仙台市青葉区国分町3-6-1仙台パークビル9階　TEL022-214-8259
仙台市総合観光案内所　〒980-0021仙台市青葉区中央1-1-1JR仙台駅構内2階　TEL022-222-4069

[多賀城市]
多賀城市教育委員会文化財課文化財係　〒985-8531多賀城市中央2-1-1　TEL022-368-1141
多賀城市市民経済部商工観光課　〒985-8531多賀城市中央2-1-1　TEL022-368-1141
史都多賀城観光案内所　〒985-8531多賀城市中央2-7-1(JR多賀城駅構内)　TEL022-364-5091

[塩竈市]
塩竈市教育委員会　〒985-0052塩竈市本町1-1　TEL022-362-2556
塩竈市産業環境部観光交流課観光係　〒985-0052塩竈市本町1-1　TEL022-364-1165
塩竈観光物産案内所　〒985-0002塩竈市海岸通5-7　TEL022-362-2525

[東松島市]
東松島市教育委員会　〒981-0503東松島市矢本字上河戸36-1　TEL0225-82-1111
東松島市産業部商工観光課　〒981-0503東松島市矢本字上河戸36-1　TEL0225-82-1111
東松島市観光物産協会　〒981-0303東松島市小野字新宮前5　TEL0225-87-2322

[名取市]
名取市教育委員会　〒981-1292名取市増田字柳田80　TEL022-384-2111
名取市生活経済部商工観光課　〒981-1292名取市増田字柳田80　TEL022-384-2111

［岩沼市］
岩沼市教育委員会　〒989-2480岩沼市桜1-6-20　TEL0223-22-1111
岩沼市市民経済部商工観光課　〒989-2480岩沼市桜1-6-20　TEL0223-22-1111
［白石市］
白石市教育委員会　〒989-0206白石市字寺屋敷前25-6　TEL0224-22-1343
白石市商工観光課　〒989-0292白石市大手町1-1　TEL0224-22-1321
白石市観光案内所　〒989-0243白石市沢目137(JR白石駅構内)　TEL0224-26-2042
　　〒989-0213白石市大鷹沢三沢字桜田11-1(JR白石蔵王駅構内)　TEL0224-24-5915
白石城ボランティア観光ガイド(白石城管理事務所)　〒989-0251白石市益岡町1-16
　　TEL0224-24-3030
［角田市］
角田市教育委員会　〒981-1505角田市角田字牛館10　TEL0224-63-2221
角田市産業建設部商工観光課　〒981-1592角田市角田字大坊41　TEL0224-63-2120
［大崎市］
大崎市教育委員会　〒989-6492大崎市岩出山字船場21　TEL0229-72-5032
大崎市産業経済部　〒989-6188大崎市古川七日町1-1　TEL0229-23-7097
古川駅総合観光案内所　〒989-6162大崎市古川駅前大通り1-7-35　TEL0229-24-0062
鳴子観光案内センター　〒989-6823大崎市鳴子温泉字湯元2-1(JR鳴子温泉駅内)
　　TEL0229-83-3441
［栗原市］
栗原市教育委員会　〒987-5171栗原市金成沢辺町沖200　TEL0228-42-3511
栗原市産業経済部商工観光課　〒987-2293栗原市築館薬師1-7-1　TEL0228-22-1151
栗原市観光物産協会　〒989-5612栗原市志波姫新熊谷284-3(くりこま高原駅内)
　　TEL0228-25-4166
［登米市］
登米市教育委員会　〒987-0602登米市中田町上沼字西桜場18　TEL0220-34-2698
登米市産業経済部商工観光課　〒987-0602登米市中田町上沼字西桜場18　TEL0220-34-2734
とよま観光物産センター　〒987-0702登米市登米町寺池桜小路2-1　TEL0220-52-5566
［石巻市］
石巻市教育委員会　〒986-0825石巻市穀町14-1　TEL0225-95-1111
石巻市産業部商工観光課　〒986-0825石巻市穀町14-1　TEL0225-95-1111
石巻市観光物産情報センター「ロマン海遊21」　〒986-0826石巻市鋳銭場8-11
　　TEL0225-93-6448
［気仙沼市］
気仙沼市教育委員会　〒988-8501気仙沼市八日町1-1-1　TEL0226-22-3442
気仙沼市産業部観光課　〒988-8501気仙沼市八日町1-1-1　TEL0226-22-3438
気仙沼駅前観光案内所　〒988-0077気仙沼市古町1-5-23　TEL0226-22-4669
観光ボランティアガイド気仙沼　〒988-0018気仙沼市南町海岸1-15　TEL0226-22-4560
［宮城郡］
七ヶ浜町教育委員会　〒985-0802七ヶ浜町吉田浜字野山5-9　TEL022-357-3302

七ヶ浜町産業課　〒985-0804七ヶ浜町東宮浜字丑谷辺5-1　TEL022-357-7443
利府町教育委員会　〒981-0104利府町中央2-11-1　TEL022-767-2125
利府町地域整備課　〒981-0112利府町利府字新並松4　TEL022-767-2120
利府町観光協会(JR利府駅コミュニティセンター内)　〒981-0103宮城県宮城郡利府町森
　　郷字柱田26-8　TEL022-356-3678
松島町教育委員会　〒981-0215松島町高城字帰命院下一19-1　TEL022-354-5714
松島町産業観光課　〒981-0215松島町高城字帰命院下一19-1　TEL022-354-5714
松島観光協会　〒981-0213松島町松島字町内98-1　TEL022-354-2618
松島海岸駅前　Ⅴ案内所　〒981-0213松島町松島字浪打浜7-1　TEL022-354-2263
[柴田郡]
大河原町教育委員会　〒989-1295大河原町字新南19　TEL0224-53-2758
大河原町商工観光課　〒989-1295大河原町字新南19　TEL0224-53-2659
柴田町教育委員会　〒989-1692柴田町船岡中央2-3-45　TEL0224-55-2135
柴田町商工観光課　〒989-1692柴田町船岡中央2-3-45　TEL0224-55-2123
柴田町観光物産協会　〒989-1621柴田郡柴田町本船迫字上野4-1　TEL0224-56-3970
村田町教育委員会　〒989-1392村田町大字村田字迫6　TEL0224-83-2023
村田町地域産業推進課　〒989-1392村田町大字村田字迫6　TEL0224-83-2113
村田町蔵の観光案内所　〒989-1305村田町大字村田字町31　TEL0224-83-6211
川崎町教育委員会　〒989-1592川崎町大字前川字裏丁175-2　TEL0224-84-2116
川崎町産業振興課　〒989-1592川崎町大字前川字裏丁175-1　TEL0224-84-2111
[刈田郡]
蔵王町教育委員会　〒989-0892蔵王町大字円田字西浦北10　TEL0224-33-2018
蔵王町農林観光課　〒989-0892蔵王町大字円田字西浦北10　TEL0224-33-3004, 2215
蔵王町観光協会　〒989-0912蔵王町遠刈田温泉仲町33　TEL0224-34-2725
七ヶ宿町教育委員会　〒989-0592七ヶ宿町字関126　TEL0224-37-2112
七ヶ宿町産業振興課　〒989-0592七ヶ宿町字関126　TEL0224-37-2177
[伊具郡]
丸森町教育委員会　〒981-2192丸森町字鳥屋120　TEL0224-72-3036
丸森町商工観光課　〒981-2192丸森町字鳥屋120　TEL0224-72-3017
丸森町観光物産協会　〒981-2164丸森町字町東83-1　TEL0224-72-6663
[亘理郡]
亘理町教育委員会　〒989-2351亘理町字西郷140　TEL0223-34-8701
亘理町商工観光課　〒989-2393亘理町字下小路7-4　TEL0223-34-0513
山元町教育委員会　〒989-2203山元町浅生原字日向12-1　TEL022-337-5116
山元町産業振興課　〒989-2292山元町浅生原字作田山32　TEL022-337-1119
[黒川郡]
富谷町教育委員会　〒981-3305富谷町一ノ関膳合山6-8　TEL022-358-5400
富谷町企画部産業振興課　〒981-3392富谷町富谷字坂松田30　TEL022-358-0523
大郷町教育委員会　〒981-3521大郷町中村字屋鋪65-2　TEL022-359-2982
大郷町農政商工課　〒981-3592大郷町粕川字西長崎5-8　TEL022-359-5503

大和町教育委員会　　〒981-3680大和町吉岡字西桧林1-1　TEL022-345-7508
大和町産業振興課　　〒981-3680大和町吉岡字西桧林1-1　TEL022-345-1119
大和町観光物産協会（吉岡コミュニティセンター内）　〒981-3621大和町吉岡字町裏16
　　TEL022-345-7501
大衡村教育委員会　　〒981-3692大衡村大衡字平林62　TEL022-345-2197
大衡村企画商工課　　〒981-3692大衡村大衡字平林62　TEL022-345-5111
［加美郡］
加美町教育委員会　　〒981-4401加美町宮崎字町屋敷一番52-4　TEL0229-69-5113
加美町商工観光課　　〒981-4292加美町西田三番5　TEL0229-63-6000
色麻町教育委員会　　〒981-4122色麻町四釜字北谷地141　TEL0229-65-3110
色麻町総合振興課　　〒981-4122色麻町四釜字北谷地41　TEL0229-65-2111
［遠田郡］
涌谷町教育委員会　　〒987-0147涌谷町字下道69-1　TEL0229-43-3001
涌谷町まちづくり推進課商工観光班　〒987-0192涌谷町字新町裏153-2　TEL0229-43-2119
美里町教育委員会　　〒989-4025美里町木間塚字中央1　TEL0229-58-0500
美里町まちづくり推進課　　〒989-4025美里町木間塚高田33　TEL0229-58-0123
美里町総合案内所　　〒987-0001美里町字藤ヶ崎117（JR小牛田駅構内）　TEL0229-31-1801
［牡鹿郡］
女川町教育委員会　　〒986-2261女川町女川浜字大原190　TEL0225-53-2295
女川町産業振興課観光係　　〒986-2261女川町女川浜大原316　TEL0225-54-3131
女川町観光協会　　〒986-2231女川町浦宿浜字十二神60-3（女川高校第2グラウンド内）
　　TEL0225-54-4328
［本吉郡］
南三陸町教育委員会　　〒986-0792南三陸町志津川字沼田56-2　TEL0226-46-2600
南三陸町産業振興課　　〒986-0792南三陸町志津川字沼田56-2　TEL0226-46-2600
南三陸町観光協会　　〒986-0768南三陸町志津川字御前下51-1　TEL0226-47-2550

県内の主なバス

仙台市交通局案内センター　　TEL022-222-2256
宮城交通バス仙台駅西口案内所　TEL022-267-1777
JRバス東北仙台東口バス案内所　TEL022-256-6646
ミヤコーバス（本社）　　〒981-3201仙台市泉区泉ヶ丘三丁目13-20　TEL022-771-5314
ミヤコーバス築館営業所　　〒987-2216栗原市築館伊豆四丁目4-14　TEL0228-22-2250
ミヤコーバス古川営業所　　〒989-6115大崎市古川駅東一丁目7-1　TEL0229-22-1781
ミヤコーバス気仙沼営業所　　〒988-0056気仙沼市上田中二丁目2-7　TEL0226-22-7163
ミヤコーバス佐沼営業所　　〒987-0511登米市迫町佐沼字中江二丁目3-4　TEL0220-22-3064
ミヤコーバス石巻営業所　　〒986-0812石巻市東中里一丁目1-1　TEL0225-22-4161
ミヤコーバス白石営業所　　〒989-0231白石市福岡蔵本字下館77　TEL0224-25-3204
（株）宮城交通観光サービス　　〒983-0803仙台市宮城野区小田原一丁目2-19
　　TEL022-298-7765

【参考文献】

『海からの文化』　渡辺信夫　河出書房新社　1992
『奥羽史研究叢書4　鎌倉・室町時代の奥州』　柳原敏昭・飯村均編　高志書院　2002
『奥羽史研究叢書1　中世奥羽と板碑の世界』　大石直正・川崎利夫編　高志書院　2001
『奥羽史研究叢書6　陸奥国の戦国社会』　大石直正・小林清治編　高志書院　2004
『奥州探題大崎氏』　大崎シンポジウム実行委員会編　高志書院　2003
『街道の日本史7　平泉と奥州道中』　大石直正・難波信雄編　吉川弘文館　2003
『街道の日本史8　仙台・松島と陸前諸街道』　難波信雄・大石直正編　吉川弘文館　2004
『角川日本地名大辞典4　宮城県』　角川日本地名大辞典編集委員会　角川書店　1979
『郷土史事典──宮城県』　佐々久編　昌平社出版　1977
『近代みやぎの歩み』　佐々久　宝文堂　1979
『古代東北発掘』　伊東信雄　学生社　1973
『白い国の詩　芸術・自然文化・民俗・歴史・風物編』　東北電力　1988
『「新」目で見る仙台の歴史』　「新」目で見る仙台の歴史編集委員会編　宮城県教科書供給所　1989
『図説　宮城県の歴史』　渡辺信夫編　河出書房新社　1988
『戦災復興余話』　仙台市開発局編　仙台市開発局　1980
『仙臺郷土研究』全6巻　仙台郷土研究会編　仙台郷土研究会　1980
『仙台郷土史の研究』　伊東信雄　宝文堂　1979
『仙台空襲』　仙台「市民の手でつくる戦災の記録」の会　宝文堂　1973
『仙台市の文化財』　仙台市教育委員会編　仙台市教育委員会　1996
『仙台人名大辞書』　菊池定郷　歴史図書社　1974
『仙台叢書』全18巻　鈴木省三編　仙台叢書刊行会　1922〜29
『仙台地名考』　菊池勝之助　宝文堂　1971
『仙台の教育100年』　仙台市教育委員会編　仙台市教育委員会　1973
『仙台の歴史』　仙台の歴史編集委員会編　宝文堂　1989
『仙台藩製鉄史』1〜4　佐藤興二郎　耕風社　1995〜96
『仙台藩の歴史』1〜4　平重道　宝文堂　1969〜77
『仙台藩歴史事典』　仙台郷土研究会編　仙台郷土研究会　2002
『仙台風俗志』　鈴木省三　歴史図書社　1977
『仙台平野の歴史津波──巨大津波が仙台平野を襲う！』　飯沼勇義　宝文堂　1995
『仙台領切支丹史』1・2　西田耕三編　仙台領切支丹研究会　1994-5
『史料仙台領内古城・館』1〜4　紫桃正隆　宝文堂　1972-74
『多賀城と古代東北』　東北歴史資料館・宮城県多賀城跡調査研究所編　東北歴史資料館　1985
『伊達治家記録』1〜24　平重道編　宝文堂　1972〜82
『伊達の文化誌　続・東北の原像』　浜田直嗣　創童社　2003
『中世奥羽の世界』　小林清治・大石直正編　東京大学出版会　1979
『東北の歴史』上・中・下　豊田武編　吉川弘文館　1967〜79
『日本城郭史研究叢書2　仙台城と仙台領の城・要害』　小林清治　名著出版　1982
『日本歴史地名体系4　宮城県の地名』　平凡社　1987

『ふるさとみやぎ文化百選①まつり』　「ふるさとみやぎ文化百選」編集委員会　宝文堂　1984
『みちのく街道史』　渡辺信夫　河出書房新社　1990
『みちのく伝統文化』１～５　上原昭一・高橋富雄他編　小学館　1985～86
『宮城県遺跡地図』　宮城県教育委員会編　宮城県文化財保護協会　1998
『宮城県教育百年史』１～４　宮城県教育委員会編　ぎょうせい他　1975～79
『宮城県郷土史年表　重訂』　菊池勝之助　宝文堂　1972
『宮城県郷土資料総合目録』　宮城県図書館編　宮城県図書館　1981
『宮城県史』１～35　宮城県史編集委員会編　宮城県刊行会　1957～87
『宮城県主要文化財ガイド74』　宮城県文化財保護協会編　宮城県文化財保護協会　1980
『宮城県人物誌』　今泉篁洲・天野顕蔵ほか　歴史図書社　1978
『宮城県姓氏家系大辞典』　宮城県姓氏家系大辞典編集委員会編　角川書店　1994
『宮城県地名考』　菊池勝之助　宝文堂　1970
『宮城県の近代化遺産』　東北歴史博物館編　宮城県教育委員会　2002
『宮城県の地理と歴史』Ⅰ～Ⅲ　東北大学地域社会研究会編　国書刊行会　1982
『宮城県の百年』　安孫子麟　山川出版社　1999
『宮城県の文化財』　宮城県教育委員会編　宮城県文化財保護協会　1978
『宮城県の歴史』　渡辺信夫ほか　山川出版社　1999
『宮城県百科事典』　宮城県百科事典編集本部編　河北新報社　1982
『宮城県仏教史』　佐々久　歴史図書社　1977
『宮城県文化財調査報告書182　宮城県の祭り・行事』　宮城県教育委員会編　宮城県教育委員会　2000
『宮城の郷土史話』　三原良吉　宝文堂　1975
『宮城の研究』１～８　渡辺信夫編　清文堂出版社　1984～87
『宮城の古建築』　小倉強　宮城県文化財保護協会　1968
『みやぎの女性史』　宮城県・みやぎの女性史研究会編　河北新報社　1999
『宮城の鉄道物語　宮城の街道物語』　吉岡一男　宝文堂　1987
『みやぎの風物誌』　仙台放送編　宝文堂　1975
『みやぎの文学碑』　宮城県芸術協会編　宮城県芸術協会　1994
『宮城文学夜話』　河北新報社編集局編　河北新報社　1979
『明治・大正・昭和の郷土史６　宮城県』　佐々久編　昌平社　1982
『明治の洋風建築』　小倉強　宝文堂　1976
『目で見る仙台の100年』　渡辺信夫監修　郷土出版社　2001
『目で見る仙南の100年』　吉岡一男監修　郷土出版社　2001
『目で見る大崎・栗原の100年』　坂田啓監修　郷土出版社　2000
『目で見る気仙沼・本吉・登米の100年』　佐藤正助監修　郷土出版社　2000
『目で見る石巻・桃生・牡鹿の100年』　石垣宏監修　郷土出版社　2000
『よみがえる中世７　みちのくの都多賀城・松島』　入間田宣夫・大石直正編　平凡社　1992
『「歴史の道」調査報告書』　宮城県教育委員会編　宮城県文化財保護協会　1979

【年表】

時代	西暦	年号	事項
旧石器時代			仙台市富沢遺跡
縄文時代	早期		七ヶ浜町吉田浜貝塚，栗原市高清水大寺遺跡，美里町素山貝塚，美里町山前遺跡
	前期		柴田町上川名貝塚，仙台市三神峯遺跡，七ヶ浜町大木囲貝塚，東松島市里浜貝塚，東松島市矢本平田原貝塚
	中期		大郷町大松沢貝塚，石巻市仁斗田貝塚，涌谷町長根貝塚，登米市南方町青島貝塚
	後期		名取市金剛寺貝塚，石巻市沼津貝塚，石巻市南境貝塚，石巻市宝ヶ峯遺跡
	晩期		角田市梁瀬浦遺跡，松島町西ノ浜貝塚，大崎市中沢目貝塚，栗原市一迫山王囲遺跡，気仙沼市田柄貝塚，登米市米山町網場貝塚，大崎市恵比須田遺跡
弥生時代	中期〜後期		角田市鱸沼遺跡，仙台市南小泉遺跡，多賀城市枡形囲貝塚，塩竈市崎山囲貝塚，東松島市寺下囲貝塚，登米市中田町大泉遺跡
古墳時代	前期		名取市今熊野遺跡，加美町夷森・大黒森古墳
	中期		村田町愛宕山古墳，岩沼市かめ塚古墳，名取市雷神山古墳，飯野坂古墳群，仙台市遠見塚古墳，色麻町念南寺古墳群，美里町京銭塚古墳，大崎市青塚古墳，仙台市大蓮寺窯跡
	後期		丸森町台町古墳群，白石市鷹巣古墳群，大和町鳥屋八幡古墳，大崎市山畑横穴群，大郷町鶉崎古墳群
	末期		柴田町上野山古墳群，仙台市善応寺横穴群，利府町道安寺横穴群，東松島市矢本横穴群，涌谷町追戸横穴群，大崎市川北横穴群，色麻町色麻古墳群，石巻市和泉沢古墳群，大崎市日光山古墳群，栗原市栗駒鳥矢ヶ崎古墳群，色麻町日の出山窯跡，大崎市木戸窯跡群，大崎市大吉山窯跡群，仙台市郡山遺跡，大崎市名生館官衙遺跡
奈良時代	722	養老6	諸国から柵戸1000人を陸奥鎮所に配す
	724	神亀元	海道の蝦夷反乱。多賀柵(城)建置(第Ⅰ期)
	737	天平9	鎮守将軍大野東人，出羽柵への直路開削。多賀・玉造・牡鹿・新田・色麻の5柵初見
	749	天平勝宝元	陸奥守百済王敬福，小田郡産の黄金献上
	760	天平宝字4	按察使兼鎮守府将軍恵美朝獦が雄勝城・桃生城完成を賞される
	762	6	多賀城碑ができる。この頃，多賀城の修造が行われる(第Ⅱ期)
	767	神護景雲元	伊治城造営。栗原郡設置。陸奥国造に道嶋嶋足任命される
	774	宝亀5	海道の蝦夷の反乱。桃生城を襲撃し38年間の戦争が始まる

時代	西暦	年号	事項
平安時代	780	11	伊治公呰麻呂の乱, 按察使紀広純を殺害, 多賀城を焼く
	839	承和6	陸奥国凶作のため百姓俘囚動揺し出兵, 胆沢―多賀城間警戒
	844	11	刈田嶺神と鼻節神に従五位が授けられる
	866	貞観8	常陸鹿島大神が亘理黒川色麻志太らの苗裔神に幣帛を奉る
	869	11	陸奥国に大地震, 多賀城を大津波がおそう。刈田嶺神従五位に昇叙
	873	15	陸奥国分寺に五大菩薩像を安置
	934	承平4	陸奥国分寺の七重塔が雷火のため焼失
	995	長徳元	近衛中将藤原実方, 陸奥守として赴任
	1057	天喜5	前九年合戦中, 源頼義が伊具十郎平永衡を斬り, 亘理権大夫藤原経清が安倍頼時に与する
	1070	延久2	散位藤原基通, 陸奥国の印と鎰を奪う
	1080	承暦4	陸奥国司, 国分尼寺転倒を申請する
	1097	永長2	陸奥国府の館焼失
	1148	久安4	関白藤原忠実, 子の頼長に本良荘などを譲る
	1177	治承元	角田市高蔵寺阿弥陀堂が再建される
鎌倉時代	1187	文治3	和泉三郎忠衡(秀衡3男), 鹽竈神社に鉄灯籠を寄進
	1189	5	奥州合戦(阿津賀志山合戦後, 源頼朝, 多賀国府を経て平泉へ)。葛西清重, 奥州総奉行となる
	1190	建久元	大河兼任(平泉残党)の乱。多賀国府の新留守・本留守が兼任の乱に与し所職没収。伊沢家景, 陸奥国留守職となる
	1200	正治2	将軍源頼家, 葛岡郡の新熊野社領争いを親裁。柴田郡の芝田次郎が幕府に謀反し, 芝田館で追討される
	1201	建仁元	本吉冠者高衡(秀衡4男)・城長茂の乱
	1217	建保5	北条義時陸奥守, 陸奥国が関東知行国となる
	1229	寛喜元	名取新宮寺, 一切経の書写始まる
	1247	宝治元	宝治合戦により三浦氏の所領名取郡が北条氏へ, 加美郡が足利氏へ。この頃, 臨済宗円福寺開創
	1260	文応元	高徳寺(石巻市)に平資信を願主とする板碑造立(県内最古)。この頃, 北上川流域に板碑がつくられ始める
	1281	弘安4	時宗の開祖一遍, 松島を訪れる
	1301	正安3	伊具荘斗蔵寺の鐘, 鋳造される
	1307	徳治2	雄島に一山一寧筆の頼賢碑が建てられる
	1333	正慶2 (元弘3)	北畠顕家, 陸奥守となり, 義良親王を奉じ陸奥国府に下向
南北朝時代	1335	建武2	北畠顕家, 義良親王を奉じ西上
	1336	3 (延元元)	北畠顕家, 鎮守府将軍として陸奥国府に再下向
	1337	4 (2)	石塔義房, 幕府の奥州総大将として陸奥に下向。北畠顕家, 再度西上

	1338	暦応元(3)	北畠顕信,陸奥介兼鎮守府将軍となる
	1342	康永元(興国3)	石塔義房と北畠顕信が栗原郡三迫で戦い,石塔方勝利
	1345	貞和元(6)	吉良貞家と畠山国氏が奥州管領として陸奥国府に下向
	1346	貞和2(正平元)	名取新宮寺,大般若経の書写始まる
	1351	観応2(6)	吉良貞家と畠山国氏が岩切城で戦い(観応の擾乱),吉良方勝利。北畠顕信,多賀国府を奪う
	1352	文和元(7)	吉良貞経,多賀国府を奪回。宗久が松島に旅し『都のつと』を著す
	1354	文和3(9)	斯波家兼,奥州管領として下向。根拠を志田郡に移し,大崎氏と称す
	1380	康暦2(天授6)	熊野新宮社(名取市)で当国大将石橋棟義のために一切経の読経を行う
	1392	明徳3(元中9)	陸奥出羽が鎌倉府の支配下に入り,奥州管領制は廃止
室町時代	1400	応永7	大崎氏(詮持か満持)が奥州探題になると伝える
	1469	文明元	大崎・葛西領にまたがる大乱(薄衣状)
	1487	長享元	聖護院道興,松島などを旅し『廻国雑記』を著す
	1514	永正11	『余目旧記』ができる
	1516	13	気仙郡唐桑の平久信らが西国三十三カ所巡礼を行う
	1522	大永2	葛西清重,陸奥守になる。この頃,伊達稙宗が陸奥守護職になる
	1535	天文4	伊達稙宗,『棟役日記』を作成
	1536	5	伊達稙宗,『塵芥集』を制定。稙宗が大崎氏に義宣を,葛西氏に晴胤を入嗣させる
	1538	7	伊達稙宗,「段銭古帳」を作成
	1542	天文11	天文の乱(～48)で晴宗方が勝利し,稙宗は伊具郡丸森に隠居
	1553	22	伊達晴宗が家臣の所領を安堵する(「晴宗公采地下賜録」)
	1555	弘治元	伊達晴宗,奥州探題となる
	1567	永禄10	伊達政宗,米沢で誕生。伊達晴宗の子政景を留守氏に入嗣させる
桃山時代安土・	1577	天正5	伊達晴宗の子盛重を国分氏に入嗣させる
	1588	16	葛西晴信,伊達政宗に服属
	1589	17	大崎義隆,最上義光の仲介で伊達政宗に服属。政宗が摺上原で会津の蘆名義広を攻め滅ぼす
	1590	18	伊達政宗,小田原参陣。奥羽仕置。葛西大崎氏の所領を木村吉清に給与。葛西・大崎一揆。蒲生氏郷が政宗謀反の報告

年表 311

	1591	19	伊達政宗,謀反の申し開きのために上洛。佐沼城陥落。葛西・大崎一揆平定。政宗が葛西・大崎領を宛行われ,岩出山要害に移る
	1592	文禄元	伊達領に人掃令を実施
	1600	慶長5	伊達政宗,上杉氏の白石城を攻略。「葛西大崎船止日記」の作成。百万石のお墨付きを受けて仙台城縄張始め
江戸時代	1601	6	伊達政宗,岩出山から仙台に居城を移す
	1604	9	瑞巌寺方丈再建。五大堂造営。奥州道中に一里塚をつくる
	1605	10	登米郡で北上川改修工事
	1607	12	伊達領内検地。塩竈神社・大崎八幡神社・陸奥国分寺薬師堂の造営
	1611	16	ビスカイノ(イスパニア大使)領内海湾調査。三陸地方に大津波
	1613	18	サン・ファン・バウティスタ号建造。遣欧使節支倉常長ら18名,月浦から出帆
	1616	元和2	大地震で仙台城の城壁・楼櫓損壊
	1620	6	仙台藩の江戸廻米が記録にあらわれる。支倉常長ら帰国
	1623	9	川村孫兵衛,北上川改修事業に着手。伊達政宗,領内の切支丹の弾圧を始める。伊達政宗,若林城を造営。翌年諸士屋敷・町屋敷が設けられる
	1636	寛永13	伊達政宗,江戸桜田屋敷で死没。この頃,六仲間結成
	1637	14	瑞鳳殿造営
	1638	15	仙台城二之丸造営
	1640	17	領内総検地
	1644	正保元	この頃,国絵図・仙台城絵図を作成し,幕府に提出
	1649	慶安2	東照宮造営
	1660	万治3	重臣らの願出により伊達綱宗逼塞・亀千代(綱村)家督相続,伊達宗勝と田村宗良が後見役
	1671	寛文11	寛文事件(伊達騒動)。河村瑞賢,東廻り航路を開く
	1676	延宝4	紀州漁民が鯨・鰹漁の許可を願うが,牡鹿半島の漁民の反対で不許可となる
	1677	5	百姓条目を発し農民の生活統制を図る
	1682	天和2	仙台国分町・岩沼・岩出山・岩ヶ崎で馬市を開くことを許可
	1685	貞享2	仙台藩が塩竈の振興と保護のため特権を付与
	1689	元禄2	松尾芭蕉が来仙。おくのほそ道を旅する
	1691	4	岩出山に郷学有備館設立
	1693	6	品井沼干拓に着手
	1703	16	堤焼を初めて製出する
	1711	正徳元	仙台平を初めて織り出す
	1726	享保11	買米仕法の改革。江戸廻米量25万石
	1728	13	幕府の許可を得て石巻で鋳銭開始
	1736	元文元	領内棚売りに商人判紙を下付し,営業税徴収

年	元号	事項
1739	4	シパンベルク率いるロシア艦隊が石巻付近に渡来
1755	宝暦5	冷害のため大飢饉。一関藩侍医建部清庵『民間備荒録』を著す
1772	安永元	学問所(36年設立)を養賢堂と改称
1773	2	領内の村々に「風土記御用書出」の提出をさせ始める(80年完成)
1782	天明2	仙台大町に国産会所を設置
1783	3	冷害による大飢饉(領内死者数十万人)。安倍清左右衛門の払米不正事件に対し、仙台で打ちこわし
1784	4	石巻で撫角鉄銭(仙台通宝)の鋳造。藩が銀札を発行
1785	5	菅江真澄、気仙沼・松島を歴遊(〜88)
1786	6	『東遊記』の著者橘南谿が領内を歴遊
1788	8	古川古松軒、幕府巡検使とともに領内を通り『東遊雑記』を著す
1792	寛政4	林子平、『海国兵談』(91年出版)により蟄居を命ぜられ版木没収
1797	9	寛政の大一揆を受け、買米制の改編など藩政改革の実施(寛政の転法)
1801	享和元	伊能忠敬、領内沿岸を測量
1804	文化元	石巻の若宮丸遭難で漂流した津太夫ら、レザノフに伴われロシアより帰国
1808	5	幕命により仙台藩兵が国後・択捉・箱館の警備に赴く
1825	文政8	仙台山屋敷の石垣勇吉が埋木細工を初めて売り出す
1827	10	水戸藩士小宮山楓軒、『浴陸奥温泉記』を著す
1831	天保2	青柳文蔵、私費を投じて青柳文庫を設置
1845	弘化2	城下24町が飢饉凶作に備えて日懸銭を始める
1850	嘉永3	養賢堂で洋式調練を始める
1852	5	吉田松陰、来仙し『東北遊日記』を著す
1853	6	盛岡藩三閉伊一揆が仙台藩領に逃散。養賢堂で洋式大砲鋳造
1855	安政2	仙台為替組商人に藩財政方御用達を命ず。幕府より蝦夷地警備を命ぜられる。アメリカ船、石巻に入港
1857	4	養賢堂に日講所を開き、百姓町人の出席を許す。寒風沢造船所(塩竈市)で洋式軍艦開成丸進水
1859	6	幕府が東蝦夷地の一部と国後・択捉を仙台藩の領地とする
1860	万延元	玉蟲左太夫、幕府遣米使節に随行し渡米
1861	文久元	養賢堂に開物方を設け、陶器・織物などの開発奨励を図る
1863	3	仙台藩主伊達慶邦、攘夷の内勅を無視して攘夷派を処分
明治時代 1868	明治元	仙台藩を盟主とする奥羽越列藩同盟を結成し、新政府軍と交戦するが、降伏。仙台藩は新知28万石に削封
1869	2	鎮撫軍により仙台藩首脳部粛正される。白石に三陸両羽按察府設置

	1870	3	石巻に民部省通商司出張所設置。登米県庁(涌谷)で三陸会議。白石片倉氏・亘理伊達氏の北海道移住と開拓が始まる
	1871	4	廃藩置県により仙台県設置。仙台に東北鎮台設置
	1872	5	仙台県を宮城県と改称。仙台に区制を実施
	1874	7	山林原野をのぞく地租改正が完了
	1876	9	明治天皇の宮城県巡行。現在の宮城県域の確定
	1878	11	野蒜築港着手。三居沢に発電所設置。仙台に民権結社鶴鳴社結成
	1881	14	民権派が仙台で東北有志会を開き、東北七州自由党を結成。鶴鳴社から分裂した進取社が憲法見込案作成に着手
	1884	17	台風被害で野蒜築港事業廃棄
	1887	20	第二高等中学校(旧制二高)創立。日本鉄道東北線上野—塩竈間開通
	1889	22	仙台市制施行。貞山堀改修掘削完成
	1892	25	宮城県尋常中学校(現,仙台一高)開校
	1894	27	仙台電燈開業。仙台市内に初めて電灯がつく
	1896	29	三陸沿岸に大津波被害
	1898	31	日本鉄道東北線の機関方のストライキ
	1905	38	冷害と日露戦争の影響で大不況
	1906	39	登米郡小作人同盟会結成。及川甚三郎らのカナダ移民、荻浜を出航。品井沼排水工事起工式。東洋捕鯨株式会社が鮎川に進出
	1907	40	東北帝国大学理科大学創設
大正時代	1918	大正7	仙台・石巻・涌谷に米騒動がおこる
	1919	8	仙台に普通選挙期成同盟結成。広淵沼干拓事業開始
	1926	15	仙台一般労働組合の結成。仙台市街電車営業開始
昭和時代	1928	昭和3	NHK仙台放送局ラジオ放送開始。前谷地事件(1000町歩地主齋藤家に対する小作争議)
	1931	6	仙台城大手門・隅櫓・瑞鳳殿などが国宝指定。仙台第二師団の「満州守備隊」渡満。冷害による凶作
	1933	8	三陸沿岸に大津波。不況対策として起工した仙台霞目飛行場完成
	1934	9	東北地方大凶作。東北振興調査会を内閣に設置
	1936	11	東北振興電力会社設立。仙台市動物園開園
	1937	12	東京・仙台・青森・札幌の定期航空路開設
	1938	13	柴田郡船岡(現,柴田町)に海軍火薬廠設置
	1941	16	仙台市原町に陸軍造兵廠設置
	1942	17	多賀城に海軍工廠設置。矢本(東松島市)に海軍松島航空隊飛行場建設
	1945	20	仙台空襲(焼失家屋1万1933戸,死者1066人)。米軍,仙台・松島に進駐

	1946	21	仙台市都市復興計画決定。仙台七夕10年ぶりに復活
	1947	22	農地改革開始。キャサリン台風被害。仙台ユネスコ協会発足(世界初のユネスコ協会)
	1948	23	アイオン台風被害。
	1949	24	本多光太郎・志賀潔・土井晩翠が仙台市名誉市民となる
	1952	27	大崎八幡宮が国宝指定。翌年,瑞巌寺が国宝,仙台東照宮が国重文指定
	1956	31	NHK仙台放送局テレビ放送開始
	1957	32	仙台空港開港。東北開発3法成立
	1960	35	チリ地震津波で三陸沿岸被害
	1961	36	東北本線上野—仙台間電化
	1963	38	銘柄米ササニシキ誕生
	1964	39	仙台湾地域の新産業都市指定。政宗コンクリート像を岩出山へ,騎馬銅像を仙台城天守台に再設置
	1967	42	仙塩地区合併協議会解散。仙台で東北大博覧会開催
	1971	46	仙台新港開港。女川原子力発電所建設に着手
	1973	48	仙台市「杜の都の環境をつくる条例」の施行
	1974	49	伊達政宗の墓所の発掘調査(75年再埋葬)
	1975	50	東北縦貫自動車道岩槻—仙台南間供用開始
	1978	53	宮城県沖地震(M7.4)。多賀城跡から漆紙文書発見
	1982	57	東北新幹線盛岡—大宮間開業
	1985	60	伊達政宗公350年祭「青葉祭り」。伊豆沼ラムサール条約指定。スパイクタイヤ対策条例制定
	1986	61	第三セクター阿武隈急行線の開業
	1987	62	仙台市営地下鉄八乙女—富沢間開業(92年,泉中央まで延伸)
平成時代	1989	平成元	仙台が政令指定都市になる
	1990	2	山形自動車道村田—笹谷間開通
	1993	5	サン・ファン・バウティスタ号の復元船が進水
	1997	9	沖縄駐留米軍,加美郡王城寺原で実弾射撃訓練開始
	1999	11	仙台城本丸跡発掘調査により3期にわたる石垣が確認される
	2000	12	旧石器遺跡捏造事件発覚
	2003	15	仙台城跡(66万m^2)が国史跡指定
	2007	19	仙台空港アクセス鉄道開業
	2011	23	東日本大震災,沿岸部中心に甚大な被害

【索引】

― ア ―

青島貝塚……218
青塚古墳……157
赤井遺跡(牡鹿柵〈郡家〉跡)……203, 234
赤崎海岸……262
我妻家住宅……113
赤沼貝塚……110
秋保大滝不動尊……48
秋保温泉……46, 47
秋保神社……47, 48
旭館(朝日館)跡……258
朝比奈三郎……149
東街道……34, 87, 98
愛宕神社(黒川郡富谷町)……148
愛宕山古墳……111, 112
愛宕山横穴群……44
亜炭記念館……163
熱日高彦神社……135
阿部次郎記念館……37
雨乞のイチョウ……105
阿弥陀寺……29
雨降り石……71
鮎川浜……245-246
荒雄神社……155, 156
荒沢神社(滝不動)……258, 260
荒浜湊……142
有壁五輪沢経塚……208
安国寺……162
安重根・千葉十七の追念碑……207
網場貝塚……218

― イ ―

飯豊神社……180
飯野坂古墳群……91
猪狩神社……271
伊澤家景……23, 54, 102
石井閘門……244
石川昭光……108, 117, 131, 185
石の梅古墳……168

石巻文化センター……239
石橋屋駄菓子資料館……47
石浜水道……71, 73
伊豆佐比賣神社……67
五十鈴神社古墳……234
伊豆沼・内沼・長沼……205, 206
伊豆沼古窯群……205
和泉沢古墳群……254
磯浜唐船番所跡……143, 144
磯良神社(加美郡色麻町)……172
伊達神社……171
一の関遺跡……172, 174
犬卒塔婆の碑……122
岩切城跡……23
岩出山要害跡……164, 165
岩沼城(鵜ヶ崎城)跡……93

― ウ ―

上野遺跡……41
宇那禰神社……56
羽部周治・佐藤重左衛門報恩之碑……133
有耶無耶の関……115
浦戸諸島……71, 72

― エ ―

永巌寺貝塚……242
夷森古墳……176
煙雲館……268
円通院……78, 224
延命寺……118
円龍寺……105

― オ ―

追戸・中野横穴墓群……193
奥州善光寺(瑞昌寺)……200
往生寺……172
王城寺原……173
王ノ檀遺跡……42
大條氏歴代の廟所……144
大柄沢キリシタン洞窟……228
大崎市三本木ふるさと研修センター……163

大崎市古川出土文化財管理センター……158	柿ノ木御番所跡……215
大崎市松山ふるさと歴史館……184, 185, 187	覚照寺……151
大崎八幡宮……7, 11, 13, 19, 149, 255	覚乗寺高台院霊屋(天山廟)……224
大崎義隆……172, 179	角田郡山遺跡(伊具郡衙跡)……134
大島神社(住吉神社)……237	角田市郷土資料館……133
大高山神社……106, 107, 110	角田要害(臥牛城, 金鶏館)跡……132
太田瓦窯跡……250	学徒動員の記念碑……104
大塚山古墳……91	覚範寺……15, 16
大野田古墳群……41	角星店舗……269
大浜唐船番所跡……82	嘉倉貝塚……205
大谷金山跡……263	隠れキリシタンの里……227
大淀三千風の供養碑……34, 37	笠島廃寺跡……90
御釜社(鹽竈神社末社)……71	鹿島御児神社……238
巨釜半造……275	片倉喜多の墓……120
小川閘門……182, 184	片倉家廟所……120
奥松島縄文村歴史資料館……82	片倉小十郎景綱……8, 117, 119-121, 140
御崎神社……273, 275	潜ヶ浦A貝塚……82
おしかホエールランド……248	刈田嶺神社(白鳥大明神)…110, 113, 114, 116
押口遺跡……38	桂島貝塚……72
雄島……79, 80, 253	桂葉清水……201
緒絶橋……156	金蛇水神社……87, 97
落合観音堂……44, 45	金山要害跡……135-137
小堤城跡……142	金山(佐野)製糸場跡……137
お鶴明神……229	兜塚古墳……44
生出森八幡神社……46	鎌田三之助……183, 184
男山本店店舗……269	上川名貝塚……106
小鋭神社……254	亀井囲横穴墓群……187
踊り念仏の碑……218	亀岡八幡神社……13, 14
御鳴穴(管弦窟)……271	瓶ヶ盛古墳……122
鬼首番所跡……170	かめ塚古墳……95
小野横穴墓群朽木橋支群……158	賀茂神社……51
小原定綱の墓……257	唐桑半島……273, 275
御山古墳……171	川崎阿弥陀堂……52
音聲寺……256	川袋古墳群……67
温南塚古墳……91	川村孫兵衛重吉……19, 239, 241
━ カ ━	干魚供養塔……258
海嘯記念碑……264	願勝寺……110
開成丸造艦の碑……73	岩蔵寺……98
海蔵庵板碑群……250	澗洞院……235
海無沢の三経塚……229	観音沢遺跡……200

索引 317

—キ—

観音寺(気仙沼市)	271
観音寺(松島市)	79, 82
観瀾亭	79, 80
官林埴輪窯跡	173

—キ—

菊面石神社	122
祇劫寺	196
北上川運河交流館	244
北日ノ崎窯跡	112
北山五山	15, 16
木戸瓦窯跡	195
義民四良次延命地蔵堂	256
旧有壁宿本陣	207, 208
旧石巻ハリストス正教会教会堂(聖使徒イオアン会堂)	237
旧羽前街道保存地区	115
旧上戸沢検断屋敷木村家住宅	123
旧金成小学校校舎(栗原市金成歴史民俗資料館)	210, 211
旧小関家住宅	120
旧斎川宿	124
旧佐藤家住宅	128, 129
旧仙台医学専門学校階段教室(6号教室)	10
旧富谷宿	148
旧登米警察庁舎(警察資料館)	226
旧登米高等尋常小学校校舎(教育資料館)	224–226
旧中澤家住宅	92
旧水沢県庁庁舎(水沢県庁記念館)	224
旧有備館・庭園	165, 166
行山流鹿踊供養碑	258
郷土資料館懐邑館	222
郷土資料館思源閣	104
経の塚古墳	91
切込焼記念館	181
キリシタン殉教の碑	6
金華山	70, 244, 245
金華山黄金山神社	245
金勝寺	31

—ク—

鯨塚の碑	275
弘誓寺	90
愚鈍院	30, 32
九品寺	150
熊野神社(大崎市)	160
熊野神社(熊野新宮社, 名取市)	86–88
熊野堂神社古墳	173
熊野那智神社	86, 88
熊野本宮社	86, 87
蔵の郷土館齋理屋敷	137, 138
栗原市一迫埋蔵文化財センター「山王ろまん館」	213
栗原市山王考古館	213
栗原市出土文化財管理センター	205
黒川神社	154

—ケ—

気仙道(陸前浜街道)	137, 140, 261
華足寺	228
傑山寺	120
見龍寺	190, 195
元禄潜り穴	182

—コ—

子愛観音堂	55
光岳寺	160
孝勝寺	31
高蔵寺	128–130
興福寺(登米市)	218
光明寺	15, 16
「交流電化発祥之地」の碑	58
香林寺	221
郷六御殿	53
郷六館跡	54
郡山大畑遺跡(刈田郡衙跡)	120
郡山横穴墓群	122
黄金山産金遺跡	191, 193
虚空蔵堂(仙台市太白区)	44
『国恩記』の碑	150
こけし神社	169
五松山洞窟遺跡	238

御所館(石神館)跡	153
小塚古墳	91
小寺遺跡	159
御殿山館跡	57
後藤寿庵の供養碑・墓	228
琴平神社	267
小針薬師堂	130
米泉古墳群	176
米泉横穴墓群	176
古屋館(八幡館)跡	268
伊治城跡	203, 204, 205
今野家住宅	65
箟峯寺	193

── サ ──

西行戻しの松	80
齋藤氏庭園	251
齋藤報恩会自然史博物館	22, 251
賽ノ窪古墳群	91
西方寺(定義如来)	56, 57
坂下番所跡	57
坂上田村麻呂	11, 78, 124, 131, 194, 195, 205, 219, 227, 229
坂元要害(蓑首城)跡	144
作並温泉郷	58
笹谷街道	47, 115, 216
佐大ギャラリー	43
里浜貝塚	81, 82
佐沼要害(鹿ヶ城)跡	220
実方中将の墓	87, 90
三居沢発電所・三居沢電気百年館	14
三十三間堂官衙遺跡(亘理郡衙跡)	139
山王遺跡千刈田地区・多賀前地区	65, 66
山王囲遺跡	212
三陸復興公園	267, 275

── シ ──

鹽竈神社	19, 51, 69-71
色麻古墳群	171
時雨塚	167
七ヶ宿街道	115, 123, 216
七ヶ宿町水と歴史の館	123
七ヶ浜町歴史資料館	74
十石上古墳	91
尿前の関跡	168, 170
品井沼	182-184
品濃遺跡	134
持福院観音堂	245
資福寺	15, 16, 209
下窪遺跡	115
十三塚遺跡	92
寿福寺	236
准胝観音堂	34
正雲寺	32, 37
松音寺	32
成覚寺	30
鐘景閣	46
松寿院	221
清浄光院(万日堂)	21
称念寺	134, 135
城生柵跡	174, 203
正楽寺	30
松林寺	73
白石廣造邸宅跡	71
白石城跡(益岡公園)	33, 117, 118, 120
白石城歴史探訪ミュージアム	119
白鳥古碑群	116
白鳥神社	103, 110, 115
白鳥省吾記念館	202
志波彦神社(鹽竈神社摂社)	70
志波姫神社	206
信楽寺跡	152
新宮寺	34, 86, 88
新寺小路	13, 29, 32
新鳴瀬川架橋橋台	77
新峯崎遺跡	112
新明塚古墳	95

── ス ──

瑞雲寺	137
瑞巌寺	7, 26, 53, 75, 78, 81, 162
瑞巌寺五大堂	78, 80
瑞川寺	156

瑞鳳寺	9
瑞鳳殿	7, 8, 43, 249
菅谷の穴薬師	67
菅谷不動尊	67
菅谷薬師神社・菅谷・馬場崎横穴墓群	67
鈴木文治	209
鈴木安右衛門解剖記念碑	256
諏訪神社	54, 56

―セ―

石雲寺	186
関山街道	11, 57
関山新道開削殉難の碑	57
仙岳院	18, 20, 21
戦災復興記念館	15
禅昌寺	79
専称寺廃寺板碑群	238
仙台庵(細谷勘左衛門)の墓	32, 37
仙台郡山官衙遺跡群(郡山官衙遺跡・郡山廃寺跡)	39, 40, 203
仙台市電保存館	41
仙台市博物館	5, 6, 25, 36, 73, 97, 243
仙台市野草園	44
仙台城(青葉城)跡	4, 45, 143, 164
仙台市歴史民俗資料館(旧第二師団歩兵第四連隊兵舎)	29
仙台箪笥伝承館	43
仙台東照宮	12, 18, 20, 29
仙台藩鮎川浜唐船御番所跡	245
仙台藩鋳銭場跡	235
仙台藩花山村寒湯番所跡	216, 217
仙台文学館	38
千塚山古墳	111, 112
善導寺	31
善応寺	25, 26
千本松長根	167

―ソ―

双林寺(杉薬師)	201, 202
袖の渡し	237

―タ―

大雄寺(本吉郡南三陸町)	258
大雄寺(亘理郡亘理町)	140, 142
大木囲貝塚	74
大吉山瓦窯跡	159
大仰寺	81
大光院	104, 105
大黒森古墳	176
泰心院	17, 32
大念寺	220
大年寺跡	42
大年寺横穴群	44
台の原・小田原窯跡群	27
大梅寺	53, 54
太白山	45, 46
台町古墳群	135
大門山遺跡	88, 89, 253
平八幡神社	272
大理石海岸	275
大林寺(栗原市)	207
大林寺(仙台市若林区)	32
大蓮寺窯跡	27
多賀城跡・多賀城碑	62-66, 192
多賀城廃寺跡	65, 66
多賀神社(多賀城市)	64
多賀神社(名取市)	91
高舘山城跡	88
高田B遺跡	38
鷹巣古墳群	120, 122
高野倫兼遺訓碑	114
田柄貝塚	272
宝ヶ峯遺跡	251
竹駒神社	93, 96, 97
多十郎の墓	79, 82
田束山経塚群	260
田手岡館跡	150
伊達邦成	141
伊達小次郎の墓	257
伊達成実	35, 131, 140, 142
伊達忠宗	5, 8, 18-20, 31, 34, 36, 53, 78, 97, 162, 182, 195, 206, 223, 249, 259
伊達稙宗	108, 114, 140

伊達綱宗	8, 9, 26, 142, 223
伊達綱村	5, 8, 9, 12-14, 16, 26, 28, 30, 31, 42, 44, 51-53, 64, 69, 70, 97, 109, 191, 227, 264, 267
伊達輝宗	7, 16, 114
伊達晴宗	24, 52, 108
館前遺跡	66
伊達政宗	4-9, 11, 14-16, 18, 19, 24, 28, 30, 32, 35, 36, 43, 45, 50, 52, 56, 67, 75-78, 80, 81, 89, 93, 97, 102, 108, 114, 117, 119, 120, 135, 137, 140, 143, 148-150, 156, 157, 164, 165, 176, 179, 180, 185, 189, 194, 214, 220, 222, 223, 238, 239, 241, 243, 245, 249, 257, 259
伊達(兵部)宗勝	9
伊達(安芸)宗重	9, 190, 191, 195
伊達宗高廟	110
伊達(式部)宗倫	9, 20, 223
伊達吉村	14, 17, 43, 49, 50, 57, 70, 80, 96, 120, 121, 200, 221, 275
多福院板碑群	238, 252
田村神社・甲冑堂	124
田村(右京)宗良	9, 20, 109
屯ヶ岡八幡宮	214
垂水囲貝塚	242
壇の越遺跡	177-179

― チ ―

地底の森ミュージアム	40
千葉大膳大夫重次の逆修供養板碑	258
千葉卓三郎	16, 209
潮音堂	246
長谷寺(岩沼市)	98
長谷寺(登米市津山町)	257
長谷寺(登米市中田町)	227
長谷寺横穴墓群	98
長者原貝塚	218
長承寺	227
長泉寺	133
長命館跡	51

― ツ ―

次橋窯跡	187
土井晩翠の墓	32
榴ヶ岡公園	28
榴ヶ岡天満宮	18, 29
津波体験館(唐桑町ビジターセンター)	275
坪沼八幡神社	46
津谷館跡	262

― テ ―

貞山堀(貞山運河)	77, 97
テツギョ生息地	181
寺池要害跡	222, 223
出羽仙台街道中山越	168, 170
天王寺	166
天王寺一里塚	166
天平ろまん館	191

― ト ―

洞雲寺(山の寺)	49
東北窯跡	122
東光寺	24, 25, 67
東光寺遺跡	25
東昌寺	15, 16
当信寺	118
洞泉院	214
道祖神社(佐倍乃神社)	87, 89-91
堂庭廃寺跡	52
東平王塚古墳	87, 98
東北大学史料館(旧記念資料室)	10
東北陶磁文化館	181
東北歴史博物館	64, 65, 82
道路資料館「みちあむ」	54
遠江前司の碑	166
遠見塚古墳	36, 38, 112
融神社(浮島神社)	64
徳泉寺	32
斗蔵寺	130
斗螢稲荷神社	159
富沢遺跡	40, 41
富沢磨崖仏群	105, 106
富山観音堂	81

富谷脇本陣氣仙家	148
登米市歴史博物館	221
鳥屋窯跡	154
鳥矢崎古墳群	205, 214, 215
鳥屋三角田窯跡	154
鳥屋神社	239
鳥屋八幡古墳	154
登米懐古館	223
登米の武家屋敷	222, 223
「どんぐりころころ」の碑	80

―ナ―

内の脇貝塚	271
中在家南遺跡	38
長塚古墳	95
中新田城跡	174, 176, 180
中新田の虎舞	177
流留・渡波塩田跡	239
菜切谷廃寺跡	174
梨木畑貝塚	242
名取老女の墓	87
七尾城跡	254
七北田刑場跡	50
七ツ森	149, 151
滑津宿脇本陣安藤家	123
鳴子温泉郷(玉造の湯)	167
南山閣	37

―ニ―

新田柵推定地	196
二月田貝塚	74
西館跡	55, 56
西の浜貝塚	81
日光山古墳群	159
日就館跡	140
仁斗田貝塚	242, 246
日本こけし館	169
日本刀鍛錬所	187

―ヌ・ネ―

沼田鶏権現遺跡	112
沼津貝塚	240
念南寺古墳群	172

―ノ―

乃木希典役宅跡	38
仰返り地蔵・横返り地蔵	200
野々島貝塚	72
野蒜港東突堤跡	77

―ハ―

白山神社(栗原市)	211, 212
白山神社(仙台市若林区)	34
白山神社(妙理堂, 遠田郡涌谷町)	194
兀山窯跡	120
箱崎八幡神社	238
波路上塩田跡	264
馬事博物館	96
芭蕉の辻	14, 15
支倉常長	7, 8, 16, 243, 245
羽田神社	268
旗巻古戦場	137
八谷館跡	153
鼻節神社	71, 74
浜田景隆の墓	179, 180
林子平の墓	17
早馬神社	274
羽山神社(白石市)	122
原阿佐緒記念館	150-152
原田采女・伊織の墓	114
原田(甲斐)宗輔	9, 69, 103, 104, 113, 190, 195
蕃山	53-55
磐司岩	48
晩翠草堂	37

―ヒ―

日吉山王神社(宮城郡松島町)	78
日枝神社(栗原市)	211
東館遺跡	200
東山官衙遺跡	174, 177-179, 203
比丘尼坂	25, 26
毘沙門堂古墳	91
日高見神社	246, 250
零羊崎神社	239
秀の山雷五郎の顕彰碑	267

日和山(石巻市)	237-241, 244, 256
日和山(塩竈市)	72
平沢要害跡	113
平田原貝塚	234

―フ―

福田寺	256
藤ヶ浜貝塚	274
伏見廃寺跡	162
普誓寺	239
二木の松(武隈の松)	96
二口街道	48
二口番所跡	57
船岡要害(船岡城)跡	102-104
船形山神社	150
古内志摩義如の墓	51

―ヘ・ホ―

別所横穴墓群	154
紅花街道	115
宝鏡寺	272
保昌寺	113
峰仙寺	261, 262
法領塚古墳	38
星洵太郎の墓	21
保春院の墓	16
細倉鉱山跡・細倉鉱山資料館	215, 216
細谷十太夫直英	18, 21, 137
補陀寺	273
洞口家住宅	91

―マ―

巻石	236
孫沢古墳群	176
孫太郎虫供養塔	124
枡形囲貝塚	74
馬籠	262
松尾芭蕉	13, 14, 29, 32, 34, 63, 79, 87, 96, 119, 156, 166, 167, 170, 238
松川久兵衛の墓	160
松崎古墳	133
松島	77, 79-81, 276
松島博物館	80
松本家住宅	180
松森城(鶴ヶ城)跡	50
松山城(千石城)跡	184, 185
丸寿美術館(旧観慶丸陶器店)	237
まるもりふるさと館	135
丸山権太左衛門	221
満勝寺	15, 16

―ミ―

三神峯遺跡	41
三沢初子の墓	31
南小林遺跡	159
南小泉遺跡	38
南最知貝塚	268
南境貝塚	242
南三陸金華山国定公園	261
宮城県伊豆沼・内沼サンクチュアリセンター	206
宮城県慶長使節船ミュージアム	243
宮城県公文書館	29
宮城県立自然植物公園福浦島	80
みやぎ蔵王こけし館	169
宮崎城跡	179
宮沢遺跡	158-160, 203
宮床宝蔵・旧宮床伊達家住宅	151, 152
宮床伊達氏廟	151
妙教寺	213
妙心院	32
明神裏遺跡	116
明神山下貝塚	242
名生館官衙遺跡・名生城跡	160-162, 203
妙伝院	186
弥勒寺(仙台市青葉区)	56, 57
弥勒寺(登米市)	226, 227

―ム―

陸奥上街道	166
陸奥国分寺跡・薬師堂	7, 32-35, 37, 192
陸奥国分尼寺跡	35, 192
陸奥総社宮	64
村田館(村田城)跡	108-110
村田商人やましょう記念館	111

| 村田町歴史みらい館 | 109 |
| 室浜貝塚 | 82 |

―― メ・モ ――

明治潜穴	183, 184
蒙古之碑	26
本屋敷遺跡	115
茂庭家霊屋	186
茂庭綱元	56, 185, 214
桃生城跡	250
護良親王御陵墓[伝]	238

―― ヤ ――

薬師堂古墳(柴田郡村田町)	111, 112
薬師堂古墳(名取市)	91
薬莱神社	180, 181, 255
弥次郎こけし村	169
柳津虚空蔵尊(宝性院興福寺)	254-256
山神社	188
山田上ノ台遺跡	41
山畑横穴群	163
山前遺跡	187, 188
山本周五郎の文学碑	104
矢本家の重層門	235
矢本横穴墓群	235

―― ユ ――

悠里館(亘理町立図書館・郷土資料館)	141, 143
ゆさや旅館本館・土蔵	167
魚取沼	181
温泉石神社	167
温泉神社	167

―― ヨ ――

養雲寺	222
陽徳院	78
横綱谷風の墓	33
横山不動尊(大徳寺)	256, 257
吉岡八幡神社	149, 150, 153
吉田浜貝塚	74
吉野作造記念館	155
吉野先帝菩提碑	238
四ツ谷用水	19
米川の水かぶり	230

―― ラ・リ・ル ――

頼賢の碑	80
雷神山古墳	36, 90, 91, 112
リアスアーク美術館	269
利府城跡	67
利府町郷土資料館	68
龍雲院	17, 21
龍泉院(黒川郡大和町)	150
龍泉院(仙台市若林区)	30
龍泉院横穴墓群	112
龍島院	110
龍宝寺	13
留守政景	24, 67, 69, 176

―― ワ ――

若林城跡	35
若宮丸遭難供養碑	79
涌谷要害跡	189, 190
涌谷町立史料館	190
亘理要害跡	139-142

【写真所蔵・提供者】(五十音順，敬称略)

我妻信雄	鹽竈神社	登米市歴史博物館
愛宕神社	七ヶ浜町教育委員会	鳥屋神社
荒雄神社	しばたの郷土館	登米懐古館
荒沢神社	常光寺	中新田火伏せの虎舞保存会
石巻市教育委員会	庄司一史	名取市教育委員会
石巻市商工観光課	称念寺	奈良国立博物館
石巻文化センター	白石市教育委員会	新田柳心館
岩沼市教育委員会	白石市商工観光課	鼻節神社
大崎市	瑞巌寺	馬場の田植踊保存会
大崎市教育委員会	瑞鳳殿	日枝神社
大崎市松山ふるさと歴史館	須藤隆	東松島市教育委員会
大高山神社	石雲寺	福應寺
大嶽山興福寺	仙台市泉区区民生活課	宝性院興福寺
雄勝硯伝統産業会館	仙台市観光交流課	保昌寺
角田市教育委員会	仙台市教育委員会	峰仙寺
片倉重信	仙台市史編さん室	補陀寺
角川書店	仙台市戦災復興記念館	松島町教育委員会
(株)カルダイ社	仙台市太白区役所	松島博物館
加美町企画財政課	仙台市富沢遺跡保存館	丸森町教育委員会
加美町教育委員会	仙台市博物館	南三陸町教育委員会
賀茂神社	仙台市歴史民俗資料館	みやぎ北上商工会
川崎阿弥陀堂	善応寺開山堂	宮城県教育委員会
観光堂書店	双林寺	宮城県産業経済部観光課
観音寺	大光院	宮城県多賀城跡調査研究所
郷土出版社	大徳寺	宮城県図書館
熊野神社(大崎市)	大和町	宮城県美術館
熊野神社(名取市)	大和町教育委員会	妙教寺
栗原市教育委員会	洞雲寺	陸奥国分寺
気仙沼市教育委員会	東照宮	村田町歴史みらい館
気仙沼市早稲谷鹿踊保存会	東北大学史料館	毛利コレクション
旧有壁宿本陣	東北大学大学院文学研究科	盛岡市中央公民館
華足寺	考古学研究室	山元町教育委員会
光明寺	東北歴史博物館	吉野作造記念館
香林寺	富谷町	米川の水かぶり保存会
(財)齋藤報恩会	登米市教育委員会	涌谷町教育委員会
(財)日本相撲協会	登米市商工観光課	亘理町教育委員会
佐々木茂楨	登米市歴史資料館	

本書に掲載した地図の作成にあたっては，国土地理院長の承認を得て，同院発行の50万分の1地方図，20万分の1地勢図，数値地図25000(空間データ基盤)を使用したものである(平18総使，第78-3057号)(平18総使，第79-3057号)(平18総使，第81-3057号)。

【執筆者】(五十音順)

編集委員長

渡邊泰伸 わたなべやすのぶ(元仙台育英学園高等学校)

編集委員

吾妻俊典 あづまとしのり(元仙台青陵中等学校)
岩手正浩 いわてまさひろ(宮城県仙台第三高等学校)
笠原文夫 かさはらふみお(宮城県仙台南高等学校)
窪田裕美 くぼたひろみ(元宮城県白石高等学校)
佐々木和博 ささきかずひろ(仙台市立仙台大志高等学校)
佐々木純 ささきじゅん(東京都立総合工科高等学校)
佐々木常人 ささきつねと(宮城県気仙沼西高等学校)
西郡利一 にしごおりとしかず(宮城県宮城広瀬高等学校)
早坂要 はやさかかなめ(宮城県泉館山高等学校)
松崎淳一 まつざきじゅんいち(宮城県利府高等学校)
茂木好光 もぎよしみつ(宮城県佐沼高等学校)
渡邊直樹 わたなべなおき(東北歴史博物館)

執筆委員

伊藤博之 いとうひろゆき(宮城県仙台第一高等学校)
神成浩志 かんなりひろし(仙台市立仙台工業高等学校)
黒沢弘 くろさわひろし(宮城県仙台第三高等学校)
斎藤賢之 さいとうたかゆき(石巻市立女子高等学校)
佐々木淳一 ささきじゅんいち(宮城県古川黎明高等学校)
佐藤和之 さとうかずゆき(宮城県泉館山高等学校)
武内崇 たけうちたかし(元宮城県岩出山高等学校)
丹野あい子 たんのあいこ(宮城県仙台二華中学校・高等学校)
野田利明 のだとしあき(仙台市立仙台高等学校)
吉田実 よしだみのる(東北生活文化大学高等学校)
米田和由 よねだかずよし(宮城県宮城第一高等学校)

歴史散歩④
宮城県の歴史散歩

| 2007年7月15日　1版1刷発行　　2014年3月25日　1版3刷発行 |

編者―――宮城県高等学校社会科(地理歴史科・公民科)教育研究会
　　　　歴史部会
発行者―――野澤伸平
発行所―――株式会社山川出版社
　　　　〒101-0047　東京都千代田区内神田1-13-13
　　　　電話　03(3293)8131(営業)　　03(3293)8135(編集)
　　　　http://www.yamakawa.co.jp/　　振替　00120-9-43993
印刷所―――図書印刷株式会社
製本所―――株式会社ブロケード
装幀―――菊地信義
装画―――岸並千珠子
地図―――東京地図出版株式会社

Ⓒ 2007 Printed in Japan　　　　　　　　ISBN978-4-634-24604-1
・造本には十分注意しておりますが，万一，落丁・乱丁などがございましたら，
　小社営業部宛にお送りください。送料小社負担にてお取り替えいたします。
・定価は表紙に表示してあります。

歴 史 散 歩　全47巻(57冊)

好評の『歴史散歩』を全面リニューアルした、史跡・文化財を訪ねる都道府県別のシリーズ。旅に役立つ情報満載の、ハンディなガイドブック。
B6変型　平均320頁　2〜4色刷　税別各1200円+税

1　北海道の歴史散歩
2　青森県の歴史散歩
3　岩手県の歴史散歩
4　宮城県の歴史散歩
5　秋田県の歴史散歩
6　山形県の歴史散歩
7　福島県の歴史散歩
8　茨城県の歴史散歩
9　栃木県の歴史散歩
10　群馬県の歴史散歩
11　埼玉県の歴史散歩
12　千葉県の歴史散歩
13　東京都の歴史散歩　上 中 下
14　神奈川県の歴史散歩　上 下
15　新潟県の歴史散歩
16　富山県の歴史散歩
17　石川県の歴史散歩
18　福井県の歴史散歩
19　山梨県の歴史散歩
20　長野県の歴史散歩
21　岐阜県の歴史散歩
22　静岡県の歴史散歩
23　愛知県の歴史散歩　上 下
24　三重県の歴史散歩
25　滋賀県の歴史散歩　上 下
26　京都府の歴史散歩　上 中 下
27　大阪府の歴史散歩　上 下
28　兵庫県の歴史散歩　上 下
29　奈良県の歴史散歩　上 下
30　和歌山県の歴史散歩
31　鳥取県の歴史散歩
32　島根県の歴史散歩
33　岡山県の歴史散歩
34　広島県の歴史散歩
35　山口県の歴史散歩
36　徳島県の歴史散歩
37　香川県の歴史散歩
38　愛媛県の歴史散歩
39　高知県の歴史散歩
40　福岡県の歴史散歩
41　佐賀県の歴史散歩
42　長崎県の歴史散歩
43　熊本県の歴史散歩
44　大分県の歴史散歩
45　宮崎県の歴史散歩
46　鹿児島県の歴史散歩
47　沖縄県の歴史散歩

宮城県全図